丝路百城传

特立,不独行

"丝路百城传"丛书编委会和编辑部

编委会

主　任：杜占元

常务副主任：陆彩荣

副主任：刘传铭

委　员：（按姓氏笔画排序）

丁　方　万俊人　马汝军　王卫民　王子今

王邦维　王守常　吕章申　邬书林　刘文飞

齐东方　李敬泽　连　辑　邱运华　辛　峰

张　帆　张　炜　陈德海　胡开敏　徐天进

徐贵祥　诺罗夫（乌）　黄　卫　龚鹏程

阎晓宏　彭明哲　葛剑雄　谢　刚

编辑部

主　任：马汝军　胡开敏

副主任：邹懿男　文　芳

委　员：简以宁　蔡莉莉　陈丝纶

出版说明

2013年，中国国家主席习近平向世界提出共建"一带一路"的倡议。自提出以来，"一带一路"倡议深刻影响世界，逐渐从理念转化为行动，从愿景转变为现实，建设成果丰硕，得到国际社会热烈响应。

古丝绸之路打开了各国各民族交往的窗口，书写了人类文明进步的历史篇章。新时代共建"一带一路"的实践，为沿线国家和地区相向而行、互学互鉴提供了平台，促进了不同国家和地区、不同民族、不同文化、不同文明的深入交流。

城市是人类文明的结晶。"一带一路"沿线的城市中，蕴藏着人类千年的历史、多元的文化和无尽的动人故事。我们希望通过出版"丝路百城传"，展现每座城市独一无二的历史和性格，汇聚出丰富多彩、生动可感的"一带一路"大格局，增进文化交流和文明互鉴。

这是一次前所未有的出版探索，我们虽竭尽全力，也深知有诸多不足。期待这套丛书能够得到读者的喜欢，也期待更多的读者、作者、专家、学者等各界朋友对我们的出版工作给予指正。

"丝路百城传"丛书编辑部

THE
BIOGRAPHY
Of
JINGDEZHEN

瓷器之都

景德镇传

江华明————著

新星出版社　NEW STAR PRESS

瓷片上的 China

瓷片上的 China

一幅陶瓷手工业古镇前世今生的彩色画卷
一首发掘瓷业高峰人文动力和精神的史诗
一部富有个性想象和温度的长篇名城传记

江西文化艺术基金资助项目

总　序

如果说丝绸之路研究让我们洞见了一部全新的世界史，一定会有人表示惊讶与质疑；

如果说城市的创造是迄今为止人类文明进程中最伟大的事情，则一定会得到人们普遍的支持与认同。

"丝路百城传"丛书的策划正是发轫于这样一个历史观的文化叙述：

丝绸之路是一条无路之路；

丝绸之路是一条既古老又年轻，"不知其始为始，不知其终为终"的漫漫长路；

丝绸之路是一条历史时空里时隐时现，变动不居，连点成线，连线成网的超级公路；

丝绸之路是点实线虚，点变线变，点之兴衰即线之存亡的交通形态，那些关山阻隔，望洋兴叹的城市，便如一颗颗璀璨的明珠镶嵌在路；

丝绸之路是一个文化概念，叠加其上的影像曾被不同国家不同民族的人们呼作：铜铁之路、纸张之路、皮毛之路、黄金之路、朝贡之路、宗教之路；

丝绸之路是中西文明交流与传播、邦国拓展、民族融合之路，也是西方探秘中国、解码东方之路，更是我们反躬自问："我是谁？我从哪里来？我向何处去"的寻根之路、回家之路；

丝绸之路是今日中国走向世界的新起点、新思路，是"一带一路"中国倡议走向人类命运共同体的未来之路……

无可否认，一个世纪以来，丝路研究之话语为李希霍芬、斯文·赫定、斯坦因、伯希和、大谷光瑞、于格、橘瑞超、芮乐伟·韩森、彼得·弗兰科潘等东西方人所主导。然而半个世纪以来的大国崛起，正在使"夫唯不争"之中国快速走向文化振兴。我们要将《大唐西域记》《真腊风土记》的传统正经补史、继绝往圣、启迪民智、传播正信，同时也将丝绸之路城市传文学以实为说、以城为据、芳菲想象、拒绝平庸的创作视为新使命、新挑战。让"城市传"这样一个文学体裁开出新时代的鲜花。

凭谁问：昆仑巍峨、河源滔滔、玉山储秀、戍堡寂寞；

凭谁问：旌节刻恨、驼铃悠远、琵琶起舞、古调胡旋；

凭谁问：秦汉何在、唐宋可甄、东西接引、前路正新；

凭谁问：八剌沙衮今何在？罗马的钟声谁敲响；

凭谁问：撒马尔罕的金桃今何在？帕米尔上的通天塔何时建成、何时倾倒；

凭谁问：伊斯兰世界的科学造诣何时传到了巴黎和伦敦；

凭谁问：鉴真大师眼中奈良和京都的樱花几谢几开；

凭谁问：乌拉尔河上何时传来了伏尔加河的纤夫号子；

凭谁问：杭州湾的帆樯何时穿越马六甲风云……

诗人说：这条路是唐诗和宋词的吟唱，是太阳和月亮的战争；

军人说：这条路是旌旗卷翻的沙漠，是铁骑踏破的血原；

商人说：这条路是关涉洞开的集市，是金盏银樽的盛宴；

僧侣说：这条路是信仰鲜花盛开的祭坛，是生命涅槃的乡路……

一个个城市的前世今生，一个个城市的天际线风景，一个个城市的盛衰之变，一个个城市的躁动与激情，一个个城市的风物淳美与人文精彩，一个个城市的悲欢离合，一个个城市的内动力发掘与外开拓展望，一个个城市的往事与沉思，一个个城市的魅惑和绝世风华……

从长安到罗马（大陆卷）和从杭州湾到地中海（海洋卷）是卷帙浩繁的"丝路百城传"系列丛书的框架结构，也是所有参与写作的中外作家和编辑们共同绘制的新丝路蓝图。《尚书·舜典》有"浚咨文明"之句，孔疏曰："经纬天地曰文，照临四方曰明。"《论语·雍也》曰："质胜文则野，文胜质则史，文质彬彬，然后君子。"又《易经·贲卦·彖辞》曰："刚柔交错，天文也；文明以止，人文也。观乎天文，以察时变；观乎人文，以化成天下。"故文化乃"人文化成"而以文教化"圣人之教也"。"周虽旧邦，其命维新"，丛书编纂与出版岂非正当其事、正当其时也！

读者朋友们，没有踏上丝路，你的家就是世界；踏上丝路，世界才是你的世界、你的家园……唯祈丛书阅读能助君踏上这样一个个奇妙无比的旅程。

丝绸之路从远古走向未来，我们的努力也将永无休止。

刘传铭

戊戌谷雨前五日于松江放思楼

城镇年表 / 01

序　章　china 的孕育

　　盘古地壳的起伏酝酿 / 3
　　远古的那点动静 / 7

第一章　脱陶而瓷之"昌南"

　　"汉世"起色 / 13
　　"陈以来土人多业此" / 18
　　瓷器师主赵慨出现 / 21
　　激活市镇的昌江动脉 / 25

第二章　瓷城的"隋唐演义"

　　显仁宫的狮象大兽 / 31
　　新平县设立与县治变迁 / 34
　　"假玉器"进京 / 40
　　皇帝瞩目 / 45

第三章　宋始的瓷器风光

　　被朝野所器重 / 49
　　"景德"年间的背景 / 52

"影青贯耳杯"退兵 / 54

天下咸称景德镇瓷器 / 56

"陶瓷之路" / 59

"高岭土"的锦上添花 / 64

第四章　元"浮梁磁局"的助推

一面瓷业界旗帜的树立 / 71

精致的民窑瓷宝 / 75

青花瓷窖藏真相 / 80

第五章　"御器厂"的鼎盛

官窑的手笔 / 87

郑和下西洋的硬货 / 91

童宾跳窑 / 95

烧造大龙缸的纠葛 / 97

皇帝的蟋蟀罐 / 103

"斗彩"里的宫廷私密 / 108

"打毛银派头" / 112

第六章　大明的民窑

于光及其"军窑" / 119

上川岛上的走私 / 124

"隐市"巨匠昊十九 / 127

仿古高手 / 132

对陶王菩萨的崇拜 / 137

第七章　清朝的瓷业高峰

御窑厂 / 143

两位"洋人"的探秘 / 147

疯狂的奥古斯都二世 / 151

最响亮的督陶官唐英 / 156

触礁的"哥德堡号" / 166

三打王家洲 / 168

茭草行殉职的郑子木 / 174

第八章　封建没落的挽歌

光绪十年的河水暴涨 / 181

为油盐的一次暴动 / 184

慈禧的"大雅斋" / 188

县衙不得不迁址上镇 / 193

纠结的官商康达 / 198

军阀的勒索和打劫 / 206

第九章　帮派的聚集与霸道

"都帮"崛起 / 215

徽商的垄断 / 222

硬扎的"杂帮" / 231

会馆扎堆 / 237

行帮林立的"草鞋码头" / 245

第十章　民国的改良挣扎

城徽"龙珠阁" / 261

抱团取暖的"珠山八友" / 265

撞南墙的改良者 / 274

陶瓷教育先驱 / 282

红军奇袭 / 289

陈毅的"瑶里改编" / 291

日机轰炸 / 296

英美元首的礼品瓷 / 299

第十一章　瓷面折射出的曙光

瓷业生产的恢复 / 305

"青花大王"的诞生 / 309

"神雕"曾龙升 / 314

赵渊的初心延续 / 319

"国瓷办" / 325

有关"7501瓷" / 330

陶瓷考古"疯子" / 333

第十二章　古镇新芽

"鬼市"与瓷片 / 341

莲花塘又名佛印湖 / 350

被盗挖洞开的御窑遗址 / 355

本色瑶里 / 364

手工制瓷的重现 / 369

第十三章　新世纪的隆起高台

国营工业遗存 / 377

"文创街区"模式 / 383

"陶艺范儿"三宝瓷谷 / 390

整座城就是一个博物馆 / 395

"试验区"的新标高 / 404

主要参考文献 / 407

后记：过程的意味 / 409

城镇年表

前504年，吴伐楚取番（市镇属番地）。

前221年，秦始皇置三十六郡，景德镇归九江郡番县。

前202年，上属番县改番阳。东汉改名鄱阳县——"新平冶陶始于汉世"。

330年至334年，"陶侃禽江东寇于昌南"，东晋设新平镇。

583年，南北朝时的陈后主诏新平以陶础贡建建康宫殿，巧而弗坚，不堪用。

605年，烧制狮象大兽两座，奉于隋朝显仁宫。

618年至626年，陶玉载瓷入关中且贡于朝，称假玉器，昌南瓷遂名天下。

619年，唐代于鄱阳东境置新平乡。

621年，唐武德四年置新平县，同年霍仲初等制瓷进御。

625年，新平县并入鄱阳。

716年，刺史韦玠请复置县，改名新昌。

742年，新昌更名浮梁，被列为上县。

806年至820年，县治被淹，徙西北高阜（今浮梁旧城）。

813年，唐元和八年《元和郡县志》记浮梁"每岁出茶七百万驮，税十五余万贯"。

879年，黄巢义军攻克浮梁。

1004年，北宋置景德镇，隶属江南东路饶州浮梁县。

1004年至1007年，将监务厅改为司务厅，始遣官制瓷贡京师。

1082年，宋神宗设立饶州景德镇瓷窑博易务。

1278年，元在镇设浮梁磁局。

1295年，升浮梁县为中州，属饶州路。

1356年，农民起义军徐寿辉部将于光镇守浮梁。

1360年，饶州归附朱元璋。

1369年，明朝建陶厂，同年改浮梁州为县，属饶州府。

1402年，陶厂改御器厂。

1436年，浮梁县民陆子顺进贡瓷器五万件。

1540年，水灾后米贵，景德镇窑业停止，瓷工万余人暴动。

1597年，巡按方河委监厂事督陶，在镇作恶引发民愤，陶工镇民焚御器厂门坊。

1599年，太监潘相监理窑务，因烧龙缸，陶工童宾被逼投火死，引起全镇民变。

1654年，清朝在御器厂基础上扩建窑厂造瓷。

1663年，设浮梁营，军兵驻防浮梁县。

1693年，饶州军捕厅奉文移驻分防景德镇，次年移饶州府同知改驻景德镇。

1728年，内务府员外郎唐英奉命驻厂协理瓷务；八年后任总理。

1793年，邑人输银上万余两，用青石板整修自县治旧城至景德镇大路二十余里。

1853年至1861年，太平军先后攻据、撤退景德镇、浮梁八次。

1869年，德国地质学家李希霍芬考察高岭土，"KAOLIN"名词通用于世。

1876年，大罢工被官府扣人，导致陶工万余人暴动。

1904年，清政府特派九江道瑞征来镇调停工人罢市，兼管御窑厂事务。

1906年，红莲会黄淑性等数百人起义，围攻景德镇，先趋浮梁。

1909年，景德镇瓷器公司被核准官商合办；同年成立景德镇商务总会。

1910年，官商合办的江西瓷业公司成立。

1911年，宣统三年浮梁产红茶六万余箱，是此前产茶量的最高峰。

1912年，景德镇兵变荡扫银行、税署及富户；发地方临时流通券（保商票）。

1915年，浮梁工夫红茶在巴拿马万国博览会获金奖。

1916年，浮梁县署迁景德镇；袁世凯委派郭葆昌任陶务署监督，造"洪宪"御瓷。

1920年，瓷业圆器工人"打熟米饭派头"罢工三个月。

1923年，瓷业窑工要求增加工资和茶钱罢工，争利成功。

1925年，经两年建设，景德镇地标式建筑龙珠阁落成。

1926年，中共景德镇小组成立；全镇工人罢工；国民革命军贺耀祖部进驻。

1927年，成立市行政公署，7月撤销；6月城区都昌与乐平籍民大械斗。

1928年，景德镇在城北莲花塘新邑公园内设市政府。

1929年，设立陶务局；装小器瓷工与警察冲突罢工；数万瓷工"雄黄酒罢工"一个多月。

1930年，方志敏的江西红军独立第一团突袭景德镇。

1932年，景德镇至九江湖口公路竣工。

1933年，被连日狂风折毁瓷窑二十座。

1934年，浮梁小源暴动；红军北上抗日先遣队抵达；江西陶业管理局成立。

1935年，江西陶业管理局局长杜重远发布取消窑禁布告。

1937年，瓷工因物价上涨罢工近月；同行业工资不等导致罢工近月。

1938年，陈毅来景德镇，在浮梁瑶里指导红军游击队改编。

1939年至1942年，日军飞机21次轰炸景德镇。

1946年，浮梁至南昌公路通车。

1947年，全镇工人反饥饿、涨米价斗争，捣毁高价粮店。

1948年，瓷工和浮梁部分农民拖捐税、抗抽丁；当局发"金圆券"，瓷工要调整工资大罢工。

1949年，国民党行政专员、县长出逃；4月中国人民解放军"二野"兵团进景德镇；市军管会，中共景德镇市委和景德镇市政府成立。

1953年，景德镇市改为省直辖市。

1955年，公私合营。

1956年，江西省陶瓷工业公司成立；鄱阳古城乡划入景德镇市。

1958年，浮梁县划归景德镇市领导。

1960年至1963年，市罗家民航机场、河西汽车站、景德镇饭店、昌江大桥建成使用。

1970年，先后从南京、哈尔滨迁来电子工业和万余名职工，组建"三线"工厂。

1978年，中央批准景德镇市为对外开放城市。

1982年，景德镇为首批历史文化名城之一；皖赣铁路建成。

1983年，珠山大桥通车；上饶地区的乐平市、鄱阳县鲇鱼山公社和荷塘垦殖场划入。

1985年，批准为国家甲类对外开放城市；定樟树为市树，茶花为市花。

1989年，恢复浮梁县。

1990年，城徽建筑"龙珠阁"重建竣工；首届中国瓷都——景德镇国际陶瓷节举办。

1992年，昌河汽车第一辆昌河牌微型车问世。

1994年，省级景德镇高新技术开发区设立。

1995年，国企近18万职工实行劳动合同制度。

1997年，瓷都大桥竣工；九（江）景（德镇）高速公路开建。

1998年，景德镇遭受超警戒水位5.77米的特大洪水。

2000年，景德镇市首次以拍卖形式出让国有土地使用权。

2002年，国家工商总局认定"景德镇"商标为驰名商标。

2004年，首届中国瓷都——景德镇国际陶瓷博览会举行。

2009年，景德镇陶瓷系统企业改制工作全面铺开。

2014年，中国文化遗产日主场城市活动在景德镇御窑厂国家考古遗址公园举行。

2017年，御窑厂遗址被列入"中国世界文化遗产预备名单"。

2018年，国务院同意景德镇市创建国家陶瓷文化传承创新试验区。

The
Biography
of
Jingdezhen

景德镇传

序章 china 的孕育

英文 china 一词，既是指"瓷器""瓷料"，又解释为源自景德镇最早称呼"昌南"的音译，如果第一个字母换成大写则是"中国"。无形中这三个互不相干的名词，被世界使用最广泛的语言联系到一起，表明世界文明在这座东方古镇的存在，早就被印欧语系——日耳曼语族语言所默认。

又说是在十八世纪以前，当欧洲人还不会制造瓷器的时候，他们把收藏来自中国，尤其是昌南的精美瓷器视为荣耀。商人在波斯把瓷器带到西方，就把波斯语瓷器的 chini 改为 china，并把生产 china 的中国一并称作 China。从而欧盟和众多的国际组织，以及英联邦国家的人一谈到 China，就联想到了 china。

古道运瓷土

盘古地壳的起伏酝酿

在景德镇要想看到大海,至少要由西向东越过婺源,横穿浙江省,相距千里之遥。所以现在的人们无论如何都想象不到,在地球还处于一片荒蛮的"盘古"史前时代,这块地处江南赣东北丘陵的地区,在中元古代(距今约十亿年到十四亿年)曾经淹没在一片汪洋之中。地壳被浪打浪的海水浸泡了长达四亿年之久,任何动物的骨骸都会化成粉末甚至乌有,难怪在这里沉积了厚达上万米的泥沙质碎屑岩,即以火山碎屑岩与喷发熔岩构成的褶皱基底。

——这都是通过地质探测分析出来的。

洪荒世纪,景德镇这个地方连鬼影子都看不到一个,但是犹如母体内的胚胎,"宜陶"的"水土"却在地壳下开始孕育。后来景德镇之所以能够攀上全球瓷业的高峰,从一个人烟稀疏的村落膨胀为县辖集镇,又由小小的市镇跃上世界瓷都的高台,以一个单一的手工制造产业支撑城镇千年的经济基础而经久不衰——这在世界都绝无仅有,与它先天的地质构成密切关联。

现在的景德镇地块,最初就像一粒芝麻落在后来被称为"浮梁"的领域。

据地质学界推测,中元古代末期至晚元古代初期,也就是距今大约九亿年的时候,"晋宁运动"挤压这里的地层,使之逐渐上升隆起为陆地,地壳又形成了一系列与褶皱轴线大致平行或斜交的断裂和断裂带。这一次地壳的构造运动，其实就是陆地块面与块面之间的碰撞推挤，使得"扬子陆块"被西陆边缘沉积，作为俯冲壳楔，致使造山带的地层发生了剧烈的变形变质。

就好比一个沉睡的巨人，突然慢慢无意识地抬起了胳膊或鼓起了肌肉，致使景德镇这块地域的海水纷纷南流或经久蒸发，浮梁这一块就一度结束了自己低洼地槽的发展阶段，而转化为陆地"准地台"阶段，成为较为干爽的"扬子准地台""江南台隆"的组成部分。

从此以后这一海滨陆地的地壳，就像受精后的胎盘一样很不稳定，时而成为浅海潮坪，时而又缓升为海岛或海滨陆地。如此断断续续地起伏升降，孕育的时间竟达五亿年至六亿年之久。如果把地球当作一个有生命的活体，那么地层及其以下整个翻天覆地漫长的搅动过程，就属其内部正常调整和骚动的发育阶段——后人把它笼统地称为"沧海桑田"。

直到距今大约三亿到五亿年的"华里西期"，这一带再一次发生海侵，也就是于现在景德镇地区的昌江区官庄至浮梁县寿安和湘湖东流延至鹅湖一带，曾被"还乡"的海水长条状淹没，形成了狭长的带状海湾类原始风貌。

在接下来的两亿年中，海退和海侵现象跟拉锯战一样交替进行，美丽的陆地和海湾时隐时现，轮流"坐庄"，致使这一地区的今天既发现有海相沉积，又有海陆交互相沉积的生态格局。这一期间就像是一个人的基因定型，或精子与卵子结合后的成长，地壳因反复升降在酝酿着地质"宜陶"的特色根基。

在海陆交互相沉积的变化中，大量植物被埋入地下。

那些郁郁葱葱的原始自然植物，包括树木、草茎和菌藻，利用光合作用而形成的根、茎、叶、花果、种子等纤维物质，巨量地被高压、水分和地温等交融做功，成为这一地带煤矿和花岗岩主要的形成时期。而当距今大约一亿年到五亿年的"燕山运动"发生，这一海湾又携带着被埋葬的物质抬升为陆地，仅有那些低洼的地方才成为湿润的河谷盆地。从此开始，现在的赣东北景德镇地区在缓慢上升，在风化侵蚀与河流冲刷的作用下，河流两侧及低洼的河谷形成了第四系全新统冲积层。

到了景德镇地区基本稳固到现在这个地势的状态——一个由黄山山脉从东北和怀玉山脉从东南，逐步向西部（最早在西北部）鄱阳湖盆地过渡的丘陵地带，这里已出露的地层质地与当地发掘出的特色矿藏有关——像浮梁县经公桥以南板岩中含晶型完好的黄铁矿；在昌江区鲇鱼山、古田，浮梁县兰田至天宝的岩山一带和寿安至洞口一带，矿物重结晶常形成大理石矿床；在浮梁县寿安附近零星出露岩性夹炭质页岩及煤层，昌江区官庄至浮梁县鹅湖和寿安至东流一线的岩性夹煤层，以及在昌江区鲇鱼山、韭菜园、腊梨山一带上部的夹煤线。

尤其是境内最大的岩浆岩体，它们的中部多为粗粒花岗岩及细粒二云母花岗岩，主要蚀变有钠长石和绢云母化。在其裂隙发育及钠长石化石蚀变较强的地段，风化出露后常常形成"高岭"（KAOLIN）土，也就是当地老百姓饥年对付食用的所谓"观音土"矿床。它们大量分布在景德镇地区的浮梁县瑶里和鹅湖一带，以及大洲、板坑坞、潘村和沙岭等地。

瓷原料的丰富蕴藏，为这一区块地质酝酿的突出结果。

有本土地理考察的热心者，正根据山脉里蕴藏的矿脉特色以及相对的山与山之间的峡谷断层，在推理景德镇地壳上有一座事实存在的独立山脉——五华山山脉。

这主要是就山脉体内的矿物质的性质分析。

在地形图上画线，五华山山脉即从当地与黄山市的祁门、休宁和上饶市的婺源交界处隆升起步，再大致挨着昌江支流的东河以东，后顺着昌江支流的南河以南，再于昌江区境内渐次将"尾巴"延伸到鄱阳。其山脉的核心高峰在三花尖、白石塔、六股尖、五股尖、虎头山、香油尖等海拔上千米的山头，然后像条长龙一样依次是五花尖、铜钱尖、台子山、上天山、双尖、大游山——峰高逐步沉降成丘陵高地，一直延伸到景德镇市区南山脉络的大尖峰、牛角岭，渐渐平缓成鄱阳湖平原。

这将打破地理界习惯上的认定，把独立山脉从黄山或怀玉山余脉中解放出来，赋予了景德镇山头文化源头的有力支撑。

其硬扎的科学依据是，一方面是在志书"自然环境志"中，景德镇地层板块在北东至南西向有"宜丰——景德镇深断裂"构造，得出五华山山脉和与之平行于东北的黄山山脉，中间不仅隔东河河谷，甚至间或有昌江河谷断开其地壳结构；另一方面是沿着五华山山脉历史上分别有小坞里、白石塔、麻仓、高岭、李黄、东流、内马龙塘、湖坑、岭背、陈湾、焦源坞和牛角岭，等瓷土瓷石釉石矿点的现实，也就是说，在这条山脉里蕴藏着独特的富含高岭石、石英、云母、长英花岗岩、片麻岩等四十多种可塑性、瘠性、溶剂型原料的矿脉。

因此历史上沿着五华山山脉，出现了一长条大大小小无以计数的古窑遗址，就像是景德镇怀胎的母亲一样，它一直在暗地里孕育着一座陶瓷手工业城市的胚胎，直到最后呱呱坠地，慢慢长大成一个昂首挺胸的汉子。

岩体附近常形成石英脉型黑钨矿和锡矿。这些各类脉状岩体出露的有：微晶花岗岩、细晶岩、长石石英斑岩，蚀变风化后常常形成软质或硬质瓷石矿床。

据《古道千秋话浮梁》一书介绍："在浮梁群山之中，蕴藏着丰富优质的陶瓷原料，共四十多种，分布在高岭、瑶里、三宝蓬、银坑、寿溪、大洲、柳家湾、浮南、严台、礼芳等多处地方。"这四十多种原料中瓷石矿和高岭土矿藏量最大，因断裂及后面的构造运动，出露面积一百多平方千米，矿脉还延伸到临县，跨度长达五百千米。

这些瓷土矿藏大多都因地质基因，均被孕育在景德镇大致沿线的地层之中。

至于其他被辐射出来的附近瓷土矿点，更是密密麻麻地近似撒种一样散布，像浮梁西部山区的黄坛，甚至包括临县的共有一百七十处之多的发掘和发现，其储量经批准的生产控制数，使用几百年没有问题。比如高岭土类在江西星子县（今庐山市）西北；瓷石矿类在皖南祁门，以及江西余干和贵溪都有。

犹如在美国、英国、巴西和独联体国家类似矿藏的存在，这些散落于周边的零星现象就好比人类，就地质漫长爆裂、挤压和流变的无常演绎而言，同样岩体基因的生发在类似自然条件与环境下也可以成型。

远古的那点动静

发展到远古有人类时代，景德镇丘陵地区的地层上仍几近于悄无声息，但是如果有巨人或上帝，趴在地球上仔细聆听，却可以感觉出在起伏的丘陵上之茂密的森林里，会窸窸窣窣地传出那么一点点像昆虫触动枯叶的动静。如果说这是人类，那么他们的活动应该是谨小慎微和能量低弱的，有点近似于隐匿山丘里的一小股游击队一样。

这一切于20世纪80年代，在我们的考古工作后得到证实。

在距景德镇东北约六十五千米的浮梁县江村乡沽演村，于一个长条带状山谷河滩平地上，发现有"石器九件，其中单面刃口的石锛四件，石镞二件，石凿、磨棒、锥各一件。均为青石质，通体磨光，制作精细"，具有新石器时代晚期人类遗物的特征——这现象正好对应了当地最早的县治设置记载，早在唐初这里的人居规模应该不小于一般的村落，所以那时候沽演就被官方设为第一个县级机关的驻地。

又在浮梁县王港乡的水家车村那个梯形山坡上，不过是距离景德镇市东北十四千米的地方，我们也看到磨制石锛、陶器残片，有钵网纹、绳纹、圈点纹，还发现瓮罐葬及骸骨等新石器时期的遗址。

浮梁县蛟潭镇蛟潭村的遗址，坐落在景德镇正北二十六千米处，发掘出的物品则更具备生活的鲜活、丰富和规模，甚至居民的精神境界已经上升到了审美意味的层次。

它处在一个村后的山坡上，蛟潭河从遗址南侧蜿蜒流过，很适合古代先民居住的面积有两千多平方米。那里不仅出土了两面钻双孔的石刀、磨制无孔石刀、有段石锛、磨制两刃锛、石斧、两刃石戈、刮削器、柳叶石镞，还发现质地为红褐色夹砂陶、软质泥灰陶和硬质泥灰陶三种，有瓮、尊、折肩罐、杯、盏、纺轮、圈足器、凹底器等造型，还有以方格纹、绳纹、凸弦纹、菱形纹、网纹、叶脉纹、曲折纹、云雷纹、回纹、水草纹等拍印和刻画的陶器纹饰，甚至令人吃惊地呈现出玉环之类饰物，以及玉质男性生殖器石祖等石器。

它们被断定为商周文化，把景德镇地区古人类规模性生存的历史上溯到3500年前。

还有景德镇以东约十七千米的浮梁县湘湖镇东流村的燕窝里：那里有东流河从遗址北缘向西注入昌江支流南河，在村西南坡地有占地一万五千平方米的遗址，堆积物年代也主要在商周时期，上层被汉晋、两宋、明清墓葬破坏。遗迹有圆形、椭圆形或方形灰坑十二个，半地穴式圆形和地面建筑方形地基七座。石器和陶器，可完整复原的达一百三十多件，陶色、器型及其纹饰更为丰富。

距离景德镇城南偏东不过三十多千米的涌山镇，也发掘出据说是新石器时代的鸡公山洞穴遗址，那里有史前的岩画、燧石、软陶，以及石英质石打制的石器。

再稍微扯远一点的上饶市万年县，在景德镇市正南方直线距离七十多千米处，与景德镇市的乐平毗邻，就有一个年代更为久远的原始遗址——仙人洞。洞内竟然发现了距今一万多年以前的陶器。这一发现将我国的陶史推前了几千年。2013年美国《考古》杂志评选出"世界十大考古发现"，其中就包括万年仙人洞的陶片，被称为"世界最古老的陶片"，也意味着华夏可能是世界上最早发明陶器的地区之一。

单凭这一系列考古发掘我们就能够断定，早在没有社会归属之前的原始社会，作为世界文明诞生地之一的东方文明的组成部分，在景德镇区域及其周边不远，星星点点地就分布有远祖活动的痕迹。凭远古人的足力范畴，他们的行动完全可以覆盖全境的丘壑密林，偶尔窸窸窣窣的声音在"昌南"发出不是没有可能。

奴隶社会就更无须多说。

现在我们借助于这些史实，在对由猿过渡到人类的进化推测中，来想象亘古有若干伙原始人在荒蛮的赣东北丘陵上的栖息场景——他们由十几或几十个男女老少结成氏族部落，蓬头垢面地于丛林中结巢或在崖壁上穴居。他们打磨着石质武器，采摘树上的野果，以及围剿并烤食着野兽，不时散发出微不足道的声音。

人类文明显见于远古的根源——因生食容易致病，在不断寻求熟食方式；又因食物易于腐烂，才思考经久的储藏办法，于是抟土为坯，掘地为穴，以火烧土，制成陶器。这些落入俗套的场景想象虽然没有一丁点儿创意，却给手工业城镇搭上了一丝地方特色的渊源。

尽管到了商周春秋，鄱阳湖湿地东部显然已经融入了中华文明的历史轨迹，但是因为在江南赣东北丘陵地带的奴隶社会中，景德镇这一小块峰峦起伏的地势，荒蛮的丘壑不是很适宜原始人的生存，人迹稀疏的森林内因此不像中原大地那样，流传过强势的有巢氏和燧人氏等著名部落，以及记录过炎黄、夏禹、商汤之类的远古名流。

景德镇市地域的社会记录，最早见于战国时期的《禹贡》，说是商代为"扬州之域，地属古番"，也就是属扬州管辖，为远古番地的一个组成部分。到了春秋时这里是楚国东部边境，素有"吴头楚尾"之称。从现在出版的地图上搜索，今天的扬州距景德镇有五百多千米，就算在高速公路上自驾，也要跑七个多小时，可见在那个时候的景德镇，就像是吴楚两国一个用以发配囚犯的荒凉边疆。

这种状态到了公元前504年才发生了一些变化。这一年吴王阖闾攻打楚国，夺取了彭蠡泽（后称鄱阳湖）东岸的番地，景德镇这块地盘于是归属了吴国。公元前473年，吴国被越王勾践所灭，这里又变成越国的势力范围。

这样"三十年河东，三十年河西"地挪来挪去，到了公元前221年，秦始皇完成了中华统一大业，天下分成三十六郡，景德镇为番县的组成部分，才被一百四十多千米外的九江郡所囊括。

据《昌江风土记》《太平寰宇记》等记载，被汉高祖刘邦册封为长沙王的吴芮，秦代为番君（鄱阳县令）时，曾在景德镇市中心的珠山"登山立马"，因此当年的珠山山头又曾被称作"立马山"。依据这一点可以推断，至少于秦朝，景德镇才有了正式的民居村舍，吴芮作为县官大人在巡游辖地。也就是在河边有些零星的茅屋村落，甚至于田畴之间有通往珠山的羊肠小道；否则荒无人烟的地方不可能吃饱了撑的去披荆斩棘，登顶眺望。

那时候当然还远远够不上"镇"的资格，相传最早当地老百姓叫它"昌南"。

也就是指在昌江南部，具有随便给问路人指示方向的意思，就好比一个山里的婴儿降生，父母和同村人就顺嘴给他取一个类似"毛仔"或"瘦子"的绰号——当初的黎民给景德镇这地方取名的依据是，由北向南的江水过了浮梁县旧城一段，河床先是顺着沟谷缓缓拐弯，向西延续了几里路后又向东包抄转折，再扭过身子南流而去。而景德镇这块地就坐落在昌江迂回成一个大致近似"厂"字的内空里面。

就此顶多可以想象推断，最早就只有几十户人家，坐落在昌江南部的东岸低矮丘陵地带上，活动于周边类似冲积河滩的盆地里。这里大一点的动静，不过一缕缕炊烟带动了鸡鸣狗吠，当然也不排斥有人影和牛车在树林掩映下的道路上晃动。更大一点的响动，不外乎是山坳里耕耘时吆喝的寂静回响。

自然村落嘛，不过是块弹丸之地。

景德镇市区域内所发现的远古陶片，也跟世界各地发掘出来的陶片性质一模一样，这只能表明整个的人类文明，已经普遍进化到了器皿的烧制阶段。类似于仰韶文化、龙山文化，以及欧洲、非洲和美洲大陆等地，在一万年或几千年以前都有的软陶或硬陶之遗物。这在原始考古中已经司空见惯，陶器不过是以黏土为原料，跟瓷器相比它的火烧板结度较差，胎质疏松易碎，为隔水性能欠佳的器皿。

陶是瓷的祖宗，但在质地上它与后面完全隔水的瓷，有着截然不同的特性。这也是进入封建王朝以后，景德镇土著苦苦思索解决的一个原则性问题。

景德镇传

第一章 脱陶而瓷之『昌南』

瓷土和釉料的蕴藏，被聪慧的先民敏捷地识性并运用，使得"昌南"这一带较早地烧造出与陶不同的"釉色淡黄"的粗瓷。虽然产品仅仅当作居家粗使，"只供迩俗之用"，但是这一质地超然的器具，被手工业主渐行渐精，便像当地磁石一样吸引来周边广泛的客户。

光鲜温润且廉价的瓷质器具，近似于人类日常爱不释手的碧玉。

于是闲暇之余的山民和农户，借助一条昌江水道的优势摆摊成市，将景德镇地区的自然的酝酿和远古的动静，演绎出劲头和奔头。最关键的是在一点点甜头尝到之后，像出世不久婴幼趁势有了一颗不安分的野心，许多人敢于与传统的本业挥手，向往着手工制造的诗与远方。

"昌南"的发展，就此逐步定型。

古龙窑及烟火

水碓与原料制作间

"汉世"起色

一个地方起色，就是这个地域的社会特色萌芽。

景德镇地区最远最早的特色记录，在史书中也只找到这么一句——"新平冶陶，始于汉世"。"新平"是最早的东晋官方对这块无名野地的称呼（现在于浮梁县浮梁镇旧城村的河对面还有一个新平村委会），虽然不一定是精准地指"昌南"这块地界，但是因为同处于昌江的东岸，在人烟稀疏的古代与景德镇的直线距离不过十几华里的路程，发展到现在与景德镇市城区的珠山山区几乎是无缝对接。所以远在汉代官方，特别是八十千米之外的鄱阳县衙，差不多就把同样有一些窑业的昌南与新平视为一体。后来的史实也证明，因为新平这个地方日渐式微，窑户们大多都将散落在乡野的作坊窑场，集中迁移到水路交通和市场都比较发达的下游"昌南"。

这也就是说当地始制陶瓷，距今已有两千多年的历史，有着专业手工划时代的标识意义。事实也在证明：景德镇这个地方开始像一个涉世之初者一样，有若干个窑口以制瓷的手艺特长，从周边平庸的农业、林业、渔业，或纯商业中跳出，潇洒地在社会上显示出与众不同的一面。

在这之前，一个庸常的城镇被当权者无足轻重地忽视，就像是对待一个破旧的皮球，景德镇在历代被可有可无地踢得滚来滚去。

秦二世元年（前209），陈胜吴广起义，曾立国号"张楚"，景德镇再次归楚。汉高祖六年（前201），这里属汉朝设置的豫章郡鄱阳县。汉献帝建安十五年（201），孙权设置鄱阳郡，景德镇为鄱阳郡鄱阳县的东隅——三国时代的吴国一直统领这一地区，当地又回归到了扬州管辖的怀抱。

在这漫长的反反复复以后，到了晋惠帝元康元年（291），朝廷以荆、扬两州所属十郡另设置江州，鄱阳郡为其中之一。景德镇又继秦之后作为鄱阳郡的一员，再次隶属于附近的江州，也就是如今的九江。

这类流水账似的零碎史料，作为志书为了保持一个地方的延续性，它所记的每一笔"陈芝麻烂谷子"都不可或缺。但是仔细分析，作为狗肉账一样的繁杂琐碎，景德镇地区被当球一样踢来踢去的现实，昭示着权力高层已经将这块"犄角旮旯"，当成了一块"食之无味，弃之可惜"的肋骨，被历代君王无所谓地盘来盘去，最后顺手丢给一个就近的辖区——这就是它最初"姥姥不疼，舅舅不爱"的经历和遭遇。

但是到了"汉世"，这平庸的地域局面被勤快的当地人改观。

那时有些聪明一点的先民，偶然发现了当地有非常适合做瓷器的原料——瓷土，便于农闲时就地取材，揉土捏泥，筑窑烧造。活泛的人总想赚一点闲钱，这便是当地烧瓷器的起始。汉世的窑口零零星星，大多掩映在山脚、河边或山涧繁茂的乔木之间，绝大多数就近瓷土矿藏，分散在市镇及其周边方圆五十千米左右的范围以内。那时只有冉冉弥漫开来的巨量柴烧窑烟，在证实这里一丛那里一拨的山民或农夫不是在烧饭，而是在丘陵间挥汗如雨地从事副业。

至于这座以后被叫作"市镇"的比较大一点的村落，就坐落在江边低矮的丘陵地带，由一个接一个绵延起伏的山包组成。市镇的最初状态是人烟和田地疏落，山包上生长着茂密的草木，也肯定有众多来回飞跑或潜伏窝藏的飞禽走兽。村里还有鲜活的泉水从石缝里渗出，形成无数条源源不断的涓涓细流。

然而那时烧造瓷器的烟火，也跟周边乡野众多的窑火一样零零星星。

并不是一开始当地人的窑业就群聚在一起。人们一开始只不过在山包脚下的溪流两边做屋，千百年来定居的人越聚越多形成了城镇，所以研究者们在至今那些诸多仍然被叫作"桥"的街道里弄，比如十八桥、落马桥、解放桥、太平桥、韦陀桥、蛤蟆桥、通津桥、观音桥、五龙桥和秀水桥等的命名里，揣摩出景德镇被时光消弭的原生态端倪——山包像蒸笼里的馒头，山包间就是流水的沟槽。

概言之，这座城镇耸起于昌江之滨低矮的万丘之中，由于四周的山势略显得高大连绵，所以总体的形状态势，相当于一个面河凹陷的畚箕。

然而，这是个金子做的畚箕！

比较早的作坊窑口，据现在发掘出来的窑基和瓷片论证，是在景德镇东北山里的瑶里以及镇东的白虎湾和更东的湘湖兰田等地。他们用原始的瓷坯叠烧法烧制白瓷与青瓷，质量可与浙江越窑青瓷和温州缥瓷媲美。那都属于"耕而陶"时期，至少还没完全脱离农业和手工业相结合的阶段，人们有一点点工商买卖的意识苗头。所做的粗糙碗碟和钵罐，主要提篮挑担吆喝着卖给附近的居民，即"只供迩俗粗用"。

从老百姓个体而言，古代依据自然资源做木匠、石匠、篾匠甚至铁匠的人都多了去了，因为相对于瓷业生产，那些技艺都不过是"简单"的加工性劳作。烧制瓷器的特殊性不同——从山上的瓷石瓷土开采运回开始，再粉碎、淘洗和揉搓加工成原料，然后将原料泥土按适用和审美结构塑捏成器物造型的物理变化，最后才靠木柴燃料的高温烧炼，使得土质坯胎化学变化到板结、硬实、隔水，呈现出光洁效果的用具或装饰。

——这一系列的创造性工序，不是仅仅靠勤劳就可以获得的一般性技术含量的手艺。

"新平冶陶"的"陶"字，明显不是说陶器，而是指代瓷器。

因为当时制陶的技艺已经在天下普及，景德镇地区在浮梁沽演和水家车发现的印纹硬陶，已经鉴定出为新石器时代的遗物，如果在"汉世"再以文字强调当地制造"陶器"，那就是记录者还在幼稚地重复一个小儿科似的玩笑——书面语言在古代"陶瓷"不分。

再分析清代乾隆四十八年《浮梁县志》上的原文，说"新平冶陶，始于汉世，大抵坚重朴茂，范土合漉，有先古遗制"，就可以发现，这个"先古遗制"就是指像先古陶器遗留的制作风格那样，而接下来"器质甚粗，体甚厚，釉色淡黄而糙，或微黑"的表述，其中"釉色淡黄"是重点描述，就是指在"先古遗制"基础上的"陶"的改进，够得上"瓷"的粗坯。

这就是景德镇制瓷手工艺端倪在"汉世"的初现。

陶器表面粗涩亚光，质地疏松，不易隔水，弹上去会发出沙哑的闷响，而宋应星给"瓷"所下的定义是"陶成雅器，有素肌玉骨之象焉"。新平"汉世"的产品在硬度、光洁度和隔水性能上归结为瓷器的起始，是它远远超出了"陶器"的原料和烧温。但是在古代书面的习惯里，大多数都把"陶"或"瓷"笼统地称为"陶"，类似"《景德镇陶录》""《陶记》""督陶官"等，明明是说"瓷"却用"陶"字代称。

这一表达上的顽疾延续到今天，后遗症的表现是，我们依然用"陶瓷"两个概念的字组成偏正词组，随随便便来表述景德镇这个城市的主产和文化，"偏正"混淆了视听——其实宜兴属于"陶都"，景德镇为专业"瓷都"，概念迥异。

中国最早的瓷窑出现于东汉。大量的考古资料显示，在离景德镇东边不远的浙江上虞等地，就先后发现过瓷窑遗址；在豫、徽、湘、鄂等在东汉晚期的墓葬，以及江苏高邮的邵家沟，也曾出土过瓷器制品；当然在江西、浙江一带考证出来的实物瓷器则更多，真正的瓷器产生必须满足三个条件：一是胎料必须为瓷土，二是需要经过一千二百摄氏度以上的高温烧炼，三是外表必须施釉。

当地壳上特殊质地的瓷土，被勤劳智慧的烧陶人意外地识性后，经过精细淘洗或粉碎加工，再捏成造型坯胎，烧制出来的产品接近了惊人的瓷质观感和实效。于是景德镇本地的老百姓才丢开原本的农业耕作和林业种植，成为专业矿工。他们源源不断地挖掘瓷土供给制瓷的手工作坊。据《浮梁县志》卷十二"杂记下"对当地的特色记载，能看出景德镇从汉代开始，就以专业的土壤制造瓷器，与原始"陶"分道扬镳，在社会上闯出了一条营生的工商之道。

所谓"千年瓷都"，不是夸张。

"汉世"分西汉东汉，即使从较晚的东汉（25—220）算起，至今为止，景德镇制瓷业也有两千多年漫长的文明历史。

"陈以来土人多业此"

从东晋开始在这块地带设立"新平镇",景德镇就像从一个摇摇晃晃的婴幼儿,成长为一个该取学名步入社会的童少——地域的存在感从此启动。

这得感谢当地出现的"草寇"。

举例说,就像是一个不起眼的平庸学生,在班上无论如何都不能引起师生的正视,但是你调皮捣蛋一点便有了效果。东晋时期景德镇地处偏远,因为距鄱阳县城八十千米,官方管制鞭长莫及,荒蛮之地的强蛮农民便结伙变成了草寇。即便没有抢班夺权的势头,但是呼啸着出没山林,有蔑视反抗政权的意思,而游游荡荡的打家劫舍以及抢劫过往富贵,也是东晋王朝破坏社会稳定的因子,为搁在官方心头上的一块隐隐作痛的"结石"。

这样地处昌江东部丘陵旮旯里的这一块村野,才引起了朝廷必要的重视。

当地旧志书上记载,"陶侃禽江东寇于昌南,遂改昌南为新平镇"。地方就是在昌江东岸,具体时间在咸和五年至九年(330—334)之间,陶侃为东晋时的名将。这个时期紧紧相邻的"新平"和"昌南"在上司的眼睛里,几乎就像连体婴儿被等同为一体。当时的陶侃根据朝廷的指示,曾率领一队装备精良的官兵,浩浩荡荡地深入景德镇地区。结果自然没有悬念,正规部队在昌江东岸的丘陵里追杀乌合之众,追来赶去只三下两下便擒获了江东"寇",那都是顺理成章的事情。

之后就必须改名,所谓正本清源或拨乱反正。

政府得对当地赋予权威,不承认草民信口开河的历史称呼,官方应该给当地一个全新意义的地名注册。叫什么呢?"新平镇"。也算是不假思索的"拍脑袋"命名,朝廷的命名意思非常清楚:新近平定之地,以炫耀其武功与治绩。如此这般,一个被官方注册了的"新平镇"才正式诞生。

"镇"的设置,随着时代的发展而含义不同。宋代以前,统治者为了加强边远地区的掌控往往设镇驻守。这就具有军事政治意义。宋代以后,则在工商业比较繁荣的中小集市设镇,就是今天我们所理解的市镇贸易管理。碰巧的是这名字规格的寓意,在后世的发展中得到了符合后者意义上的对应。

到了南北朝时期的"陈"时,这个镇又有了一次质的飞跃。

对于历史而言这个过渡时间很短,不过就是在设镇后的两百多年。但是对于人的寿命,两百多年则相当于漫长的至少是两代的时间。在这两个世纪里,新平镇因为水路交通的顺当而热闹发达,竟然像是一位开始发育的少年,也就是长到一定的个头,身体往横里发膘膨胀——这是要接近成年人的迹象,就好比嗓门粗了,胡子毛茸茸变黑变硬,胸襟开阔胸肌发达了。

也就是蓝浦在《景德镇陶录》中说的,"水土宜陶,陈以来土人多业此"。

这个句子的重点就在"土人多业此",说明在南北朝时期的陈代(557—589),这里的制瓷行业尝到了甜头,已经东一窑西一窑地不再是零零星星,而是星罗棋布地蔓延发展在景德镇区域内,开始了规模性的瓷器专业生产。新平镇的河边交易市场船上船下,人来车往,有了"市镇"的雏形。

西方国家到了十四五世纪,在地中海沿岸的某些城市比如威尼斯,才稀疏地出现了资本主义生产关系的萌芽,而我们偏僻的景德镇早在六世纪,做瓷器的作坊主或小窑业老板就占有了生产资料,雇聘和扶持亲朋邻里,少量地榨取工人创造的剩余价值——这在全国,乃至世界都凤毛麟角。

当地许多人都去业瓷的动因是——"水土宜陶"。

结果是瓷器手工业主赚了大把大把的银子。

大自然毫无保留地呈现给景德镇,白花花一大片不要钱的,可以供当地人制造出像玉一样精美器具的瓷土。"八山半水一分田，半分道路和庄园"，是对当地上了书的概括。田少山多，人们又想过更活络富足的生活，种田或育林都没有什么太大的奔头。于是一传十、十传百——原料的便利，瓷质的精致，销量的剧增，使得本来就"靠山吃山"的丘陵山民，找到了一条来钱的手工制造的生存之道。

再说置镇后作为昌江上的一个中心码头，河边的五花八门的地摊集市，吸引了上下游乡镇的船只前来打货，乃至发展到有固定的赶集时间。有地方特色的瓷器交易自然也夹杂于农林和手工商品之中，这种新鲜耐看且居家适用的器皿，像玉器一样对越来越远的客户产生了强大的吸力。长此以往，瓷器工商业利润的现结像鲜花之于蜜蜂一样，当地人便一窝蜂似的向这个手工制作行当聚集。

所以景德镇格局的原始走向，依附着昌江，与河流的走向保持着高度的一致，即长条形狭窄地呈南北走向，就像是一条紧紧吸附在昌江这根细藤上的春蚕。

而当地烧造的烟火，就像现今的气球广告，在昌江流域的上空高高飘摇。

口口相传，传播的效应甚至抵达社会高层。

南北朝时期的南朝至德元年（583）陈叔宝"陈后主"继位，他在建康（现在的南京）的华林园准备建造雅致的宫室，就突发奇想心血来潮，联想到光洁清丽的瓷器可用作宫室的柱础。这是当初生活里至高至美的追求，也只有"天子"敢于想象和向往。光洁可人的瓷质碗盘在天天使用。新平镇瓷业盛行和手工艺技艺高超的传闻，早在京城被传得沸沸扬扬。于是他下诏派员去定制陶瓷柱础，供新建的三阁御用。

一个帝王就这样直接冲新平镇要货。

尽管后来由于原料强度和窑火温度的局限，那些镂雕精巧的柱础承受不住沉重的压力，因"弗坚"而几度试制都"不堪用"，但是这里造瓷的名声，却因皇帝的诏贡而名扬海内。这应该算是景德镇的少年，即业瓷以来涉世之初的闯荡时期。

瓷器师主赵慨出现

还是在东晋，景德镇的瓷业繁荣已经到了需要一个神灵庇护的阶段。

这是人民大众的共同愿望。那时候全镇大多数镇民都参与了这一手工业行当，然而由于经验不足和科学的欠缺，瓷化窑温物理和化学的变化难以掌控，碗盘碟盏之类的坯胎也往往在出窑后扭曲变形，或者光亮的釉面发黄有烧焦的麻点，甚至火候不足而生脆易碎，以及更为严重的是烧着烧着突然滚烫的窑棚坍塌出现责任事故。

这给小本经营的窑户们带来的后果是，不仅赚不到利润贴补家用，反而有可能倒霉亏本到最终灰溜溜地歇业返贫回归山田，更为严重的还有可能引发火灾，危及从业者的生命，最终沦落到产业被赔个精光、家破人亡流落乡野了事。

百思不得其解的景德镇人找不到缘由，只有相信命运求助于宗教面对神神道道的神灵。两晋时期宗教文化盛行，当时以佛教道教为主的势力在庙堂和江湖上蔓延。史料上说江南道教附儒，玄佛合流，分成两个集团清谈争辩。尤其是江南著名的道士葛洪，在民间蒙昧的时代结合神仙说与道术，并加入炉火炼丹的理论，著有影响很大的《抱朴子》一书。

道士炼丹的火烧，与瓷窑的原理又极其相似。

于是倒霉亏本者或祈求顺利者都只好相信命运，想从精神上找到一个自圆其说的寄托，以虔诚的祈祷和作法保佑的方式，把事业的兴衰交给一个想象的无所不能的法师去庇护，最后景德镇人找到了作出过瓷业贡献且已故的赵慨师傅——造神运动就这样在新平镇水到渠成地首次兴起。

赵慨也确实是制瓷行业的英雄和专家，生前曾受到镇民的敬重。

《浮梁县志》上写道："师主者，姓赵名慨，字叔朋，尝仕晋朝，道通仙秘，法济生灵——镇民多陶，悉资神佑。"字里行间已经透露出当地有点往仙道方面推崇的走向。相传他降生于河北滏阳（邯郸磁县）富家，自幼聪明好学，习文练武，深受父母喜爱。长大以后，他不负众望地凭才学到了福建、浙江、江西等地做官。

然而他生性刚直，疾恶如仇。虽然官至五品，但终因"班子不团结"让小人钻了空子，最终被朝廷降职贬官。他愤然辞职返乡，结果就在回去的路上，途经新平镇的时候，以道家的方式做了一桩破除窑业恶俗的善事和壮举，被受益的窑户千恩万谢百般挽留，这位被认为功夫不凡的赵慨，才留在当地以一个手艺人的身份制作陶瓷为生。

在瓷器师祖到达新平镇之前，这个地方烧造瓷器的人笃信的还是道士作法。

在烧窑之前为驱邪治鬼和敬天祈福，当时讲究一点的人家都要请几个法师来窑场作法，无非是步罡踏斗、凑表书符以调兵遣将，神神秘秘地绕场指画。因为在赣东北这一带自古道教盛行，有记载，新平镇东南铅山的葛仙山、玉山的三清山，以及南边鹰潭的龙虎山等地，东汉时的"张天师"张道陵、东晋初的"抱朴子"葛洪，以及张道陵的玄孙张盛都在这些地方修道、炼丹或布化过。

赵慨在福建辞官回老家经过新平，恰巧路过的这一天有一个窑场又在请人作法。

镇上有个窑主的窑形架构不够科学，焰火闷在窑弄里，柴火烧到高温时里面的坯胎总会融化倒塌，做了好几次法事都不得根治，以至于这次，这位没有文化的人听信了所谓"道人"，说他得罪了"窑神"，需要童男童女祭供，就狠下心花血本从外地买了两个孤儿，当作祭奠窑神的牺牲品。

这天赵慨远远见窑场上人山人海，走近看是童男童女被绑在木桩上。一班锣鼓号角响起，有人把柴投进窑堂。在一阵比画之后，"道人"指挥的祭师弯刀一晃一声吆喝。就在准备大开杀戒，想要血驱鬼怪，祭祀窑神的关键时刻，却听到"哐当"一声，杀人的弯刀被一个很像道士的人飞剑打落在地。

细节开始达到高潮——这似乎已经落入民间传奇故事的套路。

古代人相信头顶三尺有神灵游荡，以野蛮的方式不惜代价去挽救自己一路滑坡的命运，愚昧地屈从于迷信那都是千真万确的历史。

聪明的赵慨长袍在身风尘仆仆，干脆装出一副道法颇深的严肃脸色，站出来对大家说："如果窑神真的存在，窑神是为大家谋福利的，祸害窑户的不是窑神而是窑鬼。今天，我就是被仙界专门派来杀掉这个窑鬼的。"说完提剑围着窑身像模像样地转了一圈，然后走上窑棚在窑顶戳了几个窟窿。随后窑内的火焰冲出窟窿突然呼呼直响，火势顺畅地缭绕于窑弄，窑烟也顺烟道直奔烟囱。

在福建、浙江等产瓷区做过地方官的赵慨见多识广。

第二天歇火开窑，被戳的那一窑果然开出了前所未有的上等瓷器。于是，那位窑户和窑工就杀鸡备酒，童男童女也痛哭流涕长跪谢恩。席间新平镇的地方头人和业内人员，都端着酒杯来敬这位气宇轩昂且"道行"高超的仙人。大家求拜赵慨留下来镇压"窑鬼"。而赵慨经过长途跋涉正好也身无分文，又担心当地的祭杀之风死灰复燃，于是决定暂时留下，住进了新平镇的驿站，被聘请在那个被拯救的窑场作坊里制作瓷器。

浙江青瓷和缥瓷的生产程序，赵慨非常熟悉。

凭他的文化和智慧，在备料、成型、施釉，以及烧炼等方面，结合景德镇瓷原材料和燃料的实际，他研究改进出一整套工艺。比如制坯修坯、胎釉配制和窑炉结构——都有一些科学的调整，结果被新平镇的业界争相模仿学习，形成了相对稳固的工序流程，新平的瓷器制造水平于是被推进到了一个崭新的阶段。

那个所谓的"道士"从此再没有在市镇出现,黔驴技穷的杀人祭神道法就此消失。

在赵慨师傅逝世以后,当地人给他塑造瓷像,业内人敬重地称他为"瓷器师主",并把他的牌位长年供奉在作坊、窑场,甚至是居室堂屋,以祈祷保佑生产的顺利。从东晋之后新平镇就产生了一位瓷业界神灵。后世的詹珊曾作《师主庙记》一篇,记录明朝少监张善祭祀佑陶之神一事,在御器厂建起"师主庙"。此后庙中香火不断,但凡景德镇陶瓷行业举行重大活动时,都要祭拜赵慨的神位。

坐落在景德镇龙缸弄地段的师主庙,所祭祀的"菩萨"就是晋朝人赵慨。

明朝以后的师主庙在御窑厂的东侧。庙址坐东朝西,师主赵慨坐像在正中神龛内,两边分列成型六位"脚"师傅的神位,即打杂、做坯、印坯、剃坯、剐坯和杀合坯牌位。景德镇瓷业界人的内心,一直怀有自己精神上的灵魂。

激活市镇的昌江动脉

虽然业瓷走上了规模，但是作为地域的社会归属在南北朝之前的东晋时期，景德镇一直就像是个孤儿需要寄养，历代朝廷总是漫不经心地就地挂靠在鄱阳县设一个"新平镇"打发了事。一个村镇距离县治竟有八十千米之遥，在交通极其不便的封建社会，大家用脚指头都可以想到这个山区的冷落和孤僻。

到了隋唐，闭塞的程度也没有发生一丁点变化。

当地在设县之前，虎狼经常出没于周边的丘壑，新平镇周边乡村常常出现饿虎伤人和鬼怪灵异的惊悚记载。在市镇以北到安徽以南的广袤的浮梁丘陵山地，东西和南北的长宽都达百里以上，这些地方基本上均为叠嶂的山峦、茂密的森林。莽莽苍苍的黄山余脉将稀疏的乡村，像包饺子一样裹挟在褶皱里面。

而连通乡村和市镇的大小道路，都荒草萋萋，行人零星。

虽然这里自古以制瓷闻名，集镇人多热闹，但总体上它还是个被荒蛮围困的孤岛，土著在远古就被世人戏称为"番"地的"南蛮"。就是现在21世纪的今天，浮梁县依然把"瓷之源、茶之乡、林之海"的生态当作广告，也就是在告诉世界至今的森林覆盖率近百分之八十，浮北千米以上的高峰多达十处。深藏于高山峡谷的一些村落边，不仅有丰富的矿产，还活跃着豹子、猴子、鹿、相思鸟和穿山甲等珍禽异兽。

"摘叶为茗，伐楮为纸，坯土为器"，是当地人靠山吃山的权宜之计。

幸好"天无绝人之路"！

因为，这里有一条阊水从安徽南部祁门县的大洪岭和西坑流出，一直顺着荒凉的沟谷弯弯曲曲向南，进入江西浮梁境内后被改称为"昌江"。

昌江在景德镇境内由东河（番源水）、南河（历降水）、西河（大演水）和北河（小北港或杨村河）这四条主要水系，以及周边山里诸多的类似于毛细血管的溪流（明溪河、建溪河等）汇聚而成。到了它的中游地段，主要干流挨着这个小镇的西边经过。它就像是景德镇身上的喉管和血管，以至于在相对闭塞的当地，天赐给新平人一条水上的进出口交通，人才得以舒畅地呼吸生存。

生路借助于舟楫，就这样被血液循环的主动脉所激活。

根据流经的地形地势，当地人习惯性将昌江划分为上、中、下游三段。

上游在古浮梁县治的旧城以上，这一段山环水绕，水随山转，山清水秀，尤其在浮北以上地域山高水回，水流湍急，河宽有时仅通小木船，狭窄处只行驶竹筏。

但是自旧城而下，开阔的清流穿过景德镇城乡，环绕丘陵，淌过平原，直到鄱阳的皇岗——这段为昌江的中游。中游的架势就不一般了：河宽一百米到二百五十米不等，虽然有激流浅滩，也有碧波深潭，然而并不妨碍中小型船只的挂帆通行。而在皇岗以下作为鄱阳湖湖滨流域的昌江下游，河最宽处竟达三百五十米，十五吨以下的大帆船和中小型客轮可以畅行无阻。

拥有这样的水文形势，古代景德镇的"地利"就不言而喻。它不仅往上游向北，从市镇出发可去安徽，并翻山连接新安江通江浙一片；往下游顺水进入了烟波浩渺的鄱阳湖，逆赣江能够贯穿江西全境，甚至翻越赣粤交界的大庾岭古道，可进入珠江支流的北江；如果出鄱阳湖湖口奔长江那一路，上溯可通中国的大西南，下游衔接南北向的大运河，或者奔向大海那都不是梦想。

所以再远的行程，把昌江作为动脉，景德镇人已经简单到只要扬帆撑篙。

除此之外还有更妙的手笔——弯弯曲曲的昌江在挨着市镇西边流过的时候，也就是过了现在的珠山区竟成镇的青塘村，经观音阁就开始出现怪事，自北向南几乎流成了一道长约十三华里的直线，河道呈现出波浪宽阔，水深流缓，直到城镇南端的南河出口才拐向西南。

乃至于锦上添花的是：1.水量在城区河段变得充沛，在城区上游不远的旧城处有支流东河水哗哗地补充，到了城区中间又有西河水汩汩地汇入；2.在市镇的昌江东岸是一片连绵的冲积河洲，在没有填高之前的古代河滩缓坡开阔，是天然的码头市场；3.昌江西岸是阳府山、胜利岭、月山、金鱼山、谭家山等丘陵陡峭的山脚，深水潭口构成了载重船只停靠的良港码头；4.南河又在市镇南郊与昌江对接，沿着南河上溯的河岸有历代不计其数的窑口和瓷市。

清晨披着朝霞，河风吹拂。在新平镇两岸浓密树冠的掩映下，有无数条船筏从各条支流里钻出来，汇聚到昌江主干。"昌南"河床开阔，滩坡逶迤，草木成荫，呈现出一派田园水乡的美景。这一切都不是源自文学的想象，而是当地实打实从南北朝起始，经隋唐、宋元到明清以来的日常生态景观。

昌江水系脉络分明，流径分布像叶脉一样细密。

新平镇成了水上交通的中心，周边百里之遥的各个村镇的人们来此会聚，他们或者携带山货土特产赶来摆摊出售，或者采购所需物品带回家乡。这其实就是古代的水路赶集——船筏都停靠在镇边的码头，在东岸排开，将缆绳打个结系在树干上，或者抛锚在哪个方便的河汊，然后都爬上岸坡进入人声鼎沸的集市。

最早河滩边上就是"马路"市场。土著们面朝码头上来来往往的客流，提篮、挑担或推土车摆一长条，形成了规模性摊位集市，相当于后来在汽车站、火车站周边自发的跳蚤市场。古代的交通闹市，一向都依赖水路舟楫。

据考证，在元代或者更早的东晋之前，昌江边现在的"河街"还只是原生态的稀泥、水草滩地，或河湾河汊，女眷们常在河边浣衣洗菜。"前街"以西不过是一长条宽阔而曲折的向河谷过渡的坡地，类似于滩涂湿地或者荒坡绿洲。

沿河尽是地摊或棚铺，中间摩肩接踵，担来车往。

这里在古代出现了最大的"码头"自由市场无疑。然而特别值得反复提到的与其他农林产品市场不同的是，在众多的商品中景德镇沿河市场里夹杂着许多的碗盘杯盏等瓷器。那些光洁的花色釉面在太阳的反射下闪闪发光，鲜艳夺目。河边不仅有瓷器零售的交易，还有附近窑口货进货出的批发。因此每当太阳西斜收摊的时候，岸坡倒垃圾的地方总有一大堆一大堆新鲜的瓷片。

因为不是什么战略要地，历史上从来都没人抢占过这块地盘，所以景德镇从来就没有拥有过城墙。这里需要的是四通八达的环境，甚至为了进出交易方便还要铲除山包、清除荆棘、架设桥梁、拓宽码平一条条崎岖的羊肠小道，让人可以推着土车、挑着担子、赶着牛羊轻易进出。

驾船购销是古代最轻松的买卖。

人口稀少的新平镇，船只木筏却来往穿梭，川流不息。集市让"昌南"的居民陡然暴增。

当地在由村而镇发展的最初，市场被昌江水路所激活，于是四乡八坞的农民、手工业者或者商贩靠近码头，就着河边稀疏的村舍和曲折的岸滩，形成一长条夹杂着陶瓷买卖的集市。后来市场逐渐繁荣，一些手工业主在近集市，沿河建造坯房和窑场。由于瓷业的慢慢强盛，反过来又顺着作坊和民居由河岸填滩扩展出"河街"，同时朝东推平山丘延伸至"后街"，最后整个城镇从河畔一步一步渐行渐远"离岸"，开拓荒丘改造成街市。

蓝浦说这里"水土宜陶"不是没有道理，景德镇地处昌江水路的最好河段。即便上游众多的乡镇出产丰富的瓷原料和松木燃料，都敌不过昌南的交通优势。在市镇及其以下的河段，不存在类似于河道狭窄、地形陡峭、水流落差大、枯水期水浅多滩，以及河床内隐匿岩石等，阻碍船只载重的水文现象。

在科技欠发达的古代，夯实一个手工业基地的重大条件，不仅仅在于是否影响生产，更主要的还在于能不能最终实现生产成果的销售。原材料可以磕磕碰碰地长途运输，瓷器却是沉重并易碎的商品。假设千百年来不断靠肩挑背驮的方式运抵客户，那造就瓷城，便是一个"天方夜谭"的书面故事。

河流是文明的摇篮，昌江就是景德镇的母亲。

当地"十三里陶阳"，就是靠这些码头上的装卸，使得窑火旺盛，人流如梭。

The
Biography
of
Jingdezhen

景德镇传

由于具备了特殊的地质,掌握了精湛的技艺,景德镇进入了手工专业发展时期。由"地利"上的侥幸起步,而碰上了"天时"与"人和",应了"机会总是留给有准备的人"那句老话。

经过魏晋和南北朝两个漫长的磨合时期后,作为陶瓷手工业城镇,借助中国史上强盛的"隋唐"朝代,把握住了几次偶遇的良机,"演义"出被朝廷指名烧造国之重器的精彩,从而稳健步入了"快车道"的发展阶段——瓷器被朝野青睐,景德镇作为"瓷城"的势头已经呼之欲出。

瓷城的『隋唐演义』

第二章

瑶里古镇

显仁宫的狮象大兽

南朝为"陈后主"在建康（今南京）华林园烧造宫室柱础的失败，一直是新平镇窑主心头泯灭不了的耻辱。虽然皇帝陈叔宝并没有责罚，但是伤痕的隐隐作痛，始终激励着当地人对瓷艺的不停探索。历史很快进入到几十年以后的隋朝，也就是隋炀帝的大业元年（605），新平窑业终于借助又一次下诏定制的机遇，在国家权力的高层扳回了一局——成功地为显仁宫烧造出狮象大兽两座，被隆重地运抵京城，安放在宫殿的大门外昂首挺胸。

这就像是瓷城的招牌，令朝进夕出的高官无不啧啧赞叹。

隋朝是中国历史上上承南北朝、下启唐代的大统一王朝。杨坚南下灭掉陈朝统一中国，结束了自西晋末年以来长达近三百年的分裂局面。隋炀帝杨广更是大气磅礴，随即迁都洛阳，改州为郡，频繁发动战争，修建贯通南北的大运河，类似这显仁宫的工程自然是他小菜一碟的规划。史学家常常把中国历史上最强盛的帝国，并称为"隋唐"。

新平镇偏隅于风平浪静的江南，像世外桃源一样趁着和平稳定悄悄地发展生产和经济，这里成了制瓷手工业人的天下。

显仁宫在《隋书·炀帝纪》中有记：大业元年三月，"又于皂涧营显仁宫，采海内奇禽异兽草木之类，以实园苑"。虽然史志上的记录仅寥寥几句，语焉不详，但是凭隋炀帝的手笔，605年即位之后将都城迁到了河南洛阳，又赶紧兴建于洛阳西侧宜阳县东的西苑（又叫会通苑），是历史上仅次于西汉上林苑的一座特大型皇家林苑，面积是洛阳城的数倍。

"采海内奇禽异兽草木之类"不够，大门前的空白，使得杨广想到了让新平镇烧造狮象大兽瓷器。这应该在当时属于奇思妙想。他既是一位事业心强大，同时也是享乐主义突出的异人，世上事没有他不敢想的，想到后也没有他不敢做的。

尽管历史上对这事没有翔实的记载，但是也可以想象，以隋炀帝的气魄，摆放于皇家园苑宫门的大件瓷器为国家重器，想必在形象、尺寸上不会小气。狮象属于异兽，在海内少见，而给予其雄风的夸张，于雕塑技艺上更轻而易举，房屋木雕的师傅转行到新平镇瓷业都不在少数。难就难在大件瓷器烧造，在陈朝做柱础的时候已经有过失败的经验。新平镇在那个年代的瓷土原料的硬度和火候高低的掌控，都达不到大型器具的烧造要求。

诏令由钦差传达到郡县，郡县官员无不战战兢兢并缩手缩脚推辞陪同，因为官场上都清楚当朝皇帝强硬暴躁的脾气。然而当官员找到新平镇顶级窑口的瓷业老板时，窑户却胸有成竹地微笑着接单。吃一堑长一智嘛。在漫长的两百多年的时间里，当地已经有不少的瓷工摸索出了烧造大件的本领。

结果，虽然是哪家窑户承接了诏令，拿什么瓷土去泥塑，又是哪一个在雕刻坯胎，以及如何进窑烧炼，等等，人们在保密的生产过程中都一概不知。但是在这年四月桃花盛开的时节，一对硕大的栩栩如生的瓷器动物，却轰然横空问世。

这时候窑主不管不顾官家的低调，瓷器一出窑便激动地燃放起经久不歇的鞭炮。狮象两头大兽，像是一对活物釉光闪闪，威风凛凛。它们被地方上大大小小的官员前呼后拥时，被脚夫们吃力地吆喝着抬起时，钦差始终是胆战心惊地瞻前顾后，总是担心到长吁短叹满头是汗。瓷器很快被牛车运抵码头，然后官船伺候顺出昌江，入鄱阳湖，再逆长江，进汉江，在湖北襄阳簇拥登岸转上官道……

押运途中一路小心翼翼，厚厚的棉絮包裹肯定都不少于两层。然而两个"祖宗"一样的御器，这么大件的动物造型瓷器不可能不受到夹道围观。尽管后来钦差大臣深感有性命攸关的责任之险，沿途都加强了军兵严加护卫，车篷船舱也都遮盖得严严实实，但是在漫长的运输途中每每经过一个地方驿站歇脚时，当地的权贵都想方设法通路子以一饱眼福，弄得钦差大臣一路上既踌躇舒畅，又诚惶诚恐。

直到搬进洛阳的显仁宫安放稳定，瓷器狮象大兽总共影响到多少人的生活，引起了多少地方的轰动，又让多少人寝食不安或激动难眠——均无以计数。

景德镇那时候的瓷器，就不再局限于碗盘杯碟之类的日常器具的烧造。这件宫廷大事昭示，在历史文献里艺术雕塑作品第一次借助于瓷质这一类装饰性奢侈消费，日益吸引着天下喜欢装脸面的权贵。而新平镇由瓷土生造出来的品种，诸如圆雕、捏雕、镂雕、浮雕出来的天神佛像、花鸟鱼虫、亭台楼阁等，从此开始变得丰富多彩无所不能。

业务在急剧攀升。

唯一获得巨大利益的，就是具有万能制瓷声誉的、名传天下的新平镇。

新平县设立与县治变迁

在当地增设"新平县",是唐高祖武德四年(621)的事情。

于动荡之后天下稳定的情况下,唐高祖李渊派出安抚使李大亮南下巡视,之后才根据巡视建议,正式批准将景德镇从鄱阳县分离出来,归口新设置的新平县管理。鄱阳县和新平县统一归属饶州府管辖。

李大亮是唐朝开国功臣。

建议地方单独升格设县,李大亮的理由在奏疏上写得一清二楚。他在巡视鄱阳湖滨广袤的土地之后向高祖建议,把那些区域过大的县域进行拆分,州县主要官员均由朝廷任命。他在奏疏中写道:饶州鄱阳县,地大物博,尤其是位于其东北境之新平,山川秀丽,民风淳朴,茶叶丰盛,陶瓷手工业发达,富庶一方,而昌江山洪狷獗,少数几位官员根本无暇顾及,建议新平镇从鄱阳县中析出,单独置县,以利管理。

从这一地区正式设县开始,标志着这一带的政治经济已经脱颖而出,也昭示出其下辖的景德镇青春正当年,在迈开成年发展的成熟步伐。但是其间有两个细节值得注意:一个是在命名为"新平县"之后,当时也不知道是哪一级官员心血来潮,不把县治放在成熟的昌南镇或者新平镇,偏偏决定在景德镇以北六十五千米以外的浮梁北部山区一个被叫作沽演(今江村乡辖区)的地方。

这肯定让当时的好些人莫名其妙,就更叫今天许多历史研究者感觉到疑惑了。

沽演就是那个曾经出土过新石器时代遗物的地方,因为村落的历史悠久,发展到唐朝,想必原住地的居民也不在少数。问题是这里坐落在丘陵山地的深处,优势是有一块四面环山的开阔盆地,一条昌江支流杨春河(大北河)在村巷的东边哗哗地流淌。所以无论是交通还是经济,作为一处县城它都显得偏僻和荒凉,在架势上也呈现出小家子气的落魄穷酸。

景德镇这块地方就蛮不错的。作为昌江南部的一个手工业乡镇,这个最早被四乡八坞的民间喊作"昌南镇"的地方,当时虽然不过是一个有集市的市镇,但是黎民富足、街市繁荣。而作为新平县衙署所在地的选项,在唐代却没有一个人会把它考虑进去。

原因非常之简单,当地"富则为商,巧则为工"——工商业在我们农业大国一直被视为耕种的副业,当作投机取巧生财的旁门左道,是对耕读传家和安居乐业传统与基础思想的一种伤害侵蚀。早在《史记·秦始皇本纪》里就说:"皇帝之功,勤劳本事。上农除末,黔首是富。普天之下,抟心揖志。"

封建国家的经济基础是自给自足的自然经济,农业是古代决定性生产部门,提供给人们最基本的生活资料,生产状况直接关系到国家的兴衰存亡。从商鞅变法规定奖励耕战,到汉文帝的重农措施,一直延续到清初恢复经济的调整,历朝历代除了轻重缓急不同,重农抑商的政策在封建王朝中始终未变。

在饶州府或新平县的领导眼里,景德镇安心于农事者少之又少,大量"刁""巧"的工商业主一方面是通过瓷器商品交换与高利贷盘剥农户,另一方面以商业活动丰厚的利益回报吸引着相当一部分农民"舍本趋末""轻义重利",进而影响败坏地方民众的思想根基。

不过后来经过反复研究,后世才理解了当初拍板沽演者的偏执以及良苦用心。屁股决定了脑袋。唐朝时当地茶叶贸易繁盛。在当初皖南祁门县南几个乡镇还归属于新平县管辖的时候,沽演的位置相对而言还是地处县域产茶区的中心地带。而且虽然只依靠着一条溪水似的支流,但是世外桃源似的环境和进出运输的流畅，应该还算是比较安稳方便。

然后果真就昙花一现——沽演作为县治的时间，在历史上仅仅五年不到，新平县就在朝廷县级花名册上销声匿迹。原因不得而知，也让后人争论不休莫衷一是，但是推测的症结还是在选址的欠妥。最大的嫌疑是这里地势低平，遇到洪水时杨春河倒灌，好端端的县城会轻易在群山围困中汪洋一片，子民和财产就会被当作菜叶一样浸泡和漂浮。

最终失察并沮丧的知县大人，一筹莫展地丢下初具规模的城镇逃之夭夭。

当然也有人根据唐代皇帝的纪年考究，发现唐高祖李渊在位总共是九年，武德四年立新平县后的第五年，正好是他的次子李世民发动"玄武门之变"被立太子的当口。在国家政体混乱的情况下，李渊也无暇顾及这点山沟里鸡毛蒜皮的小事。而李世民又是位富有主见的皇帝，上位后武功文治快刀斩乱麻——撤销在沽演的新平县建制，正是唐太宗对全国行政区划重新调整的一小部分。

过了九十五年，时间也将近一个世纪，在景德镇地区设县的顶层意图又重新得以显现。唐玄宗开元四年（716），统治者感觉到这个地方的经济强势已经咄咄逼人，鄱阳县衙的遥控指挥也远远不适应管理形势，就将早已撤销淡忘的"新平县"县治从远离经济中心的沽演，南移到靠近景德镇十千米不到的新昌江口，就在现在的新平村边上，也就是如今浮梁县旧城的东南岸，并更县名为"新昌"。

但是，就是不落点到瓷器生产基地。

这一次是由刺史韦玢进言复县，表面的理由是这里有肥沃广袤的土地。

但是作为选址依然草率的县治，新昌口又有新昌口的不足，虽然依附昌江但是"沃广"的土地低平。由于上游高山连绵，昌江水源丰沛，支流像叶脉一样庞杂，溪流纵横肆意，沿江两岸的低洼地带容易泛滥，所以当地人大多伐木为排，浮江而下；如果遇到山洪暴发，山间树木会被冲下溪谷，卷入昌江——新迁的县治也常常遭受水淹。

《唐书·地理志》说"本名新平也"；而《郡名释名》记，"以溪水时泛，民多伐木为梁也"；最后旧志书上解释，"洪水泛梁木横新昌江口，人因以济，故称浮梁"。所以在更名二十六年之后，到了天宝元年（742），新昌又因与浙江一县同名，唐玄宗根据地方特色下诏将新昌县名改为名副其实的"浮梁"。

其间的洪灾也确实惨不忍睹，县治或城镇的大水连年肆意汹涌，堤岸崩溃、良田被浸、房屋坍塌、人畜不保。因为昌江河流域纵跨皖赣两省，在黄山莽莽余脉的源流之内，省界倒湖以上河长竟达八十五千米，主流长六十七千米，集水面积广达四千一百六十平方千米，在江西境内的主河道落差四十七米——也就是水流相当于从至少十六层高的楼层奔涌而下。

偏偏景德镇区域的降水又集中在夏季，占全年雨量的百分之四十七，几乎达到了一年总量的一半。

仅仅在唐代于景德镇地方的水灾记录，光有案可稽的就有：贞元十一年六月，浮梁大水漂流数千余户；元和七年五月大水，九月又复大水；元和十一年六月暴雨水泛，九月又是大水共漂没数千余户。"数千余户"的文字看似轻飘，在当时人口稀疏的当地，相当于某些大一点乡镇几乎被洪水全军覆没。

到了唐宪宗元和年间（806—820），观察使裴勘鉴于县治低洼水患频仍，实在是忍无可忍，就于唐元和十一年（816）下定决心将县治由昌江南岸迁址北岸旧城，因为"据西北高阜，土地肥沃，景气清淑，山林郁苍——左挹双溪，右环西山，前瞰塔峰，后枕孔阜山"，即靠近地势较高的孔阜山南麓。

浮梁县衙门，从此被固定在离镇二十里远的旧城，就近实施着对景德镇的管理，延续了一千多年基本上没有挪窝，直到民国建立前。尽管千百年来从属的州府郡道，有反反复复的调整变更，但是景德镇历来基本上都服从于这里驻扎的命官及其发出的政令。非常浅显的道理——因为今天的景德镇这块地方，直到清代都有记载，浮梁共分十个乡，五十六都，市镇不过是占它兴西乡里仁、镇市两个"都"而已。

为什么在唐朝景德镇的顶头上司衙门会频繁迁址？这就是第二个值得关注的历史细节。

答案之一是当时国泰民安，政权高层有时间和精力去合理化调整县镇布局。新平镇在入唐以后，瓷业进入了一个快速发展时期，经济上盆满钵满。这里的手工业经济不要说是支撑一个市镇，就是作为县治、州府的支撑也绰绰有余。但是历来的王朝有"重农轻商"的打压思想，把昌南镇仅仅当作一个县辖的工商基地。

即使是昌南镇不作为县治，然而高层不断调整着县治接近经济重镇的方位，以充实地方财库的意图已经不打自招。

第二个是地方财政富足到流油。从东晋到唐初的三百年左右的时间里，当地的瓷业茶业销量惊人，完全能够承受得起这样的反复折腾。穷汉子哪里敢率性举家搬迁？一个县治的迁址建设，包括城墙、交通、衙署、街道——是当时一般财力上难以承受的巨大工程，然而当地瓷业和茶业远近闻名，使得州府和县衙都腰杆子强硬，财大气粗，敢于动辄挥挥手轻易做劳民伤财的宏大决策。

据20世纪末的考古发现，在景德镇市东二十千米的浮梁县湘湖镇的兰田村金星自然村，有唐代万窑坞窑址两座，出土青绿白等多种釉色瓷片。其中腰鼓瓷这类异物的出现，说明经贸的手臂已经远抵西域，天下的钱像流水一样正源源不断向浮梁汇聚。

包括昌南镇在内，浮梁土地上的先人有"摘叶为茗，伐楮为纸，坯土为器"的说法。另外还有句比较豪迈的话说道，"浮梁歙州，万国来求"（《敦煌变文集·茶酒论》）。外面一般人很少知道浮梁丘陵里的山头地脚，还拥有大片大片绿油油的茶园。每到春季女摘男做，使得整个县村农舍中都弥漫着浓郁的茶香。

从唐代中叶到宋朝初期，朝廷每年要从江南东西两路议购茶叶上千万斤。唐德宗在位时开始征收茶税，全国年征收茶税共计四十万贯，仅浮梁一地年出茶七百万驮，税费十五万多贯，占全国的百分之三十七点五。

"瓷源茶乡"说的就是浮梁。唐代白居易在《琵琶行》中曾提到"商人重利轻别离，前月浮梁买茶去"。到了1915年浮梁"天祥"茶号的工夫红茶，又获得在美国旧金山召开的第一届巴拿马万国博览会金奖。

当地县治在唐朝的三迁，虽受制于政治、经济和军事等因素，然而受地理环境的制约和影响也十分明显。这就是当时在生产力低下的古代，小农经济决定了人们对河流的依附。县治从昌江支流转移到主流，从山丘上游迁向谷地下游的两河（昌江与支流东河）汇合处。

在县城旧城有规格完整的城墙，墙高约七米，厚约六米，绕城一圈十华里左右。规模和规整程度的像模像样，都说明这里曾经是个富庶的上县。只是受低下生产力严重约束的官僚阶层，仅仅满足于"有城郭之可守"，却不思"有墟市之可利"，以至于几百年来县治旧城，特别是到了景德镇如火如荼的高峰时段却逐步萧条没落，冷冷清清。

被县衙与御窑厂双重管辖的景德镇，虽然被高压掌控得难以喘息，但是依然属于一块不寻常的集镇，乃"江右一巨镇也"，"五方杂聚，亡命之數，一哄群沸，难以缉治"。它时不时因"暴动"而惊动道、府、县长官亲临巡视。因此在小小的市镇竟设有九江分道、饶州分府、浮梁知县行馆等多个上级衙门。明朝还在这里设立了作为常驻弹压机构的巡检司署。

"假玉器"进京

最能说明地方发展的例子，是唐代初年一位景德镇窑户老板把瓷器卖到京城的故事。

因为瓷器坚硬、光滑和温润，在京城长安街头，这位窑户老板的产品被京师百姓误以为是"假玉器"而抢购一空，一时惊动了盛唐大都，最后意想不到的结果是搞得奉诏进贡，给过硬的景德镇瓷器做了一回天大的广告。

机会总是留给有准备的人。作为专门的手工业市镇，已经把瓷器做得如花似玉，影响海内，惊动了天子，这都是顺理成章迟早的事情。

这位窑户名字就叫陶玉。名字也有些像是有意与瓷器挂钩的意思，初看疑似后世编造的业界传说人物，但是与神话故事中的描述不同，史料中有鼻子有眼，时间、地点和人物都经得起推敲。当地清朝乾隆年间的县志也是可以信得过的资料。再追溯还可以找到明朝嘉靖年间官至刑部尚书、曾做过江西按察使的王宗沐编撰的《江西省大志》。

翻一翻江西人民出版社2014年版的《景德镇陶瓷瓷典》，"陶窑"竟然是正儿八经上了典籍的名窑。注释为：唐代，新平镇陶玉烧造贡瓷的、拥有"假玉器"美誉的著名民窑。清代嘉庆年间的蓝浦又在《景德镇陶录》里描绘："陶窑，唐初器也。土惟白壤，体稍薄，色素润，镇钟秀里人陶氏所烧造。"

在乾隆年间出版的《浮梁县志》中是这样记载的，"武德四年，有民陶玉者载瓷入关中，称为假玉器，献于朝廷。于是诏仲初等暨玉制器进御"。这段文字记叙的，就是这个进京献"假玉器"事件的概述。

想想也没有必要——不过就是个烧造瓷器的底层工匠，往大处冠名顶多也无非是个"窑户老板"。所以可以推测在帝王将相、才子佳人才能留名的封建王朝，一个普普通通的乡下手艺人被载入史志，并千百年来在当地被广为流传，那应该是做了件家喻户晓的惊天大事。

其实瓷器烧造发展到唐朝初年，景德镇在全国都算是首屈一指准备充分的专业手工集镇。当时在昌江水系边上的窑口很多，产瓷区东一块西一块云集成片。据现已发掘论证的在唐、五代十国等以前的古窑址，大致分布在三个紧贴五华山山脉的区域：一个是镇区昌江边和近郊；二为昌江支流的南河流域；三在昌江支流的东河沿线。它们大多依山傍水，临近瓷土矿坑和窑柴产地。

很早以前的陶瓷成品销售，大多是由窑主或雇工挑着担子，在家乡的周边"打叫口"兜售，在北方这叫作"货郎"与"吆喝"。但这一回陶玉跑得很远，竟然跑到了千里之外的西北，而且还不是一般的乡下。作为江南新平镇钟秀里的一个"乡巴佬"，这次的做法，确实是胆大妄为得有点过分。

当然事出有因，缘由还得从唐高祖李渊说起。当时经过长达十年的南征北战，李渊消灭众多的割据势力，建立了大唐王朝，定都长安。即位以后，他派出一批重臣任安抚使，到全国各地巡视，以勘察饱受战乱的地区。

李大亮被派往江南。他比较有思想有头脑，在巡视鄱阳湖滨广袤的土地后，他向高祖建议把新平镇从鄱阳县中析出，单独置县，以利管理。由此唐武德四年（621），一个新的县制"新平县"在江南诞生。

新任县令姓周名彤，原为朝廷少府寺一名总管百工的监官。听说当地陶瓷业发达，就寻访四乡摸底调研，他第一站就抵达县域东边的一个主要产瓷区湘湖。当时的湘湖一带就叫"钟秀里"，距离市镇不过十几千米，有一条昌江的支流南河交通贯穿全境。沿河不算口口相传的窑数，现已发掘出的就有湘湖窑五座、白虎湾窑十三座、塘下窑数十座、盈田窑十四座，兰田窑若干座，灵安窑四座——那都是晚唐、五代至宋朝的遗迹。

县令周彤考察"钟秀里",是因为这里的窑口著名,其中有兰田村的"陶窑"。景德镇陶瓷考古研究所在事后出具的《湘湖兰田窑唐代窑址考古调查》中说:"此次发现的晚唐窑址是迄今景德镇浮梁地区烧造时间最早、保存最好的唐代窑址之一,对研究景德镇早期制瓷史提供了珍贵的科学资料。"

当周县令一行来到陶家窑场时,正赶上陶玉为儿子举办满月宴会。也是非常凑巧的事情,在陶窑他遇到了位年近六十的老倌。老头子是陶玉的岳父霍仲初,新平县东山里人,也是当地的一位制瓷高手,拥有一座名气更大的霍窑。《景德镇陶录》对这家名窑瓷做了描述:"霍窑,窑瓷色亦素,土蟮腻,质薄,佳者莹缜如玉。"

新平县东山里也就是今天浮梁县的瑶里,位于县东北与安徽省休宁县交界的山里,离景德镇五十千米左右,坐落在昌江支流东河之瑶河岸边。那里山高林密景色优美,群山里密集着麻仓洞窑、内瑶窑、绕南窑和长明窑等窑址。

周县令慕名赶到那里的山沟盆地,就被村庄上空飘散的一缕缕窑烟所惊呆。尤其是那里的龙窑,一条条面水俯卧在山坡上,窑后的烟囱就像是龙翘起的尾巴一样活灵活现。

回到县署后虽然疲惫不堪,但是被瓷窑和瓷器震撼的周彤夜不能寐,感慨万千。油灯下经过一番考量,周县令忍不住伏案挥笔,给李大亮大人写了一封长信,汇报了到任几个月来的工作,并详细推介了一番新平的瓷器。随后他又冲动地给年轻的陶玉建议:带上陶窑霍窑的精品,去京城开拓市场。

"长安人,钱不是问题。"

有魄力和胆识的周县令毕竟是个文化官员,分析得出民间窑口做得再好,也只能做出周边的微观效应。出于地方经济发展的思考,他于是想到了"高位推动"。

就这样,陶玉带着几个帮手翻山越岭,历经了千辛万苦,坐船涉水,带着为数不多的瓷器来到远在西北的长安。诚实的窑户陶玉既没有更复杂的想法,也没有更好的变通办法。西北路途迢迢,顺着县令画好的大致途径,他们一行人的线路是:坐帆船顺水进鄱阳湖,出湖口逆长江上行到汉口,再溯汉江曲折艰难地经鄂西北郧西,换小船拉纤到达陕西的安康,然后入旬河支流——

乾佑河航行到镇安县上岸,再雇请挑夫钻峡谷转山坳翻山越岭,将为数不多的瓷器挑过莽莽秦岭最后进入长安。

这是进京的捷径。

沿途大部分都是顺着水道坐船,由于瓷器经不起震颤和磕碰,所以只是进入上游险滩和翻越秦岭时比较劳累。本来都是吃苦耐劳的群众,一路的疲劳和饥饿是无所谓的事情,走一程歇一程——总之是银两倒霉。陶玉本来也赚得盆满钵满,这次就借远销的差事,权当是带一帮贴心的窑工去大城市见见世面。

果然大家步入长安大道都很开心。气派的马路宽阔平整,一路见高头大马香车宝鼎,城郭威严高耸,士兵威武壮勇。街市两边庭院亭阁和府门楼台,集市上货物稀奇古怪琳琅满目,京城人熙熙攘攘面目杂陈,尤其是皇城宫殿奢华绮丽,巍峨壮观。

陶玉万万没有想到的是,当他们把担子放在路边,将瓷器呈现在长安街头,阳光反射出闪闪的釉光,立即就引得广大市民一拥而上地围观。南方人歇店都没有住下,京师百姓就少见多怪地惊讶询问并爱不释手。

京城人都见识过昂贵的玉石,开始看到如此釉光油嫩的青白瓷,误以为是玉制的器皿。后来才由衷地纷纷称道这种瓷器为"假玉器",于是掏出银钱抢购如潮。一切都措手不及。在城墙高耸的路边,他们被一帮长安市民里三层外三层围得水泄不通手忙脚乱。

安抚使李大亮拿着周彤的书信和陶玉的瓷器,进宫面呈皇上。唐高祖在欣赏样品后自然非常满意,高声建议:何不诏进宫来?

然而瓷器已经被销售一空,路边的摊位只剩下几块被打碎的瓷片。李大亮约见陶玉,打听制作"假玉器"的过程和所需的时间,问在新平镇还有没有更好的窑口,能做出更加出色的瓷器。就这样陶玉推荐了岳父的"霍窑"。

第二次进京是以陶玉的岳父为主——虽然这一回有当地衙门的配合,但可惜千山万水,一路上想象不到的波折与艰辛,携带沉重易碎的瓷器需要耗费大量的精力和日程。然而朝贡带来的历史效果可想而知。

距离京城,景德镇不可谓不远。而在当时,能像景德镇这样拥有这么多名窑的乡镇却凤毛麟角。正是碰上了一系列很好的契机，景德镇的瓷器在推广方面抢先了一步。就像时下的一次成功策划——当然关键还在于，这里最早的青白瓷器本身有过硬的质地。

皇帝瞩目

发现了瓷器作为器皿的精致以后，大唐皇帝再也不可能对美妙的诱惑视而不见，心如止水。

"唐武德二年，里人陶玉献假玉器，由是置务设镇，历代相因。"明代万历年间出版的《江西省大志·卷七》这样记述。虽然在事件的年份上，与"县志"版有两年的出入，然而"置务设镇，历代相因"，则点明了朝廷因此开始在当地专门设置"司务"机构。这都是中国顶层的系列反应，也是景德镇迈开瓷业步伐的加速器。

唐代的瓷器可以说已经与陶器决然分野——烧造的温度在一千摄氏度以上，釉料成熟，质白坚硬或半透明，与唐三彩那种彩釉陶器有着本质的区别。在隋朝和唐朝初年，全国民间的窑口也不在少数，尽管越窑青瓷明澈似冰，丘县[①]的刑窑白瓷细润坚薄，但他们规模不大，稀疏地点缀在江浙和河北一带山乡野地。

在唐代景德镇窑刚刚有点名气的时候，唐中宗李显便在景龙年间诏令褚绥任新平司务，前往江南督造献陵祭品的器皿。李显也是位有想法和有作为的皇帝，在他手里恢复了唐朝旧制，免除租赋，设十道巡察使，置修文馆学士，

[①] 帝尧七十二年（前2286），禹治水导河至于衡漳（今邱城东南）。(1289年) 立丘县，清雍正三年十二月二十七日上谕，为避孔丘之讳，加"阝"，为邱县。

发展与吐鲁番的经济文化交往，把金城公主嫁给吐蕃赞普尺带珠丹。献陵为唐高祖李渊和太穆皇后窦氏合葬的陵寝。李显便想在景德镇做盛装祭品的器皿，以釉面洁净的高规格，彰显其对祖上的敬意。

这算不上"眼红"，仅仅是对"王土"之内的资源利用，然而李显想到了瓷器，并派遣钦差前往景德镇督造。

进一步让"天子"动心的一回，是在广运潭"灞上"地区。当时陕郡太守兼水陆转运使韦坚，为了彰显畅通漕运之功用，以利天下特产交流促使唐代经济繁荣，特意在禁苑之东高筑望春楼一座，请玄宗皇帝登楼观赏。原来这一切是想博取皇帝的欢心，他事先摆设好全国各地的特产和手工艺品，有一点今天博览会的意思，同时也想彰显"经贸交通部"职责内的功绩。

开创了"开元盛世"的唐玄宗李隆基，是一位胸襟广阔励精图治的盛世明君。那一次在昌南镇瓷器的展位前，唐玄宗看得是目瞪口呆、流连忘返，几度对瓷器爱不释手，最后高兴之余嘉奖了韦坚，授予其银青光禄大夫、左散骑常侍。

在唐代元和年间，年轻的唐宪宗李纯终于忍耐不住对瓷器的倾心，想要拥有一批自己理想中的瓷质宫廷器具供专门御用。"元和中兴"说的就是他改革弊政、勤勉政事、重振皇威的天下繁盛。他直接指令饶州刺史元崔，到景德镇兼任监镇，制作一批御瓷。

元崔在将精致瓷器押送至京以后，为了锦上添花还特请了大文学家柳宗元做了篇《代人进瓷器状》，说："瓷器若干事。右件瓷器等，并艺精诞埴，制合规模。禀至德之陶蒸，自无苦窳；合大和以融结，克保坚贞。且无瓦釜之鸣，是称土铏之德。器惭瑚琏，贡异砮丹。既尚质而为先，亦当无而有用。谨遣某官某乙随状封进。谨奏。"也就是告诉宪宗李纯：制品的精巧，既无粗劣毛病，又无陶器声响，且结合天地间的刚柔气质，能保持长期的坚致，堪称美好的器物。

一篇精彩软文，外加一批景德镇瓷器，耳闻目睹，一时间把个朝廷君臣弄得惊叹艳羡不已。

景德镇传

The Biography of Jingdezhen

第三章 宋始的瓷器风光

和以后在当地专门设置的"御器厂""御窑厂"不同，官窑其实早于北宋徽宗手里就开始有了设置——"政和间，京师自置烧造，名曰官窑"。宋室南渡以后朝廷又设立过"修内司窑"和"郊坛下窑"。

这三个官窑分别设在汴京和杭州附近，不过是朝廷造办处工匠的作坊，水准与景德镇相比就差得远了，不要说工匠工艺，仅就瓷土而言，自然都烧不出景德镇的稀世品位。连宋室皇帝自己都不怎么理它，更不要说那些民间窑口。

于是景德镇成了朝野的"新娘"，被吹吹打打地用花轿抬起，一路风光无限。

昌南镇古街

被朝野所器重

"新平"是景德镇这一带最早的官方名称,到了北宋景德年间逐渐被淡化出局,那就更不要说"昌南"这个民间称呼。

地名淡忘是在宋真宗赵恒的手里,这不能算是钦定,只能说是民间的约定俗成。因为有相当一段时期,懂得享受的赵恒一散朝就钻进后宫,与女眷们一起耳鬓厮磨地把玩由景德镇进贡来的精美瓷器——当然这是有缘起的。有时候在当朝心情舒畅的时候,他还会随手赏赐一两件给大臣。这就在众目睽睽下,引发了臣僚们"羡慕嫉妒恨"的情绪,带动刮起了一股那个年月才有的时尚风气。

于是拥有景德镇瓷器,成为一种显示尊贵和典雅的装饰。

一散朝,臣僚们别的不去思念,都忙于利用各种渠道,私下里谋取出产于景德镇的精品,拿回府苑,摆设在书房客厅显赫位置,以彰显各自的地位和雅兴。那时各大城镇的市场商铺,也都接受过抢购的教训,只要谋得"景德年制"底款的陶瓷从不上柜,只给权贵递个信息,或获得高价或做了人情。底下进京办事的官员莫不携带瓷器,天黑后溜进王侯深院雅贿,所托请之事又无不马到成功。

小民就更无须言说。黑市上炒作倒卖"景德年制"的陶瓷,开口闭口像地下接头的一样,暗号就是"景德年制",乃至世人都忘记那个江南集镇的官名与俗称,聊天传话干脆就叫什么"景德镇瓷"如何如何。在宋真宗赵恒坐天下的时候,这股莫名强劲的时尚风气,令大江南北各大窑口的窑主们呆呆地守着积压的产品,仰头望天沮丧万分。

"偏僻"本来算不上一件好事,但是新平镇却塞翁失马,偏偏得益于那个时代赋予的机遇。唐末藩镇割据,造成五代十国长达半个多世纪的分裂。当时中国南部战祸较少,北方民众大量南逃,江南人口较东汉时期增加了一倍以上。在古代农业大国中,工商业是最为来钱的结现行当。

东南诸国均凭借社会稳定而资产雄厚,征赋多取自商利,出现了像浮梁地带的一时偏安和繁荣。从宋真宗"景德"年间开始,新平瓷器一下子被朝野如此器重,也绝不是空穴来风,无缘无故。

赵恒之后的宋室天下,景德镇瓷器就一直强势,景德镇因此时来运转风光一时。比如真宗后继位的宋仁宗赵祯,在天圣年间遣张焱任饶州推事,一度还兼任窑丞,令他直管景德镇的瓷事;在仁宗景祐三年(1036),史料还记载,窑丞齐宗蘷因押运御瓷受损而自杀谢罪。这诸多的钦点都在说明,面对景德镇制造的"假玉器",皇帝不可能无动于衷。

退一万步说,就算是不喜欢瓷器,不看僧面看佛面,看到景德镇的瓷业兴旺,地方财源像涌泉一样滚滚流出,所以在宋真宗景德年间的半个世纪之后,神宗赵顼终于坐不住了,于元丰五年(1082)八月初五直接就把手插到饶州景德镇,专门设立一个国家直管部门——瓷窑"博易务",也就是大宋的国家税务机构,名称有广博交易的意思,核心便是冲着景德镇陶瓷的贸易和税务事宜——说白了就是收钱。

"普天之下,莫非王土",天子这也算不得是眼浅地方。

当时征收的标准不是按瓷器件数计量,那样一件件地过数非常麻烦。说是按窑座计税,叫瓷窑"博易务"。因为古代瓷窑的长短大小,官方都有统一的尺寸标准,既可供计税整体换算,又省去了一大堆鸡毛蒜皮的琐碎事宜。

尽管在当时全国各地的名窑很多,但是设置"博易务"的却只有景德镇一处。偏隅一方的景德镇倍儿有面子!这也是瓷业引起"天子"对地方器重的起始。那个建议设立"博易务"的官员,据说就是时任宣义郎、"都提举市易司勾当公事"的余尧臣。

当时北宋积贫积弱，官多兵广，财政上入不敷出。宋神宗只好任用王安石实行新政，"汲汲焉以财利兵革为先"，想方设法筹钱以缓解国库的空虚。响当当的景德镇当时有瓷窑三百多座，"饶玉"瓷又交易繁盛名震四海，商业利润极其丰厚，所征的税额又源源不断。

朝廷当然是派建议人余尧臣先上。

余尧臣是王安石"市易法"的变法忠实操刀者，可谓赴汤蹈火。

据《宋会要辑稿·食货十》记载，在熙宁十年（1077），景德镇上税总额达三千三百五十七贯九百五十七文，而浙江湖州商业大镇的乌墩仅为二千一百零四贯。可见景德镇的利税之巨大。在市易司任职的余尧臣，赴任后的工作没有文字记载，但是忙得脚不沾地却显而易见——因为他于"博易务"仅仅鞠躬尽瘁了一年，"方且就绪，以勤官而死"，即因公殉职，这却是白纸黑字。

继北宋后的南宋，南移的朝廷在景德镇设"镇监"，职责虽然是"奉御董造"，主要任务竟依然是搜刮钱财。后来朝廷的做法就更直截了当，曾派前来理事的户部员外郎，便是勤政尽责的管财务的莫濛，之后继任的名叫罗愿。

这所有一切，都是官方赋予景德镇的一些青睐信号。

"景德"年间的背景

在赵宋王朝统一中国后，经济高速发展，960年到1279年瓷业生产显著进步，南北民窑相继迭起各具特色。景德镇也因独创青白瓷而名扬天下。"青白瓷"这种样式非常关键，指的就是介于青白两色之间，青中泛白，白里透青的"影青""映青"或叫"隐青"那种浑润像玉一样，素净、可爱、耐看的瓷器。

在釉色方面唐宋两朝都崇尚"青"色，流行玉一般的质地，市面上素有"以青为贵"的时髦说法，也就是一个时代的社会审美趋向。这种独特的美感，在五代后周世宗柴荣御批的造瓷款式可见一斑，周世宗要求釉色"雨过天晴云破处，这般颜色作将来"。

宋真宗赵恒于998年继位，经济社会有所发展，但他性格懦弱，贪图安逸，办事奢华，没有一丁点舞枪弄棒征战的雄心。

在景德元年（1004）秋季，辽国强势军兵二十万浩浩荡荡大肆南侵，一路上过关斩将攻城略地，最后锋芒直抵河南进逼澶州（又名澶渊，今河南濮阳），威胁到北宋的都城汴京（今开封）。

宋真宗本来想南逃躲避，但是在宰相寇准的坚持下勉强亲自率军抵抗。其实皇帝也就是装模作样出马，但是难得亲临前线的表率激起了宋军上上下下的斗志，因此那一场战争大家舍生忘死冲锋陷阵，在将士们震天的喊杀声中北宋终于打了一回胜仗。

获胜也正是时候，当时辽国萧太后担心契丹贵族对皇权的威胁，不想再在外打打杀杀耗费时间。

于是宋辽议和，宋以年供银两与绢布的屈辱条件，签下了历史上著名的"澶渊之盟"。

破财消灾，反正泱泱大宋并不缺少那一点纹银和布匹。

真宗并不是愚蠢糊涂。命好是一个方面，另加上他知人善用，无为而治——结果赚来的是北宋江山的百年太平和发展，历史上被称作"咸平之治"。如果这一理念放在现在，真宗赵恒得个"诺贝尔和平奖"应该没什么问题。这当然不仅是个人的功劳。此后，他也乐于苟安，沉溺于封禅，广建宫观，劳民伤财，致使举国内忧外患日益严重。

本来这国家政事，跟江南一个弹丸集镇也没有什么关系。被人几近忘却的新平镇上窑烟依旧，镇民们正忙着挑坯烧柴，汗似雨流。但是机会恰恰就在这次和解的夹缝里，冷不丁就像火星一样蹦出。

瓷器是易碎的硬货，正对了当朝天子从来不硬碰硬的性情。上行下效，北宋的民间世风也趋向于贪图对生活的享受。对于制造生活用品的新平镇而言这是好事，因此提供生活便利且富于艺术感的景德镇瓷质器皿，在这种大环境里早晚会遇到"翻身"的那个机遇。然而景德镇不知道机会会来得这么蹊跷和突然。

传说中的细节，竟然是源自萧太后这妇道人家的爱好。

"影青贯耳杯"退兵

当时远居塞外的辽军，已经长驱直入攻陷近整个华北平原。后人普遍认为是由于这个盟约，北宋虽然损失了不少金银绢帛，却使得辽军一五一十地退回到边界，宋家王朝没有丢失一寸土地。但是并非我们想象得那么容易——细节在民间传说里面，景德镇作为亲历的地方在口口相传，一代一代都认为这里面有很大一部分功劳该归属于景德镇的瓷器。

当年杨继业抗辽被困陈泉谷口时，也就是今天的山西朔县南部，辽军将官将抢掠到的一只民间"影青贯耳杯"献给辽邦萧太后。也可以理解，女性嘛——对光洁似玉的器皿一直爱不释手视如珍宝。可是在征战途中，"影青贯耳杯"有一天不慎被打破，而萧太后懊悔得就连瓷器碎片也舍不得丢弃。

这次议和得赔是因为快逼近京都。偶然打了一回胜仗，就可以要辽军退兵千里，那是谈何容易的笑话？萧太后在冷笑一声之后，向北宋的使者曹利用打开了绢布包裹，当众摊开出示了一堆"影青贯耳杯"瓷片，提出如果能在三个月之内烧造出这种莹润的瓷器二十万件进献，辽国即可退兵不要宋朝的一寸土地。

萧太后是在辽圣宗年近十二岁继位时临朝摄政的，有着卓越的政治和军事才能。

然而到了朝廷上，宋真宗却犯了愁："这样的好东西到哪里去烧造？"

这时有一个懂得古玩的大臣，在细看了瓷片后启奏说："这个只有江南新平镇的镇窑可以烧造。"真宗于是急遣特使带旨赶到小镇。使者一到新平，但见这里的瓷器琳琅满目，应有尽有，光洁似玉的贯耳杯随处可见，不禁满心欢喜。两个月不到，监制出来的各式影青瓷三十万件被运抵汴京。

萧太后自然是欣喜不已，降旨遵守诺言撤军退回了边界。

两边的史官们当然不会记录这些细枝末节。"澶渊之盟"本来就使得宋朝憋屈怄气，使得辽军班师不辱，他们又不是傻瓜，尤其是这种在国家大事上的顶层屈辱之媚，以及妇道之见，都是见不得阳光的史记丑闻。

然而过程与结果均合情合理。五代时景德镇瓷业已具备了相当的规模，主要产品为青瓷和白瓷，成为南方最早烧制白瓷的窑场。据考证在南宋官营手工作坊中，雇佣制代替了强制性指派和差人应役招募制度，工匠的人身束缚稍有松弛。历史又正处于和平发展时期，朝廷任用李沆为宰相，勤政改革，特别是减免五代十国以来的税负，给手工业发展创造了轻松自由的劳工条件。

北宋初期全国名窑辈出，北有磁州窑、钧窑、汝窑，南有哥窑、龙泉窑、建窑、吉州窑。景德镇兼糅南北工艺，创烧出类似"影青贯耳杯"的青白瓷，俗称影青瓷，其胎薄质坚，釉质晶莹，声音清脆，具有透影性能，可以说是"白如玉、明如镜、薄如纸、声如磬"的质地。

天下咸称景德镇瓷器

北宋时期全国著名的窑口很多,烧造瓷器的质量有些甚至超过了景德镇。即便是北方战乱影响,南方名噪一时的窑口也不是没有,据说江西庐陵的吉州窑,浙江的龙泉窑和哥窑,以及福建的建窑,在当时就烧得很好。

一个偏安于丘陵地带的新平镇,怎么就平白无故地引起皇上的青睐?当时民窑的生产不值得载入史册,屈从造"影青贯耳杯"瓷又显得低下失尊,一家伙烧三十万件的重大事情,只有在民间弄巷里被口口相传,所以就觉得"影青贯耳杯"惹来的这事,在当地传下来于逻辑上还比较靠谱。

这也是个机缘。果真宋真宗在事后龙颜大悦,袖口一甩加封了使臣,并拟旨派遣监窑官到新平镇发展瓷业生产。真宗皇帝爱好文学喜欢写诗挥毫,喜爱的器物不惜代价工本,从此宫廷需要的瓷器越做越多,越做越精。后宫的生活也多有把玩瓷器。皇帝有时候就随意赏赐给身边的文武将官。

"楚王好细腰"的典故在《墨子·兼爱》中说过,意思是有不良嗜好的楚灵王喜欢男子纤细的腰身,臣民就不惜身体节衣缩食。在宋真宗景德年间于全国许多大城区的集市上,都出现了新平镇瓷器畅销的场面。因为所有的瓷器在底款上都书有"景德年制"的字样,所以这样一来"天下咸称景德镇瓷器"成了不争的事实。

这句话的出处可以追溯到清朝,原话出自《景德镇陶录》。整个句子是:

"其器尤光致茂美,当时则效著行于海内,于是天下咸称景德镇瓷器,而昌南之名遂微。"

江西省图书馆馆藏的,在更早的明嘉靖四年,刻十七年曾修三十八年递修本影印的《江西通志》三十七卷上,说得更为详细:"宋景德中置镇,始遣官制瓷贡于京师。应官府之需,命陶工书建年'景德'于器。于是天下咸称景德镇瓷器。"也就是说,由于皇宫重视,派官员督造瓷器进贡,底款写"景德年制",所以天下人都习惯性地叫作"景德镇瓷器"。

因"天下咸称景德镇瓷器,而昌南之名遂微",是为天时。像福建"建安"、浙江"绍兴"、上海"嘉定"、安徽"至德"、陕西"淳化"——不就是改变个名字吗?年号也不是什么大不了的事情,宋真宗赵恒也是个很随和的皇帝。铁硬的既成事实,全国人民的口头认可,最后得到了他对约定俗成的默认。

景德镇窑在北宋中期就更加来劲,仿效青白玉的色调和温润的质感,进一步创造性地推烧出一种"土白壤而埴、质薄腻、色滋润"的质地,清秀而高雅,使得青瓷艺术达到了历史高峰,博得朝野赞赏和迷恋。这种青白瓷大部分在坯体上还刻有暗花,薄剔而成透明飞凤等纹饰,内外均可映见,釉面隐现青色,是故又名"影青"瓷。

宋元祐中,当地人彭器资在朝廷任吏部尚书,他在给浮梁县令许屯田的诗文中,对景德镇瓷业的精进发出赞叹,"浮梁巧烧瓷,颜色比琼玖"。

瓷器这个雅致的生活器皿,正好又撞上了南宋社会的奢侈之风,饮酒、喝茶、宴席等成为人民不可或缺的日常,珍品得以在市场上乘风万里扶摇直上。北宋被灭之后赵构移朝临安,北方名窑受挫,政治经济和文化中心跟着南移,能工巧匠也随迁景德镇。南宋开启了中国社会的平民化进程,比如大城市兴起、市民阶层形成、手工业生产涌起新的高峰,各式瓷器型色和纹饰便在当地融汇创新,应有尽有,商业经济在"农商并重"的政策下繁荣昌盛,等等。

据考证获悉,南宋时期的景德镇镇区面积很小,不过是最东面起于十八桥,西至昌江河,南到老关帝庙(现在的戴家弄),北顶里市渡。南北向街区呈不规则的较短的长条形状,长约三华里,镇区东西宽仅仅一华里的厚度。

但这时候昌江东岸"坊巷桥头及隐僻去处俱是铺席买卖",饮食摊位座无虚席，歇店客栈车马络绎不绝，达官贵人骏马车轿簇拥，酒肆、茶楼和青楼林立，"文艺范儿"群落"曲水流觞"。瓷器早市和夜市在灯火下进行，贩夫走卒船载出入，甚至有出洋的买办在商铺间进进出出。

"景德镇"冠名本来是个很幸运的事情，不过是皇上笑一笑而已。更名一事既不见大宋国"诏""旨"之类的红头文件，更没有史官在哪个角落里记上一笔，偏偏见本地有许多的文字，硬认为"赐名"是很荣光的恩准，无视老百姓的"咸称"，非要把新平镇改为"景德镇"说成是"圣上所赐"。

当然，这并不影响景德镇从此家喻户晓，名震四海。

"陶瓷之路"

被天下称为"景德镇"之后，有点沉闷的昌南便从此像艘拔锚起航的货轮一般，扬帆活络并一路昂扬地拉起了汽笛。

"南海1号"是一艘南宋初期的海上木质沉船。沉船位于广东阳江海陵岛十里银滩的西侧。阳江古称高凉，是古代海上"丝绸之路"主航线上重要的中转港和补给港。船上的文物价值连城，国家一级文物之多为世界罕见——仅瓷器就达一万三千多件，主要是闽浙赣各大名窑口的产品——景德镇的光彩就位列其中。

那些年景德镇瓷器的影响在海内外如雷贯耳，所以"丝绸之路"上少不了它的身影。

瓷器中又以当地烧制的青白釉瓷等为主，器型主要包括印花花卉纹葵口碟、印花卉纹芒口碗、菊瓣纹碗、刻画婴戏纹碗等。青白瓷在《中国陶瓷史》上的表述是："是宋代以景德镇为代表烧制的一种具有独特风格的瓷器。"北宋时期，景德镇青白瓷就多光素无纹，器型规整，釉质润洁如玉，品相柔和耐看。

出口外销，即说明是宋代重要瓷窑之一。

北宋以后，北方的定窑、汝窑和江西的吉州窑等窑场有不少的能工巧匠，在"靖康之变"后随着宋室的南迁，北方定窑的许多制瓷工匠随之南下，带来了定窑的制作技术，汇聚到景德镇这个相对专业的手工业集镇。依靠群山的簇拥庇护，这里成了匠人们一边施展手艺，一边养家糊口的乐园。

来自五湖四海的工匠融合创新，使得那些在北方窑口曾经是素面朝天的名瓷，到了景德镇就变得风姿绰约、花枝招展、仪态万方，成为艳丽抢手的新娘。尤其是南宋景德镇窑所烧制的青白瓷器，装饰逐渐为印花所替代。当时对江南地区的瓷窑影响很大，形成了一个以景德镇为中心的青白瓷系。

宋元时期，海道上瓷器出口渐盛。因此，人们也把"海上丝绸之路"称作"海上陶瓷之路"。当代日本学者三上次男，经过两次沿途考察考证，认定从中国东南部海港出发，绕过印度支那半岛（中南半岛）和马来半岛，一方面通向南太平洋各国，另一方面驶向印度洋，通过波斯湾和地中海到达阿拉伯、东非和西欧。因为大量的不为人知的瓷茶贸易，其实在宋朝及其以前都默默地从海路贯穿，所以他著述的《瓷器之路》，是将以瓷器输出为主体的航线命名为"瓷器之路"。

他在书中说："陶瓷是跨越中世纪东西方世界的一条友谊纽带，同时也是一座东西方文化交流的桥梁。"蓝浦在《景德镇陶录》中也说："（景德镇）业制陶器，利济天下，行于九域，施及外洋。"

在汉代张骞出使西域开辟了陆上丝绸之路后，海上航线一直是更广阔自由的交流途径。

在"陶瓷之路"史上发现的沉船及其景德镇瓷器，打捞出来的无以计数。例如在福州平潭县海域，这个古代商船来往频繁的航道上，2005年在屿头乡五洲群礁的附近发现了"碗礁1号"，出水了一万七千多件康熙年间景德镇民窑的外销瓷器；之后又打捞出了比"碗礁1号"还早一百年左右的明末船只"碗礁2号"；还分别发现了五代时期的沉船，以及在西南屿发现了宋代沉船，等等。

除了在我国福建、广东、海南等海域的沉船外，在沿路其他国家如越南、马来西亚等海域也常有打捞。而因沉船被打捞出的瓷器，不过是我国历代外销瓷器的冰山一角，那许许多多被收藏于英国的大英博物馆、法国的凡尔赛宫、美国的大都会博物馆、荷兰的阿姆斯特丹博物馆、伊斯坦布尔的托布卡比皇宫等地方的镇馆之宝,更可以看到景德镇窑产生的文明和财富。

中国瓷器从唐朝开始进入国际市场,宋元以来的青白瓷和青花瓷誉满海外。

根源是两宋时期朝廷财政困难,"一切倚办海舶"奖励外贸不遗余力。广州、泉州设置市舶司。当地瓷器主要是经过两大商港,通达海外大小五十多个国家。据说荷兰、葡萄牙商人最早贩运瓷器到欧洲时,售价几乎与黄金重量等同。

冒着海盗、狂风和触礁的危险,于茫茫大海上航行,风帆高扬的商船劈波斩浪,焦急的货主们遥望着海平线,忙碌的水手们听从着号令各司其职,而船舱满满地码放着东方古国的特产,尤其是包装沉重的能获取暴利的精美瓷器。

作为内陆山城的景德镇,据大量的贸易资料显示,古代欧洲来华的瓷商到了封建王朝末期,不一定要翻山越岭亲自到偏僻的市镇,有的到南京、泉州等地就行,而大多数人只需坐镇广州即可操作。

《竹园陶说》就证实了这一状态:"海通之初,西商来中国,先至澳门,后则迳趋广州。清代中叶,海舶云集,商务繁盛。欧土重货瓷,我商人投其所好,乃于景德镇烧造白器,运往粤垣,另雇工匠,仿照西洋画法,加以彩绘。于珠江南岸之河南,开炉烘染,制成粉器,然后售之西商。"

宋代朱彧在《萍洲可谈》里记载停泊在广州的外国商船:"海舶大者数百人,小者百余人,以巨商为纲首——舶船深阔各数十丈,商人分占贮货,人得数尺许,下以贮货,夜卧其上。货多陶器,大小相套,无少隙地。"

意大利人马可·波罗在游记中说:"元朝瓷器运销到全世界。"

景德镇的青花瓷大多都销往阿拉伯地区。内陆交通主要是沿着"丝绸之路"运到边境,经新疆进入中亚细亚的沙漠和草原,然后翻山越岭到波斯,再到地中海。由于陆路运输时久日长和沿途颠簸,古人摸索出来的对付办法是采取很土的方式包装:先将瓷器纳入砂土及少许豆麦,数十个扎牢捆绑成一片置于湿地然后洒水，使豆麦发芽缠绕胶固，经过试投于地，不破损者才允许上车。装驾时又从车上试投数番，坚韧如故者才可以载运。

从景德镇跋山涉水，将沉重易碎的瓷器运送到海港，同样也千辛万苦。

因为昌江毕竟是长江支流的支流，大型重吨位的货船一般进不了河床。这样贩运瓷器的行商，只有依靠内陆中小型木船尽量借助水运，然后在河道与河道之间的陆路，再雇用劳力或土车装载，或肩挑背驮——送达海港的旅途艰难困苦。

假设说船只就像列车，昌江就是进出景德镇的"铁轨"交通，而"船巴佬"就是那些三五成群结伙来自周边江河湖泊的成员。这些古老的交通使者，在河道里驱使着古老的交通工具会聚到景德镇招揽"生意"，最初就像是现在的列车或出租车一样，他们渡人带货，逢站靠岸，或随叫随行。运输红火时他们结伴航行，组成一长溜船队——这就是当初涌进昌江的规模宏大的"船帮"。

在那水路发达的历史时期，除了昌江沿线自北而南的各陆路交通节点设有码头外，在市镇沿岸还有阳府滩渡、里市渡、市埠渡、十八渡、小港渡等渡口，以及四个专供货物装卸的码头。货进货出的各个码头，分别由势力强大的以搬运为主业的帮会所建，任何帮派不得任意占用和插足。帮规非常森严，就连搬运工都得入帮登记上册。据老人们说，当年许家码头和曹家码头是吉安人的码头，湖南码头和刘家码头是南昌人的码头。

这就是因黄金水道而划分的地方上的经济势力范围。

生产陶瓷的集镇，开始出现了凭强蛮与资本支撑起的地域性帮派势力。诸如清末民初的"船帮"，能记忆出来的就有鄱（阳）、祁（门）、浮（梁）、都（昌）四帮，后来顺应形势改成六个帮公所，再后来又改为"十八保"，到了民国时期的1939年又归拢为四个"船帮"。在水路交通的高峰时期，景德镇共有民船三千二百五十条，可见本地原料的输入和瓷器的外销等商业运输，进出之频繁，数量之巨大。

地头蛇与外来势力的剧烈争斗，肯定少不了在各个码头上上演。在电视剧《上海滩》中我们都看到过类似的场景，繁华已经是毋庸置疑。还有著名的《清明上河图》，除了那座结构宏伟的大桥之外，景德镇古代沿河的繁盛，可以借助画面，帮助我们作基本准确的想象。

运抵港口码头的就是外销瓷器，地点主要在广州、宁波、泉州和漳州等地。

经考证，从景德镇抵达海港码头的陆路线路主要有三条：

一条主要销往东南亚，或经马六甲海峡去南亚、西亚、非洲和欧洲：小船入鄱阳湖向南沿赣江溯流而上，到赣州大余县南安镇码头上岸，再雇挑夫一担一担挥汗如雨地翻过由唐代张九龄指挥开凿的大庾岭山路，然后在广东北江顺水，船运抵达广州。

再一条是销往全国各地，或主要进入朝鲜半岛和日本：北出鄱阳湖口进长江，再西溯长江的各大口岸，或东拐进隋炀帝时开通的大运河，到东海、黄海沿岸港口。

还有一条是冲着东南方向，主要销往东南亚或经马尼拉远销美洲：从鄱阳湖拐进信江逆流而上，抵达上饶铅山的河口镇，再通过分水关到福建武夷山市洋庄乡大安村，再雇人力挑运到晋江上游，瓷器上船后顺水而下到达泉州、漳州。

"高岭土"的锦上添花

就在南宋绍兴年间，当地主要原料的麻仓山瓷土即将挖尽。用原料捏器型坯胎，景德镇需要消耗大量的瓷土。以制瓷为主业的景德镇就面临着资源枯竭的危险——大量的作坊必须停产，瓷窑不再烧火，部分窑户老板关门倒闭，瓷厂精简压缩，大多数瓷业工人就要张着嘴巴望天讨饭。

就在这青黄不接的关键时刻，距离景德镇东北五十千米左右的地方，也就是于浮梁县东七十里的仁寿都高岭山，传来发现了像粳米一样白的瓷土的消息。

《浮梁县志》记载："高岭，在县东七十里仁寿都，地连婺源石城山，险峻特甚。"

那是一种裸露在外的白色风化黏土，几经试验后做出来的瓷器洁白惊艳。于是在那座再寻常不过的偏僻山头，本来一直在田间地头劳作的村民，突然碰到"天上掉馅饼"的好事一下子就让高岭及其周边的人兴奋雀跃，猛然使得"土名麻石坳等处之山，被婺邑在山搭棚厂数百，人数千余，强取磁土"。

"婺邑"指的就是山脊东边的婺源地界。

当时山上人山人海，大家拼了命地往簸箕里扒土，然后急急忙忙就挑担运走。那种疯抢的场面，在当地《玉岭冯氏宗谱》卷三《冯光发传》中被文字记录。无须一厘钱成本，挖到手的就是金钱，运下山就可以变现银两。所以完全可以想象得到,在开挖之初于树林山坡上一个团伙又一个团伙,个个披星戴月汗流浃背,唯一担心的就是人力不足和装载工具不够。

最早对外宣传高岭土的是明代著作《天工开物》。

在这部被誉为"世界上第一部关于农业和手工业生产的综合性著作"中,宋应星记述了景德镇制瓷原料高岭土的性能与产地。在"陶埏·白瓷"部分中记述:"土出婺源、祁门两山。一名高粱山,出粳米土,其性坚硬;一名开化山,出糯米土,其性粢软。两土和合,瓷器方成"("高粱山"为当地"高岭山"方言的误记)。

市镇上的作坊主和窑户一听到消息,就像老婆生下了白胖儿子一样喜笑颜开奔走相告。

后世有很多专家对高岭土进行了深入研究,发现那是一种以高岭石族矿物为主的,白色或接近白色的风化黏土或黏土岩,矿物成分主要由高岭石(含量达百分之九十以上)、水云母、伊利石、蒙脱石,以及石英、长石等组成。高岭土大多为隐晶质致密状或土状集合体,硬度在2.0到3.5,熔点在1780℃,绝缘性好,可塑性较低,为制瓷的优质原料。

这就是景德镇人的宝贝,是瓷窑每一餐都不可或缺的粮食。

当代著名的陶瓷考古专家,曾任景德镇陶瓷考古研究所所长的刘新园分析:在元代以前,景德镇制瓷一直使用一元配方,即用瓷石这一种原料制瓷,烧成温度在1200℃~1250℃,制造大件容易变形,后发明了"瓷石+高岭土",胎质可耐受1280℃~1300℃高温的二元配方,普遍提高了原料中的铝含量与坯胎坚致性,以及成瓷的白度、釉质的透明光泽度。

当地史学家冯云龙在《高岭文化研究》里考证,高岭土"始掘时间在南宋绍兴年间,至迟不会晚于1162年。而自南宋至明万历间,均为民采。万历以后,因麻仓老土枯竭,始列为官土"。

现在我们通过高岭古矿山公园中接夫亭、古矿洞、淘洗坑、运矿古道,以及蔚为壮观的白色尾砂堆积等遗址,不难推测,在鼎盛时期,这里漫山遍野有矿工们开采、加工和搬运的繁忙场景。

"高岭土"成了景德镇做瓷器的优质原料,"高岭"这座山便像是神仙的圣地,在景德镇红极一时,被传得神乎其神。许多民间喜欢作势的闲人,特别是地方上那些高不能及第、低不愿挑担的落魄文人,就产生了兴致勃勃的创作灵感。于是在浮梁地界的民间便传出了各种各样的传说,许多类似神仙和报应之类的蹩脚故事,就像《水浒》中天罡地煞一百〇八个魔星被人从龙虎山放出来了一样。

比如"高岭'土圣'何召一的故事",说的是南宋初年的召一公,在灾年的大雪天救下一位饥饿不堪的老人,老人临走前给他一颗洁白晶莹的石子,让他种在山后七七四十九天后再挖土,土就可以吃,还可以挑到镇上去卖。老人说完即现出观世音真身踏祥云飞走。后来的土真的变白了,形似碾碎的糯米。召一公就给村民做糯米汤圆,叫这土为"观音土"。之后又挑到景德镇去卖,被市镇的作坊主收购,高岭村人从此衣食无忧。

然后就"善有善报,恶有恶报",说有个独霸山头的财主遭报应死了;何召一为民找土牺牲后,村民在高岭水口亭旁建了座庙,请人刻了"高岭土圣"的雕像。从此高岭及其周边村民,每逢九月初九都要聚集凭吊。

还有个"高岭瓷土庙的传说"也大同小异,说在去高岭村的石拱桥头原有座瓷土庙,庙中立着一个瓷和尚像。开矿的老板发了财,矿工累死累活却难养家糊口。有个叫赵仕途的便召集大家自挖坑道,经老和尚指点挖到了像银子一样雪白的瓷土。赵仕途等人富了,遵照和尚的遗嘱给他重修了庙宇。每当大年三十晚上赵仕途及全村都来庙里祭祀,祈求保佑。

在众多故事中来头最大的一个传说,是说"高岭"还有个别名称作"玉岭",字迹现在还呈现在村前水口亭的门额上,说那是南宋孝宗赵昚的题字,被当时的人雕刻在大石头上。

原因是有一年炎炎夏日,孝宗赵昚在欣赏景德镇的瓷器后,退朝到后宫忽然产生心事,感叹"如果有张瓷器床睡觉该多么舒服"。皇帝也就心血来潮这么一说,可太监们却认起真来,连忙打发官员带诏书去景德镇烧制"御床"。

像床铺这么一个大件的家伙,当地的瓷工从来都没有做过——工匠师傅左右为难,但是君无戏言,软硬兼施的钦差和地方官又一再许愿和威逼,所以只好硬着头皮反复尝试。在无数次烧制失败后,作坊的师傅突然想到试一试刚刚发现不久的黏土,于是把"高岭土"和其他瓷土掺在一起制成床胎,竟然骨质硬朗被一举烧炼成功。

见到瓷床皇帝兴奋不已,如孩童一样躺上去惬意地试了一试。当钦差大臣汇报瓷土出自高岭时,他就欣然提笔写了"玉岭云峰"四个大字。此后高岭山上的土又叫作玉土,高岭村也就叫作玉岭村。然而"玉岭"两个字文绉绉的陌生拗口,天长日久终于盖不过当地老百姓的口头叫法,雅称最后仅仅被定格在村口的石板上。

然而,从此"高岭土"名扬天下。

说"高岭土"在民间又叫"观音土",这事在史书上也有记载。景德镇在清朝时期,康熙"六十一年民饥,甚至有食观音土者","此土产邑东库源岭马箕坳,初挖出似石,见风后软如米粉,味甘可食,因采以疗饥,故名观音土"。以上记载出自道光朝编的《浮梁县志》"祥异"段落。在《现代汉语词典》对"观音土"的解释是:一种白色黏土,也叫观音粉。

观音土就是类似于"高岭土"的黏土,里面富含硅、锌、镁、铝等矿物质。但是"高岭土"不一定就出自高岭,它被国际命名为"KAOLIN"后,凡含那几种元素的矿物质,都属于观音土。

由于景德镇的用量过大,到清代乾隆后矿藏已为数不多,几近枯竭。

好就好在这不是什么特别稀有的矿藏,除了高岭之外在当地好几个地方,后来都发现有这种被风化了的黏土。这种制瓷的优质原料,用它掺杂在做坯的泥巴里,能烧出更洁白、晶莹并坚硬的瓷器。"高岭"的特殊意义,就是第一个被发现出产这种矿藏的地方。

中药书上说它"味甘",大概是出自灾民的描述,如果不是真的饿得要死,什么人会去吃土呢?据懂行的人说,吃一点就能让人感觉到腹中饱胀,少量吃没事,但是吃多了到肠胃里排泄不出来,板结,除非开刀,否则肯定得活活胀死。

现在全国据说有二十一个省份出这种土壤,有两百多个矿藏,但是在宋朝它像金矿一样稀罕、金贵和神秘。

"高岭高岭",原本不过是被当地人随嘴叫唤出来的普通山名,后来成了村落的称呼,最后才被演化成国际通用黏土矿物学名词"KAOLIN",这一现象举世罕见。

去高岭村如果从景德镇城区出发,顺着东河的景瑶公路东去,过了浮梁县鹅湖镇就可拐上右边的东埠大桥。古代转运高岭土的东埠古街及其码头就在东岸。从东埠村再径自走五华里山路,便是现在的"高岭国家矿山公园"。

The
Biography
of
Jingdezhen

景德镇传

第四章 元『浮梁磁局』的助推

大元帝国"浮梁磁局"的设立，尽管只是为了官方履行职能，但是在忽必烈定国号的第八个年头上，也就是1278年，元朝开始在景德镇设置官窑，这无意间为高位推动地方上的瓷业开了个好头。

仅仅说重视是不够的，最实在的行动是官窑在景德镇的确立。

就像是响彻天下的权威广告，"天子"在向全国瓷业界树立起一面景德镇的旗帜，诏告着当地手工业技艺至高无上。由此使得后面的朝代，将官窑在当地相因延续，让景德镇永远站在瓷业的高山顶上，形成了俯瞰各大窑口的领军势头。

浮梁磁局和街道

一面瓷业界旗帜的树立

元朝为什么会特别垂青景德镇？

除了当地有历史的根基因素之外，在元末"鄱阳湖大战"时期发生的一件事，能说明这个马背上的民族的特性。传说朱元璋与陈友谅有一次交战失利，溃逃到景德镇时又遭遇到了元兵对汉军的搜捕。然而元军抓到了他却没有杀他，因为朱元璋上身披了件"窑里佬"的褡裢乔装打扮，说自己只不过是个普通的陶瓷工匠。于是骑在马背上的元军"千户长"敏罕那颜，和善地挥挥手让人松绑，叫朱元璋退下去走人。

刀下留人的原因，是因为朱元璋确实长着一副劳动人民的模样，更主要的缘故却是由于蒙古游牧民族，在草原上缺少的就是工业和手工技术。

看重工匠，在蒙古人以后的系列举措中都得到了印证。

元人在灭金时大开杀戒，唯独匠艺身份的人能够得以幸免。在每每攻陷宋城的时候，他们又大肆搜捕有手艺的工匠，曾经在江南集中收拢了三十多万做裁缝、雕刻、石艺、补锅、造瓷等手艺人，事后挑出有适用技巧的十多万户人家，其他人奏请皇上全部退还到民间。在北方他们也曾寻找登记各种专业的工匠四十多万人，以政府衙门的名义建立手工局院七十多所。这些工匠先是押往漠北帮助蒙古人打造各种生活和军事用具，等元朝定都北京以后又集中转移到京师，分门别类地按照技艺种类安置到各种官方的手工局院差用。

依照元朝衙门管理局院的规矩，这些手艺人统统都"给其食，复其户"，被编入匠人的编制，既终身衣食无忧地享受体制内待遇，也只能世代在官营局院劳动而不得自由。所以并不奇怪——元朝在统治汉民族基本稳定后不久，当权者很快就于至元十五年（1278），在景德镇设立一个九品机构的"浮梁磁局"，搭建出一个瓷业及用器的生产管理平台。

历朝历代关注青睐景德镇的方式各种各样，但是作为朝廷能够选择一个地方设置"磁局"机构却是开天辟地的新鲜动向。"磁"就是瓷的俗称，它还有一层就是指地硬朗密实的意思。元代在文字指代上，按蒙古民族的习惯，就开始非常明晰地将瓷器与陶器严格区分。而且这个局院跟以前专门收税拢钱的机关职能不同，它更多的职责是协助国家定制所需的几类手工艺产品，瓷器当然是其最大的选项。

虽然作为大宋汉民族的后裔，刚刚被要求按官商方式烧造进贡瓷器是一件很窝心的事情。但是久而久之，把人类或者华夏民族大家庭等问题想通以后，作为一个弱小的江南市镇，瓷业这种手艺被官家重视到"设局"料理，官银源源不断地输送给当地的窑户，那也算是一宗在工商界中奖的幸事。

天下之大，景德镇人开始还有些莫名其妙。事后摸清楚了情况才知道，景德镇瓷器的中标，并不是瞎猫碰到死耗子那样凑巧的怪事。

蒙古族有偏爱白色的习俗。有充分的"国俗尚白，以白为吉"的例子可做佐证，比如：成吉思汗在斡难河之源即位时曾经建立九游白旗；忽必烈在大明殿御座上设置的伞盖颜色也是白色；元朝大内宫殿都是加盖清一色白色琉璃瓦；甚至元朝把白马之奶确定为成吉思汗黄金家族的专用饮料。大元帝国王室所需的所有祭器与日用器皿，也必然要求洁白无瑕、玉质冰晶。

如此也真算是瞌睡碰到了枕头。在那个时代生产像玉一样质地的青白瓷，早就成为景德镇业界的拿手好戏。自宋与金"靖康之战"失败以后，北方的名窑在战乱中纷纷衰落，大宋皇室南移，跟着一窝蜂迁移的匠人带动了南方窑口的昌盛。这个时期因为元人社会巨量的需求，只有景德镇的白瓷烧造和交易，红红火火如日中天。

白色瓷器的魅力吸引了当政民族的加倍重视。

据说有南侵的蒙古将士，一进入昌江南部的这个集镇，看到街面上琳琅满目地呈现出各式各样的白玉般的瓷器，便如临福祉，倍感亲切，两眼放光，满心欢喜。民间传说有一股作为先头部队的元军将士，在拿下景德镇之后就驻扎下来，久久地生活在当地不听调配，最后被万户长"土绵那颜"临时换将才结束了这种乱了套的尴尬。

《元史·百官志》记载：元朝在将作院、诸路金玉人匠总管府下，设立官窑一所——浮梁磁局，专门从事皇家用瓷的生产，并兼制棕藤马尾笠帽。这个磁局设置于至元十五年（1278），结束于元末的战乱，具体就是以农民起义军攻克浮梁占领景德镇的至正十二年（1352）为终结。元朝"浮梁磁局"这座无形的"官窑"，在景德镇存在了七十四年之久。

蒙古人在五十多年的时间里，攻占灭亡的国家有四十多个，涉及民族达七百二十多个，世上有近六亿人被他们用武力征服，"马背上"开创的宏伟版图史无前例地横跨亚欧大陆。统领这么浩瀚的一个世界，朝廷却在地方上想到设立一个磁局，表明它在管理上的健全，以及事务需求方面的精细。

泱泱大国无论如何都少不了瓷器。

这就是对瓷业的格外重视。虽然是历史上第一次在一个京外城镇设立官窑，但是元代由于经管手工业经验的奇缺，认真起来"浮梁磁局"在景德镇还算不上是专门生产御器的企业。磁局的职能大部分还属于一个衙门管理性机构——据《元史》的文字透露，"浮梁磁局"的工作日常不过只是监制"枢府瓷"和瓷器税收，主要是负责向当地的各个民间窑场摊派、收购、输送、检查等任务。

《景德镇陶录·景德镇历代窑考》说得更为具体，"元更景德镇税课局监镇为提领。泰定本路总管监陶，皆有命则供，否则止"。也就是说，他们延续了宋代官府对窑场的征派工作职能，无非前朝派人是单枪匹马，而元帝国则多出个专门的驻镇班子。

元代浮梁磁局的办公地点就设在景德镇中心地段的珠山一带。机构由一个叫作不忽律的"达鲁花赤"总管坐镇指挥。也就是说，有一些朝廷命官驻扎当地，由蒙古的"元鞑子"领头，在一所挂牌的门楼里进进出出，然后拿着上面的任务，跟景德镇民窑老板打交道，议定上面设定的一些瓷器数量、要求和金额，然后委托烧造，库存保管，或者转移交货，或者进贡宫廷。

由此全景德镇的作坊和窑口，只要是被"浮梁磁局"指定造办并合格的，那个企业就属于这批产品的官窑。这就造成景德镇的窑户老板，不仅原料上不惜成本，燃料上挑三拣四，而且在技艺上更加花样百出精益求精，以期下一单计划的官银再次落进自己的腰包，也大大促使瓷器在地方上的烧制水平迅速整体抬升。

这就不仅有了官窑的广告效果，还产生了竞争自强的连锁反应。更大效应则是——年轻的景德镇终于有了目标奔头，生发出了强大的专业上进心了！

关键是，"浮梁磁局"就像是一面朝廷把它插在珠山顶上面向全国同行迎风招展的旗帜。

这面旗帜就跟胜利者拿下了一个山头那样，让各个产瓷区的窑户都羡慕地站在山脚下，仰头承认了景德镇这个地方在烧造上的权威。于是相当于技艺上的朝圣，专业匠人纷至沓来、产品"万国来求"、订单应接不暇。

1988年5月，景德镇陶瓷考古研究所在珠山北麓至风景路马路中心一沟道中，发现了一批形制特异的瓷器残片，其品类有卵白瓷、青花、蓝地白花、蓝地金彩、孔雀绿地青花、孔雀绿地金彩等。它们的器型有鼓形平顶盖罐、盖盒，桶式盖罐，小底鼓腹盖罐等。

这些器皿大多数装饰有双角五爪龙、八大码（变形莲花瓣）杂宝、十字杵、姜牙海水、凤穿牡丹等，有着鲜明的民族特色，经考证为元顺帝时期的官窑产品。

20世纪50年代初，美国学者约翰·波普博士确定，现收藏于伊朗、土耳其的精美之青花瓷都是元代产品，其中大多数为元文宗赏赐给伊利汉的，出自元代的"官窑"。

估计那些瓷器被发掘的地方，就是当年"浮梁磁局"的景德镇仓库。

精致的民窑瓷宝

在元代景德镇的民窑，因为托"浮梁磁局"的福分以及被高位推动的催逼，生产出一件后来被严禁出国（境）展出的国宝——"青花釉里红楼阁式谷仓瓷"。

这尊元青花釉里红楼阁式谷仓瓷，通高二十九厘米，横宽二十点五厘米，底纵十点三厘米，是一尊仿元代江南楼阁式戏台建筑。它分上下二层，楼面错落，中高侧低，重檐庑殿屋顶，红柱琉璃瓦。

上层为戏台，正面内置宝座，位居中心，四周及两侧亭楼塑侍女二人、优伶八人。侧楼各有二人站立，使用笛子、笙、夹板、琴等乐器配合演奏。底层为谷仓，周廊侍卫二人、仆人四人，服饰基本相同，头戴无脚幞头，身穿补领长衫，腰系长条绦带。大门两侧栏内，各站一名侍卫，身姿笔挺，手握长棒；左右两侧各有二侍仆。右侧二人身体前倾，双臂弯曲，似在抱物。左侧一人臂曲相叠，长巾直挂，一人左手垂下，右手拿盆，等候吩咐。

全器十八俑以主人宝座为中心，戏者立于前方，乐人则在背后与两侧，侍仆立于楼下，分区清楚，安排有序，寓意墓主在阴间仍然富贵享乐。

谷仓前后侧面多处书写文字。正中大门青花书写对联一副，上联"禾黍丰而仓廪实"，下联"子孙盛而福禄崇"，横批写"南山宝象庄五谷之仓"。两侧壁釉里红书写文字，竖直排列，左侧"凌氏墓用"，右侧"五谷仓所"。背面

宽阔的平板上青花书写十二列一百五十九字墓志一篇,曰:

> 夫人故景德镇长芗书院山长凌颖山之孙女也。生而贤明,长而周淑。适同镇扬州路召伯大使刘文史男炳文。悉居仁都胡同,知女孙女璧珪。夫人生于前至元癸巳年二月初九日戌时,殁于后至元戊寅五月二十三日申时,享寿四十六岁。以戊寅六月壬寅之吉,安葬于南山。坐巳向亥,大江阳朝。中峙葬麓,形如抚椅,龙盘虎踞,山青水秀,火星宗庙,梅花单于,六秀八茸,件件帽合。后日田连阡陌,朱紫盈门。谨记。

从青花《墓志铭》文可以得知:谷仓主人凌氏,生于元代前至元三十年(1293)二月,死于元代后至元四年(1338)五月,享年46岁。凌氏的祖父凌颖山,是景德镇长芗书院的山长(院长)。凌氏嫁给了担任扬州路召伯大使的刘文史之子刘炳文。

"青花釉里红楼阁式谷仓瓷"属于景德镇的陪葬品,墓志铭已明确生产于元朝后期的元顺帝孛儿只斤·妥懽帖睦尔的后至元年间,为元代景德镇民窑瓷器的杰出代表。杰出不仅在于它形象的鲜活与构型的精细,同时也是目前仅见的、有确切纪年的元代青花釉里红瓷器,因而不仅对研究元代瓷器有重要的文物价值,而且对研究元代丧葬习俗、戏曲、建筑等也具有相当的文化意义。

凌氏的祖父和公公均为大元帝国的朝廷命官,两个家族的声望在景德镇都颇具影响。凌氏死后,其家人调动当地的社会资源,于短时间内精心烧造出福佑逝者的一批明器,"青花釉里红楼阁式谷仓瓷"就是其中一件。这都出自现在景德镇长芗书院的山长洪东亮先生的考证。

这一批纪年青花釉里红瓷器的发现,填补了陶瓷史上的空白,为颜色釉瓷器的研究提供了珍贵的实物资料。与这件楼阁式谷仓同时发现的器物,据说还包括青花釉里红堆塑四灵塔式盖罐、红釉老年文吏俑、红釉中年文吏俑。

这四件器物,釉色均以青白釉与红釉为面色,用青花或釉里红书写文字,釉质光泽温润,瓷胎洁白细腻,器物造型别致,雕塑及装饰手法精湛,是元代民窑瓷器中的极品。

据说这批文物均系1974年出土于景德镇南山古墓；1979年9月由原江西丰城文化馆万良田花八十元征走，先期为丰城市博物馆藏品；后经专家鉴定，被识货的江西省博物馆收藏，便成了该馆的镇馆之宝。

其中的"红釉中年文吏俑"后来被调拨到国家博物馆。

关键是在2002年，国家文物局将这尊"青花釉里红楼阁式谷仓瓷"与司母戊大方鼎、曾侯乙编钟、三星堆青铜神树、"马踏飞燕"铜奔马、金缕玉衣等同一批文物，列为禁止出国(境)展出的六十四件(组)国宝，其文物级别的重量不言而喻。

文物墓葬的地点，就在景德镇市区的正南方山脉，所以叫作南山。

南山山脉既像是一位俯瞰城镇的千年寿星，又像是横亘在市镇南部的屏障，还像位母亲在山谷及面向市镇的北麓，孕育出星星点点的古代作坊和瓷窑。虽然它海拔高不过千米，但是崇山峻岭陡峭浑厚，植被黑魆魆地绵延几十里不止，也一直是窑柴和瓷土的供给基地。因为依偎在南山脚下的是一条蜿蜒的水上交通——南河，有很多的峡谷流出来的溪水源源不断地补充着南河水源。

遗址由西向东逆南河而上（有的延伸进峡谷），已经发掘出来从晚唐开始的历代产瓷地块，有韭菜园、银坑坞、湖田、三宝蓬、进坑、寿安南市街、白虎湾、湘湖、兰田，等等，是除了市镇之外，景德镇历史上最大的产瓷区域，民窑星罗棋布，多如牛毛。

"青花釉里红楼阁式谷仓瓷"，出现在1974年发掘的南山古墓里，并不是一件怪事。

南山山脉北麓，由于与市镇隔条南河和山势陡峭，历来就是镇民们习惯性棺葬的场所。每当清明节、中元节或者冬至，山上祭扫的香火爆竹此起彼伏。当时中国正处于"文革"时期，文物管理机构瘫痪，一堆无主野塚的开掘并没有引起任何的反响。由于司空见惯，市民即便是发现陪葬瓷器也见怪不怪。问题是在景德镇文化觉醒初期，下手较早因此发了横财的盗墓者大有人在。

　　这当然是一件没有文化的好笑事情。更为好笑的是：出现这件国宝的墓地方位，有多人曾向专业研究者打探，均因没有记载最后不了了之。

　　元帝国时期，皇家、官府的需求，特别是在蒙古的铁蹄驰骋欧亚，一统从东海到黑海的广袤疆域的时候，诸多的"国际市场"一眨眼演变成"国内购销"，各地商贾不远万里纷至沓来，也给景德镇生产设计注射了一剂强有力的市场激素。

　　元代元贞元年（1295），浮梁县虽然仍然属于饶州路管辖，但一度升格为州府。虽然为时不长，然而作为一个长期的县辖集镇，在规格待遇的猛然提高的背后，彰显出当朝"天子"元成宗的眼界开阔，逆转了"商""农"轻重的统治观念，想把景德镇当作专业上的经济都城加以开拓。成宗是元世祖忽必烈的孙子，在位时减免过江南地区的一部分税负，又命令编辑整理律令，社会矛盾有了暂时的缓和。

　　需求和生产相辅相成，瓷业与人口对应攀升，集市绵延伸展繁花似锦。来自波斯的青花钴料输入景德镇后，又突然间打破了传统的相对单纯的瓷器模式，改变了当地瓷器的贸易方式和发展机遇。比如青花瓷是源自波斯商人的定制，就像波斯湾吹来一股异国情调的海风，迥异的审美口味降服了许多民族的目光，在共鸣的欣赏赞叹中，它被常看常鲜，是第一个打开了全球市场的爆款，迅速且经久地广泛风靡。

　　手工业资本一旦聚集，良性循环的效果就与日俱增。周边失地或受灾的农民就像蜜蜂闻到了花香，听到凭劳力可以结现工薪，都纷纷背井离乡蜂拥而至，或者打工或者创业。雪片一样飞来的订单，将当地的生产从半工半农的家庭单位，转变成完全雇佣制的作坊工场。而丰富多彩的设计要求，立马使得众多的民窑瓷百花争艳。景德镇就此从海内众兄弟窑口中登高临风，脱颖而出。

　　"官搭民烧"，是浮梁磁局上贡品的基本生产模式。

　　元代是景德镇瓷器生产的繁盛时期，就好比一个精力正处于旺盛年龄的青年，官窑的带动使得民窑欣欣向荣，市场熙熙攘攘。这一时期当地瓷器的四大成就，即青花瓷、釉里红瓷、卵白釉瓷以及颜色釉瓷，在整个陶瓷发展史上都具有里程碑意义。

元代中后期的景德镇，当青白瓷走向衰落的时候青花瓷一跃而登上瓷坛高位，成为大中国瓷器烧制的主流产品之一。釉里红是元代景德镇瓷器的重要发明，虽然与青花瓷的制作工序相同，但是技术含量更高，烧成难度更大，产量就自然更低，色彩纯正的精美器物传世稀少。

然而这件出土的"青花釉里红楼阁式谷仓瓷"，却将青花和釉里红完美地结合在一起，标志着景德镇的民窑对元代刚刚兴起的工艺驾轻就熟，说明当地的瓷业界高手如林。

青花瓷窖藏真相

拉开了大元帝国衰亡序幕的,是元末农民起义军的风起云涌。

从大格局上看,似乎这场推翻元朝的风暴,与专业制瓷的景德镇没有瓜葛。然而元末政治腐败透顶,土地高度集中,"天下"以蒙古贵族为首的各族统治阶级,对农民和手工业人的剥削压迫日益加重,同时又因全国水旱灾害频仍,致使全国各路义军纷纷雄起。景德镇的手工业者受到的压榨欺凌有过之而无不及。

至正年间狼烟四起,大元帝国风雨飘摇:1348年11月方国珍在浙江台州起事,聚众海上;1351年5月韩山童、刘福通在安徽颍上,以白莲教组成的义军,用红巾裹头揭竿而起;同年8月红巾军彭莹玉、徐寿辉、邹普胜等在湖北蕲州呼啸;1352年2月定远的郭子兴据濠州起兵,朱元璋投奔;1353年正月张士诚攻下江西泰州,国号大周。

《元史》记载,景德镇在元代属饶州路管辖,"甲子,徐寿辉伪将项普略陷饶州路,遂陷徽州、信州"。这一元至正十二年的记载表明,在江南的皖南赣北地带,那一年元政府这堵千疮百孔的破墙已被推倒,完全失去了对景德镇的控制权,之后工匠们也不可能再为元廷烧制瓷器。

像是一眨眼的工夫,元朝垮台已过去六百多年。

就在改革开放的春风渐次吹进景德镇，老货市场还处于青花瓷片交易日盛的时候，一堆隐秘的青花瓷器于1980年底因为偶然的工地挖掘得以重见天日，从此以后在景德镇的个体作坊，挑起了一股青花与青花釉里红瓷器的仿古热潮。那件事就是在距景德镇两百多千米的高安，在锦江河畔斜坡的一个施工现场，出土了一大堆深藏窖穴并置放有序的元代瓷器。

窖藏的数量多得令人瞠目结舌，整理出来的文物共计二百四十五件。其中含残破件在内的瓷器二百三十九件，涵盖了元代龙泉窑、钧窑、磁州窑和景德镇窑等窑口特色的七个类型瓷器，而源自景德镇的瓷器就有六十八件。

还不是一般性的尊贵，其中青花瓷一十九件，釉里红瓷器四件，青白瓷、卵白瓷四十五件。绘制在九件高足杯上的"五爪龙"图案，为当时禁止民间使用之图案，应该至少是元朝中央政府设立的浮梁磁局监制。

窖藏中的青花釉里红瓷器，其数量之多、品质之精、造型之众、器型之硕大，为世界罕见。在文物中还有一个最精彩的瓷上细节，元代的人竟然在高足杯上留下感叹人生的诗文："人生百年常在醉，不过三万六千场。"

消息传出后举世震惊。这也难怪——元代青花瓷在当时来说，全世界出土和传世的数量只有三百件左右，釉里红瓷则稀罕到不足二十件。中华人民共和国成立后，全国出土的元青花窖藏大致有十六处，每处大多只一件到两件，最多的一般都不会超过十件，总共才八十六件。一个小小的默默无闻的高安博物馆，立马升级为继土耳其托普卡比皇宫、伊朗阿特别尔清真寺之后的世界第三大元青花瓷收藏地。

从此以后前来高安的学者络绎不绝，元青花窖藏成为国内外专家关注的热点。

焦点都在想通过这一堆景德镇瓷的窖藏，去寻访还原元朝末年发生的真实故事。

在大元帝国拥有如此之多珍贵财富者，绝对不是一般的权贵。"窖藏主"及其"为什么掩埋"成了考古界最大的谜团。景德镇的著名陶瓷考古专家刘新园，被调往高安窖藏现场参与了专家组的分析论证。这六十八件的品质，不仅具有鲜明的元朝时代的特色，而且特别是二十多件元青花、釉里红瓷器，任何一件在当时也是价值昂贵的奢侈品，凭一般的购买实力很难收藏。

结果查找高安的地方史志发现：在元代中晚期，于窖藏附近居住的高安城区上泉伍家人伍兴甫，曾经是元朝驸马都尉，为皇室近侍官，而历史上在窖藏附近居住过并在元代高官厚禄的，只有伍兴甫一人。

但是，伍兴甫死于1325年。

在三十多年后"元社将屋"（元朝即将灭亡）时，他的儿子伍良臣辞官返乡，很有可能带回了他们父子多年积攒的这批宝物。权贵出身的伍良臣在元朝末年像过街的老鼠一样东躲西藏，便将这批沉重易碎的名瓷埋藏在便于记忆的圩堤旁，想等时局稳定后再做打算。可是令他万万料不到的是，有一天他会先于宝藏从历史中烟消云散。

然而到了2006年，《高安元代窖藏瓷器》一书则完全推翻了这一轻率的结论。2013年在《南方文物》第4期又刊发《高安元代窖藏之再研究》，论文就窖藏年代及其主人身份定论，进行了详细的反驳。

其一，伍兴甫为元世祖忽必烈的女婿，这都不错，但是在铁穆耳即位到元泰定二年（1325）伍兴甫去世，其驸马都尉的身份不再，何况在延祐三年（1316）后，他已调离皇宫任松滋府总管。而那一时期窖藏中的青花釉里红等大部分器物，据考究在景德镇还没有开始烧造生产。

其二，在《元史·顺帝纪》中有禁止民间使用五爪龙的记载。但是到目前为止，还没发现史料上有元代曾在景德镇烧制了青花、釉里红的御用瓷记载，况且高安窖藏的青花龙纹饰还有三爪或四爪。如果将三爪或四爪龙纹瓷送入皇宫，岂不是欺君之罪？如果九件印有五爪龙纹的瓷器被地方官员拥有，那也是忤逆之罪，有被满门抄斩的恶果。

其三，高安县城锦江南岸上泉伍家村，也许伍氏父子就生活在这一带。但是从《伍氏宗谱》上考证，上泉伍家村是宋代伍氏家族自豫章城东社溪，迁居高安下十二都之上泉里的上泉伍家，而现在位于城郊"与窖藏地望相接"的伍家是西安门伍家，晚至明代中期才从花苑伍家迁徙立居，与伍氏父子生活的元代相去甚远。

窖藏瓷的真实情况，更能充分展示大元帝国当时的治国风采和处境。

在元帝国完成了南北一统后，于1273年颁布政令，要求全国诸路立社稷坛围及祭祀场所，大搞祭祀活动，以满足人们沉迷于宗教精神领域和支撑其统领天下的"神意"。

元至正八年（1348），中书省向皇帝推荐平江路的达鲁花赤禹苏福为正议大夫，改任瑞州路（路治于高安）总管。禹苏福到任之初先是拜谒文庙，为统治教化汉地民众，他将重振宗教的工作放在了首位。瑞州路的"祭祀"，已成为地方政府工作中的重中之重。

祭祀活动上所用器具，包括大量官用瓷在内的存放场所，据明正德《瑞州府志》卷之四明示："府学在府治西半里许，凤山之右……至正八年达鲁花赤禹苏福前后修葺，元末灾难，文庙讲堂仅存。"也就是说，至正年间瑞州路一批用于祭祀的礼祭器和书籍，有专用库房保管。明代府学所处的位置，也是元代《瑞州路重修郡学记》中提到的郡学、文庙讲堂、祭祀库原址所在地。

窖藏器物的青花瓷蕉叶纹觚、青花梅瓶和青花高足杯等，均为古代祭祀所用的专门器具。

而窖藏中的六十二件龙泉窑大碗，为元代晚期瑞州路社稷坛厨房餐具。这是根据《瑞州府志·秩官志封·爵》与《瑞州府志》两处史料提示，元代至正年间的瑞州路总管府和万户府共计有从职官员二十九人。窖藏大碗的数量及部分盘碟，与当时瑞州路总管府社稷坛祭祀的人数比对，竟出现了惊人的吻合。

另据清代蓝浦所著《景德镇陶录》记载，元中晚期中央枢密院在景德镇烧造印有"枢府、太禧、福禄"等字样的卵白釉瓷器，并委任饶州路总管代行管理及课税权。由此不难得出，窖藏出土的高档次卵白釉龙纹高足杯，应属元代"枢密院"所为，其生产时间在元代的中晚期无疑。

元至正二十三年（1363），陈友谅军与朱元璋的明军开战于鄱阳湖，史称"鄱阳湖大战"。也就是在这年的头一年，陈友谅伪将刘五攻陷瑞州路，由此宣告元朝政府在瑞州路统治的结束。明朝正德《瑞州府志·郡县表·州国郡路府》记载：洪武元年，陈友谅部将刘五归顺大明。刘五的归顺，使得瑞州路和平顺利地过渡到大明政府。

元至正二十二年（1362），陈友谅部将刘五从瑞州路城北直取城池总管府，瑞州路官府一干人马通过浮桥仓皇撤退到城南。为减缓起义军进攻城南的速度，他们随即捣毁了锦江之上连通南北二城的浮桥、石桥。在阻击未果、坚守南城无望的情况下，那些来自蒙古及西域的官僚们，匆忙打理可携带的金银细软。

城北上空狼烟四起。

他们挑选一个荒无人迹的地方，在城南浮桥头西约一百米处的城墙空地上，挖出一个直径为一点三米、深两米多的椭圆形窖穴，将瑞州路官府用来祭祀而又无法携带的"国之重器"悉数下窖。器物之上盖一层锡皮，覆土掩埋后，一帮人慌忙出逃。

景德镇的瓷器，就此被保存，到20世纪80年代才重见天日。

景德镇传

瓷质御器专供宫廷使用，已经跳出了简单地以获利为主的产品巢穴，升华到作品技艺的理解欣赏档次。所以"御窑厂"一开张，必然是收罗社会上手艺最高、影响最大的工匠；工作不下达数量任务，不限制作品完成时间，全力以赴用在技艺和质量上；生产原料和燃料也不惜工本，劳动工具标准上乘；成瓷后又容不得任何瑕疵，"百里挑一"地砸碎次品，认真严谨的程度相当于皇宫里选妃一样苛刻。

官窑其实一直在生产高精尖的工艺美术陶瓷，就是在做高品位的艺术品。这一精益求精的追求，逐步影响到起步粗糙的民窑，扩散到整个景德镇的工场——制瓷业在步步攀高！

第五章 "御器厂"的鼎盛

昌江古码头装卸

官窑的手笔

明朝在景德镇设立了"御器厂",这个已经有庞大的遗址可作铁证。平民出身的皇帝朱元璋精力旺盛。就像他驰骋疆场横扫天下一样,雄才大略的他"黄袍加身"后,不仅不会荒废前朝的事务机构设置,而且大刀阔斧,干脆一竿子插到基层在景德镇设置"央企"——由皇家直接招兵买马,主要用当地的原料和技术精制所需的各式瓷器。

明代官窑的设置时间为洪武二年(1369)。

洪武二年是大明政权刚刚建立不久,北方扫除元朝残余的战斗还在继续,而西南云贵地区尚未收复,但是明太祖已经胜券在握,成竹在胸。尽管在他手里只潦草地命名为"陶厂"(明成祖朱棣精准地改为"御器厂"),但是打造御器厂厂区却不惜工本。

按理说,对比元朝在山头插旗的设局,朱元璋向景德镇瓷业迈出了更为亲近的一步。然而对于当时顶层设计的落地,就像井水之于河水,民间倒没有表现出什么获宠的欣喜感觉。当地的老百姓懵里懵懂无动于衷,照旧吃饭睡觉过自己正常的日子。到了御器厂正式开工的那段时期,那围墙内辉煌的皇家建筑和员工上下班阵势,一经在这个偏远闭塞的地方揭幕露脸,那无与伦比的皇宫似的恢宏规格,以及上朝般的肃穆气氛,让没见过什么世面的"镇巴佬"目瞪口呆,倒吸了一口冷气。

这都是在厂前大街上，围观镇民的最初表现。

我的天呐！到底是"天子"所为，啧啧啧啧……他们屏声静气，而后仰头惊叹。

比照镇上简陋的作坊，当然是一个天上一个地下。浮梁县衙算是当地最大的建筑群，但是与御窑厂衙署和厂房相比，后者的架势气派可以说是凤凰飞进了鸡窝。这个厂区北靠隆起的珠山丘陵，并含珠山在内围了个五华里长的椭圆形院墙。在围墙外过往的镇民仰头即可见院内主厂房飞檐黄顶的宫殿式结构。

一切都出乎意料地干净规整：正对着广场照壁的是高大的八字头门，门两边各摆一个精致的石鼓；进去是长长的麻石甬道，道路左右分别是司署衙门和庙宇祠堂；二门楼头题有"仪门"二字，门两边有东西辕门通东门头和彭家弄；从仪门开始向东西两边建围墙延展环绕，围墙一直绕到珠山北麓的斗富弄边合围。

御器厂的上班族也不像民窑那样三三两两松松垮垮。准时准点的人流，穿戴统一整齐，严肃得就像被训练过的部队。仪门口有两个大个子把守，两侧吹鼓亭里奏乐，每天的早晚都像上朝一样鼓号齐鸣，悠扬成韵。工人们踏着乐曲的节拍鱼贯而入。如果是画工进门还要发蜡烛和灯笼，以备晚班走夜路之需。灯笼上都印有"御窑厂"的字样。

在刚刚开工的那段时间，许多"镇巴佬"都相约赶到厂前来观光。

无论叫"陶厂"还是"御器厂"，明朝从洪武二年的1369年开始，延续元朝官窑制在景德镇珠山设厂，直至万历三十六年的1608年停烧，两百多年间烧制出无以计数的精美瓷器进贡宫廷。总体以眼花缭乱的"花哨"来形容比较贴切，比如在青花瓷基础上的永乐的甜白瓷、宣德的铜红釉、成化的斗彩以及万历的五彩等，那都是百里挑一的瓷质、精致的款式以及润玉般的釉面。

在御器厂这面招展的旗帜下面，景德镇的瓷市熙熙攘攘，民窑趁势崛起，人口迅猛膨胀。《明世宗实录》卷二四〇记载，明世宗嘉靖十九年（1540），镇民以陶为业的"聚佣至万余人"。到了明神宗的万历朝（1573—1620），市镇就佣于陶瓷业者达数万人。这还仅仅是指受雇于御窑和民窑，出卖劳动力的那部分瓷工。

因为只有这样人口规模的手工工场，才能适应宋应星在《天工开物》"白瓷"里所说的，"共计一坯工力，过七十二，方克成器"。也就是一个瓷器的完成，从原料开采起始到成瓷包装结束，整个过程需要经过七十二道工序，诞生了人类最早被细化的瓷器生产流水作业线，这就需要大量的劳动力和技术，去充实流程中的每一道专业工序。

说出来会吓得你目瞪口呆：明朝的景德镇民窑多如牛毛无统一计数，而仅仅在御器厂有记载的作坊（车间）共分三十二"作"，各"作"房间少的一间，多的三四十间；瓷窑就分六种（风火窑、色窑、大小窑及爁熿窑、大龙缸窑、匣窑、青窑），有九十二座。

传说中的官窑管理制度极为严格，也是从明朝起始的。

明朝御器厂内设有庞大的管理衙门，也就是现在所说的编制"机构臃肿"：固定的听使吏、里长、机兵、皂隶、接应和巡守等就多达九十二名。匠籍瓷工还不包括在内，轿夫和吹鼓手等杂务不说，还有狱房之类，一整套与地方衙门稍加区别而等级森严的官僚机构。

一个国有大型企事业单位，更何况在生产国之重器。

整肃纪纲最蛮的一次是杀鸡儆猴：在宣德二年（1427），钦差督陶官张善"贪酷虐下人不堪，所造御用瓷，多以分馈同列"。这当然是不得了的大事！作为"央企"的一把手，"贪酷虐下人"事小，私赠落选的御瓷就是"敢在太岁头上动土"，涉及"忤逆犯上"有杀头之罪，结果最后毫不留情——张善被"命枭首厂前"。

从此往后，凡是属于官窑出来上贡的多余产品或者次品，不得流落民间，一律集中公开打碎就地掩埋。

"内部职工"的管理，就更像是在奴役。

御器厂工匠身份大部分通过编役、上班等形式：有一类是长年供役，另一种是轮流上班。"国营"工匠工资虽然旱涝保收，但是收入菲薄；雇募工、砂石工等不含技艺的体力劳动者则尤其辛苦，整天是以汗水换来一些微薄的糊口工资。特别是到了明代后期，朝廷享用奢侈无度，不管不顾企业的生产条件和能力，下诏要求制作的御器不仅数量巨大，而且在造型和花色上总是过于苛刻精巧。就好比泰山压顶，迫使厂级管理层变态施压。督陶官和佐理往往是以期限和标准为惩处红线，而一帮监工奴才则动不动就用牢狱和死罪恐吓工人。

在大明初期的社会发展时段，包括景德镇人在内的民众各司其事，只要满足基本的生活条件都在安居乐业。习惯了皇权专制的黎民，一般都能够随遇而安忍辱负重。

但是工匠们长期受到权力层的刁难和盘剥，是明末人民反抗的主要原因。从明廷与民间矛盾趋于激化的时候开始，御器厂的管理者与生产者之间的对抗，大大小小就从未间断，以至于发展到群情激奋的高峰。类似于嘉靖年间工人因工资低廉难以维持生计，而监瓷官却变相盘剥工钱，于是大家不约而同罢工闹事；像万历二十五年，巡按方河委监厂事督陶时期，在景德镇作恶引发民愤，瓷工和镇民围攻厂门，焚烧了御器厂门坊；最激烈的一次是万历二十七年，窑工童宾跳火而死引起民愤，被激怒的镇民大规模暴动，反对并驱逐督陶官潘相。

也就是说，在那个年代里，景德镇御器厂内的"阶级斗争"激烈异常。

郑和下西洋的硬货

郑和下西洋并不是因为在"一带一路"上的年代最早，而是因史实进入当代中小学课本使得这件事非常出名。三十多岁的郑和，最先是明成祖内官监的一名太监，职责是替皇帝管理建造宫殿、陵墓和皇室的婚嫁用品，出海之前被改任正史太监。他领着这支装备为当时最先进的航海船队，在印度洋、太平洋海域往来游弋，向沿途国王昭告大明与之永世修好的愿望，并赠以精美珍贵的礼物。

他与景德镇能搭上关联，是由于在惊涛骇浪的大海中他还是最大的贸易商人。在国外市场上他兜售中国的特色商品，再买进中国没有的胡椒、宝石、珍珠、香料、珊瑚……他和他的船队不仅往返于东南亚沿岸，还深入澳大利亚、红海、非洲等国家和地区，算是那时汉人里见识范围最广、行走得最远的头领——史称为"航海家、探险家、外交家"。

除了金银、丝绸、铁器、中药、茶叶等物品外，他还带去了最受西方人欢迎的具有东方特色的瓷器——那当然不是他个人的财产。在他们出发之前，皇上让快马把征召圣旨发向全国各地的同时，有一匹快马也向偏隅江南的景德镇奔来。能引起人类审美共鸣的青花瓷，是最能彰显大明威仪、传递出访旨意的国家礼器。

青花瓷是一种用钴料画坯，罩以透明釉，并用高温一次性烧成的白地蓝花的釉下彩瓷器。自元代流行以后，烧造青花瓷的窑口在全国三五处不止，然而最终脱颖而出的当以景德镇窑为代表。因为凡是这里出窑的青花瓷，都是在青白瓷的基础上发展过来的白里泛青，光润透亮的那种鲜丽和素雅。以至于凭着对它美好的印象，竟使得一首《青花瓷》歌曲在当代家喻户晓，人"听"人爱。

郑和及其船队在第七次下西洋时，总结了前六次的外交和贸易经验，朝廷竟然在这一次向景德镇派造瓷器多达四十万三千五百件，这是有史可查的原始数据。在当地御器厂二十座官窑生产明显不够的情况下，督陶官不得不将官窑扩展到五十八座。青花瓷设计在上一朝大元帝国就成了瓷器的爆款，其他类型的传统瓷色型已不能满足下西洋的要求，一些带有伊斯兰特征的，如天球瓶、大扁瓶、折沿洗、八方烛台等图案设计，被送到景德镇的拉坯工匠手中。回纹、忍冬纹、网格纹、圈点纹、涡纹、朵花纹、海水纹等伊斯兰风格的纹样，也被大量运用于瓷胎之上。苏麻离青这种着色原料，在彩绘作坊人的笔下得到广泛应用。

明成祖朱棣让郑和下西洋的初衷之一，据猜是为了到海外寻找被他赶下台后失踪的建文帝或前朝帖木儿帝国的残余，也有可能是"通好他国"而宣扬大明王朝德威。总之凭明成祖好大喜功的个性野心，试图以庞大富庶的架势送出怀柔之诚意，令天下"蛮夷"诸国畏服，最后促使人家进贡，自己好以"天朝上国"自居。

所以已经风靡异域的景德镇青花瓷，当然成了外交货运的首选。事实也的确是这样，当景德镇的青花瓷到达异国王宫，作为国礼，它与丝绸、茶叶等一起被郑和送给了沿海国家的时候，外国皇亲国戚与文武重臣，虽然早在元朝时就领略过青花瓷的倾世之美，但是，一旦当白地蓝纹的青花瓷呈现在他们面前时，灼灼的艳丽依然让上流社会瞠目结舌，爱不释手，回家被奉为奢侈品装点情性和身份。

这种高雅之物，作为时尚品在异国风靡一时。

最后一次也就是郑和第七次下西洋，是明宣德五年（1430）。这时候成祖朱棣早已过世，甚至还翻过了短暂的明仁宗朱高炽一页，到了明宣宗朱瞻基手里。这回航行最远已抵达非洲南端，接近了莫桑比克海峡。估计这次远航已经是朱棣皇帝心态的惯性，因为朱瞻基也是一位有"仁宣之治"治理佳话的君王，然而他沉浸于书画的经历使得他遇事随和就便。

一举多得的好事！加上广交世界朋友，传颂大明的国威，又正好发挥郑和这批人的外交经验和积极性，关键是国库充盈可以垫得起成本，景德镇这个地方又有官窑可以轻而易举地拿出撑得起东方面子的瓷器。所以第七次外贸青花瓷烧造是下了狠心，郑和凯旋时获利颇丰，异国的白银可以哗哗地充实王朝的家底。

据说一个普通的青花盘与青花瓶，在西域就需要五百两白银，而一个碗则要三百两之多，是国内数百倍的"天"价。作为东方瑰宝的青花瓷，让外国权贵垂涎欲滴趋之若鹜。所以多少次在下西洋的沿途各国，景德镇瓷器与各种礼品一道，不仅做了出使的张骞，而且还成为取经的玄奘。关键是青花瓷作为东方的形象，已深入异国人的心目中，开出花朵的美丽已无以复加。

景德镇瓷器等的外销，使得大明王朝获得了大量海外的奇珍异宝，以及沿路国家的真金白银。

2010年至2013年，中国国家博物馆水下考古研究中心和北京大学考古文博学院与肯尼亚联合，发掘出肯尼亚沿海二十一处遗址。在该国马林迪王国出土了二十万件瓷器，其中两处遗址出土中国瓷片多达五百件（片），内有景德镇青花瓷等；在马林迪附近曼布鲁伊村的发掘中，也出土有景德镇永乐官窑烧制的青花瓷等；在拉姆岛上存有中国古青花瓷片装饰的门框。

古青花瓷在非洲的阳光下熠熠生辉，这都与郑和航海的年代高度吻合。

这一最具代表性的器物文化符号——瓷器，是中国对世界的第五大发明，中国在推动世界文明的进程中扮演了重要的角色。世界就是通过这一内敛且高雅的器物，来感受神秘东方古国的人文质地。景德镇的陶瓷文明史，是世界文明史过硬的组成部分。

英国李约瑟博士说，景德镇是"世界历史上最早的一座工业城市"。

只是在郑和下西洋停止之后，各国与中国的关系日渐疏远，朝贡的使者越来越少。到了明朝永宣之后，在西方向蔚蓝的大海开启航海发展道路的时候，明朝却"一刀切"地实行了海禁，关上了主导航海的海上大门，断了自己的发展道路，痛失了与世界经贸接轨的良好机遇。

童宾跳窑

"风火仙"童宾，字定新，又名广利，是当地里村童街人。在族谱上有详细记载，他生于明穆宗隆庆元年（1567），因父母早逝而弃学从艺。这是位时间地点都能查实的先人，但是在明万历二十七年（1599），发生于景德镇御窑厂的那件大事，却被后来的民间传得神乎其神，演变成了一段难以置信的神话。

"佑陶灵祠"在景德镇不是专属哪一位神灵的庙堂，但是在景德镇御窑厂的后期，厂前有座佑陶灵祠专供广利窑神"风火仙师"菩萨。两边也安有"捧月"的"众星"，即从事烧炼系列的各工种师傅：把桩、驮表、架表、收兜脚、打杂、小火手和三二伙半。

为了这位窑工，祠庙始建于清康熙十九年（1680），到了雍正六年（1728）又重新修理。督陶御使唐英为之作传，并用青花料题写"佑陶灵祠"于四块瓷板上，镶嵌于庙门。至此逢年过节众多的瓷器工匠都提着有姓名牌号的灯笼，挑来土话叫作"神福"的猪头，来上香致酒，鸣爆敬礼，酬神还愿，临走时还给围在周边的乞丐撒一把铜钱。

虽然老庙早已经被毁，但瓷板尚存，成色也不减当年。

缘起是在明朝万历那一年，皇帝朱翊钧为了给自己将来陵寝做好准备，派心腹太监潘相来到景德镇督造大龙缸，以此作为今后棺椁前的长明灯之用。

早在此前的正统年间,潘相的前辈太监王振也曾来景德镇督造过青龙白瓷缸,龙缸又大又厚,烧造十分困难,一入窑经高温焙烧,不是变形就是坼裂,最后龙缸没烧出来,却留下堆成小山的瓷片。王振无功而返。

这次烧造龙缸不仅要求更高,难度更大,而且瓷面要求"万里无云"。童宾与瓷工们听说后个个面呈难色。但是"圣旨"难违,只好冒险答应试烧。在烧造过程中,事实比想象的还要艰难。一批瓷坯进窑,烧出来的仍是一大堆废瓷。眼看限期就要到了,大家心如火燎。

这一天,窑工们又投入了紧张工作中,如果这次还烧不出成品,就要大难临头了。生性义气的童宾,非常怜悯饥饿、贫困而又遭受鞭打的同事。

这次烧着烧着突然传出一声声巨响,只见窑中的烈焰像一条凶猛的火龙,张牙舞爪地朝龙缸扑去。眼看又要成为泡影,童宾作为看火的"把桩"师傅,凭经验意识到不好,至此他便毫不犹豫地爬上了烟囱,纵身跳进了火中。

民间演绎就是口口相传,慢慢地版本就被老百姓添油加醋,赋予了一些神奇的想象。最后神话到了:在万历二十七年十一月初八这一天,三十二岁的童宾勇赴窑火慷慨献身。也许是他的壮举感动了天地鬼神,第二天当窑工开窑,一个晶亮璀璨的青龙白瓷缸惊现在大家面前。

童宾余骸就安葬在景德镇的东郊凤凰山上。

跳窑的消息传遍了景德镇。镇人为之骄傲,也因此激愤。潘相不以烧成了龙缸为满足,还有增无减地逼迫窑工继续烧造,终于在1599年陶工愤怒地纵火烧毁了御器厂,胆战心惊的潘相只身逃之夭夭……

自从清代督陶官唐英正式将童宾当作祠庙的主神以后,每逢行规二十年一届的"开禁迎神"之日,景德镇就人山人海,都要到佑陶灵祠前奢华地热闹一次。最疯狂的时候是跟着"风火仙师"大灯笼后,有飞虎大旗两面,吹鼓笙箫乐队、"肃静""回避"以及香亭宝鼎等执事牌队一溜,抬阁一百多架,仿绸长龙数十条,舞狮子、打蚌壳、踩高跷、扮地戏的,五彩缤纷。

迎窑神的耗用粗略地估计,就一百二十家"烧窑户"计算,每户平均两三百元,再加上成百上千的大小"做窑户",全镇消耗至少银圆五六万,相当于当时一万二千石米的价格。

烧造大龙缸的纠葛

明朝的第六位皇帝——英宗朱祁镇登基以后，于正统五年（1440）决定重修北京皇宫的奉天、谨身、华盖三大宝殿。到了第二年九月，三大殿和乾清、坤宁二宫告成，后又因要继续完善皇家设施，下圣旨命江南的御器厂烧造九龙九凤膳案器具，接着还命令造"青龙白地龙缸"送到京城。

就这龙缸烧造的圣旨，撩起了景德镇在这段时期的好一阵忙乎。

大件的龙缸既可用作陪葬的长明灯托器，也可以用以宫廷平时囤积的消防用水，甚至是宅院盛装粮油、种荷、养鱼、洗浴等。

大件的瓷器气势恢宏，置庭院大气美观，容积量大，又结实耐用，所以宫廷、庙堂及其底下权贵的需求量很大。特别是高级别的贿赂和上档次的送礼，都妥妥地显得贴心"加劲"。一旦烧成，获利可观。但是谈何容易！龙缸的胎制要非常好的手工艺，而且窑制必须特型，匣钵又要特制，烧炼的过程又旷日持久。生产的难处多多，产量自然就稀少，而且成功后还不容易搬运。

御器厂龙缸烧造的数量没有完整的资料，但从明《江西大志·陶书》的"御供"部分明晰的统计中可见一斑。嘉靖二十三年，青双云龙宝相花缸一百二十口；二十五年青花白瓷青双云龙等花缸三百口；二十六年青双云缸五百口；三十三年青花鱼缸六百八十口；三十五年青花白瓷缸五百四十口。隆庆五年（1571），"为缺少上用，各样瓷器单开要烧造，有鲜红碗、钟、瓯、瓶、大小龙缸、方盒,各项共十万五千七百七十单(个)对"。万历十九年(1591),"命造十五万九千,既而复增八万",其中龙缸也不在少数。

　　罗列数据的目的,是说明景德镇烧造任务繁重。

　　深色粗糙的大陶缸还好办一些,但是烧制瓷缸"一窑给砌二台,则烧二口",而且大瓷缸就当时的选料、胎制、上釉、火控的技术,要想达到圣上"万里无云"的高要求纯白净,却非常困难。

　　这下子一系列问题就接踵而来,成功率偏低显而易见。

　　"失败乃成功之母",这是毋庸置疑的各行各业不断进步的事实。制瓷业概莫能外,在历代的各种创新实验中也司空见惯。按理多如牛毛的失败例子无须赘言,但是明朝烧造龙缸失利的事情能代表进步的代价,也纠葛出诸多的社会、技艺和认识问题。

　　在明代的景德镇,仅仅有关龙缸及其烧制的事故就不胜枚举。

　　御器厂进贡的龙缸上有裂纹,大太监王振便怒火冲冠,命令锦衣卫杖罚提督官,并以皇上之命不问青红皂白,派官员前往景德镇再行烧造。

　　按当时的原料和制作条件,烧造大型龙缸在景德镇没有科学的标准定数,其间因操作师傅的经验或者偶尔可成。就像是碰手气赌博,完成成批量的任务实在是勉为其难。明人王世懋在《窥天外乘》中说:"嘉靖间,回青虽盛,鲜红土用绝,烧法不如前,而上命烧大缸,比入火,十无二三完好者,坐是为虚费甚巨,而人莫敢言。"这段话的重点就在于"十无二三完好者"。

　　王振乃明朝第一个专权刁钻的太监,在永乐朝进入皇宫成为宦官,为固基揽权打下了基础——这是自永乐大帝夺取皇位起始的,那个时代的宫廷特产。

　　这个人在宣宗朱瞻基手里得以到内书堂学习,后来因学业显著和为人精细,成了教皇太子读书的师傅。明英宗朱祁镇继位以后,这位元老被委以重任,官至皇宫司礼监总管。上任伊始,他虽然当时受到太皇太后张氏和内阁杨士奇、杨溥和杨荣"三杨"的制约,后来这些当权者有的亡故有的被休,于是王振迅速面具一撕,掌控了朝廷大权,同时掀开了明朝宦官专权的序幕。

　　王振是师傅,以善于逢迎颇得英宗皇帝的欢心,王侯大臣也无不畏称他

"翁父"。但是综合他一生有为师不仁和所事不善两宗罪过：一个是他大兴土木，广受贿赂，败坏朝纲；另一个是怂恿皇帝亲征，在土木堡全军覆没，惨败后英宗被俘。王振这才被气不过的护卫将军樊忠，以铁锤当头击杀。

大龙缸烧出后呈现裂纹，过了两百多年后的清代，"康雍乾"三朝元老张廷玉等人有了经验。他在《明史·食货六》中澄清了烧造大龙缸的一些技术细节及其看法问题："正统元年，浮梁……，既又造青龙白地花缸。王振以为有璺，遣锦衣挥杖提督官，敕中官往督更造。"

其实龙缸上的"璺"是指陶瓷、玻璃上出现的裂纹、微裂。在烧造工艺还不至于炉火纯青的明初，"璺"极容易在高温后出现在瓷器表面，但是裂隙的程度大小各有见解。偏细的纹线为现代人所说的冰裂纹或"开片"，是一种艺术美感；稍大一点则为坼裂，然厚实的胎骨没达到坼裂程度，则并不影响龙缸的使用功能。

然而皇帝"金口玉言"，而太监就是把御屁奉为檀香之角色。

明朝奉天殿，于永乐十九年（1421）正月初一投入使用，四月初八就遭到雷打火烧，三大殿一时间被全部焚毁。那年代人们特别迷信，明朝第三位皇帝——成祖朱棣将这一现象，看作上天和祖宗对他"靖康"夺位、强行迁都、大兴土木的愤怒警告。惊恐之余，心虚的他只好改北京为"行在"，仍然尊南京为首都，改在北京奉天门（今太和门）听政，不再重修三大宝殿。

在他之后继位的仁宗朱高炽、宣宗朱瞻基二位，因一脉相承均有迁都南京的念头，也没有在北京重修殿堂的意图。但是到了英宗朱祁镇手里，却由于经历与情绪执意要硬性重建，还让景德镇烧造贮水防火的青龙缸以配。这就是如今我们挖掘出来的那些剩下的大瓷缸，"因有坼裂等弊病不能进京"，被砸毁并埋藏在御器厂巷道内的史实根源。

1988年11月偶然的机遇，景德镇市陶瓷考古研究所在珠山以西，明代御器厂西墙外发现了一条长十七米、宽两米的巷道，其中填满了明初官窑瓷片。上层为成化年间及其稍早一点的无纪年瓷片；下层为永乐、宣德官窑纪年瓷片；中层就是堆积厚达一米三、出土量十多吨的龙缸残片。

出土的青花龙纹大缸，青料橙色深沉，属于苏麻离青类型。直口、深腹、平砂底，缸内壁施白釉，无款。口沿饰卷草，肩与底部绘上下相对的变形莲瓣一周。腹部绘有双角五爪赶珠龙两条，隙地装饰流云，龙腾云飞，气势恢宏。因缸大且厚，终于未能烧成，纠结再三，当时三大殿前的陈设便只好以铜缸取代。

现陈设于景德镇御窑厂缮瓷坊内的大龙缸，是明代官窑烧造最大的一件。就是当时烧造失败有裂痕而遭砸的那些。景德镇市陶瓷考古研究所利用数十口明代正统年间的龙缸碎片，前后一共修复了"青花大龙缸"三件。那都是绝无仅有的镇馆之宝：一件在上海博物馆珍藏；一件在北京大学塞克勒考古与艺术博物馆镇馆；缮瓷坊留存的这一件，是修复最为完整的一件。

景德镇传说的"风火仙"童宾跳火而死，也是这个朝代万历年间因烧造龙缸而引起的重大历史事件。凭经验摸着石头过河，大龙缸的烧造真的是一大麻烦。神宗皇帝朱翊钧已经到了明朝的第十四代了。据《景德镇市志》记载，万历二十七年（1599），太监潘相监理窑务因烧造龙缸，窑工童宾被逼投火而死，引起全镇"民变"。

又是一个太监！

神宗皇帝不接受前朝教训，为给自己将来的殡葬准备，派潘相到景德镇督造青龙白瓷缸，以作百年后陵寝内的长明灯之托。要求口径三尺，厚三寸，高二尺八，不能有半点瑕疵。而且规定还凶残蛮霸，烧不出来则受罚、坐牢，或斩首。窑头"把桩"师傅童宾因此只好以身殉职。这种沮丧的纠葛，却被民间神话为不可能成功的龙缸，终于在他跳窑后一举烧成。

这是在绝望的时候，窑工想把事情的难能，寄托于神话并归功于英灵的结果。

当地的历史传言各种各样，有的说潘相因继续逼造龙缸引起民变，被民众火烧了御器厂，吓跑了潘相。史书有说"潘相乃一愚鲁之人"，文化不高，品性很差，执掌御器厂二十二年，直到泰昌帝继位才被尴尬地召回。《明神宗实录》记载：万历皇帝"遭御马监奉御潘相，督理江西瓷厂"。御马监太监潘相既为江西税监，又是景德镇瓷监。朝廷一府设两监，利用阉人的变态心理，既省了人力，又可御用把持。

又有民间传说景德镇民变，是万历三十年（1602）因潘相的爪牙王四在景德镇竖旗被围观，烦恼的王四命令衙役随便拖出一个百姓套上枷锁，又拖出一个痛打。"横恣激变，致毁器厂"。具体过程是被激怒的百姓将王四的大旗撕了，放火烧了他的住所，大火蔓延至御器厂新建的厂房，还损坏了一大批御器。

官方终于悟到了民意难逆，强蛮也不是最好的办法。

据说第二年御器厂的管理者为平息民愤，在厂左侧建造"风火仙师庙"供奉童宾。然而这只是野史传说，推测很可能不是专供童宾"风火仙"的神庙，由于明代"肉食者"并非真心，只不过在台位上众多神位中安了个牌位，给情绪当头的窑工一个敷衍了事的交差。否则到了清朝，真正将童宾作为瓷都精神推崇的督陶官唐英，也用不着隆重再三。

唐英在修庙时为年希尧代笔了《重修风火神庙碑记》。详情都写在他著的《火神童公传》和《龙缸记》里面。

20世纪50年代，中国考古工作者对明万历皇帝朱翊钧的定陵进行发掘，出土各类器物三千多件，其中有三口青花大龙缸。三口龙缸分别置放在朱翊钧和两位皇后地下宝座之前。缸内储有灯油，长明灯因缺氧而熄灭。

《景德镇陶录》有记："明厂有龙缸窑。烧时溜火七日，然后紧火二日夜，封门又十日，窑冷方开。每窑约用柴百三十扛，遇阴雨或有所加。有烧过青双云龙宝相花缸、青双云龙缸、青双云龙莲瓣大缸、青花白瓷缸、青龙四环戏潮水大缸等式。"

三口龙缸都高近七十厘米，口径七十厘米，足径五十八厘米。朱提纹饰五爪龙盘旋于缸体，昂首张目，龙鳞乍起，气势如翻云覆雨，缸体上部有"大明嘉靖年制"字样。万历定陵所用龙缸为嘉靖时期烧造，可见在嘉靖年间的宫内早有龙缸准备，也说明景德镇御器厂前前后后花费了巨大的代价。

从明史资料看，龙缸窑在洪武御器厂设置时就有，"至宣德中，将龙缸窑之半改做青窑"。郑廷桂在《陶录余论》中补叙："龙缸大窑，明厂原系三十二座，后因青窑数少，龙缸窑空闲，将大龙缸窑改砌青窑十六座，仍存大龙缸窑十六座。"

至今被叫作"龙缸"的弄堂，在景德镇市珠山区珠山街道还有。

物理化学的科学肯定是没有总结出来，但是古代烧着烧着就烧出了经验。到了清朝，因为皇宫的需求不减，并派饶州守道董显忠、王天春、王瑛等人在官窑督造。这是《景德镇陶录》透露出来的信息，即"国朝建厂造陶，始于顺治十一年，奉造龙缸，面径三尺五寸，墙厚三寸，底厚二尺五寸"。

现在有景德镇的瓷业前辈们反映：烧制龙缸的除了御窑之外，其他均搭御窑厂东街的龙缸弄民间的"龙缸窑"烧制。弄内曾有窑六座，开始是烧制单一品种。难烧的偏烧，因为"五彩器，大洋瓷缸，每口估价银五十八两八钱"，利润大得吓人。景德镇的窑工愿意折腾——被一个单一品种反反复复纠葛的根源，就出在这里。

后来摸到了原料配方的诀窍，师傅们烧制的技艺越来越高，样式还多种多样——经验使然。不说是十拿九稳，但都不再有赌博似的纠结心态。一个城市人的专业精神就体现在这一固执的细节之上。

景德镇民窑不乏高人，制缸技术远近闻名——这是在景德镇有关"龙缸"烧造的另一段话题。

皇帝的蟋蟀罐

《聊斋志异》中的《促织》一文讲述，明宣德年间宫中好斗蟋蟀游戏，每年都向民间征召蟋蟀进宫与百官同乐，演绎出了一幕幕离奇曲折的戏文故事。在堂堂的国家决策重地，高高在上的皇帝，以及峨冠玉带的朝廷命官，都围着蟋蟀罐子痴迷于童乐野趣，或趴在地上喂虫，或拆围墙捕捉，那都是不可以想象的"玩物丧志"的祸事。

尽管这很对人类生性的兴趣和路数，但是上亿人的身家生存和广袤的江山社稷都托付给这样的朝廷管理，天灾人祸的内患和边外倭寇的入侵怎么去及时处理？所以任何接受正统教育的怀疑论者，都会在阅读这一类宫廷内幕时，当是连环画中的神话寓言，或是对封建王朝的一种讽刺。就好比当下宫廷戏纯娱乐式的"戏说"，人们总觉得作者不过是跟读者开开玩笑而已。

"肉食者"比这高级的消遣享乐多了去了，哪一个都意想不到这些小儿科会是真事！

明朝宣德一代仅仅经历十年，朱瞻基阳寿仅仅三十六载，但就整个明王朝二百七十七年而言，却显见出难得一现的太平盛世。他是明朝的第五位皇帝，为明太祖朱元璋的曾孙，明成祖朱棣的孙子，明仁宗高炽的长子。

既然是太平盛世，就没有必要整天神经兮兮地绷紧神经。宽怀者也许会找到很多宣德皇帝在位时的政绩，比如说勤政爱民、知人善用，在军政方面还有卓越的才干，而且天生率性，所以在闲暇时他还难免生发出"养鸟""好促织之戏"等与身份不相匹配的雅好。

这当然是位可爱的皇帝！然而，他那些琐屑的爱好一向不为后人所知。连史学家也有不同看法，因为宣德帝喜欢养斗蟋蟀鲜具于史书上，一些故事又大多出自晚明的野史笔记，因此不能拿出来做史实依据。

又是景德镇揭开了这一封存多年的宫廷秘密。

1982年11月，在景德镇珠山路铺设地下管道时，景德镇陶瓷考古研究所在明代御器厂故址南院的东墙边，发现了大量的宣德官窑残片，有青花、祭红、蓝釉等，绝大多数的器物都有六字或四字青花年款。在整理时拼合出一只鼓形盖罐，盖底与圈足正中有"大明宣德年制"青花双圈六字款。

经过对比可以确认，出土的宣德青釉盖罐为蟋蟀罐。

1993年春，景德镇为了城市建设的需要，把御窑厂遗址给开发利用起来。当地考古研究所在明御器厂的东门遗址附近开探沟时，发现了一窝堆积状的青花瓷片，经复原拼接为秀美惊艳的罐子，上面都书有"大明宣德年制"的单行青花楷书款。

有大的也有小的，有的是单个小罐，有的却是两个小罐连接在一起，装饰或繁芜或清丽。那些小的是盛放鸟食的罐子，大的在景德镇地方上叫作"蟋蟀钵子"。随后又发现了一置于蟋蟀罐养盆中的"过宠"，扇形两面绘有青花折枝花，但无款，缺盖。蟋蟀罐的纹饰多样，有龙、凤凰、天马、海兽、珍禽、小鸟、牡丹、瓜果等，绘画精美。

问题是龙纹虫罐上绘有五爪龙图案。

按照元、明两朝的规定，除了帝王外，臣庶均不得使用五爪龙图案。单就这一点足可以证明，龙纹蟋蟀罐必为宣德皇帝的御用之物。其他纹饰的蟋蟀罐，绘画也很精美，工艺精良，应为皇宫专用之物。这批珍贵文物，不仅证明了野史笔记具有真实的参考价值，而且捅破了朱瞻基皇帝养斗蟋蟀的喜好内幕。

同时也有皇帝"玩物丧志"的养鸟记载。明朝学者黄佐在《翰林记》里披露，有一次宣德皇帝和十八位元老重臣在御苑里游玩，宴席中在尽兴之余就欣然下旨，像幼儿园阿姨安抚学生，竟给每一位臣工赏赐一笼鹦鹉和鸟食罐子。

蟋蟀罐体积虽小，然而那是皇帝的玩物，罐面上的青花纹饰件件都很精美，有螭龙五爪的传神，有天鹅被鹰追逐的惊慌——画面的构图元素和题材运用，无疑和元代的中国绘画产生了某种默契。画面布局疏密有致，远景衬托飞禽生动，近景烘托背景自然，可见陶瓷艺术与绘画艺术的同源，产生出不可多得的精品。

御器绘画风格既有传统纹样的花色，也有非常特殊画意的图案，比如青花白鹭黄鹂纹蟋蟀罐，画面显示杜甫"两个黄鹂"的诗意。还有罐上的怪兽纹、莲池珍禽纹、鸳鸯、水鸭等动物纹饰，沿袭了元代青花大盘和唐代金银器上的花纹。

朱瞻基又被称作"蛐蛐皇帝"。

宣德九年（1434），他曾下旨给苏州知府况钟："比者令内官安儿、吉祥，采取促织。今他所进促织数少，又多有细小不堪的。已敕他末后运，自要一千个。敕至，尔可用心协同他干办，不要误了。故敕。"

苏州流传，"有以一蟋蟀陨其家三命者"。

他少年得志，军政之余喜欢爱虫怜花，也曾指使太监到全国各地，甚至远至朝鲜半岛，搜刮鸟兽花木与诸多珍异。也曾密令苏州知府况钟进贡蟋蟀千只，用世袭的官职赏赐蟋蟀进贡者。明人吕毖在《明朝小吏》中说：帝酷好促织之戏，遣取之江南，其价腾贵至数十金。时枫桥一粮长，以郡督遣，觅得其最良者，用所乘骏马易之。

还是站在这个角度去理解，宣德皇帝是一个太平天子。

朱棣最喜欢的还是这位皇太孙，所以在《明史》卷九《宣宗本记》里记载，永乐皇帝曾跟朱瞻基之父朱高炽说："此他日太平天子也。"

朱瞻基在成年继位后，果真应了他祖父的预言。历史赐给了宣德年间一个中原、北疆、周边和都城都相对稳定的政治局面。他幼年目睹祖父、父亲以及两位叔叔夺位之争的场面，九岁出阁就学，勤奋读书，接受历练。十二岁祖父朱棣北征蒙古，他作为皇孙曾长留北京接受了严峻的政治考验；还多次跟随祖父朱棣出征漠北，饱经艰辛。

他继位后的放肆喜好，与他的这些经历以及擅长诗文、琴棋书画和刀枪剑戟有关。比如书画方面，除了继续沿用永乐时代的宫廷画家外，他还另外征召了一批民间的画家入宫供御。

他既顽皮好斗，喜爱自然，又看透世事，享受人生。

但是奇怪的是，明御器厂烧造的精美独特的蟋蟀罐，在清宫旧藏中并不见踪影。据记载，清宫旧藏宣德官窑瓷器共1174件，大多数都是从宣德年间传存下来的，可是在北京故宫与台北"故宫博物院"里，竟然没有找到一件蟋蟀罐实物。

景德镇御窑的考古，披露了宣德与正统年间宫廷的秘密。

1435年1月31日宣德皇帝去世，年仅八岁的正统皇帝朱祁镇继位。为了防止朱祁镇再玩物丧志，荒废学业，太皇太后张氏曾发布过决绝的死令："将宫中一切玩好之物、不急之务悉皆罢去，革官中不差。"

为了满足皇帝的喜好，底下的人到处搜罗各种名贵鸟虫，以博得皇帝的欢心，甚至出现了"上有所好，下必甚焉"的风气。当朝上至王公贵胄，下到黎民百姓，全国似乎形成一种全民性运动。为了捉到上等蟋蟀，官府不惜拆除民墙，毁坏农作物；太监借机敲诈民财，沿途勒索民物等怪异现象时有发生。

难怪在皇帝死后，张太后随即下令把皇帝的玩物统统拿走砸烂，并厉声告诫史官们不准记载儿子的所有爱好。所以当年按照太皇太后的这道命令，不仅捣毁了宫中所有的蟋蟀钵、鸟食罐、鸟笼，甚至其他许许多多的精致玩具，包括景德镇御器厂已经烧制好的尚未进贡的相关瓷器，全都被打碎后深埋到地下。

天性是与生俱来的属性，在后天的成长过程中随时可能在压抑或松弛中露出头角，具有挡不住的强大驱使力。虽然张太后用心良苦，但是作为一个妇道人家，她却没有也无法阻止住宫廷里继位者的任性胡来。

像明代第十位武宗皇帝——朱厚照，聪明也非常贪玩，在宫闱里荒淫无度，随心所欲。做太平无事的帝王他做不过瘾，竟然向往大将军的身份，曾自诩为"总督军务威武大将军"并加封"镇国公"，还让户部给自己发饷。《明史·武宗本纪》记他：耽乐嬉游，昵近群小，至自署官号。冠履之分荡然矣。

还比如明代第十五位皇帝明熹宗朱由校在位七年，亡于二十三岁。虽然他不是个很好的皇帝，却心灵手巧对木器制造产生了浓厚的兴趣，刀锯斧凿样样拿手，活计偏爱到倾心痴迷废寝忘食，最后走到了放弃朝政的地步。

对于宣德皇帝的"不务正业"，到了20世纪80年代终于没有隐瞒住世人——御瓷泄露了宫廷内捂住的秘密。

所以时至今日就瓷器而言，宣德官窑的蟋蟀罐产品不仅精致美妙，而且稀罕珍贵。目前发现的传世之宝仅有三件，其中的一件还缺少盖配，那件很有可能就是宣德帝赏赐臣工的礼物。三件传世的宣德蟋蟀罐离开纷扰的宫廷，才侥幸逃脱了灭顶之灾，成为中国陶瓷发展史上浓墨重彩的很有情趣的一笔。

"斗彩"里的宫廷私密

　　成化斗彩瓷是一个比较专业的称呼，也就是在朱见深当皇帝时期开始烧造出来的争奇斗艳、色彩缤纷的景德镇瓷器。"斗彩"又有"豆彩"或"逗彩"之说，估计都是世间胡蒙瞎猜方言谐音的缘故。浅显易懂地直接定义，就是在瓷器上釉上彩和釉下彩斗拢、拼凑的意思。这一种瓷面的著名装饰，是景德镇瓷器发展史上一颗绚丽的明珠。

　　明代成化年间这一成果的水平，在当地达到了巅峰。似乎与今天的审美观有点出入，大红大绿装饰的视觉效果，总有违清新素净的格调。但是能在一个白胎上填充大红大绿，使得瓷器淡雅或艳丽得让人情不自禁，爱不释手，那确实是景德镇御器厂的艺匠精心琢磨而成的另一类艺术。

　　历史上在当地三大著名的斗彩瓷器，是鸡缸杯、三秋杯和天字罐。因为价值在拍卖场的走高，所以景德镇的"仿古"作业也就从来没有断过。而就这种器型、图案和色泽，有史以来当地卖掉了多少件仿制品，又养活了多少工匠，那得数天上的星星。

　　三秋杯，现在于故宫博物院收藏着原件。

　　它高三点九厘米，口径六点九厘米，足径二点六厘米。画面为秋天景色，三秋指孟秋、仲秋、季秋，分别对应农历七、八、九月，简称"三秋"。这种杯子的观感轻灵娟秀，样式薄如蝉翼，釉彩淡雅，画意清新。杯子外壁无非就是绘有两组斗彩山石、兰花、绿草、几只飞蝶，貌似简洁却灵动生趣，配上鲜明的色泽，艳丽就呼之欲出。据专家研究这一款，原料为景德镇的麻仓瓷土，是皇帝专为万贵妃烧造，被定级为传世的极品。

相传当时在官窑里共烧制了五对，只精选出其一，剩下的全部被销毁。最为恶劣的是还处死了这位优秀的工匠，致使稀罕的工艺基本上失传。

景德镇出产的天字盖罐，是由于罐底的青花绘有"天"字而得名。它通高十一点三厘米，口径五点六厘米，足径七点三厘米，带平盖。罐子外壁彩绘着四匹天马：二青一红一黄，奔驰在海水浮云之间。盖面是波涛和红彩天马。除了这一件瓷宝之外，同一类型的还有被故宫博物院收藏的斗彩缠枝莲"天"字盖罐和斗彩海水云龙"天"字盖罐。

特别要提到的是御用的酒器——鸡缸杯。

它也是景德镇官窑中成化斗彩里最负盛名的高规格代表。相传是成化皇帝和万贵妃在明宫月夜里碰杯戏饮，腮红血热，恋情浓烈时的用具——尤其是这款鸡缸杯富有宫内私情故事，给它平添了后世收藏的价值与魅力。

不过就是一个手握适度的小件东西！但是在《神宗实录》中提到"神宗时尚食，御前有成化彩鸡缸杯一双，值钱十万"。明沈德符于《万历野获编》里又记载："成窑酒杯，每对至博银百金。"可见神宗皇帝对鸡缸杯的喜好与当时鸡缸杯的珍贵。到2014年，一只成化鸡缸杯的拍卖价竟然突破了二点八亿元人民币。

作为皇家的御用珍品，鸡缸杯做工精细，清雅脱俗。造型犹如一只微塑版的水缸，敞口，曲腹，卧足，胎体较为轻薄，釉面光泽细润，整体呈牙白色，口大而腹宽。在中国台北故宫博物院收藏的鸡缸杯原件，高三点四厘米，口径八点三厘米，足径四点三厘米。

最有趣的是杯外面绘有富有天伦之乐的图饰。青花勾勒的线条纤细雅致，柔和平实。主体纹饰和花卉奇石辅助纹饰，以平涂与点染相结合施彩，使得整体杯饰显得淡雅高贵，简练生动，纹饰多为子母鸡嬉戏，即所谓"上画牡丹，下画子母鸡，跃跃欲动"。

与鸡缸杯图案有异曲同工之妙的是成化年间大为盛行的婴戏图。

这在我国陶瓷发展史上是个与鸡缸杯同义的插曲——婴戏图最早出现在唐代长沙窑瓷器上。明成化则是婴戏图快速发展的年代，疑似那个岁月里的流行款式，因为器物造型在杯、碗、盘、瓶、罐、盒等上被广泛运用。

1987年春到1988年冬，景德镇市陶瓷考古研究所为配合龙珠阁复建工程，在珠山东麓进行了抢救性发掘，出土了橙色淡雅、器型小巧的青花碗、盏和精美的斗彩瓷器。在出土实物中，发现大量以婴戏图为主的青花人物碗，碗外壁绘有"庭院婴戏"图居多，比如放风筝、捉迷藏、捕蜻蜓等，天真活泼。婴孩人数有九、十二、十五、十六不等。

这种出土物，与北京故宫收藏的明成化"斗彩婴戏图"风格一致，都显示出成化帝朱见深隐秘的个性经历。

万氏的小名叫贞儿，诸城人，生于明宣宗宣德四年，四岁被选入宫中。本来是朱见深祖母孙太后宫中的一名宫女，到了十九岁那年，她被挑选到东宫服侍年仅两岁的太子朱见深。从此她这一生都贴身于成化皇帝，并随着成化帝遭遇的波澜起伏而冷暖起伏。

本来顺利的话，朱见深按规矩接任皇位就是。

但是他的父皇英宗朱祁镇，却因"土木堡之变"被代宗朱祁钰夺权，年幼的太子朱见深因此被废为沂王，并被指令移居南门冷宫，生活一下子跌落深渊，日子过得凄苦万分。在落难期间，唯有万贞儿对幼年太子的照顾是自始至终无微不至，而年幼的太子对她的依赖程度也几近变态式的"恋母"。在这位比自己大十七岁的宫女陪伴下，朱见深度过了暗淡而充满危机的童年。

在其父英宗朱祁镇于1457年复位后，沦落冷宫八年之久的朱见深，十岁时再次被立为太子，他的日常仍然由宫女万氏服侍。后来两人的感情由依赖过渡到依恋，彼此恩恩爱爱形影不离，身心黏糊达到异常的程度，进而演变成亦姐亦母亦妻似的复杂关系。

1465年其父皇明英宗驾崩，十八岁的宪宗朱见深即位。此时的万贞儿已经三十五岁人到中年。成为皇帝的朱见深上位后想要做的第一件事，就是要将心爱的年长自己十七岁的宫女册封为皇后。这是为皇室所不容许的私情，他的母亲周太后站出来强烈反对。在万般无奈的情况下，朱见深只能委曲求全，立宗室女吴氏为皇后，改封万贞儿为贵妃。

事情在成化二年（1466）发生了变化，万贵妃终于生下一个儿子。母凭子贵，按道理顺理成章，只可惜小皇子刚满周岁就夭折于襁褓之中。万贵妃这时候已经三十八岁，在古代已经是不能再生孩子的年纪。于是基于嫉妒与危机的心理，变态的万贵妃对所有成化帝宠幸过的妃子，特别是怀有身孕的姐妹，都给予或明或暗的险恶迫害。

看着自己的亲骨肉一个个死于非命，成化帝朱见深虽然心知肚明，却从不曾加以阻止。

他们俩也许是因为渴望子嗣过度，便移情于鸡缸杯和婴戏图上。这样的渴望与移情，后来愈加强烈。幸亏在成化五年（1469），朱见深临幸了管理内廷书库的女官纪氏，在太监张敏的周旋保护下，有意将纪氏"打入冷宫"并产下皇子——后来的弘治皇帝，才使成化皇帝后继有人。

相传有后代一事，连朱见深本人都蒙在鼓里。成化十一年（1475）的一天，朱见深召唤太监给自己梳头，从镜中看到自己的几根白发，长叹："朕即位有十一个年头了，不知不觉老之将至，可至今尚未有子，这江山将来托付给谁呀！"太监张敏，这时才道出了隐秘的实情。

六年之后成化帝才与皇子相见，同时那位被宠幸的纪氏也被安排进紫禁城的长乐宫。然而一个月后，纪氏无缘无故地暴病身亡。《明史》是这样记载纪氏的死因的：或曰万贵妃致之死，或曰自缢也。发展到了这个地步，皇后吴氏把万贵妃传唤到坤宁宫，先是训斥后命杖打，万贵妃转向成化帝哭诉，最终被周太后所废打入冷宫。

结果万贵妃死于五十八岁，四十一岁的成化皇帝因眷恋过度悲伤到病倒，六个月以后离开了人世。

成化帝和万贵妃从纵欲到绝望，再到渴望极致的审美变态和转移——子母鸡、婴戏图的瓷器就是这样被发酵出来并且蔓延到民间各地的。

111

"打毛银派头"

动辄火山爆发似的群情激奋，在这座移民聚集的城镇造就了一股剽悍民风。

明嘉靖十九年（1540）五月，水灾后的米价暴涨，景德镇的所有窑业歇火，坯房关门，上万名瓷工上街暴动，砸烂了街市上哄抬价格的粮油米店，冲击了个别蛮横刁钻的窑户老板。随后不久的万历二十五年（1597），因督陶官的作恶多端引发民愤，工人和镇民一把火焚烧了御器厂的门坊。此后仅仅时隔两年，太监潘相监理窑务，因加压烧造御用龙缸，窑工童宾被逼投火自尽，又引起全镇哗然进而"民变"。

这都是《景德镇市志》上的白纸黑字。

小打小闹的未进入史册的不算，也除去起义和兵变，仅凭当地志书"大事记"上的记载，从明代嘉靖十九年开始，到民国三十七年为止，也就是四百〇八年的过程，凡涉及团体利益，只要是正义的旗号一经祭出，景德镇的民众总是一呼百应，声势浩大。有案可稽成千上万的镇民"打派头"、民变、暴动等重大事件，就多达十五起。

平均每隔二十五年发生一起——每个人的一生总可以碰到几起。这种频率在一个集镇，也是个令人瞠目结舌的现实。

这是个"五方杂聚，亡命之薮，一哄群沸，难以缉治"的弹丸之地。明朝给事中徐浦在给皇帝的奏章中就曾说："景德镇群奸并集，有如回青，打之无法，散之无方，真青每插于杂石，奸徒常盗于衣囊。"权贵们对他们是既怕又恨。

这地方上所说的"打派头"，其实就是聚众罢工的意思。社会最底层的瓷工经常受到欺压，他们唯一能采取的办法就是"打派头"。抱团争利，这在景德镇民间已经是屡试不爽的法子，最后几乎就成了一股呼啸于市镇的民风。

原因也非常简单：瓷工大多数人的家眷和田舍都在农村老家，作为只身在外的"打工仔"一人吃饱全家无忧。那些人中的绝大部分都是身强力壮、年轻气盛的汉子，均有一股冲天的正义豪情和胆量。作为讲究尊严和脸面的底层劳工，他们只有簇拥在一起，形成一种狂飙似的阵势和暴力——哪怕是面对窑户老板、帮主把头、执法衙役，甚至顶头上司或钦差大臣，都敢于停工、叫骂、冲撞、绑架、枪杀，乃至于火焚皇家的御器厂门坊。

万历二十五年（1597），景德镇御器厂工匠的工钱，厂方有人擅自做主改以毛银发放。"毛银"在当地的土话里，是指成色不好的非纯银，在市场流通时按照纹银大概要打八九折的样子。本来依景德镇地方的习惯，所有的窑户老板给雇工开工薪都是用纯银发放，但是御器厂的官员利欲熏心，想从工资中欺负盘剥工人。

在这头一年传说是旱灾，当地"农田欠产，市埠斗米千钱，镇贫者挖葛、蕨充饥"。御器厂工匠养家糊口，靠微薄工资难以维系贫寒的生活，致使勒紧裤带一日两餐勉强度日。到了实在是没有办法的地步，有一个挖坯工于上班的时候，在厂前偶然碰到了当时的巡按兼监理窑务的方河委，就壮着胆子提出将工薪恢复到以纹银计算发放的要求。

然而这位督陶官架子很大。他正好被一伙厂里的管事前呼后拥，对普通工匠的拦路建议理都不理，拂袖而去。方河委这个人自从被委任来景德镇以后，一向趾高气扬，横行霸道，平时在青楼里走进走出，养了一帮奴才花天酒地，纵容窑场的管事对工人加压、打骂、克扣，甚至动辄关进厂牢。大家有苦难言，忍气吞声。

后来御器厂里的工匠连续几次向具体的行业管事集体力争，都遭到方河委亲信的辱骂拒绝。底层做人的尊严和应有的权利被打碎一地，于是在工间休息的时候，那个挖坯工所在的作坊间，聚在一起的人们谈着谈着就怒不可遏，这时候便有人提议全体"打一次派头"，立马得到众人一致的附和。大家当场就脱下工装，收拾私物，走出作坊，串联窑场，一上午就把个御器厂解散得空空荡荡。

"打派头"在景德镇民间已形成了风气，但在官府设立的御器厂还是首次。"打派头"叫法的来由，是闹事团伙提出的条件一旦被理睬，权贵的第一句话就是："好，派头来。"这话其实是双关语，第一层意思是说要协商可以，一帮人要派个头人出面；另一层意思是警告威胁——哪一个不要命牵头人敢站出来试试！

但是工人阶级是思想最进步、革命最彻底的阶级——这在政论中早有定义，何况在这个移民城镇。大不了再回乡种田。

这次罢工的提议和牵头人，就是那个都昌籍的挖坯师傅江九宝。挖坯又叫剐坯，是将拉坯时留下的厚胎残泥切削掉，规整，然后修整瓷坯底足的工种。他手艺过硬，由于性格爽朗办事利索，又一向为公事敢于上前叫板，深得人心，在御器厂工匠和弄堂里的居民面前威信很高。

"胆敢摸老虎屁股？"罢工触动了御器厂督陶官。

巡按兼窑务监理的方河委恼羞成怒，但是又担心厂里出不了瓷器，在皇帝面前交不了差，罢官丢脑袋都有可能，就找来浮梁的县官要求把江九宝逮捕，并张贴告示强令复工，以震慑跟帮的工人。县衙连夜抓了包括江九宝在内的三个牵头和串联人，并迅速派人偷偷船运押解到饶州府治鄱阳服劳役。

"限三天之内，御器厂不上班者以乱党江九宝等人一样治罪。"

第二天，抓人以及厂前威胁告示贴出的消息，像着了火一样被一传十、十传百在景德镇街巷中传开。也不知是不是又有人暗中起头，厂里的匠人、全镇的瓷工，乃至有牵连的家属镇民，还没到中午就都集结到御器厂门坊前的广场。他们有的人拿着棍棒、梭镖，甚至火铳，人声鼎沸，群情激奋，高喊着要释放江师傅等人。

厂内的机兵、皂隶和巡守，连同有几个被派来把门的衙役一起，排成一排维持秩序，以阻挡推搡着靠近头门的拥挤群众，竟然在混乱之中把一个小孩子挤倒在地。小孩哇哇的哭叫引起了家长的责问和愤怒，最后双方责怪吵骂起来。方河委的手下向来在市镇作威作福惯了，不怕硬的"镇巴佬"便一窝蜂地冲衙役吼叫出拳。后面不明真相的群众一时间就像潮水一般，涌进了御器厂的头门，撞开了紧闭的司署府堂门窗，冲进去一阵打砸。

躲在后堂的方河委和县官一帮人，见势赶紧在手下人的簇拥下从后门逃走。幸亏御器厂的二门厚重牢固，里面作坊窑场物件也没有什么可以泄愤。

群众见不到一个官人，依然聚集在广场不肯解散。这时不清楚谁在人堆里叫一声："把厂门给烧了，让他们试试'打派头'的厉害。"于是有人把纸屑楂草、木棍窑柴堆到御器厂青石门坊脚下点着火。熊熊的烟火虽然厉害，也不过是把门坊柱子和上面的字迹烟熏火燎得乌漆墨黑，但是景德镇显示出了敢在皇帝头上动土的胆量——团结一致的镇民像围观烧太平窑一样，每一个人都觉得非常解气。

第三天一大早，有个别管事小心翼翼地到厂里张望。御器厂内冰冷肃静，麻雀和老鼠在其间欢叫穿梭，没有一个点位上有工匠上班。

第四天厂门口只好又贴出布告，这次是以饶州府地方衙门的名义。布告上说：一、误抓的江九宝师傅等三人已经释放，正坐船从鄱阳返回；二、御器厂里有一位李姓账房管事，因擅自改发毛银工薪被革职查办，巡按方河委正赴京禀报；三、请镇民们派出举事的头人若干，到浮梁县衙共商复工事宜。

然而又过去三天，那张新布告在被烧黑的门坊上被风吹得一摆一摆，依然没有人理睬官方的提议。镇民们在"打派头"期间，互通有无，相互接济。不得已的县官只好亲自动身，提着慰问品来到江九宝师傅的家里——江家弄拜访，代表御器厂答应恢复纹银工资，并在文书上签字，叫江师傅贴出去招呼工匠们上班。

不久以后，朝廷改派出的督陶官潘相抵达景德镇。

景德镇传 The Biography of Jingdezhen

第六章 大明的民窑

正统三年和十一年，明廷曾两次下令严禁民窑仿制某些御器，违者处以极刑。这反映了景德镇的民窑已掌握了御窑先进的制瓷技艺，有力量与官窑争利，且那些仿制的窑址也很隐蔽。又如正统元年（1436）景德镇人陆子顺，一次进贡瓷器五万件，可见民窑规模之惊人。

有记载，明世宗嘉靖十九年，镇民业瓷者"聚佣至万余人"；到了明神宗万历年间，市镇佣于瓷业者多达数万。"官搭民烧"和"官民竞市"的格局，致使资本主义萌芽状态基本就绪。所以明代王世懋在《二酉委谈》里说，景德镇"天下窑器所聚，其民繁富，甲于一省"已不是什么奇怪的事情。

制坯作坊

于光及其"军窑"

乱世之中的于光站在鄱阳湖边夜不能寐。

元末狼烟四起,人心惶惶,各路豪杰纷争割据,战火蔓延。元至正十一年(1351)红巾军起义;同年九月徐寿辉称帝,派张福和夏彰留守湖口;蒙古将领三旦八很快就驻师鄱阳。在景德镇西边百来千米的都昌形势比较紧张,因为它处于湖口县与鄱阳县之间,盗贼又呼啸于乡野湖汊伺机作乱,治安难保。

出于护卫家乡的目的,富家于光最终与其亲家一起联手,广招家乡的男丁练兵联防,纪律严明。

在元朝至正十五年到二十年间,于光由于子弟兵的兵力不足,先归附红巾军领袖徐寿辉,随即就被任命为"江东宣慰元帅"镇守鄱阳浮梁——这是一个历史性的偶然。正当各路英豪跑马圈地在扩大势力范围之时,偏偏徐寿辉的浮梁无兵驻守。从此于光及其都昌的子弟兵,与这座陶瓷手工业市镇结下了不解之缘,也是都昌人与景德镇大规模结缘的一个开端。

后来烦琐的经过大致是:徐寿辉被陈友谅杀后,于光率部投诚于朱元璋驾下。朱元璋命令于光继续镇守浮梁,任江西省参政。后陈友谅又攻陷浮梁,于光只好前往龙江拜见朱元璋。在受到特殊厚赐和义气交心后,于光及其所部被派遣驻守徽州的永平翼,从此忠心耿耿的义士于光,铁了心地追随朱元璋在湖北、安徽和江西一带冲锋陷阵攻城略地,最后又受命回来镇守鄱阳。

在元末天下大乱刀兵四起之年，于光先属徐寿辉，后归朱元璋，不仅保存了都昌籍子弟兵的实力，也使得景德镇地区减少了战乱的祸害。因为当地拥有了相对稳定的社会局势，北方各处窑口的窑工纷纷南下避乱，在景德镇找到了栖身活命之所。

而身为武将的于光个人，从此后跃马提枪为朱元璋南征北战，驱逐元军——至正二十三年参加"鄱阳湖大战"，紧接着又围攻武昌。于光军因战功卓著，被嘉奖转从三品"振武卫指挥同知"，武官散阶为怀远将军；不久又晋升为正三品鹰扬卫指挥使；最后跟随明朝大将军徐达平定淮东、江东和擒拿张士诚，北征中原，马踏山东、汴梁、洛陕和潼关一线。直到洪武元年（1368），徐达调遣于光将军镇守西北潼关，大败过来犯元军，又攻下过河中。

于光最后是牺牲在疆场，那是在洪武二年年底的事情。他从镇守的巩昌率兵驰援，在兰州的马兰滩遇到元将王保保的部队，因寡不敌众而被捆绑到兰州城下。王保保逼迫于光劝降兰州城内的守将张温，而视死如归的于光却大喊："我不幸被执，公等坚守，徐总兵将大军行至矣。"元军因此被激怒，当场砍掉了他的头颅和双手。

于光在乱世中戎马一生鞠躬尽瘁，享年才四十五岁。

明太祖念其衷心和功勋，赐予他金头银手凑成全尸，后又下诏"奉其神主"配享鸡龙山功臣庙，在洪武三年三月将于光厚葬于其故里的祖山——神岭之东的楼山脚下。然而尽管如此这般地厚爱与抚恤，明太祖朱元璋仍然觉得未尽表彰之意，于心不安，又赠予物资给于光的家人，追封于光相关的亲人以各种荣誉和级别称呼，让于光的晚辈荫承官职。

于光将军盘根错节的一生，在《明史》《都昌县志》《浮梁县志》中均有详尽的记述，除了曾驻守过当地，他的经历也几乎大多与景德镇没什么关联。于光原本是鄱阳湖边都昌县富贵人家的一介书生，气貌修整，擅长诗书琴艺与中医针灸，但是生逢乱世，只能投笔从戎打杀终生，最后为"朱氏天下"尽忠成仁。

于光家族曾于都昌县南峰石桥村生活过，后世迁居离原籍不远的鄱阳县银宝湖鉴玉村。现如今在村里的于氏祠堂内，仍然供奉着于光威风凛凛的雕像。

是"军窑"把于光及其都昌籍的子弟兵，和景德镇紧紧缠绕在一起，这既是"无心插柳"的机缘，更是一个重大历史现象的转折。

在《饶州府志》等文献里面：元末朱元璋的大将于光及其部属，曾在景德镇市西南不到二十千米的丽阳镇修筑过军事城堡。丽阳镇是昌江边景德镇下游的一个码头重镇。据《鄱阳县志》等史料记载，明初大将于光在丽阳建城驻守，丽阳镇变成了朱元璋挺进鄱阳湖的一个重要据点。此后，于光又把丽阳城墙的砖石运到浮梁，修筑浮梁城墙。

但这些前期的经过，只是于光都昌籍子弟兵留在景德镇的前奏引子。

这些兵其实就是地方上的民团，最早属于光应对家乡社会治安的力量，终究没有被明朝正规部队所接纳，更不是什么朱元璋情同手足的嫡系部队，所以在朝廷供给上不可能享受明军源源不断的待遇。被派到浮梁地界驻守期间，他们在景德镇看到瓷器市场的购销两旺，经济上或可依赖，于是远离家乡的于光子弟兵，在于光被调遣远征之后，只能仿效当地的瓷业工商，自力更生尝试着建"军窑"烧造瓷器自给自足。

军窑的经营摸索，成了他们以后立足景德镇的根基。

大将于光鞍前马后忠心耿耿于洪武皇帝，貌似有割头换颈的义气，但是以造反起家的朱元璋，在乱世中工于心计稳扎稳打，在羽翼趋于丰满的过程中，未必就完全放心于光和他的子弟兵势力。所以朱元璋不动声色地谨防他们继续驻守一方，抱团强盛，他运用"调虎离山"的方式，支使于光远离部属前往西北与元军作战；在稳定后剥离"都昌民团"的经济来源，直至最后就地解散，解甲为民并劝返原籍。

被遗弃的子弟兵只剩下回乡一条路，生计要么是望天耕田，要么是出湖捕鱼。

但是都昌籍的子弟兵选择了原地不动。幸得鄱阳湖连年洪涝，都昌县地少人多的境况，也幸得贫困过的大家尝到了"军窑"的甜头，于光的子弟兵因此大多赖在景德镇没走，在"水土宜陶"的当地留下来"转业"，充实了本来就"多业此"的窑户队伍，猛然就改观了明朝初期景德镇瓷业人员的规模。

都昌籍子弟兵大多留下来业瓷这一史实，原本就是一个阴差阳错的乱世因缘，然而由于元朝在当地曾设置过"浮梁磁局"，工艺上继宋代创烧青白瓷之后，景德镇又成功研烧出具有高铝氧成分的白瓷、青花瓷、釉里红、青花釉里红等新鲜品种，把瓷业推向遥遥领先于全国的地位，所以来自海内外的需求，就随着瓷商的大量涌入而大幅度增加。

明初的景德镇在天下稳定以后瞬间发生了巨变：人流突然稠密，市镇烟囱林立，城镇膨胀扩容，特别是专业化规模在一个地方云集，窑业竞争由几十家猛增到上百户，使得当地瓷业生产形成了"集团军"的阵势，这正好极大地满足了市场对优质瓷蜂拥而至的采购。官方"御器厂"的设立，就更夯实了一个趋向于"瓷都"的发展基础，无形中造就了一个俯瞰全国瓷业的烧造中心。

景德镇这时出现了一个特殊的状态，即"廿里长街尽窑户，赢他随路唤都昌"。

这是在当地明清至民国时期，街头现象的真实写照。清代文人龚鉽在《陶歌》中，像顺口溜一样念叨出这一句经典。意思是在这个移民手工业集镇里，街头巷尾到处说的是都昌方言——据说百分之六十以上的镇民，祖籍都是都昌。

都昌县为赣北古枭阳的传承，现隶属于江西九江市，西南濒临鄱阳湖。历史上这里战乱频繁灾荒不断，僧多粥少，除了没有特色农业和死水微澜的渔业，它就像是一个被过继的孤儿，归属区划被统治者湖东湖西地划来划去。

按常理，这种异常现象的出现没有多大的可能，西边的都昌县与景德镇中间，还隔了个饶州府治地鄱阳。但是原因之一，就是"打虎亲兄弟，上阵父子兵"，从来是我们都昌人作兴的一句谚语。

于光的子弟兵在景德镇定居发达后，扩大生产或分枝开花，新建的坯房和窑场急需大批量劳动力。窑主们腰缠万贯，高楼宅院，吸引了许多家眷亲友前来投奔依附；老板们赚钱后红光满面，每年衣锦还乡的时节，又陆陆续续招来了一批又一批的父老乡亲；最不济的一些打工仔回乡拿现钱买田、做屋和娶媳妇，风光的现身说法让乡党们感觉到东边有一个到处有钱捡的码头。

土著本来就稀少的景德镇，从此人丁格局面目一新。

都昌籍的子子孙孙，那一边没有丢掉家乡的祠堂田地，这一边固守承袭着瓷业"金饭碗"，大家"父传子，子传孙"地把景德镇当作子子孙孙生存的"活路"。于是在景德镇笔直向西的泥巴路上，或者顺昌江通往湖边都昌的水路上，来来往往的人流或上上下下的船只，就像是雨前的蚂蚁挪窝一样频繁而密实。

2018年8月27日中央电视台的纪录频道，曾播出过四集纪录片《景德镇》，片子拍摄了离景德镇约八十千米的鄱阳县银宝湖乡鉴玉村祠堂里的于光塑像。那里的于姓人家为都昌人于光的后裔。都昌县的南峰镇与鄱阳县的银宝湖乡之间，仅隔鄱阳湖的一个湖汊，且据考证银宝湖地盘原本就归都昌县管辖。其中纪录片的第一集，大篇幅地讲述了"都帮"在景德镇艰辛而辉煌的历史。

在氏族根基和迁徙文化的挖掘上，于光及其子弟兵在景德镇"军窑"的落实，成了浑厚而精彩的一个篇章。

上川岛上的走私

如果说郑和远洋的行为是贯彻皇帝的旨意，那么上川岛上的瓷器交易，则属于官方严禁的外贸违法行为。但是在巨大利润的诱惑下，人们千方百计偷运，甘冒坐牢的危险，与官方赌上一把"鸟为食亡"的人生游戏。

上川岛与景德镇远隔千里，是当时一座不起眼的偏僻荒岛。但是一次商船的偶然停泊，使它成了海上"丝绸之路"上瓷器走私的重要据点。景德镇的瓷货像鸦片毒品一样，被人源源不断地偷运上岛。

一百五十七平方千米的上川岛地处广东省台山市西南部，屹立在南海之中，东邻港、澳地区及珠海市，距香港、澳门分别为八十七海里和五十八海里，距大陆的山咀码头也有近十海里航程。这个岛在当时，除了南部的沙提湾有零星的渔火飘散外，其他的地方则呈现出起伏的山势、浓郁的树林以及人迹罕至的沙滩。

然而后来，这里的瓷文化层堆积平均厚达十多厘米，其上下均为原始的次生堆积。出土的瓷片七万余片，涉及瓷器的种类主要有红绿彩瓷器、青花红绿彩瓷器和青花瓷器三类，另外还有极少量的白瓷器和内青花外酱色釉瓷器。从出土瓷器的时代风格及纪年款识判断，它们均属于明朝正德九年至嘉靖三十六年景德镇民窑的产品。

在明朝建立之初，为了防止倭寇与海盗的滋生干扰，明太祖朱元璋曾下令实行海禁。海禁又称"洋禁",呈现的效果是闭关锁国,禁止民船私自出海,明代就有过"尺板不得出海"一说。这样除了禁止中国人出海经商,外国商人也在不允许前来贸易的范畴。明永乐至宣德年间,郑和下西洋虽然打破了这一禁令,但是在这之后政府的船只不再派出,官方的海禁又渐渐恢复。

上川岛开始作为瓷器走私之地的来由,据说与葡萄牙商人乔治·欧维士的经历密切相关。

因为对海禁毫不知情的乔治·欧维士,每年在贸易季节都会前往东南亚马六甲北岸的满剌加——当时的东南亚国际贸易中心,满怀希望地等待着中国商船的到来。然而很显然的事情,"海禁"使得他每年都会在贸易结束后失望而归。但是功夫不负有心人,到了正德年间,乔治·欧维士等来了商机。

因为明朝第十一代皇帝朱厚照上位,这位喜欢热闹和玩耍的"天子"不怎么愿意管理朝政,所以这一时期的海禁就呈现出破网般的疏松。有船从东方古国过来卸下丝绸、茶叶和瓷器,乔治等几位商人也幸运地抢购到一批珍贵货物。乔治在《马可·波罗游记》中就了解过东方的神奇,于是他和几位同伙一起当即决定跟随这几艘货船前往中国。

是这些葡萄牙人到达后坐地收购,这才捅开了这座上川岛上的贸易大门。

大陆的商船一传十,十传百,闻讯从广州、福建赶来的货船便在大海上穿梭,而葡萄牙人的商船就经常满载而归将货物发回西欧。由于地处偏远的海岛,岛上居民稀少,官方鞭长莫及,巡检人也懒得没事惹事,或者就是装聋卖哑,甚至可能为了坐收"渔利"而暗度陈仓,结果朝廷的海禁政策在这里就形同虚设。

五月中旬前后的两个月,南海的季风来临,商人乔治在第二年满剌加贸易季节到来之前,与前来走私的中国商人定了个大订单——让景德镇烧造三千套青花瓷,在贸易会上获得了巨额的利润。消息很快在国际商场上像台风一样传播出去,冲上川岛蜂拥而至的外国人就越来越多。

其中,还包括一名随葡萄牙商船上岛的名叫圣·方济各·沙勿略的传教士。据说这位传教士本来还想前往广州传教,但是因水土不服病死在上川岛上,以后这里小型的天主教教堂,就建在圣·方济各·沙勿略的墓园里。

花碗坪遗址就位于上川岛西北部，三洲港圣·方济各·沙勿略墓园的西南。遗址文化堆积层从墓园南海滩开始，一直延伸到浪湾村外海滩的北侧。如果在海滩上散步，人们每走几步就会发现一些青瓷碎片。不仅在海滩有，山上也能见到，当地人便称这里为"花碗坪"。

有史料显示在明朝正德八年（1513），一艘载满胡椒的葡籍商船离开了满刺加，航行到了中国的上川岛下锚，并在位于飞沙滩以南的石笋村，竖起了刻有葡萄牙王室标志的石柱——"葡王柱"。

完全可以想象得出，中国瓷商将景德镇瓷器贩运到广州，再悄悄地运抵上川岛。葡萄牙等西方人就在岛上坐地收货，并等待季风过去，将收来的瓷器集中运至马六甲这一贸易中转地，或者直接远航西行。

当时岛上既神神秘秘又熙熙攘攘，参与瓷器走私的各色人等，在磕磕碰碰地咬着对方国度的生词发音，并艰难地打着会意的手势刻苦交流，最后真金白银地钱货两讫。那些间或在交易中出现的瓷器碎片，被零零星星堆积在岛上的几个垃圾点，然后在台风狂扫的季节，被席卷散落到就近的海滩或海底。

就这样，在十六世纪，尤其是早中期的奥斯曼帝国正处于黄金时代，这里大量的瓷器转运，成为今天托普卡普皇宫的重要典藏。那里出土的青花十字架形底款，为正德年间的订造瓷和1562年纪年铭文订造瓷，说明了现今收藏于世界各大机构的葡萄牙瓷器，很可能都是经由上川岛运出，展示了古代陶瓷贸易的丰富而有趣。

2018年3月，上川岛花碗坪遗址被列为国家考古遗址公园。

"隐市"巨匠昊十九

景德镇发展到明朝万历年间，民间出了一位制瓷"大腕"。

其实，到了明瓷鼎盛时期这样的人何止是一位。更早"官搭民烧"的形式，就促使民间窑口的技艺需要满足钦定的质量要求，高标准的瓷器烧制已"逼迫"出众多的高手。然而与其他制瓷名家不同的是，由于年代过于久远，特别是昊十九过于朴实低调，这个人在史料中的文字痕迹寥寥无几——现实是档案里查无此人，没有人清楚他生平简历中的任何一项。

人们甚至发现，昊十九这个名字也有可能只是一个误称或化名。

考究者有的说他是昊十九，因为在景德镇当地的姓氏中翻遍资料都找不到"昊"姓。昊氏是一个古老稀罕的姓氏，在当今姓氏排行榜竟排在"百家姓"两千位之后。

又有人根据1973年江西都昌县一座明代墓穴出土的、用青花书写的圆形瓷墓志所载墓主身份，推测是一个吴姓之人，讳振邦，行昊十，号近泉，浮梁景德镇人氏——由此才似乎获悉昊十九的少量且迷雾重重的信息。然而令人迷惑不解的是：既然行昊十，那昊十九就是这个人的弟弟？记录为浮梁人氏，怎么又葬于都昌？

但这确确实实是位巨匠。

曾有人从当朝残留的诗句中，试图找到关于他人生的蛛丝马迹。果真就有两首。其中的一首诗，据说是生前与他相交甚厚的一个书画家与名士李日华赠给他的。原诗为"为觅丹砂斗市廛，松声云影自壶天。凭君点出流霞盏，去汛兰亭九曲泉"。另一首是明万历年间的一个叫樊玉衡的御史，赠予吴为的诗，曰："宣窑薄甚永窑厚，天下知名昊十九。更有小诗清动人，匡庐山下重回首。"

是金子就会发光——诗出名士和御史，可见历史的尘埃再厚重，昊十九再想低调，都掩盖不住其质地的辉煌，也彰显他在民间的声誉非同小可。可是这两首诗的句子云山雾罩。尽管落实了他属于明朝万历年间人士，以及"天下知名"，然而并没有发现什么可供研究者剥离的具体信息。无非是有人因此不再怀疑，这世界上真的存在过一个名叫昊十九的隐匿于景德镇民间的制瓷大师。

明代也不算是久远，只不过一个民窑中的艺人，很容易被官方与史家一笑置之，何况那时候这样的瓷艺行家在民间遍镇都是。明末的冯梦龙在《醒世恒言》中有段描述："话说江西饶州府浮梁县，有景德镇，是个码头去处。镇上百姓，都以烧造瓷器为业。四方商贾，都来载往苏杭各处贩卖，尽有利息。就中单表一人叫作邱乙大，是个窑户一个做手。浑家杨氏，善能描画。乙大做就瓷坯，就是浑家描画花草人物，两口俱不吃空。住在一个冷巷里，尽可度日有余。"

而且，时人一般未必跟得上昊十九那种艺术的档次与境界，他又不屑于与人多言或卖弄，因此在书面上被忽略不计，合乎情理。

无奈，查网络"搜狗百科"上创贴的词条"昊十九"，内中声明其又名"吴为"，属"中国古代制瓷名家"。这里的确凿程度，我们姑且于研究中可以忽略，但是，凭什么就认定他是巨匠？然而怀疑论者，很快在北京故宫博物院的藏品中遭到驳斥。

院藏昊十九所作的娇黄凸雕九龙方盂，上书铭文为："钧尔陶兮文尔质，龙函润珠旭东壁。万历吴为制。"九龙方盂造型精绝，九条龙似乎随时破壁而出，实乃瓷器中极品之作，非大师所不能为。这一作品的归属说明了一切，同时它落款"吴为"，正是本名为"吴为"的昊十九当年存在的有力证据。

就现有支离破碎的相关旁证拼凑：昊十九为景德镇制瓷名家，大约生于明嘉靖前期，经历了隆庆，死于万历后期。其本姓吴，一名吴为，别号十九，自称壶隐道人，景德镇人氏。他出身于数代以制瓷为业的家庭，家境清寒，性情沉稳。吴为一生隐居做瓷，与世无争，聪颖博学，工诗善画。

明代在景德镇珠山南麓设有御器厂，嘉靖到万历年间的御瓷都非常经典，被历代广为推崇收藏。在嘉靖年间的瓷器有两个明显的特点：一是数量大，二是器形大。而青花瓷在永乐、宣德和成化都很有特色，到了嘉靖朝"制作益巧，无物不有"。然而，似乎吴十九并不是这个朝代中人，其壶风格典雅，"色淡青，如官窑、哥窑，无水纹"，瓷器及其创作特点游离于当朝，并没有受到"青"和"大"的影响，反而是另辟蹊径乃至背道而驰，以小巧精致著称于世。

此为个性——脱俗。

至于万历年间，御器大多秉承宣德和成化瓷的花哨，盛行于五彩繁复的装饰。在这一点上吴十九又我行我素，除了九龙方盂上有娇黄艳彩外，他更倾心于骨质上的，类似于精巧胎薄、典雅素净的惊艳，有点近似于成化年间钦定的深宫御器之风格。

吴十九的作品于大明隆庆、万历时期极负盛名，民间沸沸扬扬，四方不惜以重价搜求，被誉作"天下驰名吴十九"。比如景德镇的薄胎瓷，壁厚一般只有一毫米到半毫米，从原料配方、制料、拉坯、修足、施釉到烧成，有一整套顶尖的技术要领，而他烧制的薄胎瓷，厚度只在极限的半毫米上，奇巧绝伦，晶莹剔透。

技巧最关键的一环在于修坯。

修坯时刻，少一刀则嫌过厚，多一刀则坏破器废，即使是一个大的喘息，都会导致前功尽弃。吴十九这方面遗留给后世的瑰宝，最著名的有"卵幕杯"和"流霞盏"。

"卵幕杯"曾被誉为历史上九大登峰造极的瓷器之一。它薄如蛋壳，一枚重约半铢(约合1.1克)，轻若浮云，天然又匠心，乃神仙器具。他制造的"流霞盏"，胎薄如蝉翼，色明如玑珠，犹如晚霞飞渡，光彩照人。他所制的各色壶类，风格典雅，色淡青，无水纹，还造有带朱色的紫金壶，壶底款为"壶隐老人"。

特立独行，可见这个人在艺术上的自我品位。

正因为他的固执，其作品也被时人敬誉为"壶公窑"。

手艺高超至此，天下求来，然而他淡泊名利的随性，却让市镇人深感吃惊。没看透人世意义的人不会产生或理解这种做派。

在景德镇一般有头有脸的陶瓷艺术家，都非常重视自己的雅号，会十分认真地在作品上签署自己的题款，以提高和扩大知名度，增加瓷器的价值。昊十九在这方面却显得有些故意的随意，有时候签上"吴为"，有时候又是"壶隐老人"，有时候便是"昊十九"，甚至直接签"十九""九"。有时连"十九"的"十"也随便画个"×"字标记。

不熟悉的人会以为这是不同的作者，特别是后世考究。

而且被烧制出来的底款也模糊不清，题款墨色晕散，仿佛创作上的漫不经心，又像是才艺不屑与外人道明或交流。究其心理可能希望若干年后，世人把他忘记，他与世界两不相欠。一个人的境界到了这种地步，历史和风俗都不可能与之对话。

1973年在本地移民最多的县域，在离景德镇百十千米的都昌县，发现一明墓中出土的一块圆形瓷墓志。瓷器直径22厘米，有铭文361个字，非常奇特地以青料由外而内按逆时针方向呈螺旋式书写，中心书"墓志"两个大字。这也是举世罕见的墓志铭方式。

句首为："吴公讳邦振，行昊十，号近泉先生，浮之景德人也"；"生于正德戊寅年"，卒于"万历二十四年"。而据《吴邦振墓志》里透露：昊十九系明代嘉靖至万历时景德镇人，姓吴氏，邦字辈，以昊十九的排行名于世。

至于"行昊十"又何以葬于都昌，以及昊"十九"这个数字又是怎么来的，诸般谜一样的问题，那就有待专家进一步考证了。

但是可以想见，这只是一位坐在坯房或庭院里闷头闷脑，而又从内心鄙夷世俗的家伙。如果有世家资料，他一定有过一段不可言传而又令人哑然的身世或经历。我在考究景德镇史的时候，甚至非常怀疑他就是成化景德镇御器厂，为万贵妃制作绝世精品"三秋杯"的那个人的传人，但是没有史料依据。

也不可能找到证据。他作品的形制风格，尤其是工艺都与"三秋杯"极其近似，其间也就是相隔百来年的时间。据史料记载"三秋杯"当时只烧制了五对，五选一后其余的被砸碎销毁，历史学家阎崇年在《御窑千年》里披露一个秘密，当时还处死了那个技艺高超的工匠。

在人人费尽心机苦心经营，以求让自己的名号享誉业内名垂青史的瓷艺界，昊十九却根本无视景德镇的常规，隐姓埋名，淡漠人生，低调处世。一个人喝着酽茶，吸着黄烟，顶多偶尔与几个至交静坐闲谈，隐于街市。

仿古高手

同样还是在明朝,年代也基本相近,景德镇还出现过一位陶瓷仿古方面的神人。二位在这座规模不是很大的市镇,估计应该在业内会产生交集。不过他更年轻一些,比正德年间出生的昊十九稍晚,出生于下一代皇帝嘉靖中期,而进入景德镇瓷业界的时间就更晚,在嘉靖后穆宗隆庆末期。假如是有交集,也可能只算是忘年之交。

在每年的初冬时节,由于天气变冷,窑温费柴难控等原因,景德镇瓷业产销进入淡季。这时就会有一个男子趁机离开市镇,乘船沿着鄱阳湖水道进入长江顺水而下,携带着自己仿制的瓷器前往江南繁华的富庶之地——苏南。

那时候,他会以古瓷藏家或者商人的身份,给每件瓷器都编出一个子虚乌有的故事,让瓷器蒙上一层传奇的色彩。这个玩世不恭的人,喜欢捉弄那些财大气粗又爱附庸风雅的暴发户,乃至那些自以为入行很深、目光如炬的博古行家。他要让那些在收藏界最负盛名的人、善于甄别的鉴赏家,在他的仿古瓷面前丧失分辨的能力,并如获至宝地把那些其实是刚出窑不久的器皿,以数百年前名瓷的价格收购下来。

他就是明代隆庆、万历年间的仿古瓷高手:周丹泉。

与昊十九截然不同的是,晚辈周丹泉是主动入世——他的故事当时就家喻户晓,在民间口口相传,被传得神乎其神。

在瓷器出手之后，他就去逛一逛车水马龙、美人倾国的金陵，到唐太常这位老朋友家中喝茶吹牛，再买回一些女人用的胭脂布匹、孩子吃的糖果点心，然而赶回江苏老家吴县，将剩下的大把大把的银子丢在久别的妻子们面前。

这位吴侬软语、和颜悦色，而又腰缠万贯的周丹泉，其实又是一个生活散漫、性情狂妄的陶瓷艺人。在仿古瓷器制作方面，周丹泉好比后来的书画界临摹仿制的高手张大千。他以假乱真地把玩笑开到瓷业行当。

仿古瓷，根本无须在作品上留下自己的印记。

在那个年代专门操持这一营生的还真不多见，流通仅限于富贵雅士和行当内部。把仿制当作人生游戏者就更加凤毛麟角——周丹泉要给许多据说是孤品的古瓷，增添一个惟妙惟肖的孪生兄弟，或者让别人干脆就怀疑那件真正古品的真伪。他的日常就是运用复杂的制作技巧，故意混淆视听，把自制的器皿伪托于前朝某位大师的名下，用名家古瓷的原本造型、着色、气韵，乃至裂纹等破败，赚取自己的财富和名声。

他的生意做得神不知鬼不觉的地道。

据说他以假乱真的仿古瓷，又以定鼎、文王鼎和兽面戟耳彝等器型的仿制最为擅长，因为这一类古董来钱快。后来的他，让当时整个景德镇既趋之若鹜又防之唯恐不及。有钱的客商，都愿意出重金购买他的作品——那可是能当作古董以更高价出售的珍品。而收藏有真正的珍稀古瓷的人家，则对周丹泉的光临怀有警惕，唯恐自家的宝贝被他看过后被成批仿制，那件真正的古瓷就会因仿品众多而遭贬值。

他厉害到了什么程度？一个关于周丹泉制作仿瓷的故事，就栩栩如生地在景德镇民间广为流传。但是时至四百多年后的今日，哪个也不知道那段故事是真是假。

故事说周丹泉曾经从苏州坐船回景德镇，路过金陵的时候，顺便拜访他的朋友唐太常。其间，朋友向他展示了一个据说是绝无仅有的古代白定炉鼎，以炫耀自己稀罕的收藏。半年之后，周丹泉从景德镇返回苏州，路过金陵时去拜访唐太常，唬吓说"你的白定炉鼎并非孤品"，他在景德镇的古玩市场上偶尔闲逛时就得到了一个。

唐太常连忙搬出自家的收藏，与周丹泉所示物进行比较，果然是一模一样，连自己装定鼎的器皿，也能与之严丝合缝。唐太常大吃一惊，连忙追问丹泉定鼎的来路。这个喜欢开玩笑的人，此时露出了孩童才有的恶作剧似的坏笑，坦白说自己携带的鼎，并不是古玩市场上的捡漏，完全是自己仿制的作品——是半年前看到唐的定鼎之后，回到景德镇作坊的戏仿之作，"不过是想跟你开个小小的玩笑而已"。

周丹泉在第一次看定鼎的时候，就偷偷用手指量了尺寸，并暗中记下了鼎纹的样式。无比叹服的唐太常，当即出重金四十，买下了周丹泉的那只假冒的定鼎，作为自己收藏的定鼎副本，供在自家的神庙里面。

当时这个故事，在景德镇被传得神乎其神，情节清晰到无懈可击，姓名、地点和数字等细节一应俱全。当有人向周丹泉验证故事的真实性时，周丹泉不是以微笑岔开话题，就是就着紫砂壶抿两口茶水，对问话听而不闻，并哼两句昆曲评弹踱步而去。

数年后，有个叫杜九的淮安人在景德镇听到了这事，便专程到金陵拜谒唐太常，竟又以千金将周丹泉制作的古鼎买走。

这件事被当作野史逸事，还真的被某些书籍援引在案。

珍品仿古尚未流行，瓷器仿造似乎在那个年代并不能独立成为一个行当。且把仿古瓷当作真家伙出售，好像也算是一宗见不得阳光、与道德相背离的行为。没有哪一个会去验证少卿唐太常及其定鼎故事的真假。

于是后世不得不推测性怀疑：这是不是周丹泉依他熟稔的仿古伎俩，杜撰出来一个系列的仿真玩笑，以炒作出自己仿古高超的名声？甚至，这个孤身客居于景德镇的吴县艺人，身份、姓名和经历是不是怕遭到谴责，而虚构出来的一套幌子？

一个远在吴县的家伙，怎么就单单跑到景德镇来业瓷？而且做的是一个偏僻的仿古营生？那只有回过头来看周丹泉的身世，考究其前半生的经历遭遇，就可以认清他的情性本质以及就行入世的真正原因。

据考证，周丹泉于明代嘉靖二十三年（1544）出生，在崇祯七年（1637）去世，享年九十三岁。

青年时聪明过人的他曾步入过仕途，隆庆末年被授正五品的奉议大夫，后改任卫辉府同知，政声蛮好。但是出于读书人的性格，仕途日久看透江湖，他自然对官场有了心灰意冷嗤之以鼻的感觉。他曾在自画像上题跋披露心态说："曾读父书非混世，也随儿戏漫登场。"因此看破世事的他仗着祖业富足，最终毅然辞官返乡，终日以书法绘画、交朋结友的方式打发时光。

这就不难理解他下半生怪异处世的姿态。

在明朝的隆庆和万历年间，景德镇的瓷器烧制和销售进入了黄金时期。之前当地宣德的青花和万历的斗彩风靡官场，在市场上抢购如潮，于是出于好奇，他丢下闲散的生活方式，随着苏湖运丝绸的暴利商船来到景德镇，想考察考察瓷器获利的奥秘。结果他看到的是——一反一顺，丝绸贩子运回的瓷器又是一本万利。

坐吃山空的周丹泉本来就见多识广，巨大利润的商机触动了他进入手工业的念头。

终于他辞别了周府一大家子，忙碌于经营充实日常。老家一带为富裕的江南市场。刚开始他只不过以贩卖古董瓷器，来来往往轻易获得一点差价。后来聪明的他觉得制作对自己而言也并非难事，便兴致勃勃地萌生出一个更大的、下半生更轻松赚钱的计划。于是在昌江边租房子学艺，两三年不到他就成了一个地地道道的较早的"景漂"。

从万历初年到二十年，周丹泉在景德镇相对稳定地开作坊、建窑口，其间进进出出地生产与出售产品。"周窑"成批量制作的仿古日用瓷，就此天女散花般地通过市场进入居民的餐桌、茶室或客厅。但是高档仿古瓷从来就不是日用，更不在市场销售，它一般在后台流通于艺人圈子、藏家密室、富家饭局以及官僚阶层。

在换取真金白银之后，总结了经营的思路，他突然就改变了企业的工作思路。当时景德镇的同行们惊奇地发现，周窑购置的原料越进越少，作坊里的雇工越雇越少，出窑的产量零零星星且秘不示人，而周老板本人在外面，人家看到的是他就像个游手好闲的公子，白天优哉游哉，跟一些权贵和"浪人"到处喝茶、听戏、下馆子，晚上则关起门灯火通明直到深更半夜。

更为莫名其妙的是："周窑"的瓷器仓库卖了、大作坊也转让出去、产品不再进入店铺、自己也经常锁门一两个月外出不归。在他的作品被销出去以后，有人暗自打听到那些没有商标的东西被当作前朝名家的珍品，被秘密收藏于私人的家室，转手于官场商楼，甚至以官窑的名义摆放在客厅。

仿古高手的名声在市面上如雷贯耳的时候，时间已经进入明熹宗沉迷于做木匠的天启年间，以及思宗内忧外患和社稷岌岌可危的崇祯时代——周丹泉年七十有七，早已洗手告老返回吴县，步入了老迈龙钟的最后十六年。这时间商家厂家已茅塞顿开，藏家权贵幡然醒悟，市场在到处寻觅收购他的原作，"周窑"被世人推崇与复制。

景德镇的瓷器仿古，正蔚然成风如火如荼。

周丹泉唯一有件被标明款识的娇黄锥供饕餮纹鼎，几经易手被清廷故宫收藏，1925年10月归国民政府北平故宫博物院所有。后作为被选文物之一，被运送到英国皇家艺术院，于1935年11月至1936年3月参加伦敦中国艺术国际博览会展出。1948年12月它被运往台湾，收藏展示于中国台北故宫博物院。

是什么时候想通了，周丹泉也在作品上留下了痕迹呢？

这个鼎全高十六点八厘米，口径十三点三厘米，腹围四十厘米，深七厘米。纹鼎胎骨较厚；通体娇黄釉色，光泽四溢；前后两面画兽面纹，中间饰金钱纹和梅花；底部阳刻"周丹泉造"四字楷体款识。它算是民窑制瓷的海内外绝色孤品。

景德镇仿古瓷行业，从此在民间遍地开花，绵延至今。

周丹泉的仿古瓷本领，赢得了当地世世代代陶瓷从业者的尊敬。他的瓷器被统一以"周窑"代称——这是景德镇瓷史上，被赋予大师名号的人才有的尊贵的待遇，也是他这个艺术狂徒以精妙创作换来的至高荣誉。

对陶王菩萨的崇拜

陶王宁封子作为有史以来第一个被详细文字记载的陶器发明人,无论是从年代久远的程度,还是对陶瓷业界的影响来说,相比于瓷器师主和风火仙师,他都当之无愧位列于业界圣人之首。

陶是瓷的祖宗——想必这观念都没有异议。

相传在明代末年,都昌县南峰乡冯姓人来到景德镇,集居在景德镇东南杨家坞的西北地段。他们由工而商地经营瓷业,曾一路祈求陶王菩萨庇佑,结果瓷器越做越俏,市场越做越大,想必是应了灵念。若干年后冯姓人不仅发了财,而且成了当地都昌人的四大姓氏之首。当地所言的"冯余江曹大似天,张王刘李站一边"的顺口溜,说的就是在景德镇都昌籍窑户财富排位的现实。

这个时代的景德镇已经基本成型,繁华的市镇格局和场面都像模像样,人口密度已经具备了一个市镇的规模。就沿江而设的几条纵向街道,如果俯视就会联想出一个大体近似于"洲"字的形态——以御窑厂为中心,北起昌江上游边上的观音阁,南抵下游小港嘴所辖的西瓜洲地段,长约七千米,也就是历史上世人经常顺嘴念叨的"陶阳十三里"。

"洲"字三点水相当于镇西的水路昌江;紧靠河流的那一撇,指的就是当地叫作"河街"的沿江东路;接下来的两竖就分别代表着与昌江平行的,被"镇巴佬"习惯称作"前街"的中山路,以及被叫作"后街"的中华路——这就是古镇雏形的原始状态。

在愚昧懵懂的年代，神灵就是人们的精神依托。为了在市镇的竞争中感恩庇护和永久供奉，冯姓老板就集资在居住地的西北部狮子弄附近，建造了一座庙宇，塑造陶王菩萨的金身——这就是陶王庙的来历。

陶王叫宁封子，又称陶圣、龙跷真人，是传说中的炎黄时代的人。《列仙传》记载："宁封子者，黄帝时人也，世传为黄帝陶正。有仙人过之，为其掌火，能出五色烟，久则以教封子。封子积火自烧，而随烟气上下。视其灰烬，犹有其骨。时人共葬于宁北山中，故谓之宁封子焉。"

另有新版的长篇小说《龙窑飞》，根据史料叙述：

这个有名有姓的陶业鼻祖，在人类还处于茹毛饮血、掬水而饮的时期，曾为太行山南部新石器时期有巢氏族的首领，受教于仙人能掌控烟火之后，因制作陶器出名，被黄帝任命为掌管陶务的官员。后在窑炉的烟火中失踪，世人都以为他得道升天，将他的骨灰安葬于宁北山中，所以后世称其为"宁封子"。

这些有关他的文字传说，散见于《列仙传》《搜神记》《拾遗记》《广黄帝本行记》《仙苑编珠》《历世真仙道通鉴》等书里，后来又化名"赤精子"见之于《封神演义》。

民间传说他发明陶器时的细节是：有一天宁封子和族人在捕鱼烧烤时，远处传来"部落首领（其父）自尽"的呼叫，宁封子怕烤鱼被野兽和他人偷食，就用河泥裹鱼投入火堆离去。在丧事处理完毕的第二天，他返回河滩时发现，鱼已经被烧成了灰烬，而裹鱼的河泥却被烧成硬邦邦的陶壳，敲上去还有空洞的声响。

从那以后，宁封子把精力都投入引火烧泥的实验当中。他掌握了制陶技术，改变了部落的生存方式，乃至于整个中原人的生活状态。随后应邀出山担任黄帝的"陶正"，助力黄帝消灭蚩尤的九黎部落，降服了神农氏里最后一个不服气的榆罔，统一了华夏。

但是作为有功之臣，他在分封受赏时因厌烦世俗，借故身陷窑火而假亡，退出了钩心斗角的庙堂，返回江湖潜心冶陶。从此，宁封子及其弟子广布民间，孕育出许许多多的制陶窑口。

因为最后有人见灰烟中有宁封子形影，随烟气冉冉上升，便传言宁封子登天做了神仙。后世张道陵创立"五斗米道"时，尊奉黄帝为"古仙"。相传宁封子得道成仙后，黄帝曾往青城山建福宫后的丈人山，见问于宁封子以"龙跷飞行"之道，后来又"拜宁君为五岳真人"。

宁封子从此"君主五岳，上司岳神"。

如果去掉那些神神道道的传言，真相大概应该是——在原始社会的新石器时代，洪水泛滥，人居洞穴，每每旱季下山取水，又苦于缺乏大型容器。宁封子偶然得陶后，被黄帝封为陶正，然后退身为民，惠民于陶。

在景德镇所建的陶王庙，为三间式土库屋，坐北朝南。神龛中的陶王塑像文官打扮，双手执笏，正襟危坐。不清楚什么时候在这个庙边上增加了居民，形成了巷弄，弄又因庙名被叫作"陶王弄"。1973年由于破除迷信，就将陶王弄改为陶瓷弄。

老一辈的人说，因古镇有陶王菩萨保佑，向他祈求的人基本上都能实现愿望，所以在清朝期间庙里的香火旺盛一时。一些窑厂和窑户家也摆设灵位供奉。等到清末景德镇的冯姓逐渐衰落，都昌其他姓氏异军突起，香火也随之冷落。在抗战期间，为躲日本侵略者的飞机轰炸，庙成了民房。后于20世纪50年代，因国营红星瓷厂需要扩建，陶王庙才被推倒而泯灭。

The
Biography
of
Jingdezhen

景德镇传

景德镇瓷业发展到清朝，烧造规模和技术水平都已经登峰造极。

"官搭民烧"，至少证明了民窑的生产水平和档次，也意味着官方对精品瓷垄断地位的逐渐丧失。各窑口的技术荟萃，适应海内外的需求，市面竞争的创新，以及利润最大化的追求，使得市镇瓷器烧造的整体技术日益精进。

上千年来，几乎全城人都在做与瓷业相关的工作；作为瓷业手工城镇，器型上应有尽有，专业上万国来朝；以单一手工业支撑城市上千年的文化和经济——在全世界都绝无仅有。

"瓷都"已当之无愧！

清朝的瓷业高峰　第七章

陶瓷之路——水运

御窑厂

在清朝顺治时期，将景德镇的"御器厂"改称为"御窑厂"，这不过是字面上的做法。实际上，它不仅延用了御器厂的官窑基地，还承袭了明代官窑制度。而从康熙十九年（1680）起，总结明末"中官督陶，严酷苛索"的教训，在本质上作了一些顺应潮流的修改，这是瓷器达到登峰造极的坚实基础。

诸如派内务府官员驻厂督造，州府所派夫役额征一律废除，所有工匠科物均动支朝廷内府库银按工给值，运输不再遗累地方，力资照付，等等。经过不断的革新，御窑厂的产瓷攀上了陶瓷史上的质量高峰——精品层出不穷。其中康熙、雍正、乾隆三代，官窑瓷器和"官搭民烧"的生产达到了鼎盛，瓷质和技艺又冲上了历史的巅峰。

关键是清朝接受了前朝的经验教训，针对资金来源和劳力供应等生产问题，在御窑厂的管理、经费和工匠制度方面作了一系列深刻改革。首先自乾隆以后，就以榷九江关使管理，并以饶州同知、景德镇巡检司监造督运，成了御瓷管理工作的惯例——管理上更加细化。其次陶瓷制品价值的估算与核销，经费统统由正项钱粮冲算，或者由淮安板闸关拨给钱粮开销——经费上有了非经国库的地方保障。

御窑厂的雇工方式，由匠役制改为雇募制。这一招就更加厉害！人是生产力中最积极的因素，是最具决定性的力量。

清朝御窑厂由以前进入编役的匠籍制，基本上改为雇募制。尽管雇募工劳动辛苦，也受到盘剥，但是以工匠的身份被雇用起码在人身自由度上有了提高，例如厂里的监狱得以废除，消极怠工的情绪得以消失，而效果却如清朝著名的督陶使唐英所说的，"缘以良工心苦，惨淡经营，并未扑责一人，贻误一事"。

毋庸置疑，制瓷技艺经过历史的检验已达巅峰，如臧应选的"臧窑"，郎廷极的"郎窑"，年希尧的"年窑"，乃至唐英的"唐窑"，在康熙、雍正和乾隆三代，瓷器的精妙烧造技术发展到无与伦比、登峰造极的地步。景德镇民窑也随着景德镇乃"世界制瓷中心"地位的公认，生产和贸易量水涨船高。

从元朝至元十五年（1278），到清朝宣统三年（1911），景德镇皇家的窑火，足足延烧了六百三十多年之久。它是我国烧造时间最长、规模最大，工艺最为精湛的官办瓷厂，也是政权最高权威——"天子"对专业的肯定，标志着服务于皇家的顶尖瓷器烧制、研发部门的正式诞生。

这对当地的发展也是求之不得的机遇，景德镇因此富得流油，"镇巴佬"也趾高气扬。从技艺的角度来看，御窑厂既代表了中国瓷业界的最高水平，是时人感知传统手工的圣地，又给当地烧造铺垫了厚实的基石，为景德镇成为世界的业界标杆撑起了一面领袖的大旗。

瓷质御器专供宫廷使用，已经跳出了简单地以获利为主的产品窠臼，升华到对作品技艺的理解欣赏高度。所以御窑厂一开张，必然是收罗社会上手艺最高、影响最大的工匠；不下达数量任务，不限制作品完成时间，全力以赴用在技艺和质量上；生产原料和燃料也不惜工本，劳动工具标准上乘；成瓷后又容不得任何瑕疵，"百里挑一"地砸碎次品，认真严谨的程度如同皇宫里选妃一样苛刻。

官窑其实一直在生产高精尖的工艺美术陶瓷，即做高品位的艺术品，精益求精的追求逐步影响了起步粗糙的民窑。

一般人很难鉴别瓷器的优劣，因为瓷器表面都是泥料成型后再施釉烧成的。匠人到了一定层次就像艺术家一样，用惯了高档原料，做惯了精细手艺，创作时就融进了情感，在釉质呈色、个性造型，以及工艺细节上精雕细刻，出神入化。从此往后他们不屑于再回到一般器型模式化批量生产的老路上，就好比上了档次的烟鬼，不愿沦落到吧嗒吧嗒抽黄烟的从前。

从此景德镇在瓷业生产上多了些傲气，呈现出一种"曾经沧海难为水"的高贵气质，真正的手艺人还真的不把大路货的日用瓷及其产量业绩，放在眼里。

那些曾经受雇于御窑厂的人，哪怕整天里泥巴邋遢，但都被人羡慕地叫作"吃官饭的"，被认为是祖坟选对了山头，所以一辈子旱涝保收，心态优越，待遇优厚。比如在御窑厂，即使是一个普通的挑坯工，过街时扁担上都要插面黄色的小龙旗，一路雄赳赳地吼叫着避让，让行人避之唯恐不及。厂里的孤寡员工老了不能工作，还可以到镇上杉树巷地藏庵"落堂"厂办的"养济所"生活——享受免费养老的优待。

算一算，历朝下派过四十位官员督造御瓷，它们叫"督陶官""榷陶使"。著名的当属清代的臧应选、郎廷极、年希尧、唐英等，其中又以钻研深刻、烧造非凡与著书立说的唐英最为杰出。唐英时期的瓷器，属于历代官窑瓷中的锦上添花，一直为收藏界的重中之重，还往往一物难求。在21世纪以来十几年的拍卖中，成交价动辄数以亿元计，无不远远领先于其他类型的藏品。

然而作为最后一代的封建朝廷，清朝的腐朽没落已成无可挽回的定势。御窑厂从发展到巅峰至跌落进深谷，直到无银两输入维持，烟火由盛而衰至最后熄灭，就相当于一面镜子，映照出清王朝强盛时的喧嚣和没落时的哀号。

最值得一说的一个现象，是在辛亥革命之后御窑厂解体，仅门外长长的甬道和开阔的头门广场那一片，一度像开了禁的监狱一般，突然就变成了"镇巴佬"自由散漫和摊点聚散的公共场所。大家习惯性地把这一热闹地段叫作"厂前"。据当地老人家回忆，头门进去有做戏的道具店、瓷用水笔棕印铺、茶馆与小吃摊点，沿路两边有卖狗皮膏药的、占卜看相的、打糖菩萨的、看西洋景的、变魔术做把戏的、推牌九的，等等。

尤其是因为头门的门沿下可以避风遮阳，又可能随时被雇请人喊去挣钱，所以就像是一个劳动力市场，那里经常聚集着一帮生无着落、活无依靠的流浪汉和乞丐。历史把这原本属于"南蛮"的村镇野地，终于归还给了这里的下里巴人。

从 1982 年发现古瓷片以后，经过三十多年的发掘，已取得了重大的考古成果，现存的御窑厂遗址及其背景环境，是研究历史文化名城景德镇城市发展脉络的重要基础。2014 年 6 月文化部正式向景德镇御窑厂考古遗址公园授牌。景德镇御窑博物馆也于 2020 年建成并对外开放。

两位"洋人"的探秘

清康熙四十八年（1709），来自法国西部小城利摩日的昂特雷科莱，受耶稣会派遣通过江西巡抚郎廷极的私人关系，将法国葡萄酒进呈给皇帝受到奖赏后，来到景德镇布教。这个人的中文名字叫殷弘绪。布教的同时，他不仅在店铺和瓷业界的基督教徒那里打探制瓷秘密，还深入作坊里观察原料和工序。

很早中国瓷器就传到了欧洲，并使得欧洲上层社会对它痴迷成风，但是无奈不清楚原料和技术，他们难以仿制这种精美的瓷器。

在那个科学蒙昧的时代，中国大地上哪里有什么知识产权的概念。一个欧洲人通过贿赂官员，要千辛万苦到中国一个偏僻地区去传教，是不可理喻而又摆得上桌面的解释。殷弘绪曾坦白地说："我在景德镇培养教徒的同时，有机会研究了传播到世界各地、博得人们高度赞赏的美丽的瓷器的制作方法。我之所以对此进行探索，并非出于好奇心；而我相信，较为详细地记述制瓷方法，这对欧洲将起到一定的作用。"

瓷器不仅是中国古代外贸商品的重要名片，更是中华文明的瑰宝。随着北方各大窑口的衰落和景德镇青花瓷的问世，景德镇逐渐坐上了中国古代瓷业的头把交椅。当时中国的瓷器，让欧洲社会对东方文化生发出疯狂的痴迷，掀起了欧洲"餐桌革命"，也让西方的白银源源不断地流入中国。

于是这个很有心计，经常穿一身黑色长袍，胸挂十字的传教士便出没于景德镇的大街小巷。他的这种行为，被后世的许多文章称为"工业间谍"。

在清朝康熙五十一年，也就是1712年9月1日初秋，殷弘绪利用中国通邮"飞马传驿"，把一封详细披露制瓷秘籍和介绍高岭土性能的邮件，并夹带原料标本发给了法国耶稣教会。后来这封信以《中国陶瓷见闻录》为题，公开发表在《耶稣会传教士写作的贵重书简集》第12期上。这期简集发行到有关国家以后，一时震惊了整个欧洲，使西洋人第一次读到了景德镇制瓷技法的"第一手资料"。

那时的景德镇已相当繁荣，殷弘绪估计人口已达百万之多。他甚至给人们描绘出这样一幅场景："景德镇处在群山包围之中，中间是平原，人口稠密，富人甚多，昌江河有无数船只停泊。过去只有窑三百座，而现在窑数已达三千座。这时，人们无论站在什么地方，都可以看到袅袅上升的火焰和烟气构成的景德镇辽阔的轮廓。到夜晚，它好像被火焰包围着的一座巨城，也像一座有许多烟囱的大火炉。"

景德镇制造瓷器的技艺，一直被视为东方古国的神奇奥妙，起先是引起周边各国诸如高句丽（朝鲜）、安南（越南）、暹罗（泰国）等的重视，然后东及日本，西至波斯，再经西亚、东非传入欧洲。1470年，意大利威尼斯人学会了中国制瓷的简略方法，不久将之传到荷兰。1650年法国人沙尔丁游历波斯看到青花瓷，心生羡慕并受到启发。1677年法国人西撒诺才造出了青花软瓷。

但是他们都没有学到景德镇的真传，也不可能拥有像高岭土那样的纯净优质的原材料。1720年传教士殷弘绪升调北京。此后他还是感觉到调查意犹未尽，一直耿耿于怀。于是他又在清康熙六十年年底，再度来到景德镇作了为时一个多月的补充考察，于康熙六十一年（1722），写了一篇《中国陶瓷见闻录补遗》。

相传在他之前，荷属东印度公司逐渐垄断了欧洲与东方的贸易。尽管瓷器贩运的利润高得出奇，然而由于漫漫长途中的惊涛骇浪和航海技术的有限，贩运的代价和成本也居高不下。一度英国、荷兰都有人从景德镇买一种瓷石原料"白不（dun）子"，带回国试图烧造瓷器，但是试验屡遭失败。

对于景德镇瓷器的仿制，首先是在荷兰的代尔夫特出现的山寨版"青花瓷"。当地匠人采用从阿拉伯传来的锡釉陶技术，制造出的产品有着像景德镇青花瓷一样光滑亮丽的表面，但是无论如何都难以达到骨质坚硬的程度。那些质地疏松的碗盘边沿很容易在使用时被一点点地碰损，像是被咬过一样出现犬牙交错的破缺，所以曾被欧洲市场戏称为"鼠咬瓷"。

而一位瓷商告诉殷弘绪，原料中必须掺入"高岭土"，只用"肌肉"而无"骨骼"造不出结实的瓷器"身体"。于是法国人以他寄去的景德镇"高岭土"作为标本，在法国土地上广为寻找，才于1771年在传教士的家乡摩日城附近发现了"高岭土"矿藏。

由于这位身材瘦长的传教士的功劳，终于在18世纪中叶，即1738年至1749年法国成功烧造出了真正的硬质瓷器，轰动了欧洲社会。随后，英国、瑞典、荷兰等国家，都在模仿中国技法方面获得成功，由此翻开了欧洲瓷器历史的崭新篇章。

同样还是在清朝，同治年间，长得很帅一脸大胡子的德国地理学家、国际地理学会会长、柏林大学教授李希霍芬，在看了殷弘绪的文章后激动不已。

1868年到1872年，李希霍芬在中国进行地质地理考察，走遍了中国十四个省区，之后还嫌考察的结果不过瘾，在1896年10月再次来到中国，专程到生产精瓷的景德镇和出优质瓷土的安徽祁门县考察。回去后他写作并发表了五卷带有附图的《中国——亲身旅行的成果和以之为根据的研究》。在该书第三卷中他详细阐述了瓷石和高岭土这种被景德镇瓷业广泛运用的原料。

李希霍芬是个中国通，学识渊博，见识广泛。

他第一次到中国进行系统考察，据说为了使自己的名字更接地气和便于活动，他把护照上的姓氏特意改成了"李"，试图和当时权倾一时的李鸿章"攀上亲戚"。但是李希霍芬发现，在中国民间调查有时甚至会有生命危险：在很多的外国人足迹从未涉及过的地方，他可以受到热情款待；但是在西方人经常前往的地方，他则会被人叫作"洋鬼子"并引发当地民众的反感。

高岭土是一种以高岭石族矿物为主的，白色或接近白色的风化黏土或黏土岩，矿物成分主要由高岭石（含量达百分之九十以上）、水云母、伊利石、蒙脱石，以及石英、长石等组成。高岭土大多为隐晶质致密状或土状集合体，硬度在二点〇到三点五之间，熔点在一千七百八十摄氏度，绝缘性好，可塑性较低。

在向科技界介绍景德镇瓷石和高岭土时，他根据汉语"高岭"一词的发音，译成英文 kaolin 一词。由于作者是世界知名地质学家，所以"KAOLIN"一词被欧美地质和化工学者广泛使用，并成为国际上制瓷黏土的通用名称。

至此这个矿藏地的神秘面纱终于被揭开飘落，"高岭"微笑着向全世界露出了尊容。全球共享的原材料元素被透彻研究和手工技法流程被如法炮制后，世界各地仿制景德镇瓷的现象就相继出现，比如荷兰、法国、德国以及阿拉伯和非洲东部地区，和曾一度挑战过欧洲瓷器市场的日本九州北部城市伊万里。

在元代以前，景德镇制瓷一直使用一元配方，即采用瓷石一种原料制造瓷，烧成温度在1200℃~1250℃，制造出来的大件很容易变形，后来发明了"瓷石+高岭土"、胎质可耐受1280℃~1300℃高温的二元配方，普遍提高了原料中的铝含量与坯胎坚致性，以及成瓷的白度、釉质的透明光泽度。但是由于集中开采多年，高岭山的瓷土已不容易挖掘，清代后就只好采用景德镇其他地方及其周边的高岭土原料。

疯狂的奥古斯都二世

有关奥古斯都二世收藏瓷器的狂热细节描述多不胜数。

也就在法国传教士昂特雷科莱来景德镇刺探制瓷原料和工艺秘诀的1717年，对一批青花瓷垂涎欲滴的奥古斯都二世，与喜欢大个子骑兵的普鲁士国王威廉汉姆一世，做了一笔交易。他用自己六百名萨克森尼龙骑兵，换得了151件康熙时期的景德镇青花瓷器。于是这些瓷器，被世人戏称为"龙骑兵瓶组"。而被他卖掉的龙骑兵，后来编入普鲁士陆军，绰号便是"瓷器兵团"。

这个故事，已作为笑话成为世界奇谈。

自从14世纪马可·波罗带回中国瓷器以后，再经由他对神秘东方梦幻般的描述，欧洲上层对源自文明古国的高雅器皿惊讶不已，于是越来越多的人对中国瓷从迷恋到狂热，已经形成流行于权贵中的一种风尚。收藏瓷器盛行一时。奥古斯都二世这位皇帝，最闻名于世的故事就是与收藏狂热有关。

这支"瓷器兵团"的存在一直延续了几个世纪，它参加的最后一场战役是在二战期间，1942年到1943年的斯大林格勒战役，当时他们依旧佩戴着奥古斯都二世身为神圣罗马帝国元帅的纹章——双剑十字交叉，这也是麦森瓷器的标记。

西方在那个时代对瓷器的痴迷，发展到了无以复加的程度。德国和奥地利的皇室一个比一个奢华，几乎每一个重要的城堡里都至少有一屋子瓷器。但是谁也比不过奥古斯都二世这个豪横的国王。他的藏品在那时鹤立鸡群，独树一帜，他也被后世称为东方瓷器最疯狂的收藏家之一。他一生中只有两大嗜好：一个是建筑宫殿储存购买的东方瓷器，另一个则是穷兵黩武发动战争。

当时的欧洲上层有一个共识，就是把瓷器当成"白色黄金"。

比如，法王路易十四最先在宫廷里建造中国瓷宫。相传他熔掉了自己的金银餐具，就是为了换取景德镇瓷器。三百多年前他不满足于收藏，还在凡尔赛宫里为情妇蒙特斯潘大手笔地修建了特里亚农瓷宫（中国宫）。

在奥地利皇宫内也有不少用中国元素命名的大厅，其中的瓷器厅是受奥地利女皇玛利亚·特蕾莎之命，选用流行于欧洲宫廷的中国青花瓷白地描蓝风格来装饰厅堂的四壁。作者竟然是当时的皇帝弗郎茨·斯蒂芬一世，以及许许多多的皇室成员。

沙俄彼得大帝，曾经专门订购过景德镇生产的绘有俄国国徽的瓷器。英国女王玛丽二世在王宫内设置了玻璃橱柜，摆设包括景德镇瓷在内的中国瓷器，以彰显宫廷的威严和高贵。土耳其伊斯坦布尔的托布卡普·撒莱宫，陈列着一万多件中国瓷器。

就连写《巴黎圣母院》的大作家维克多·雨果，本不是什么奢侈的上流人物，只不过出生于普通的军官家庭，最后因文学成就当选法兰西学院院士，被封为贵族世卿和议员。就这样一个文学大家，也曾通过各种途径四十八次购买中国瓷器。如今在巴黎沃热广场 6 号他的故居博物馆内，客厅的墙上挂满了美不胜收的瓷器。

相传 17 世纪初年，英国人威廉·高庆斯在莫卧儿帝国旅行时，目击一桩怪事：莫卧儿皇帝贾汉吉尔的收藏品中，有一块价值四十五里拉的中国瓷盘，因保管人不小心摔破而引起他大怒。皇帝给保管人五千里拉要他出国寻找类似的瓷盘，这位保管人历经千辛万苦，终于从波斯弄到了瓷盘才得以复命。

奥古斯都二世，这是一个缺少头脑的憎懂权贵。但是在欧洲仅仅就瓷器而言，他是那个时代一个绕不开的角色。

出生于 1670 年的波兰王奥古斯都二世，被人称作"强力王"和"铁腕"，原因是他体格健壮力，大无比。据说他强壮到可以徒手折断马蹄铁，单手破墙。他曾经很长时间沉迷于击剑、战术、骑马等这些纨绔子弟引为时尚的爱好，而那些与他身份相符的宗教、历史和语言等文化科目，他却并无多少耐心与兴趣。也就是说，他骨子里没有多少文化底蕴。

二十岁以前的一段时间，他到处游历——法国、葡萄牙、意大利等国家都留有他的足迹。他很小就开始逐情猎艳，到处播种。二十三岁那年他与来自德国北部勃兰登堡——拜伊罗特的克里斯蒂娜·埃波哈丁娜步入新婚礼堂，可事实上当时他已经有了五个情妇，并与她们生下了八个孩子。这真是一段让人哭笑不得的"播种机"似的风流艳史。

说白了，他就是一位17世纪欧洲闻名的浪荡公子。

在事业上的雄心有没有呢？平心而论，1687年他造访过法国，并真的对凡尔赛宫的华丽排场与路易十四的绝对王权非常仰慕，因此他暗暗下定决心，以"太阳神"路易十四为终生的偶像。他期望能在萨克森建立路易十四那样的辉煌，所以一路上他举盾挥剑，大刀阔斧，演绎出许多自认为是雄才大略，而实际上在世人眼里却是无知、出格和任性的荒诞之事。

诸如，他于18世纪初期，曾率领萨克森士兵发动反瑞典的大北方战争，之后一度被迫放弃波兰王位；在王位任上推行君主专制，引起大地主和小贵族不满，遭到彼得一世的攻打，最后签订屈辱协议——军队撤离波兰，波兰不得有贵族党，以及国王的雇佣军必须限定数量；由于穷兵黩武和其他国家的干涉，他管理的国家经济持续恶化，政治生活混乱……

关键是在生活中，他不像西方其他有素养的贵族，具备欣赏艺术品的文化水准。不过是流行的东西他就想占有，就好比占有美女作为情妇，似乎拥有得越多就越显得体面光彩。充能或炫耀，这就是奥古斯都二世拼命收藏瓷器和艺术品的简单初衷。

按理，他作为萨克森选帝侯约翰·格奥尔格三世的次子，并无承接父业统治萨克森世袭领地的机会。可是这位臭名昭著的王子，平生的狗屎运顺畅得让人妒忌。1694年，他哥哥萨克森选帝侯约翰·格奥尔格四世死于天花并且没有子嗣，他理所当然地成了萨克森新的王储。三年后，波兰立陶宛国王死去，他又在德意志的支持下加冕为波兰国王并兼立陶宛大公。

虽然在17世纪末到18世纪初,他被认为是欧洲宫廷最引人注目的人物之一,但是他一生的成就,仅仅是建立了萨克森选侯国的绝对君主制,并获得王权虚设的波兰王冠一顶,而其所辖的领土与人口,却并无实质性的增加——只能算是"半吊子钱"的雄图霸业。

然而"瓷器兵团"是其惊世骇俗的大手笔之一,之二便显见于德国的德累斯顿茨温格宫内。这个宫殿为目前欧洲最大的瓷器博物馆,收藏了中国历代瓷器四十二万多件,其中的大部分源自奥古斯都二世与三世的收纳。

迷恋中国瓷器,他几乎是穷其一生,不惜一切代价地不断收受、购买和交换,以成就自己中国瓷器狂热收藏家的身份,打造出一个釉光闪烁、雅致脱俗而又值得炫耀的瓷宫。他的这一疯狂举动,让他在几百年后,作为瓷器收藏家的影响,甚至远远大于他当皇帝的威名。

也许是从成为波兰统治者起,奥古斯都二世就开始从事与他王者身份并不相称的两件大事:建筑与收藏。他对女人又常常缺少耐心。高兴的时候,他会送给女人一座宫殿,可是那宠爱从来不会持久,宫殿的统摄权很快就会被他收走。

只有不停地建造宫殿和收藏艺术品,才会让这位欧洲著名的败将和朝秦暮楚的负心汉内心深处获得成就感和安慰。比如1701年的德累斯顿王宫;1708年竣工的土耳其宫;1719年工程浩大的茨温格宫;1720年易北河岸避暑的"水上宫殿";1721年又在水上宫殿后面建起了山上宫殿。之后的十几年,他先后又有了格罗斯赛德利茨花园、弗里德里希宫、皮尔尼茨宫的水上宫殿和山上宫殿、莫里茨堡狩猎宫……

一座座宫殿装饰以精美且寓意深刻的壁画、雕塑、漆器家具、珠宝以及瓷器。从18世纪初期开始,奥古斯都二世不惜多次调用国库,广泛搜罗购买中国瓷器。为了得到心仪的瓷器,他不断放下皇帝高贵的身段,与许多经营瓷器的商人亲密往来。

他还接受大臣们的进贡,比如萨克森大臣凯特·拉格纳斯卡就在旅居荷兰的时候，为奥古斯都二世购买了大量的中国瓷器；陆军上将菲尔德·马歇尔和首相坎特·弗莱明更是忍痛割爱，也将收藏多年的大部分中国瓷器送给这位贪得无厌的君主。

为了知晓中国瓷器的秘密，这个孩子一样天真好奇的君主，创建了欧洲第一家瓷厂——迈森瓷厂，并命令著名的炼金术士德国人约翰·弗里德里希·波特格尔反复试验，以找到配方。当波特格尔宣称自己造出了瓷器时，为防止配方泄露，奥古斯都二世不容分说立即囚禁了波特格尔，直到后者郁郁寡欢地逝去才善罢甘休。

他曾经在皮尔尼茨宫建造了一座亭子，取名为"中国亭"，灵感分明来自那些中国瓷器上的亭台图案。而事实上，这一亭子不过是他内心的想象之物，与真正的中国亭差之千里。这个头顶皇冠的疯子，这个在全欧洲最有名的瓷器狂人，一辈子竟然收藏了两万四千件中国瓷器，其中百分之六十为景德镇青花瓷。

在现实中，奥古斯都二世最喜欢静坐在他的瓷器宫殿里。

政治上的不断受挫，使他需要用宏伟和华丽来填补内心的虚空。他甚至清楚很多人以沉默给予他脸色。在这个青花簇拥的世界里，他感到无须去体会四面楚歌的尴尬处境。只有这样自我设计，他才得以享有难得的无忧欢畅。

这个爱瓷如命的人，根本无法控制自己对包括青花瓷在内的中国瓷器的购买欲。借助于世人热捧的器物，以满足和抬高自身，这其实就是疯癫的症状。在1726年5月22日给首相坎特·弗莱明的信中，他坦率地承认："我陷入了对荷兰橘子树和中国瓷器的狂热追求中，正毫无节制地进行购买和收藏……"

在欧洲，奥古斯都宫廷令人炫目的程度，仅次于路易十四的宫廷。事实上，奥古斯都二世建造的不少宫殿，都受到凡尔赛宫的启发。当中国瓷器和丝绸开始在欧洲宫廷里盛行，奥古斯都二世也像其他帝王一样，把收集各类中国艺术品当作时髦——在其宫殿里，最常见的是中国生活风情的壁画。

茨温格宫作为奥古斯都建筑的核心，摆满了二十个房间的瓷器，至1720年他的藏品多达五万七千件。

最响亮的督陶官唐英

历史发展到清雍正年间,没有人会料到景德镇会发生人文精神的巨变。

整个景德镇的心态和气氛都不同于以往——这有异于源自轰轰烈烈战争或民变的明显转折,它属于整座城镇对处世价值和人类命运的精神渐变,是一种只可以感知而不能看见的世俗文化的提升,是群体烘托出来的风气景观。这种变化非常之重要,一座有史以来一心只盯着手工技艺,天天都思量赚钱的俗气城镇,突然就增添了人性和灵魂,在精神层面有了尊严上的追求,镇民们的人生观和价值观开始觉醒。

雍正六年(1728),清世宗胤禛将跟在他身边多年的唐英,派驻到景德镇御窑厂协理陶务。名义上是担任协理一职,实际上"一把手"督陶官年希尧远在千里之外的淮安,鞭长莫及,唐英成了这家国有机构的实权人物,开始以朝廷命官的身份身体力行,独当一面。

从来都没有人意识到唐英的到来,会成为景德镇精神渐进的一个重要转机。

因为自古而今,景德镇都是仰仗瓷器交易变现的金钱,支撑着城镇的发展和镇民的生存,除了那一点点在陶瓷技艺上貌似艺术的钻研,"掉进钱眼"的物化心态从来就是景德镇的基本精神状况。

然而在大清的前半阶段,这座城镇获得了一个难得的机遇——颇有文化修养而又谦逊善良的唐英，在一个县辖集镇以五品官的身份以身作则、体恤民情，以及凭公道革新作为，并在精神文化上不断施加影响，带动了御窑厂以及市镇，甚至整个浮梁地区精神人格的成长。

他是清廷派来的第十位督陶的官员。

唐英到景德镇时正是十月，赶上了南方炎热的尾巴。千里迢迢赴任和履新，受款待听汇报的规矩应酬，折腾得他疲惫不堪。晚上通过御窑厂官邸的窗户，这位由雍正帝钦定的协理，尽管曾以卫队侍从的身份，跟随过康熙三下江南，但是看到火光冲天的众多烟囱，就寝前依然惶惶然有点难以安神。

督陶官又叫督陶使、榷陶使，是朝廷派驻市镇督造御瓷的官员。据文献记载，从唐代起到宋、元、明、清五朝，一共派驻有三十七位督陶官。明朝的督陶官一般以"中官"也就是宦官充任，有时也让地方官兼管陶政。清代总结历史的经验教训，一改前朝的做法，而由朝廷直接派员，所派人员大多熟悉业务。

初来乍到，唐英对江南和瓷业一无所知。正如他在《瓷务事宜示谕稿序》中所说的："陶固细事，但为有生所未经见，而物料火候与五行丹贡同其功，兼之摩古棹今，佹异崇庳之式，茫然不晓，日唯诺于工匠之意者，惴惴焉，惟辱命误公是惧。"

"惴惴焉，惟辱命误公是惧"，是他上任伊始的内心真实写照——这是位虔诚的好官。

曾经在书本上看到过唐英的画像，不是宽面大耳的那种富态官相，而是小圆脸留着少量的胡须——印象里也就是一个六十多岁穿件长衫的小老头形象，不像是关东人高马大的沈阳汉子，倒近似于江南山沟里一个和善的农民。那个年代的人出老相。仔细想一想形象，也符合他的经历与性格。

他十四岁那年，就被编入内务府八旗正白旗包衣。包衣就是满语译音"家内奴"的意思，低贱的身份摆在那里。十六岁就到内廷养心殿供役，"服侍趋承之下，车尘马足，淋雨沐节，于山之左右，江之东西——几无一息之暇"。后来竟然任宫廷画师给宫廷御制器物画样。近三十年一直卑微地在皇帝身边唯唯诺诺，打磨历练，到了四十三岁雍正元年，才升为内务府员外郎。

唐英自己也说，"余七龄入乡塾，资性不敏，阅岁仅能识之无"，"性粗少贱"。

所以就注定从雍正六年到九年，唐英新官上任并没有趾高气扬地"烧三把火"，而是延续着本性，默默地脱下官服，换上了御窑厂瓷工的工作服。从此以后，无论是刮风还是下雨，工匠和苦力们都能够看到一个谦虚而年长的徒工，在御窑厂的院墙内从这个作坊走到另一个窑场，在低调地观摩，向师傅们讨教，并主动实践各个工种的苦累脏活。

他甚至说话都夹带着学习当地的方言，放下架子与师傅们喝酒说笑地打成一片。高官唐英就这样与大家"同吃同睡同劳动"，慢慢获得了工人的信赖和亲近，在厂内甚至在市镇都获得随意与和善的名声。

"朝廷里派来了一位好官！"

初来乍到，唐英除了深入御窑一线就是关注考察当地的风土人情，官话就叫调查研究，以便摸清景德镇的基层情况。在当地他见到业内人士总是祭拜一位叫作风火仙师的神像——神像竟然是身穿短褂、腰扎布带、肩披褡裢的一个普通窑工。作为一个文化人，他觉出其中的深奥和迷惑。纳闷之下，他开始大量翻找景德镇的相关史料，寻找神人的蛛丝马迹。

唐英七岁入乡塾读书，后因在宫廷造办处工作的缘故，他又喜爱并兼带自学四书五经，钻研美工，打下了一定的书画和文学的功底，便养成了每每遇事就要解惑的认真习惯。他说他"迨后奉命督陶，陶署在深山中。无交游酬应之忧，官事外颇有余闲。凡各圣贤经籍及历代诸史，旁及释老白家氏之言，始得极意搜览。蠹鱼之癖，历十年所"。

最后他查访到书中所载的当地里村，读到《里村童氏宗谱》《浮梁志》《明神宗实录》等，才清楚窑工所拜之神"童宾"，年轻时就是个技术不错的"把桩"师傅，与御窑厂以及这座瓷业城镇有着密切关联。读过投火祭窑的记载，他被故事中人物的精神气概所触动，于是灵光一闪，一项庞大的树立城镇精神形象的计划跳入脑海。

这是一段一半现实一半神话的文字：明朝万历二十七年，三十多岁的当地里村人童宾奉命为明朝皇帝烧造大龙缸。龙缸久烧不成，而督陶官潘相压迫过甚，童宾既为抗议，也为免同事们担责，一怒之下爬上烟囱投火自尽。明代为安抚镇上民愤，由官方在御器厂东门内东南角纪念祠堂内立牌，并敕封其为"广利窑神"。当地民间制瓷者把他当作"风火仙"崇拜。

唐英觉得故事里有一股精神，将它上升到家国高度，感觉可"上济国事而下贷百工之命"，"可作忠臣之气，而坚义士之心"。他死于火，而火，正是景德镇不断产生奇迹的城市精神图腾。唐英拍于是精神大振，案而起——"夫五行各有专司，陶司于火，而以于风于义何取？且朝廷赐封之号，如金冶神木土以及岳渎山川，皆曰神，未闻曰仙也！"

之后他邀请当地的名匠重塑童宾神像，筹集资金将故有神祠修葺一新，亲自以青花料题了块长一百三十五厘米、宽四十三点五厘米、厚六厘米的"佑陶灵祠"瓷匾，瓷匾四周还精心地配以缠枝莲纹饰。雍正八年，有心的唐英，在僧明寺一个角落里还找到童宾当年参与烧制的破龙缸，将其搬到佑陶灵祠，并整理出一份完整的《火神童公传》，还邀请远在淮安的顶头上司年希尧写成《重修风火神庙碑记》。"风火神庙"从此成为景德镇窑民祭祀之所。

虽然重修这座灵祠是年希尧点的头，但决定却是在唐英的影响下做出的，正如年希尧在《重修风火神庙碑记》中所说的，"唐侯节公财，惜人力，以徼惠归美于神，时来修祠——慨然倡于先焉"。

"瓷器之成，窑火是赖"，"窑火得失，皆尚祷祀"。这么隆重的重修，既反映了唐英对景德镇瓷业及业瓷者的理解和尊重，也可以说是他对自己过往和业瓷者类似经历的别样追念，还可以起到告诫自我，甚至上司，乃至皇帝的婉转劝谏作用。

从此，无论官窑民窑，凡窑火得失，烧窑之前窑民都去祷告、还愿和祭拜，祠内香火不断，庙无虚日。景德镇"风火神"崇拜逐渐稳固并深入人心，使得一座有着上千年制瓷历史的城镇，拥有了属于自己的行业神灵，完成了一座艺术之城的精神提炼和塑造。

这算是唐英于城市人文建设上巨大的功德。

与民休戚与共，转眼唐英督陶七年。在雍正十三年（1735）端午，五十四岁的唐英有意将寿宴办得堂皇一些，思量借机酬谢一下地方官员、同僚、工匠，甚至是民窑窑主，以及文友诗朋。

奇怪的是那天一大早，寿宴的时间远远未到，然而于御窑厂平素的开工时分，在唐英的官邸门外鼓乐齐鸣、众声喧哗，熙熙攘攘聚集了好几百人——不约而同，御窑厂的全体工匠与镇上的商贾窑户等几拨人马，车拖背扛地携带礼物，主动来给他祝寿。

在官窑设立在景德镇的四百多年里，这种阵势前所未有。场面上最隆重的贺礼，是大家合伙送来的一块石碑，碑名"仁寿碑"，早几天就由镇上能诗善文者写下碑文，镌刻在碑上。像一篇先进人物的总结，碑文罗列了唐英主政之后的种种事迹。碑文将唐英抬到了景德镇佛爷和福寿主的高度，并表达了对这位督陶官的感激与祝福。

碑文说："大人体皇上之仁，教众工之善，每见匠有未悟者，授指致精，而进其终身之益；勤能体谕者，额外奖赏而励其诸作之专；匠有疾病者，延医制药而急救；匠居窘急者，买房赏住而安其身；年迈匠人另赐衣帛食肉……"彰显出唐英体察百姓疾苦，推行工匠救济制度；不以官名巧取豪夺，实施买卖公平制度；尤其是他筹措资金救贫扶弱，让病者有钱医，亡者得棺葬，欠债工匠可预支薪水，以及优秀工匠如住所逼仄会得到宽敞房屋的奖赏，等等。

当时在景德镇街头墙壁上，就可以见到买卖公平与工匠救济这两张布告。

在御窑厂附近最高级别的官僚，当属浮梁县七品县令，就是再高也不会超过五品，而唐英的乌纱帽为天子钦定、中央空降，就是饶州府官员都会敬畏他三分。按理"肃静""回避"鸣锣开道的出行摆谱，那都是在职级允许范围内的事情。

丢开历史上不少督陶官欺上瞒下的不说，就是官逼民反、敲诈勒索和官商相护者亦不在少数。但是唐英却在御窑厂，乃至景德镇的街头弄尾，即使一个最底层卖苦力的挑坯师傅，都可以随便与他喝酒搞笑、称兄道弟，而且他前后在厂二十七年的时间内，不仅所产御瓷精湛至前所未有的巅峰，所辖单位内

"并未扑责一人,贻误一事"——这种敬业爱民的官员,在封建社会是凤毛麟角,难能可贵的。

在景德镇百姓的口中,深得民心的他被知恩图报的老百姓誉为儒家经典里的仁人圣者。

比如乾隆十六年(1751)十二月,他被从粤海任上重新调任九江钞关,兼理陶务。乾隆十七年春三月他到景德镇巡视窑工时,写了一篇《重临镇厂感赋志事》:

> 余于己巳冬奉命由浔榷量移粤海,逾二年,岁壬申,复调回浔,于三月初三莅任九江,即鱼月之廿五日由陆路巡视窑工。抵镇日,渡昌江,阖镇士民工贾群迓于两岸,靡不咨嗟指点,叹余之龙钟老态惫者。且欢腾鼓舞,颇有故旧远归之意。余不禁怃然,口占俚言,聊志情事。
>
> 重来古镇匪夷想,粤海浑如觉梦乡。
> 山面水心无改换,人情物态有存亡。
> 依然商贾千方集,仍见陶烟五色长。
> 童叟道旁争相认,须眉虽老未颓唐。

时年他已七十有一。

唐英是一位杰出的窑务管理专家,这已经确凿无疑。更为重要的是,他能顺应时势,按时下的说法是"想群众之所想"。从理论上分析,他适应生产关系的要求,废除明代"匠籍制",改用以金钱雇用劳力的具有资本主义性质的用工模式,赋予了工匠封建专制外的人身自由,调动了瓷工拼命做事的积极性。

那一年昌江水暴涨,码头边的货船多了起来。适宜烧瓷的春天让唐英忙碌操劳,但是于百忙之中,唐英却在府邸意外地摆下了一桌丰盛的宴席,招待其助手吴尧圃——不过是他的幕僚,却因为被派去河南钧州,寻找玫瑰、翡翠这两种宋代才有的名釉配方,以作为景德镇御窑厂制造高仿瓷的线索,而被唐英隆重送行。

在"官大一级压死人"的社会，唐英宴请下属，既说明了他与共事者的感情，更显示出他对此行目的的期盼和厚望。拿今天的话说，对皇帝而言这属于尽职尽忠，就陶瓷技艺而言则属于尚艺敬业——可见他有一般人难以做到的本分和追求。

景德镇是一个手工匠人云集的城镇。底层人的孜孜以求，是为了凭手艺能解决一家人的温饱，过上衣食无忧的生活；窑户老板的精益求精，是为了产品能推陈出新卖个较高的价格，获得更多的资本以傲视社会。而唐英在御窑厂一直顺风顺水，他的行为有忠于职守的一面，但是更多的出发点，结合他个人的经历和性格，可说是做一行爱一行，爱一行专一行，任何事都试图做到尽善尽美的那种文化人的生命追求。

那段时期为了瓷器的出彩出新，唐英是绞尽脑汁想方设法，不断从绣像古籍或残瓷破片中，寻找古代各大名窑生产的名瓷线索，并反复烧制试验，试图让那些业已失传的名瓷在窑火中一一复活。他不仅让那些工匠画师，依照宫中藏瓷仿烧，同时遵照圣旨，为研制出一种珐琅彩瓷的新品种，在技术、人员、原料等方面都慷慨地投入。

"仿古采今，宜于大小盘、碗、盅、碟、瓶、罍、尊、彝，岁例贡御者五十七种"，其中在他手里创新的釉色品类多达十七种。

一个工匠艺人的精神品格，乃由人的使命、意识和理想等诸多要素构成，到了艺术至高的层面，则是上升为丰富的想象力、富于批评精神的使命意识，以及直面现实的人文情怀。

吴尧圃在几个月后带回了烧制玫瑰、翡翠这两种钧窑绝品的原料。唐英带领工匠们夜以继日地沉浸在作坊里，通过反复再三的实践发现，用钧窑的原料烧出的瓷器，与他在皇宫里见过的古代钧窑的作品一模一样——翡翠与玫瑰两种钧窑名釉，终于在宋灭亡三百多年后重现江湖。

唐英督制的瓷器，在胎质、釉面、器型、品种、工艺手法、装饰形式、釉上彩和釉下彩绘等方面，无论仿古还是创新，无不登峰造极。蓝浦在《景德镇陶录》里评价唐英说："公深谙土脉、火性，慎选诸料，所造俱精莹纯全，又仿肖古名窑诸器，无不媲美；仿各种名釉，无不巧合；萃工呈能，无不盛备；又新制洋紫、法青、抹银、彩水墨、洋乌金、珐琅画法、洋彩乌金、黑地白花、黑地描金、天蓝、窑变等釉色器皿。土则白壤，而埴体厚薄惟腻。厂窑至此，集大成矣。"以致"唐窑"瓷器仿古超古，遍造古代天下名窑工艺，所制御器之官窑、哥窑、汝窑、钧窑的产品都超出了前朝。

仿古和创新，乃至于深谙火候，产生大批窑变瓷器珍品。唐英制瓷是景德镇最好的时期，史称唐英治下所产的瓷器为"唐窑"。唐英以工匠身份亲力亲为，所造题款的瓷器与他全身心投入的精神，受到当朝以及后世陶艺界的广泛传颂。其中最重要的一点是：在这座一直只求经济利益的工商市镇，匠人们通过他全身心投入的言行，以及成功后欣喜若狂的表现，洞悉了追求艺术理想和精神境界的人生幸福！

很多人变得豁达而开朗。

督陶官唐英是个地地道道的文人。

除了主持修建了珠山之巅的文昌阁，以及御制诗碑亭外，唐英还将景德镇制瓷经验均以文图留存，有记录历史供后世同行参照之用意。他曾在《固哉草亭诗序》中表露，他由皇帝近卫转行为督陶官，近似于隐居深山，有着大量空闲去阅读经书史料，形成癖好长达十年之久。

这也是唐英个人的情性使然。历史上有许多督陶官到了景德镇，成了御窑厂呼风唤雨的"一把手"，前呼后拥，耀武扬威，忙于与地方官员和窑主应酬玩乐。生性儒雅好静的唐英，不属于这种官场挥霍的油子。正因为好学不倦，他在景德镇任上自我修为，成为具有广博知识的杂家，无论是戏曲诗文，还是业瓷绘画，其作品都出类拔萃。

他写的《陶冶图编次》，是中国重要的陶瓷文献著作。虽说是奉旨完成，但也是他深入研究景德镇陶瓷的科学总结和智慧结晶。著作将陶瓷行业分成二十个程序，由宫廷画师孙祜、周鹏、丁观鹏等绘图，经皇帝下旨颁布，成为总结制瓷程序的权威文本，对中国陶瓷甚至国际陶瓷都有着深远的影响。

他著的《火神童公传》《龙缸记》《瓷务事宜示谕稿》《陶务叙略》《陶成

纪事》等文章，有的是对当地历史人物及事件追本溯源，有的是对自己制陶实践进行记载总结，有的则是对当时的陶瓷技术水平和发展状况进行陈述概括。

他还编写了《古柏堂传奇》。那是他的业余爱好，也是他才华横溢的一个旁证，该传奇收录了他写的十七部戏剧，大致分社会讽刺和社会风化两类内容，为许多票友和戏迷所喜爱。

他还著有《陶人心语》和《陶人心语续选》《陶人心语补轶》多卷本，那是他督陶多年的诗文总集。其中的诗文，或为唱和诗友，或为拜谒故迹，或为感时伤怀，或为思念亲人。在记叙陶事、颂扬陶人、寄情山水、记录离别、淡泊明志里，从这些唯美而深情的诗句中，不难想象唐英有着怎样一颗儒雅、浪漫而美好的心灵！

督陶官里少有的全才全德之人唐英，在景德镇工作二十七年时间。

他是全国唯一的管理大型生产御瓷单位的官员。就像是今天的一个"劳模"，任务的繁杂，责任的重大，人事与应酬的繁芜，以及家庭的责任，二十七年除了尽心尽职，他还呕心沥血做了许多默默无闻的案头工作。

因为他的亲和与随意，他的行踪和成绩为景德镇人有目共睹，并深深地影响着这个城市的人文风气，使得景德镇人受益匪浅。

然而，不要看他在景德镇一系列的业绩成就，既有理论著述又有辉煌实践，其实在"家家都有本难念的经"和"伴君如伴虎"箴言的背后，在唐英督陶的生涯里也承受着许多痛苦、艰辛和高压。

首先是家事。因唐英常年驻外，开始是离开京城，后来又离开景德镇，无以顾家，其妻妾三娶三亡，造成生离死别——这些都可忽略不说。

至于官场，大致的情况是——雍正十三年十一月年希尧被革职；乾隆元年（1736）唐英接管淮安关税事务；乾隆二年唐英奉旨复办陶务，是以淮安关使兼领陶务，然后三年未到景德镇；乾隆四年十月改任九江关使兼理陶务，驻所又鞭长莫及，两边来回。

景德镇御窑厂的督陶官，历来是个与皇帝直接发生联系的高危命官，这就印证了"伴君如伴虎"的谚语。工作上既容易出名得势，交差时更是如履薄冰。所以在这个位子上的人,有的以自尽、被斩、下狱、遭贬,或受到逮问为结局,像宋代的齐宗蠖,明代的张善、祁敕、杨锡文、陈褒,清代的张思明等人;有的因作风蛮横嚣张而激起景德镇的民变,如明代的潘相。

特别是远在淮安和九江任上的时候,唐英因无法兼顾指导手下的协理,加上朝廷人事变动频繁,以及下达烧造的任务又过于繁重,等等,就在重临景德镇御窑厂署时他发现,厂内烧造的瓷器,质量上不但没有进步反而有所倒退,以致其中的御器任务很难以正品完成。唐英因此受到皇上的责备。此后在御窑厂协理的崔总、老格等人,常犯有瓷质粗糙、破损的毛病,与样品不一等问题显露无数,致使督陶官唐英受到严厉的斥责与账目审计。

有一次在接到为难的旨意时,唐英又夜以继日地克服困难监制,并私贴或赔补高昂的费用。在未满足圣意的时候还被斥责为"不至诚"。作为一个生性谨慎认真之人,他内心诚惶诚恐,压力山大。

当然督陶官正面的例子也有很多。如明代以新法新艺"始制脱胎"的祁鹏,创制转心瓶的周芳誉;有的则钻研瓷业留名千古,如清朝在色釉上出色的"臧窑"臧应选,创制红釉的"郎窑"郎廷极,以发明色釉、骨胎极薄和仿古著称的"年窑"年希尧,以及亲民精艺、著述丰厚而全才全德的"唐窑"唐英。

唐英生于康熙二十一年(1682),乾隆二十一年(1756)七月二十七日,这位督陶官在景德镇逝世,享年七十五岁。史记其因喉痛复发气血日衰,估计是矽肺病,症状就是呼吸短促,胸口发闷或疼痛,咳嗽,体力减弱,这是做坯烧窑的瓷业一线工人常见的一种职业病,因瓷土中二氧化硅粉尘的侵入而损害咽喉和肺部。作为御窑厂的督陶官员,他大可不必经常蹲在坯房或柴窑里亲自劳作。

触礁的"哥德堡号"

"哥德堡号"是欧洲大航海时代瑞典著名的远洋商船,曾三次远航中国的广州。2005年年底,瑞典人历时十年,耗资三千万美元,仿造出"哥德堡号",从瑞典哥德堡启航开赴广州,重现两百多年前的梦想旅程。这隆重奢华的活动又跟景德镇的瓷器有关。所以"哥德堡号"商船的雕塑,不久也以大事记的形式耸立在浮梁县古县衙景区的城堡门口。

事发于1745年9月12日,在清朝乾隆年间,这艘满载中国商品的巨轮劈波斩浪,跨越时空,在抵达故乡岸边的最后一刻触礁沉没。事故留给世人以无限的谜团。更为重要的是,在遥远的哥德堡几乎人人都知道有个中国,也清楚景德镇和浮梁——他们对茶叶和瓷器的热情,近乎宗教般的虔诚。所以瑞典人后来特地建了座"哥德堡号"古船博物馆。

十六七世纪的中国关闭大门,封锁自己。自从明朝海禁以来,再也没有像郑和下西洋似的船队出使公海。整个中国的海岸线上只有广州黄埔古港允许通航。而欧洲正处于大航海时代,受荷兰和英国东印度公司启发成立的瑞典东印度公司,在乾隆年间共派出三十七艘商船完成了上百次航行,攫取了海外大量财富,其中当然包括景德镇的瓷器在内。

"哥德堡号"船体总长度是五十八点五米,水面高度五十七米,可以运载四百吨货物,堪称当时的超级货轮。最后一次精心运作的远航是:它在西班牙卸下木材、金属等本国特产，换取当地的白银；再沿着非洲西海岸直奔中国广州；船舱装满中国商品后返回家乡。然而谁也没有料到，这一次竟成了它的死亡之旅。

1745年9月12日一大早，哥德堡市的人们就像迎接新娘一样等候在海边。但是他们却亲眼看到这艘船在海港的入口处，就像喝醉了一样莫名其妙地偏离了航线，在众人的惊叫声中径自驶进了无人不知的"汉尼巴丹"礁石区。就在人们发愣时海水涌进了"哥德堡号"的船舱，船身倾斜下沉。

事已无法挽回。一切就像演戏那样来得突然又蹊跷。

之后哥德堡市的言论，犹如煮粥的饭锅一样沸腾不止。有一种说法是船员有预谋地自沉，因为货物已经卖给了两个买主；另一种推测是公司面临倒闭，只好采用"苦肉计"来金蝉脱壳；还有一种善意的解释是，结束了两年半的艰苦航行，船员们欣喜若狂的醉酒导致了偏航触礁。

最后谜一样的结局呈现出策划的痕迹——瑞典东印度公司销毁了所有的账本，一切的一切都变得无凭无据。随着时间的推移，当地人对这些无案可稽的大事，渐渐失去了猜测与追究的兴趣，只剩下一些热衷于探查沉船宝藏的冒险家，在继续研究船上的财富。

据说由于价值巨大，当时的抢救只打捞出很少一部分货物。然而令人瞠目结舌的是——仅仅这亡羊补牢抢救出水的大约8%的东方货物，竟然就弥补了这艘货轮的所有的巨大亏空，而且还使得各位股东分得了14.5%的盈利。这是这件祸事背后之重点的重点，要清楚很多被海水浸泡过的商品，比如丝绸、茶叶等都卖不出价钱，然而即使是这样还是不可思议地剔除了本钱，为投资者们取得了利润。

所以不难估计，以往整整一船货在西方，它可以获得暴利到什么程度？我们景德镇人就只能仰天尖叫——瓷器啊瓷器！

三打王家洲

在1755年出现了一段聚众闹事的故事,这种事在景德镇历史上屡见不鲜。

事发地点"黄家洲"原名王家洲,是景德镇何家洼西侧一条一华里左右,由昌江东岸向河延伸出来的无名洲地。早先在河滩没有被工业废渣填埋加高的时候,城镇地段的昌江河边应该有很多这样开阔的洲滩。王家洲坐落在景德镇城南,为市埠渡(现在叫十八渡)地段,是河西码头通向市镇的必经之路。

据说之前乾隆皇帝私访景德镇时,曾在这里登岸,故而被老百姓叫成了"王家洲"。

上两辈的老人家说,在很早很早以前,这块原始的洲滩上长满了竹子,在洲上没有人烟的时候只有一座竹林庵。后来景德镇涌进了一批都昌遭受洪灾的难民,他们举目无亲,生无所依,因为当时市镇的人口密集到针插不进,赖以糊口的工作岗位也已经被挤占得密不透风。

前清曾统计过浮梁人口在十万上下,资料显示到了乾隆年间跟涨潮一样,一下子就猛增到二十五万。在人口稀疏的山区浮梁,平原谷地很少,居民村落稀疏,像这样的增长势头,明摆着是缘于景德镇城区人口膨胀。

灾民们只好拥挤到这个暂时还空置的洲滩上混生活。移民绞尽脑汁就地取材，利用洲上的竹子剖花篾编制瓷用竹篮为生。竹子被砍光后，这批人就待在这里贩卖"下脚瓷器"。由于来往的船只很多，又是码头要地，在不涨洪水的时候，洲滩上买卖倒是十分兴隆。

所谓"下脚瓷器"，就是商家挑剩下的劣质次品。这批都昌移民经常到窑户老板的仓库里，半买半捡地收这些落脚货赚钱。

这批都昌移民像景德镇的居民一样也在昌江边上一边做地摊生意，一边在王家洲这个地方过着平淡的生活。但是到了乾隆十九年，这里的都昌人与岸边的苏湖人，因争地界而引发了激烈的冲突。以这次群体性肢体冲突为素材，在一百多年后的清光绪年间，当地出过一本七字句文艺说唱本，叫作《三打王家洲》。

这唱本一直到了民国时期还在当地很受欢迎，可见这一事件在当地曾经影响很大。

"康乾盛世"时期的景德镇已经人满为患，寸土寸金。清代饶州通判、署浮梁知县陈缩曾在康熙二十一年（1682）描述说："景德一镇，则又县南大都会也，业陶者在焉，贸陶者在焉，海内受陶之用，殖陶之利，舟车云屯，商贾电鹜，五方杂陈，百货俱陈，熙熙乎称盛观矣！"雍正六年（1728），景德镇御窑厂督陶官唐英称："其人居之稠密，商贾之喧阗，市井之错综，物类之荟萃，几与通都大邑。"

发生冲突的源头是在乾隆初年，有一位翰林之子沈登荣，看中了这王家洲上人来人往的热闹，就用五百两银子贿赂浮梁县知县史瑶全，在王家洲东侧买了一块四千平方米不到的地盘，建造了形似宫殿的苏湖会馆，也就是江苏苏州和浙江湖州人的合馆。这座会馆遗址现如今是景德镇市第六小学的校址。

明末清初，在景德镇经营的苏湖人大多数都很富裕，跟官方也来往得比较密切，也就是凭财富找到了衙门靠山。早在明朝万历年间，景德镇的仿古瓷高手周丹泉就是苏南那边的富商。苏州出产苏绣，湖州出产毛笔，这两样东西都在当地走俏畅销。作为手工业重镇景德镇的当地富商很多，画瓷器又离不开毛笔。苏湖人在贩卖了丝绸和湖笔之后，再收购景德镇瓷器运到江浙，甚至上海宁波一带，一来二去的贩卖都不走空舱，很是赚钱。

因此，苏湖会馆建得飞檐翘拱，青石板铺地，大青砖砌墙，鎏金的"苏湖书院"招牌熠熠生辉。志书上记载会馆的大门是迎面屏风，从屏风两边南北长廊深入，其间有大型庭院、廊亭宝殿，还有合抱粗的楠木柱子，三丈多高的关公雕像，香案前垂挂着巨幅布幔，一米高的戏台，数不清的戏文画面和飞禽走兽木雕——气势宏伟，造价自然也挤进了当地会馆的一流。

民国十八年，这里曾被当作镇上最大的学堂，20世纪40年代初湖北人在这里建造了当时全镇规模最大，也是最时髦的戏园子——中央大戏院。之后这一块被日本人的一颗炸弹夷平，后来成为学校的操场。

本来在买地的契据上官方已界定好了四至。会馆是东以前街（今中山路）为界，南以富商下弄为界，北以何家窪为界，西以近河的桦树为界。界西就是河洲滩地，桦树以外有一大片是做买卖的和卖艺人的摊位。会馆的原始实地为三千七百多平方米，但是在乾隆十九年（1755）闰四月二十一日之前，当时的"苏湖帮"首事徐纪纶、沈大仁对来钱的洲滩起了歪心，带了份厚礼拜会了浮梁知县方宏智、县丞薛成秀，将契据上的"桦树"为界改为"河水"，并张贴告示重设地桩。

他们这一偷梁换柱的阴谋，意在把洲滩全部囊括进去，会馆就派人到洲滩上强迫做买卖的人交纳地租。这叫作欺善怕恶，或为富不仁。霸道的行为，激怒了在洲上卖瓷器的都昌人，其中挑头的叫刘山保和一位挑卖大蒜的张铁嘴。唱本戏文里说，他二人发动在洲上摆摊的穷人，跟苏湖会馆进行抗租争地的斗争。

这就是景德镇历史上有名的大械斗"三打王家洲"。

一块好好的国有土地上自发形成的摊点市场，本来属于公共场地，大家都可以分享。可怜那些历来就在河边经营的小商小贩，竟陡然于一夜之间要加重小本经营的成本。苟且艰辛生活的民众，已经被这些权贵逼到了悬崖边。

为生存不畏强暴，靠团伙据理力争，剽悍在当地已形成了一股风气。所以面对告示，洲民们围在一起叽叽喳喳讨论了好长的时间。这时一个叫冯长先的说"撕掉它"，另一个叫周以升的说"拔掉它"，于是大家蜂拥而上，将告示撕了、界桩拔了，将河边的界桩旗杆折断成数节。

苏湖会馆里听到声音，派"保安"冲出来抓人，冯长先等一帮人便迎上去与他们厮打。两边撕扯推搡，拳来脚往，一些人被打得鼻青脸肿，头破血流。毕竟是一群平头百姓、乌合之众，最后被有组织的会馆及其专业"保安"，将领头的冯、周等人扭送到县衙。县丞薛成秀责令给每人四十大板，说："再若聚众闹事，定当重罚不饶。"

谚语说"自古衙门八字开，有理无钱莫进来"，一进门官方就公开认可这种霸地侵权行为，背后的勾当便不言而喻。

"要会馆拿出老地契来说话。"冯长先抓住关键。

但是他们说换了契据，老地契作废给烧了。

这是第一次冲突。

第二天天气晴好，会馆在衙役的协助下又埋设界桩，重贴告示。不久还变本加厉地在洲地中央建起了戏台，戏台前竖起一根丈高的旗杆，旗杆上挂有"苏湖书院"的彩旗。这是骑在洲民头上拉屎的架势！洲民们被气得咬牙切齿。

"既然是他们的地盘，为什么早不来收租？"

最后没有办法，上一次出头的冯长先跳上戏台，说："他们要断我们的生路，我们就要把饭碗抢回来！"大家齐声说："推倒戏台，砍掉旗杆！"于是大家一哄而上将戏台架子推倒，将碗口粗的旗杆砍掉。会馆的家丁又与洲民们扭打成一团。这一回有备而来的肉搏，比上一次更加激烈：双方都握有各式各样的家伙。

洲民们都是做买卖的，是在忍无可忍的气头上，手里拿的是棍棒和扁担之类；会馆里身强力壮的家丁仗着衙门和财主的势力，一转身去会馆里面取来练功的三节棍、铁链和鞭、杵之类武器。

这是第二次拼打。

结果可想而知，洲民受伤严重。但是会馆的家丁也抵不过洲民人多心齐。洲上所有摆摊设点者，连同妇女老人在内都没有人退缩。大家一拥而上捡石头乱砸，并拼死涌上去将十几个家丁团团包围，以人海作战的方式把会馆家丁包了饺子，按在人堆里撕咬踩踏。最后现场鲜血淋漓，双方的伤残不计其数。

短兵相接和拳打脚踢到了黄昏，赶来了一批手执冷兵器的衙役准备抓人。冯、周挺身而出，说："事情是我们几个领头干的，与乡亲们无关。"他们还昂首挺胸地跟着衙役去了会馆。

他们在里面待了好久，而洲民们在天黑后仍围在外面等候。

"要是讲理，他们就不会这样。"

等了很久，一个叫黄大毛的站起来说："我们要把他俩救出来。"于是大家找来几根大树干，带着砍竹刀等凶器，嘭咚嘭咚地冲击着会馆大门。进去后在昏暗里因为看门的人态度恶劣，大家又打成一片。灯盏和蜡烛一忽一闪。在局势不可收拾的时候，衙役只好拿刀架在冯、周的脖子上。徐纪纶威胁说："县太爷有令，若再闹事，先将他俩就地正法！"

"有理走遍天下，怕，我们倒是不怕。"

冯长先也是个稳重的人，他劝大家先到县衙去理论再说。

这是第三次。赢是没有打赢，但是一个集体不屈不挠的拼命，显示了誓不罢休的决心。

行贿能得到县衙偏袒，霸占却永远降服不了洲民。洲民们反复再三的暴动，让县官和会馆感到棘手和忧心。而洲民们三打王家洲一事闹得满城风雨，引起了景德镇都昌移民的关注。都昌帮会的会首们来到洲地，叫人将王家洲的历史和现状写成状纸，交与黄大毛等人，并嘱咐省里如果告不准，就告到京城刑部。

一切费用由都昌帮会开支。

果然是先下手为强，浮梁县署将这件事以公文的形式早已报省，帮苏湖会馆歪曲掩盖事实真相。洲民们只好日夜兼程赶到京城，头顶状纸一字排开地跪到刑部门口。刑部尚书闻禀三次武斗冲突，性命攸关，立即启奏，最后皇上派"钦差"去景德镇查办。调查结果是洲民所告属实。

于是刑部于乾隆二十八年八月做出判定：苏湖会馆的首事仗势欺人，霸占洲地；浮梁知县方宏智、县丞薛成秀由吏部革职"饬审查办"；徐纪纶杖一百，流三千里；沈大仁原本同罪，减为杖一百，徒三年；苏湖会馆与黄家洲立石为界，毋许犯越——这件事在《浮梁县志·纪事》里记得清清楚楚。

在接到判决文书，界桩退回原址的那天，洲民们为庆贺胜利，由"都帮"撑腰在原戏台处重搭戏台，在原旗杆处高竖天灯。那年的年底台上演戏，空地滚龙灯、舞狮子、打蚌壳、赶旱船，一直闹到元宵节。以后洲民们将这一天约定俗成为"庆祝日"：每逢腊月二十三，洲民们将摊点竹棚迁到河边墩头上（岸上），空出河洲滩地尽情玩耍，直到来年二月初一，才将竹棚迁回洲地开始做瓷器生意。

苏湖人在官司败诉以后声誉扫地，其势力在景德镇逐渐衰落，到了民国时期"苏湖帮"的大瓷行就不见了踪影，会馆冷冷清清不再搞大型活动，而留下来的苏湖人只做小本生意，比如拆衣店之类。景德镇的湖北帮趁势兴起，取而代之。

据1937年《江西统计月刊》记载，那时的景德镇十里长街，鳞次栉比的店铺有一千两百多家，呈现出"延袤十三里许，烟火逾十万家"的都市盛况。《陶录》记载："瓷器街颇宽广，约长二三百米，距黄家洲地半里余。街两旁皆瓷器张列，无器不有。悉零收、贩户、整治、摆售，亦有精粗上中下之分。"

至于王家洲变成黄家洲，相传是因取得这场官司胜利的洲民首领姓黄，大家就尊敬他顺口改成黄家洲。后来洲上的都昌人成立了"破碗公司"行会，并规定了垄断条款——只有入了会的洲上提篮"走洲人"，才可以到窑户家或瓷行收购次品，到洲店加工后再在洲上贩卖。

《景德镇陶歌》有一首就这样写道："王家洲上多茅器，买卖偏多倔强人，比似携篮走洲客，只能消假不消真。"

茭草行殉职的郑子木

清朝光绪二年（1876），六月炎天。《景德镇市志》里记载，"陶工为争取白米饭和恢复原有经济待遇，实行大罢工。后因官府扣押领头人，导致陶工万余人暴动"。这次事件，在景德镇民间演绎得更加惨烈，被称作"打白米饭派头"，最后还形成了一个行业世世代代都系白围裙工作的风俗。

事件源自当地的陶瓷包装行业。当时瓷器多用稻草包扎，民间把这个行当叫作"茭草行"。起因是镇上的窑户老板们精打细算，在待遇上欺负包装工人，突然统一改变历史规矩：工作期间所供的白米饭改成了耖米，土话叫糙米；原来每月每逢初一、十五发放"茭草"吸灰的营养补贴一斤猪肉，也一律取消。

不过是减少了猪肉营养和改变了米质，在现在看来不涉及温饱，是件小事，但是在行业内他们看得很重，关乎一帮人今后在社会上的面子尊严。而且每月的两斤猪肉在市场上很贵，工人家寒酸的餐桌上再也享受不到荤腥，小孩老人都干嗷嗷地瞪着眼睛。

"行于九域，施及外洋。"瓷器是易碎产品，为了运输途中的稳固完好，就得包扎牢稳。因为技术和劳动强度大，包装材料的秸秆灰尘多，瓷器包装又是外销环节中的一个重要工序，人们天不亮就上班，晚上做到深更半夜——这个行业成了瓷业界苦脏累的工种，因此为茭草工提供了这些优厚的待遇。

面对打压和欺负，大家一开始都敢怒不敢言。

这时候，行业内跳出来一个英雄——郑子木。郑子木二十多岁，祖籍安徽祁门，不幸的是父母早逝，从七岁起被茭草行的工人用"百家饭"养大。成年后的郑子木身高体壮，也继承了父亲的茭草手艺。他对师傅们的养育之恩总觉得无以回报，所以谁家有困难，他总是抢上前去帮忙；哪个茭草工被欺负，他也是第一个去打抱不平——是个初生牛犊。

但是起头"打派头"，明显是拿鸡蛋碰石头的蠢事。换上其他人，"镇巴佬"都会以为他是个懵里懵懂的傻瓜。然而他是出于义气，知恩图报，所以他的勇敢，后来在景德镇被许多人传颂和夸赞。

当时在茭草行里，来自祁门和南昌的贫民很多，很快南昌帮和祁门帮暗地里都统一了意见：大家以郑子木为首。这样轰轰烈烈的罢工齐扎扎地于某一天开始，等待发运的瓷器瞬间都裸露和瘫痪在那里，景德镇的陶瓷市场就此全部停摆。

几天以后，再也按捺不住的窑户老板们一纸诉状告到了县衙。浮梁县官派衙役突然袭击，把郑子木等十几个为首的工人抓了起来，并通令复工。这不但没有动摇大家的斗志，反而激发了整个行业抗争的热情。

当时景德镇的瓷器贸易非常繁荣，泊岸待货的驳船在江边排得满满当当、密密实实。"船帮"因误时误工又在抬高运费，瓷商们急于发货气得跳脚，市场又在对老板和知县施加压力，最后只好坐下来谈判。茭草行复工条件是：第一释放郑子木等人，恢复老待遇；第二如果老板再违反惯例就"罚戏"，出钱请茭草工看三天戏。

老板们被迫答应签约，茭草工全体复工，景德镇瓷器买卖又恢复了正常。

可是在市场步入正常的情况下，那些资本家越想越觉得窝囊。本末倒置嘛！老板竟屈服于雇工，相当于阎王搞不定小鬼。他们就在酒桌上串通一气，凭借财力作支撑，不久又联手撕毁了约定。

这就欺人太甚！郑子木再次起头号召罢工，一家一户地串联，与行业内的小工头约定坚持到底。因为亲戚朋友和同乡的关系，这一次与之同命相连的，出于正义包括许多窑工在内也都闻风而动，予以声援。然而老板们有备而来,已经用重金买通了官方,县官再次派人把郑子木抓进衙门。

得了好处的县官软硬兼施,开始是许诺给郑子木一大笔钱财,后来就威胁要把他关进死牢。但是性格倔强的郑子木不仅没有屈服,还冷嘲热讽地耻笑县官,说什么"吃了人家的嘴软,得了人家的手软"。县官被气得不行,"一个傻瓜神头",想了想没有办法,就冷笑一声想出个要么让他丢脸服帖,要么置他于死地的办法。

第二天公开开堂,还叫来一大帮"打派头"的民众和窑户代表旁听。

审理前以"聚众闹事"的理由,打他三十大板杀一杀年轻人的威风,把郑子木打得皮开肉绽有气无力。能混到这个位子,也不是吃干饭的县官。审理的过程非常简单:讲理——打工者不可以强行要价,如果觉得老板开价不公,可以辞职不干,但不可以发动全社会罢工"打派头"。祁门人不干南昌人干,南昌人不干其他人可以干,总之"茭草行"不能让景德镇停业。

县官当众给他两种选择——要么号召复工将功抵罪,不能让茭草工饿着肚皮不做事,这样老板们还可以出一些鞋钱误工钱作为补偿;要么你是条汉子硬气到底,作为牵头人为大家的利益敢于牺牲自己,我和老板就敬重你,恢复茭草行业的白米饭和猪肉等待遇。

栅栏外旁听的群众叽叽喳喳,有的叫"这不是下套逼死人嘛",有的说"有你这样讲道理的吗",还有的老人家隔着围栅子叫"郑仔俚,我们不'打派头'了,我们不要那个待遇算了"。

没读过书的郑子木毕竟文化水平有限,正在低头想驳斥县官的办法。

县官说:"你不是想做英雄'充辣子'吗?你现在想退出来还来得及。"

"不可能。"郑子木说,"我要是害怕,也不会出这个头!"

这时衙役就抬出个火盆,炭火中还煨着一顶铁帽和一双铁靴。县官对郑子木说:"你如果是真心想站出来帮助大家,你就把这铁帽戴上,这铁靴穿起来,本县就彻底服了你,答应你们茭草人的条件。"

准备铁帽、铁靴断案,这看起来像是一个民间编造的传说。其实古代有些县衙里还真有,在读安徽滩下倪姓与郑姓打宗族官司的史料里,我也看到清朝中期祁门县官在难解正负时,同样使出过"戴铁帽、穿铁靴"一招。用炭火烧红的铁帽铁靴，哪边有勇气穿戴哪边就赢官司，用宁死要赢的方式让失败方心服口服，否则双方就撤销诉讼——这大概就是在封建社会里某些基层断棘手案子时的撒手锏，意思是敢于顶天立地的决绝。

郑子木哈哈大笑，说："县老爷说话要算数？"

"怕只怕你做缩头乌龟。"这位县官也有当众逼郑子木悬崖勒马的意思。

铁帽子被链子扯吊起来。后面的惨烈场景就用不着描述了，郑子木这个年轻气盛的后生，就这样被激将法激得热血沸腾。他真心是为了报答茭草师傅们的养育恩德。为了行业的尊严和地位，在全场的号叫声中，他主动将头套进了铁帽，穿上了铁靴——以身殉职。

那都是一瞬间的事情。郑子木的英雄气势，吓坏了县官、衙役和老板，官方对老板们有了交代，而老板们也只好自动全面妥协，满足了茭草人罢工的所有条件。但是在景德镇这回"打派头"的事情没有终结，县衙的行为事后激起全镇上万名瓷工的暴动。他们愤怒地包抄围攻县衙并打砸窑主店商的生产场所，直到上面派员下来查办县令为止。

围裙是做事时围在身上用以防止肮脏或磨损的劳保用品，一般用颜色较深的布做，但是为了祭奠纪念郑子木的牺牲，景德镇的茭草行业，在给陶瓷包装时统一围的却是一条白围裙。这段看似绝无仅有的历史事件，似乎是一个文人编撰的故事，在诠释着这一风俗的由来。然而景德镇人世世代代都在讲这段传说。茭草工系白围裙的习惯，也一直延续到20世纪八九十年代，从新型的包装材料替代稻草包装为止。

清道光二十年（1840），鸦片战争中英帝国坚船利炮，击碎了大清王朝"夜郎自大"的自慰梦幻。光绪二十一年（1895）甲午战争后签订的中日《马关条约》，致使洋货的倾销，以及依靠机械化办厂对中国的原材料和劳力进行肆无忌惮的掠夺，景德镇千百年来的手工业陷入了前所未有的竞争困境。

没落的封建官府以及后来的割据军阀，又以抬高赋税加速了对瓷业的摧残和榨取，景德镇的窑户只好以偷工减料的粗制滥造，来应对下坡路的局面。

恶性循环的瓷都经济，在动荡不安的环境里就像盆里的泥鳅，呈现出干熬挣扎的绝望态势。

第八章 封建没落的挽歌

御窑厂门前

光绪十年的河水暴涨

在鸦片战争的硝烟蔓延到景德镇的当口，屋漏偏逢连夜雨。于光绪十年（1884）的梅雨季节里，农历六月初一的天空就像一面巨大的筛子，大雨在景德镇倾盆连绵下得昏天黑地。初三河水暴涨，昌江中上游沿河两岸被悉数淹没，有的整个村庄连墙带瓦都沦陷在浑浊的黄汤之中。浮梁县城除了红塔前十三户未被水淹之外，其余一律在"汪洋大海"中。据地方志书记载，渡峰坑水位高达36.67米，超过警戒线8.17米，为历史有记载以来的最大一次洪水。

历来昌江自北向南流淌，就像是城镇西边开挖的一道宽敞壕沟。

这时在下游河段的景德镇城区，被汹涌的河水横扫沿岸的街道，里弄不时有人划船在抢救老弱病残和贵重物资，店面、坯房、窑场和民居被浸泡冲垮，瓷器和家具等随波逐流，众多百姓于高地望水兴叹，欲哭无泪。

市镇洪灾严重的根本原因，在于这座"草鞋码头"历史上从来没有讲究过卫生环境，那段原本开阔的沿岸河滩，在城区这一段被一代又一代的巨量的陶瓷工业废渣所填埋。封建官府不可能有全局观念。景德镇人都认为把垃圾倾倒在河边一了百了，第二年借助夏季上涨的洪水，就能被冲到下游，最下游有鄱阳湖这个巨大的湖盆可以接纳，万事大吉。

市镇以西的河对岸是丘陵陡壁。

东岸在元朝之前"河街"还没有生成，昌江边上只有原生态的水草滩地，或河湾河汊。"前街"以西不过是一长条宽阔而曲折的向河谷过渡的坡地，类似于滩涂湿地或者荒坡绿洲。到了宋元瓷业迅猛发展时期，河滩开始倾倒垃圾，河边缓坡就此被一层一层填埋升高。于是千百年来的倾倒侵食，河东堆成了与市镇道路持平的一长溜"墩头"（废渣堆），与西岸丘陵的崖壁呼应，最后把河道压缩成仅仅剩下宽只有百米左右的"峡谷"。

明清时期的当地，瓷业生产已经达到了历史巅峰。

拥挤不下的居民，甚至还在被填高的地基上建造房屋。大部分"河街"与"前街"之间的居民区，就此慢慢在堆积层上拔地衍生。

"昌江上游因地势陡峭，河道狭窄，水流落差大，集流快，江河水位变幅很大。"所以一到当地的汛期，在支流众多且落差较大的昌江上游，汇聚起来的雨水山洪便势如破竹。到景德镇城区这段相对平缓的盆地，洪峰因河道拥堵而迅速上涨，只好沿着滩涂洼地以及下水道沟槽，逆袭漫溢奔涌入城区。

洪水摧枯拉朽的势头，一如狂奔的猛兽咆哮着侵入市镇。

历史上的"昌南"人，领受过无数次"龙王爷"发威的恶果。古人贪图水路运输陶瓷原料、柴桠燃料，以及制陶取水和成瓷销运的方便，但是沿河设窑、沿窑成市，又不可避免地遭遇昌江雨季屡次的肆意水患。

比如：明神宗万历三十年（1602），"洪水临流架宇者崩溃而下，伤民无数，附河窑俱倾"；清光绪十年（1884），水位观察站的渡峰坑水位高达三十六点六七米，超过警戒线八点一七米，城乡一片汪洋；民国五年（1916），昌江河水暴涨五六丈，"沿河店铺皆没，居民登楼上屋，死者数千人"。

就算不包括几乎每年汛期常规性的洪涝，昌江这条河在历史上仅仅被《景德镇市志》所记载的特大山洪，从清朝顺治五年（1648）开始，到民国三十一年（1942）的两百九十四年间就多达二十二起，平均每十多年一次。

但是弹丸之地的景德镇，在由村而镇发展的最初，市场被昌江水路所激活。沿河依据水道面向码头，期待从航船上下来"打货"的一批又一批客商，人们就着河边稀疏的村舍和曲折的岸滩，形成一长条夹杂着陶瓷买卖的热闹集市。然后是四乡八坞的农民、手工业者或者商贩靠近码头，沿河建造坯房、窑场、商铺和住房。于是与昌江平行的沿河路（现沿江东路）、前街（现中山路），以及后街（现中华路），依然像沙丁鱼罐头一样居民密集、商铺拥挤、街市繁华。

附着于江河，洪水自然就饶不过这十三里密集的人烟。但是平时利润战胜了恐惧，衙门又没有市镇规划，人们都怀有侥幸的心理。

作为沿河设窑、沿窑置镇的城镇格局最终无法持续。人们被迫开始向低矮山包上迁移，新坯房和窑场逐渐向丘陵延伸地段建造。城镇东扩的方向是远离河流，具体都朝着珠山北麓、东麓等地势较高地段选址，最后建筑越来越多，从董家坞朝五龙山、白云寺、雷公山形成一大片崭新的镇区。

幸好是丘陵地带。在景德镇城区类似这种高地很多，像珠山、青峰岭、马鞍山、石埭山、莲花山、八卦山、观音岭、东司岭、积谷岭、马金岭、苦竹山、解放岭、九皇岭、董家上岭等。有山岭就有山坞，现在依然叫"坞"的地名有薛家坞、秧田坞、茶叶坞、夜叉坞、江家坞、白蛇坞、罗家坞、杨家坞、邱家坞，等等。

景德镇的低矮山包，盘古开天辟地以来就类似蒸笼里的馒头，波浪起伏。

到了明代末年，景德镇的市镇沿着五龙山南下扩容，经薛家坞、药王庙，绕珠山东侧，直到青峰岭脚下。特别是明代御器厂在珠山高地建立以后，围绕着这面官方树立的中心旗帜将人气吸引到了周边。民窑仿佛有意在众星捧月，民居又穿插其中一幢一幢地竖立，铺平街市弄堂——一个沿河条形的格局，从此被拉伸突破，变成了一条向东探头探脑的春蚕。

至于城区沿河东岸被历代倒满垃圾的河滩坡地，在改革开放初年，当地官员终于动员各单位分片包干，将原先倾倒垃圾臭气熏天，包括粪便、死老鼠等在内的沿岸，用水泥预制板驳砌成四十五度左右的护坡。

为油盐的一次暴动

1918年3月1日开始的"打派头",是因为景德镇的瓷工一直没有领到过买菜打米的工钱,大家天天望着窑烟度日。到了4月20日才得到一些菜钱,而且恶就恶在,按老规矩,一个瓷工每个月有四两油和四两盐,但是窑户老板却暗暗开始采取折扣的阴谋手段。

当地南门头有一家油盐店,就是专门为厂方代发工人油盐的铺子。那一年店里量油的筒子和称盐的秤都是新做的,做得特别小。四两油盐实际上只有三两的分量。这还不算,工人每次领回家的油,尽是些不能进口的油脚,连点灯都燃不起明火。几件作恶的事并在一起,大家谈论起来都气不过。生产渣大碗的坯房工人,起头相继投入了这场"打油盐派头"的斗争,晚上在大街小巷贴满通告,公开倡议罢工抗议,指出老板们在侮辱工人,提出恢复并及时足额发放油盐的要求。

1918年的这件往事,是20世纪几位老工人的回忆,但是在《景德镇市志》的"大事记"中没有记载。有记载的是1920年初,瓷业圆器工人"打熟米饭派头"的斗争,持续了三个多月,最后迫使资方老板答应了条件。还有就是五年后的1923年7月,窑业工人为增加工资和茶钱而发动的斗争,结果每人每月增加了茶钱三百文。

也许确实在景德镇发生过这件事,而志书却因没有确切依据,忽略了一件在当地被认为是司空见惯的"油盐"小事。

罢工的主角几乎与这两年的相同：生产圆器的或窑业工人——都昌人。来景德镇打工的外地人，一般从每年3月1日起上镇做工，到年底11月13日收工回老家——这是当地烧窑规矩。打工者来景德镇做事一般都不带家眷，单身住在坯房里。

"打派头"一发动，窑户老板就依仗着总商会的势力，到处抓暗中领头人或对公开串联者威逼、拷打，遇到很顽固的人甚至被失踪。起事的工人们便不能再住在坯房里。于是这一次深夜过渡逃到河西，大家分散躲在南山一带的山上。另有一部分被组织起来在南山附近一个叫"余家峦"的村子里做饭，再送到预定的山脚下。

在"打派头"的第四天，做饭的人把饭放在棺材里，在往预定地点抬去时，路上突然碰到了窑户老板买通的当地武装。去的时候都以为是送葬的队伍，但是空棺材回来时又碰上了，看到棺材很轻就产生了怀疑，端枪追上来喊停下来检查。工人们心慌丢下棺材就跑，其中有个叫徐刚照的，被他们抓到了镇上。

徐刚照被关在窑户老板陈树拱家里，一连几天都被严刑拷打。陈老板又矮又小，在景德镇是出了名的凶狠歹毒之人。平日他腰上习惯系一块尺把宽的肚包，碰到不顺心的事把肚包一拍，三角眼一瞪，工人们暗地里都叫他"陈老虎"。陈树拱在东门头开的是灰可器窑，烧窑的生意非常火爆。其他窑歇火最短要歇两天再烧，他的窑只隔一天，因此他的窑又叫"三天两头开"的窑。窑工累死累活他不管。很早他就爬到总老板的位子，算是景德镇两百多窑户老板中的老板，也是总商会的"会董"。他坐在家里的八仙桌后审问徐刚照，审不出名堂就用刑罚——用门闩木柱子撞。徐刚照最后口吐鲜血，被抬出来的时候已经死了。

徐刚照死后的第二天，"打派头"的行业人越来越多，包括二白釉、四大器的工人也丢下手上的活计，相继过河避难。那天晚上十点多钟，经过商量，大家聚在一起提棍背刀，浩浩荡荡到镇上来抓"陈老虎"。由于没有组织领导，消息走漏，陈树拱跑了，大家就放火烧他的房屋。因为是土屋，仓促之间火也没有烧着，工人们就急匆匆去抓了另一个窑业总老板余昌宾，并把他解押到河西余家峦谈条件；又派人贴出通告，以扣押人质为由让窑业老板答复罢工条件。

镇上的窑户老板急了，全都聚集在冯朱由家里开会，当即决定组织人去抢回余昌宾。这天下午，"陈老虎"在家门口招兵买马，在十几张八仙桌上摆满了现洋。他宣称，凡参加抢人的发银洋二十块，被打死了就给安家费两百。就这样五六十个要钱不要命的地痞流氓，杀气腾腾地向余家峦闯来。

躲在西郊的工人们没有防备，被当场杀死了七人，伤了十人。人质被抢了回去。

将七具尸体掩埋后，工人们复仇的怒火被再次点燃。他们决定抓总老板报仇，几千人提刀拿棍来到市镇。那天中午全镇都被这个气势给镇住了，老板们纷纷躲藏，总商会大门紧闭，并急忙通知警察局出动。"打派头"的人走到十八桥闹市山西楼时，碰到一个骑马的巡管带领骑警挡住去路。工人们持刀迎上。段三代和聪玲子两位有点功夫，就地一滚，滚到巡管的马脚下砍伤了马腿，巡管跌下马跑进弄子。其他警察就一哄而散各自逃命。

等复仇的队伍来到总老板那里时，他早已经跑得无影无踪。

仇没有得报，大家就分头去各家打坯房。陈老虎、余昌宾和江成龙等人坯房里的工具缸、淘泥缸和成坯全部被打破打碎。打江成龙的坯房时，老板还站在楼上用碗当武器往工人头上掷，十几个人被砸得头破血流。最后大家破门闯进去把江成龙打得半身不遂。

这次武斗持续三个多月，复仇的火焰时不时扩大到全镇，民愤如箭在弦上，一触即发。市镇的各窑户老板不能露面，政府武装不敢零星出动，天黑家家关门闭户，全镇像是黑夜的墓地一样恐怖寂静。

总商会和资本家见事情闹得不可收拾，又镇压不住，想想再持续下去也不是办法，因为时间已到了瓷业销售的旺季，即所谓"七死八活九翻身"的八九月份。窑户老板为了不错过这个赚钱的机会，便答应了工人提出的所有条件。这次虽然出了几个"头"，却只挣得一个月一个人四两油四两盐。最后工人们因不做工也没有钱进，就只好压住心头的复仇怒火恢复上班。

景德镇的瓷工聚众罢工的行动愈演愈烈——开始时没有人员伤亡,后来有人死伤引发众怒,最后就干脆拿起刀枪拼了性命去争取权利。史料记载的其他冲突还有:

光绪三十年(1904),朝廷曾派九江道瑞征调停工人罢市;到了民国十五年(1926)六月因保安队无故打死工人,全镇罢工,瓷工自发分成十六路队伍包围县公署和保安队,迫使官府抚恤无故身亡的工人;发展到民国十八年(1929),瓷业"装小器"的瓷工在都昌会馆集会,被警察局长带人前往禁止,在发生冲突时工人受伤,中共地下组织发动罢工,最终受伤者获得抚恤金和医药费赔偿,警察局长被撤,运动才偃旗息鼓。

1929年6月,数万瓷工参加"雄黄酒"罢工运动,持续一个多月,竟得到外地工人和近郊农民支持,资本家被迫答应改善端午节酒菜,并把"雄黄酒"成果扩大到"三节酒"(端午、七月半、中秋);1937年,因物价上涨罢工人数达五千人以上,历时二十七天,结果增加工资;同年下半年又有某行业罢工二十六天,迫使县政府会同总工会调停增加工资;1947年两百多镇民"反饥饿",捣毁了高抬市价的粮食油盐等行业店家,等等。

慈禧的"大雅斋"

在19世纪中叶，清朝的咸丰年间，文宗爱新觉罗·奕詝在圆明园建有五个行宫，分别是"天地一家春""杏花春""武陵春""海棠春""牡丹春"。每个宫殿里都配有一个绝色的贵人，所以清宫曾有"五春争宠"之说。

有一天正当咸丰帝不知所往的时候，一阵歌声将他满心的烦恼一扫而光。顺着歌声，咸丰皇帝来到了"天地一家春"，只见一个美艳艳、娇滴滴的小女子正在抚琴自唱，同时还见房中挂着不少字画。这小女子就是十六岁的少女慈禧，在当时她还只是个贵人。

兰贵人引皇上走进书房，提起笔在一个白胎瓷盘上画了一幅兰香图，又在一张宣纸上写出一个硕大的"寿"字，然后跪下边叩边呼："恭祝皇上万岁万岁，万万岁！"整个动作轻盈、连贯，咸丰皇帝忍不住心花怒放，随后欣然写下三个大字："大雅斋"。

第二天一早，咸丰皇帝就下旨封兰贵人为懿嫔。此后咸丰皇帝天天去"天地一家春"寻欢作乐。懿嫔肚子也算是争气，很快就生了个皇子，便又被晋封为懿妃。之后不到一年再晋封为懿贵妃。

1861年咸丰帝死后，懿贵妃六岁的儿子当上了皇帝——是为同治年间的穆宗载淳。慈禧联手慈安太后、恭亲王奕訢发动辛酉政变，在宫廷里形成了"二宫垂帘，亲王议政"的政治格局。1884年慈禧发动了"甲申易枢"，罢免了恭亲王开始独掌大权。由此这个厉害的女角色慢慢走上了权力的顶峰，并把她对瓷器的喜好完全释放出来。

从此就一发不可收了。

在太平天国和英法联军的内外双重击压下，咸丰五年（1855），景德镇的御窑已经停烧，窑厂在战火中毁于一旦，瓷业街市萧条，工匠四处流散。同治三年（1864），在御窑厂旧址上复建堂舍七十二间，重新点燃御窑厂的柴火。同治五年（1866），筹银十三万两重建景德镇御窑厂，而且每年按乾隆时的旧制下拨经费一万两。

精美的瓷器，就是这位叶赫那拉氏精神的寄托。为了如花似玉的温润器物能伴随左右，陈列于居室，她不惜倾国库之所有。

先是同治大婚时，她命令烧制各种大婚用瓷"一万零七十二件"；接着慈禧五十大寿，御窑厂烧造"储秀宫"用瓷，费银一点五万两；慈禧五十五岁寿辰，又烧造"储秀宫制"款识瓷器三十六种二百五十六件；为贺慈禧六十岁寿辰，景德镇分二批烧造，共费银二十九万多两，造型式样几乎囊括了传统的各类琢、圆器；光绪三十年慈禧七十岁寿辰，她再次花银十五万余两烧造三百七十九种瓷器；光绪元年烧造"大雅斋瓷"费银二点五万两。

1898年，她又发动了戊戌政变；1901年实行清末新政。而此时大清国日渐式微，清军连添补弹药的银子都非常缺乏。尽管如此，就是把旮旮旯旯里的碎银扫扫拢，也要满足慈禧太后享受的欲望。

按照慈禧懿旨烧造的瓷器，底款写的一般都是她所住的宫殿名，比如她住储秀宫时瓷器底款是"储秀宫制"，后又有"永庆长春""体和殿制"。但绝大部分瓷身上都写有"大雅斋"和"天地一家春"的印记。

因为大门上挂着"大雅斋"大匾的"天地一家春"宫殿，是慈禧受到宠爱开始的地方，那里记载着一个少女对皇上的爱情和享受爱情的浪漫。所以，后来不管慈禧移住到哪个宫殿，都要把"大雅斋"的匾带过去挂上，凡是御窑厂为她专做的瓷器，都要打上"大雅斋"的铭、"天地第一春"的印，有的甚至打在瓷器的底款上。

按清朝祖制，只有皇上的年号才可以打底款的。

那年秋天，在紫禁城中一处挂着"大雅斋"匾额的殿堂里，云南籍宫廷女画家缪素筠，在画稿上勾勒完最后一笔。窗外，丹桂余香，秋意渐浓，而画案上一沓沓图稿中的桃花、芍药、牡丹、栀子……却争奇斗艳、生机盎然。

这位深得慈禧眷顾，在光绪十五年（1889）由四川督抚举荐，经内务府多次笔试面审的女画家，后被慈禧封为"御廷女官"，置诸左右，朝夕不离。她在慈禧画室中被供奉了十几年，终于完成了以"大雅斋"命名的慈禧御用瓷器小样的设计。不久，这些画稿就将粘上象征圣意的黄单，以快马的形式发往景德镇御窑厂烧制。

"大雅斋"是慈禧自署的斋号，为慈禧写字作画的地方。它到底位于何处？这个问题一直困惑着后来的研究者。据考证，它位于"天地一家春"的西间。"天地一家春"，是圆明园内"九州清晏"中一处建筑名称。在第二次鸦片战争英法联军火烧圆明园时，"大雅斋"随同"天地一家春"一起被焚毁殆尽。

在清朝两百多年的历史中，慈禧历经咸丰、同治、光绪三朝，统治中国达半个世纪之久，是中国显赫一时、影响至深的重要历史人物。对于瓷器，慈禧作为一个强势女人，喜欢按自己的爱好来设计花色画面。"大雅斋"瓷器是慈禧太后专门为自己设计、自己把玩而烧制的御用瓷，也是晚清最为著名的御窑名品，久藏深宫，世人很难得一窥真容。

那段时期的清朝国力衰微，民生凋敝，同画稿上的暖春相比，深秋的山河却一片萧萧寒意。旨意和粘着画稿的黄单一并下到江西巡抚的手中时，连同九江地方官及所属景德镇御窑厂的一干大小官员等，却都相顾无言，束手无策。御窑厂刚刚完成同治大婚的瓷器，气还没有喘过来。于是只得斗胆上奏，恳请暂缓烧造。"大雅斋"瓷器的这次烧造就这样被拖了下来。

光绪元年到二年（1875—1876），两批"大雅斋"瓷器总算勉强陆续完成。不过从此以后，随着内忧外患的加剧，景德镇御窑厂再也没有烧出第三批"大雅斋"瓷器来。

1908年11月慈禧在仪鸾殿去世，谥号"孝钦显皇后"。

清宫收藏的"大雅斋"瓷器，那都是精彩透亮的精品。

景德镇御窑厂的督陶官等人，在国家危难之时无不诚惶诚恐，全力以赴，都生怕惹毛了本来就心情烦躁的"老佛爷"，这是其一。其二，底层好不容易获得一笔巨额专款，那时候国衰民穷，只要有少许的现银就会被挖掘出巨大的潜能和产生拼命的动力，更何况"雁过拔毛"，层层无不渴望"利益均沾"的机会。

"大雅斋"瓷器多为宫廷陈设和生活用瓷，主要有渣斗、盘、碗、高足碗、盖碗、圆盖盒、花盆、盆奁、鱼缸、羹匙等。据实物和档案资料显示，这些器型除渣斗外，均有大小不同的设计规格。花盆、盆奁除大小型号不等外，还有形制上的差异。比如花盆就有方形、长形、八角、扇形、梅花形、圆形、双圆亚腰连体、八角连体，等等。

"大雅斋"瓷器的釉色有：白、蓝、深蓝、浅蓝、豆青、浅豆青、浅藕荷等，器上多以粉彩和墨彩绘制，主要以花卉、花鸟、花蝶纹为主。器物上均自左至右横书"大雅斋"三字楷书，其右为"天地一家春"盘龙篆书印文。正是根据这些款识，才将这类瓷器统称为"大雅斋"瓷器。

在晚清瓷器制作日渐式微之时，"大雅斋"款瓷器仍然能够做到纹饰构图满密，工笔细腻，精细艳丽。慈禧个人的审美情趣和充满女人味的风格尤为突出，彰显其在宫廷御器中的特殊地位。

需要补充的是，在这以后，光绪二十年（1894）与光绪三十年（1904），御窑厂为慈禧太后六十岁、七十岁寿辰庆典，而烧造了万寿节用瓷。此时的慈禧太后年岁已老，但是为了满足私欲，突出权势，慈禧每次都耗费大量的银两用以烧造，以致朝廷入不敷出。最终忠臣冒死上谏，在主管银财的户部反对声中，慈禧于光绪三十年不得不让光绪帝传谕内阁："所有传办瓷器，著即停止。"

另外还有同治帝的大婚用瓷，也是景德镇清宫瓷烧造的最后挣扎。

爱新觉罗·载淳，在他十七岁时由两宫太后做主，举行大婚册封仪式。同治皇帝是慈禧的儿子，又是独子，所以慈禧对他的婚事非常重视，同治六年（1867）就开始张罗。这年三月，宫廷造办处预备好将来新皇后所用的瓷器画样，发至刚刚从太平天国战火中恢复过来的景德镇御窑厂，下令加紧烧造。

然而，由于处在战后恢复期，御窑厂工艺失传、工匠流失，即使督陶官景福拼命设法，也要用两年时间才能全部烧齐。能烧瓷器却得不到清宫内廷的肯定，所以在同治八年（1869），清廷传旨，认为所完成的一万零七十二件皇帝大婚瓷器，"烧造粗糙，不堪应用"。皇帝的母亲慈禧很不满意，下令补烧。

所幸内忧外患的年月，慈禧的蛮性略有降温，否则收监发配甚至人头落地，那都是一声喝令的事情。

同治九年（1870），清宫又传旨江西九江关，令督办御窑瓷器的负责人景福，敦促所造"各项瓷器要端正，毋得歪斜，其里外花釉及颜色均烧造一律精细鲜明，勿使稍有草率"。同时，为了年轻皇帝大婚急需，还要求烧成后"迅即解京"，不得延误。

在清代官窑低潮时期，同治帝大婚瓷的出现，相当于景德镇御窑厂的一抹残阳。

李鸿章为钦差大臣后筹银十三万两，以巨大的财政支持使得御窑厂恢复生产，同时也给大婚用瓷提供了物质保障。

同治十一年（1872）九月，同治皇帝终于大婚了。所造大婚瓷器底部，除了特意为大婚颁发的"同治年制"四字红色喜庆楷书款外，有的还特意用吉祥的语句书写，如"吉祥如意""燕喜同和""长春同庆"等红彩款识，代表着一位母亲对孩子的祝福。

史载，同治大婚用瓷的运输线路经由海路，并非走常规路线。从昌江入鄱阳湖后，因为时间紧，加之物品珍贵，所以在运输线路上，选择经长江直下，出东海，跨黄海，入渤海，以保证大婚瓷能快速高效抵达京城。

这一批精瓷并没有完整保存下来。其中有些已经损坏，有些流落民间，但是北京故宫博物院尚存两千八百八十九件。

县衙不得不迁址上镇

辛亥革命后的1914年，到任不久的县知事陈安感觉到，在人口上"县小镇大"，在市场上"县冷镇热"，在实力上"县弱镇强"，而且事关景德镇的公务还特别繁多，要经常跑二十多里荒路从县治的旧城赶往市镇，这让他有点奇怪、憋闷和疲惫。因为三天两头地来来回回奔跑，让他把大量的休息时间都耽误在路上，陈安于是就问同僚的感受，得到"所见略同"的埋怨后，酝酿了很久，就暗自下了一个很大的决心。

1915年，趁着提拔自己的恩公到景德镇视察的机会，陈安就大胆地提出了搬迁衙署的建议，得到了巡按使（民国五年改称省长）戚扬"远见卓识"的赞许。之后公文走形式呈报到江西省政府。1916年便将浮梁县治由旧城迁到景德镇，从而一举结束了承袭十多个朝代、上千年县衙僵死的局面，彻底丢掉了政治与经济中心相隔离的尴尬。

新衙署地点就设在御窑厂的东南段，承袭了原来的县丞衙门和县知事公馆的房屋，后来才搬到新邑公园的莲花塘办公。一直到新中国成立为止，县衙都设在景德镇。

在清朝都图制区划时期，景德镇曾坐落在镇市都与里仁都之间，地盘渺小到只有全县五十六个"都"中两"都"之间的一个部分。为了方便公务人员往来，驻扎在相隔景德镇二十华里的浮梁县知县（或县令），在市镇现今珠山中路中段，即御窑厂与前街中山路之间曾设有一个固定公馆，专门供知县来景德镇理事住宿之用。景德镇人习惯叫这段街道为"公馆岭"。

在辛亥革命之前，一直归口浮梁县管理的衙署远在旧城。因为偏偏景德镇的事多且急，浮梁县衙就在市镇派驻县丞治理，其县丞衙门就坐落在御窑厂的东南段。县丞毕竟不是县长或县知事，虽然也是仅次于县令的辅佐类官职，但是一个八品县丞，其衙门建筑规格的局促就可想而知。而且县丞的职权仅限于维持市镇的治安，缉捕窃盗。虽然县丞手下管有很多捕快，但是无权受理民事和刑事诉讼。

对于一个是非之地的市镇而言，治理就显得非常尴尬。

据说在县衙搬来景德镇以后，由于孔庙大成殿无法迁建景德镇，所以每年春秋祭孔的时候，县知事还是要返回旧城去主祭。

浮梁县城历史上经过三次迁移，最后县治才设立到世界闻名的景德镇。

老县治旧城跟人口稠密的景德镇相比，偏僻冷清得就像是一位发育不成熟的怪胎长辈。随便举个例子就一清二楚：县治的城墙曾坍塌出一个豁口，即使是关闭了城门，从清代顺治九年（1652）开始，竟有只行踪诡异的猛虎时不时于西隅的宝塔下作临时巢穴，经常出没在街巷，袭击过很多百姓和拖走了不少禽畜。县衙也曾贴出过"悬赏捕获"的告示。然而在那段时期尝到甜头的老虎接二连三地在县城街道上时显时隐，直到康熙二年（1663）将城墙修筑补齐后，才算是终止了县治的虎患。总之令官方羞愧的是，其间县城里人心惶惶关门闭户，天黑后就像瘟疫后的城堡——时间竟达十三年。

这就是景德镇一直的顶头上司县治地——旧城。

"八山半水一分田，半分道路和庄园"，是对当地社会经济状况的概括。

其实历史上关于虎患的记录不止一次。史志记载早在明代正德年间，也曾于初夏四月五日"虎入城西门，巡游数日出城"。乾隆二十五年五月又"虎入南门"，"逐之三入三出"，伤数人。可见浮梁山区地界的荒蛮和孤寂。

1986年3月于莲花塘东畔进行基建时，施工者曾挖掘出一块白色大理石碑，上面记述了浮梁县治从旧城迁到景德镇，以及和尚坞辟为新邑公园的经过。其中就写道——西方人士常说："一个国家的河口，不加以利用，这个国家必定贫弱。"还说，景德镇就比县城要繁荣二百倍，陶业收入比全县的田亩产值高出二十倍，全县所仰赖的赋税反居其次。可是在这个镇仅设有官员出行办公、临时住宿的行署。

其实在浮梁县署搬迁之前，当地就有过对"县弱镇强"的激烈争论。

不同意将县治搬迁到景德镇的当地人曾举安徽想把省城从安庆迁移到合肥的例子，说老城区安庆已有上百年的建筑设施，不可以仓促离去。后来太平军蜂拥而至，孤城合肥被轻易攻陷。这是说浮梁县旧城有城墙可以据守，而景德镇四通八达，存在缺少城池防御抵抗的危险。

赞成搬迁景德镇的，说同治年间的战争，是官吏依赖兵将，兵将依赖城镇。景德镇的边缘首尾有贞和坞、西瓜洲、里村，碉堡营垒一应俱全，执政者如果舍弃旧城，搬到地大物博、雄关屹立的景德镇建立新的县治，便可以世世代代相传下去，应该合乎时势要求。

可是以前的知县李君仍然坚持据守荒城，并加以兴建，搞得此后老百姓对迁移之事都懒得谈论，这就害苦了官吏。因为浮梁县的官吏专驻景德镇行署，不仅名义上说不过去，还有嫌贫爱富贪图奢华之嫌；假设以旧城为县署主地，那么每隔一两天就要到景德镇办事，这样便在道路上疲于奔命耗费大量的时间。

不是迁移县治难不难的问题，而是明摆着的形势逼得非迁不可。

无奈那些遗老遗少僵化的老脑筋太多。幸好正碰上辛亥革命取得成功，国家政体发生变革。一是废除了像饶州一样的府一级机构，申请报批的手续变得简单便利；二是裁减了县级副职成员，原来景德镇同知以下的衙署大多被腾空出来，把浮梁公务人员迁移到市镇，景德镇的办公和居住的地方绰绰有余。

第一个现实的问题得到了解决。

20世纪初期，世界上的武器、飞机已经突破了依靠城池守卫的优势，京城都早已打开城墙开通了火车；上海等大城市也拆毁城墙，用以开拓市场；广东当时已经在计议推平城墙来兴建公园。按这种形势，加上景德镇的军队、警察、邮政、供电等样样具备，再要说浮梁有城池可据、县署安稳，那就是脑袋上还留着前清的辫子顽固不化。

可是迁移的大事，依然被一拖再拖，直到陈安任知事后才有了决断。

景德镇在历史上曾经两度被誉为"四大名镇"之一。最早是南宋时，景德镇与清江的樟树、铅山的河口和新建的吴城（今属永修），并称为江西四大名镇。明清时期，又与广东佛山、湖北汉口、河南朱仙并称为中国"四大名镇"。虽然它在大庭广众中以富庶繁华狠狠地露了把脸，但是因区划隶属的关系，在根深蒂固"重农轻商"的封建脑瓜里，依然是不可以反客为主的。

就地盘的大小而言，在明清时期的区划中，景德镇仅占浮梁县域百分之三不到。所以一直以来，政治中心与经济中心地域性脱节。"县小镇大"的城区格局，就好比在大街上衰老萎缩的父亲牵着人高马大的儿子，让路人感觉到心酸。

下定决心的浮梁县知事（前叫县令，后称县长）陈安，浙江绍兴人，来浮梁县任知事前为清朝官员幕友，清朝被推翻后曾于芦溪代管处理过县务，其卓越的应对能力使得地方安宁。陈安的绍兴乡党戚扬，在任江西巡按使前曾耳闻过陈安的才能，上任后便行文聘请他来主治浮梁。

在民国三年（1914）上任伊始，陈安搬迁县署的动议，以及对政体实施改革的想法一经传出，就遭到县绅举人汪龙光的愤然起诉，说："抛弃驻守千百年的县城见异思迁，就是喜新厌旧，就是不顾古城民众情怀的追赶时髦！"

但是被浮梁县管辖的繁华瓷都，当时不法之徒结伙聚散于人流之中，社会风气很难治理，陈安根据地理民情，坚持认为应将县治迁至景德镇，以便于直接管控这座繁华的经济重镇。他在1915年戚扬到镇视察时报告了这一想法。

那时候他已经在当地修整了行署，新建了监狱。为了配合迁移，陈安紧接着还在景德镇修整街道，增加警卫，疏浚沟渠。在1916年的时候又把高等小学迁到景德镇的东北山麓，同时缉捕歹徒，部署修志，收录陶瓷资料，新辟可供休憩的新邑公园。公园建成后,他登高俯瞰,长叹一声,说:"作为县治,这是最合适的地方啊!"

因此种种功德,陈安的名声在朝野鹊起。

纠结的官商康达

景德镇的官办企业起步很早，也肯定是经营陶瓷，但那都是专门为皇家服务的。真正面向市场的陶瓷企业，应该是在被帝国主义洞开国门以后，晚清维新人士借助光绪皇帝的势力，洋为中用，发起资产阶级改良运动时设立的。景德镇这座资本主义最早萌芽的手工业城镇，自然赶上了时代的浪潮。一个名叫康达的下派官僚，就是这次赶浪的典型代表。

他其实就是御窑厂行将瘫痪前，被朝廷贬谪的督陶官员。

晚清朝不保夕，一个偌大的曾经红火的企业，彼时已凋零破落，杂草丛生。

同样在变法失败，光绪皇帝被慈禧太后软禁，六君子被杀，康有为、梁启超逃至日本的时候，这位叫康达的内阁中书，也因"参与其事"而"几与罹于"，最终被贬到已弃之不用的御窑厂这个"冷宫"里空挂搁置。

从此，他与瓷业及景德镇结下不解之缘。

这位闲不住的维新角色，远离庙堂之高仍然心存抱负，意欲将理想的种子播撒在景德镇这块苗圃中，以解开或兑现自己的残存心结。因此这座像一潭死水似的古老而保守的城镇，被突然"咚咚"一声投进了一枚石子，溅起微量水花，荡开一圈圈涟漪。

所以清末民初的景德镇，最值得拍照留痕的画面就是康达振兴景德镇瓷业的历史。

这是一座历来都不安分的繁盛城镇。再加上所谓的"江山易改本性难移",在官场上业已穷途末路的康达,在景德镇仍然蹦跶着,既是因为瓷业的火爆和当时革命的形势,激起了他沉淀的雄心,更由于他自小叛逆抗争的正义天性又死灰复燃。而这些并不矛盾。

也算是凑巧,他像被流放一样回到了老家的边上。康达字特璋的出生地,就在紧邻浮梁北界的安徽祁门县礼屋村。人来人往的瓷器码头嘛——祁门与景德镇的渊源如山水相连纠缠不清,既有非常著名的供应景德镇的瓷土矿藏,又有不少当地人在景德镇开店做生意。

1877年3月出生的康达,自幼聪明好学。在四五岁时就于家乡私塾门前,偷听学生读书和先生讲学,回家后他居然能背诵《三字经》《百家姓》和《千字文》。康达父亲康松筠为同治末年江西乐安知县,因为当官刚正不阿而不得升迁,四十岁弃官归田,回乡时两袖清风,连脚夫的费用都要借债开销。

康达敏学之事,引起他叔祖父——康氏族长康水心的关注,并愿意出钱送他上学。洞达的康水心拥资巨万,康达后有成就,与其资助密切相关。

康达的天资应该算是"神童"一类:他七岁入学,十二岁应童子试,一举得中秀才。十六岁与邻村人郑未璋完婚,婚后育有二男一女。完婚后他即到省城安庆入安徽大书院深造,除了学《资治通鉴》《孙子兵法》外,还熟读魏源的《海国图志》。

其时甲午战争爆发,1895年清政府与日本签订了《马关条约》。是年康达回乡把民族危机深重的事实告知父老乡亲,由于年轻气盛,言辞激烈,有悖于封建秩序,触犯了族规,姓下族老扬言要将康达处死。后经同村人及岳父家营救资助,十八岁的康达才得以逃脱。而这次离家却成了他命运中的转折契机。

几经周折,1896年康达进入北京通艺学堂学习。

光绪二十三年(1897)他考取拔贡第一名。二十岁的康达因留心新学,被光绪皇帝破格任命为内阁中书。其间结识在京的许世英、吕调元和许承尧等皖籍名士。1898年康有为、梁启超等发起戊戌变法,因遭受以慈禧太后为首的顽固派镇压，一百零三天就告失败。

景德镇御窑厂彼时已名存实亡，徒有空壳。康达被贬到这里做所谓"监制御瓷"的工作，目睹了这座城镇烟火缥缈市场旺盛的生机。直到1902年，最后一位御窑厂的督陶官孙廷林前来接任，康达才在许世英等好友相助下于1904年赴日留学。他发奋攻读，希望能效法日本的明治维新，使中华民族工业强盛。

年轻的康达在留学期间，又暴露出其不安分的本性，1905年在日本参加中国同盟会。日本政府应清政府照会，将没有完成学业的康达驱逐回国。1907年在上海，康达参与于右任创办的《神州日报》，利用刊物抨击腐败、鼓吹革命。1909年宣统皇帝登基，康达回到他熟悉的景德镇，以"前内阁中书"的身份留寓这里，企图有所作为。

仕途似乎无着，康达就计划兴办中国陶瓷实业，继续走他认定的改良振兴之路。

当时办厂的形势肯定不容乐观：虽然改革维新、实业救国已在思想界蠢蠢欲动，然而经历了太平天国与外国列强的战火之后，破烂的摊子比比皆是，朝廷羸弱不堪，财用匮乏，局势反复无常，举国忧患。尤其是景德镇的瓷业困顿日益显见，购买力明显萎缩，洋瓷倾销冲击市场，当地的行帮行规限制了发展——1903年成立的官商企业景德镇瓷器公司不到两年便不了了之，就是最好的例证。

然而尽管命运多舛，但在一个小小的市镇搞点实业，以康达的人脉资源和魄力才干而言，那只是小事一桩。

康达最辉煌的人生时期，就出现在他连任景德镇总商会会长的年代。晚清时代的景德镇总商会，是掌握当地经济命脉的组织。地方长官上任伊始，都先要到麻石弄总商会去拜会。总商会会长出门一般都坐蓝呢大轿，前后有护兵四人到八人，轿前挂灯笼，前呼后拥的威风和贵气，几乎可与县长一比。

在清末宣统年间的衙门里，一帮子遗老遗少"之乎者也"，想批下来一个商会那是比妇人家生仔都难。除了大型通商口岸或省会城市设有商会外，一般的内陆城市很少见这样的组织，在县辖集镇就更闻所未闻。当时的清廷明文规定，必须具备全国各省的驻庄商人才有资格成立商会，但是1909年因当地名流吴简廷和陈庚昌等人发起，特别是经在官场游刃有余的康达斡旋，核准成立景德镇商会的程序变得简单而快捷。

1910年，三十三岁的康达在景德镇又创办了官商合营的江西瓷业公司。起因是清政府接受了"洋务派"代表张之洞等人的建议，"中学为体，西学为用"，决定创办一大批军民工业，当然也包括景德镇在内的七个瓷厂，以振兴国势。康达人缘活络，在京为官时曾与瑞澂、张謇等交往密切，所以被推荐坐镇操刀。

当时这个公司的官方资本，源自冀鄂苏赣徽五省，商家是张季直，并同意把御窑厂的设施收归。公司本厂设在景德镇御窑厂边的彭家弄口，施用旧法，独建柴窑两座；分厂设在鄱阳，试以新法管理并生产。

历史上除了官窑之外，景德镇的窑户从来都是小打小闹的规模，即使拥有几座柴窑的大户老板，也是零零碎碎的东一家西一家，都是稳打稳扎小心翼翼经营的小本买卖。康达牵头成立的这家规模性企业，在当地算是惊世骇俗的手笔。

然而人算不如天算，到了1911年辛亥革命爆发，景德镇陷入了动荡。动荡的情形在《申报》1912年所载的《景德镇兵变详志》中有所记载，当时"所裁官兵（多属会匪）均混迹该镇。瓷工勾结军队——占据电局，抢劫民国分银行……""各处散工流氓到处抢劫。几乎遍地皆匪"。市镇的动荡使得新生的大瓷业公司，就像是泥潭里使劲的耕牛，生产和销售的困境都越陷越深难以自拔。

由于政权更替，官商投资被迫中断，股金问题遭遇危机，康达举步维艰，四顾茫然。幸好他与江西总督李烈钧要好，企业总算是顶住了压力，公司改由康达独家经营。怎么说他头脑好用反应敏捷呢？他将有限的资金集中到景德镇本厂，并迅速在九江、上海、汉口等地设立发行所，出窑的瓷器产销一体，即可变现为可用的资本。

1913年李烈钧逃亡上海，在上海治病的康达没有回江西，因而失去了对公司的实际掌控，公司由张浩临时负责。但是善于审时度势的康达有的是办法，到了1914年他在全国水利局总裁张謇的支持下，又重返景德镇执掌公司。

公司具体的左冲右突跌宕起伏情形，在当时还远不止这些。

说出来都是汗水和泪水。上千年形成的瓷业陈规陋习，要冲破景德镇的保守势力并非一件易事。1910年康达特意避开当地势力，在鄱阳设立分厂并附设一所陶业学堂。这是中国较早的陶瓷职业教育。他的高瞻远瞩的用意非常明显，鄱阳既是公司的育才基地，又是瓷业改革的实验场所。

异地办学的初衷是破旧立新。康达曾公开表明："景德镇之制瓷者，已则守成法不可改，而复怵于一经改良，将立被淘汰而无啖饭，势且出于合群抵制之一途，故迁地以避之。"

学堂的堂长聘请名士徐凤筠担任。1912年被江西省接办后改名，康达又支持陶瓷教育先驱张浩担当校长，并慷慨出资帮助江西省立甲种工业分校。学校研制创新所出的制瓷技术和装饰成就，立马通过康达的公司实践推广，融入市场。公司与学校先后生产电碍子、电气瓶、阻电瓷碗、蒸发器、耐火锅等新型瓷质国货，一举冲破了景德镇陶瓷业的传统思维，搅动了民族企业的死水，给濒临困境的生产和市场注入了活力。

在景德镇，康达鼎力协助陶瓷教育的奉献在于：改良世家和师承的保守恶俗，突破帮规定死的招徒规矩，不拘一格培育业内新秀，使得难以就业或出头的一般子弟有了生路和前景。

康达早在安庆和北京求学期间，受启蒙运动影响，又经历变法失败，深知教育之重要。兴办陶业学校之前，他已经在家乡祁门兴办小学。1904年去日本之前，他把康水心赠给他的祁门平里的"会同康茶号"捐办新学，祁门县第一所新学——梅南学校于1905年成立。1918年该校遭受火灾，康达又将价值五百元的地皮赠给了学校，当时他还受到安徽省政府奖赏并获得银质褒章一枚。

从1916年起因眼疾，江西瓷业公司的日常工作转由其次子康定东主持，他退到了幕后。

1920年公司的鄱阳高门分厂生产难以为继。

1928年怀疑御窑余地为"官地"而被政府没收,后经说明和周旋被康达收回。

从最初官办设想,到官督商办,再到最后完全商办的江西瓷业公司,康达的事业历经近代中国实业转型期的大浪冲击而起伏波折。再明显不过的是,由于他平素交际广泛,处事妥帖,所有几近死路的困境和磨难,都被他一一化解,公司得以维系发展,且产品还在1915年美国巴拿马博览会上获得金奖。

改革后的公司在短期内业务蒸蒸日上,产品几与前清御窑高峰期媲美,声誉在业界和地方走高。1919年他挫败上海商人向海外倾销祁门优质瓷土的牟利行为,保持了民族瓷业的资源优势。在企业组织形式和管理方法上,他避开当地的陈规陋习,大胆革新,改弦易张。抗日战争爆发前,公司工人已达一千五百多人。

他经营瓷业的能量,在景德镇历史上前所未有。

在这个过程中,他一方面拒造洋瓷抵制外货,另一方面仿制古瓷行销各国。为表彰这一民族企业的模范,当时的浮梁县知事陈安还特地隆重上门,带领鼓乐仪仗队为他颁发"艺精埏埴"的匾额。

至抗战期间,由于遭受日军飞机轰炸,公司元气大伤,从此一蹶不振。

举几个例子就清楚,一路过来有很多重要的机遇与他擦肩而过。

首先是在辛亥革命中,康达随林森、吴铁城光复九江,曾奉派为饶州知府兼节制赣北各属巡防事宜——是为清朝垮台后的崭新起点。接着在安徽省各界联席会议上,康达曾被推举为安徽都督,而因时事错综复杂的缘故,推举结果竟不了了之,民国初期的史料亦未列其名。后来在1912年他又作为南方代表,参与在上海举行的"南北议和",1913年"讨袁革命"他又曾在黄兴的幕下任职。

纵观康达的前半生,均奔波于大事要事之间。然而或源于年轻气盛,或出于信念固执的性格,他始终不愿意抱紧某些要人的大腿,一心谋划以正义和实业救国,所以就机遇而言,康达在仕途上的尝试,始终未能在关键的位子上驻守，属于浅尝辄止并得不偿失的失意一类。

因战事紧张，多日不眠，劳累过度，1916年后他原有的青光眼疾复发，不幸双目失明，导致终身残疾，此后便不再于一线从事企业管理事宜。

又因身份和地位的特殊，康达在经营公司时于当地既不加入"陶庆窑行会"，更不遵守窑帮的"禁窑"规矩。他破例四天烧一窑，深受市镇搭坯户的欢迎。景德镇旧势力铁板一块，一旦触犯了地方帮派垄断地位，破坏常规就会受到"踩架"的惩处，但是当地大小帮派头目对他无可奈何。

尽管景德镇这棵大树根深蒂固岿然不动，却被勇谋兼具的康达摇撼得落叶纷纷，让敢怒不敢言的小手工业主们拍手叫好。

在二次革命失败以后，政商兼顾的康达实际上如若即若离的大海孤舟，其胸怀远大抱负的心境是可想而知的茫然无奈。在祁门的家乡山里，他几乎天天由家人搀扶着，在村口、大路和凉亭间来来回回，与人交流。

人生后半段其于政坛的简要经过为：1916年康达依靠旧交，在许世英总长下获得了一个交通顾问的闲职；1919年甘肃省省长张广建委任康达为省政府谘议，同年9月康达被委任为当时的国务院谘议，12月被安徽省省长聘请为省长名誉顾问。

然而大部分时间，他是往来于景德镇与九江之间，很少到那些官场虚职上理问。1927年蒋介石叛变革命，康达在政界几乎销声匿迹，只不过每年在国民党政府领取约两千元养老金，直到抗日战争爆发为止。

康达虽然高官厚禄，但他一生生活简朴清淡，不喝酒，不吸烟，基本上是布衣素食。

履历上默默所为的大事，可以表现一个人的观念和态度。1916年后康达将陶瓷企业交由儿子打理，之后就在家乡礼屋附近的倒湖、曲坞、胡家墩等地买山租山种植树木与经济林。1922年由康达倡导牵头，并集资筹建的景德镇龙珠阁于第二年破土，在1925年建成。1930年在景德镇的都昌人与乐平人发生大规模械斗的关键时候，县长请求德高望重的康达出面调停。

1934年康达去了九江，工农红军某部曾在他家居住一个多月的往事，可以说明他晚年心理的大致倾向。比较明显的迹象是：在后来的土改中，于他家发现有红军军徽的帽子、叶挺的相片，以及共产党早期出版的文件书刊等。

在1935年上半年，家乡礼屋村附近的村落有人参加"红帮"（土匪），7月浮梁县一个连的保安队前来"清剿"，要把三村杀光烧光。康达请保安队进村，宰了两只肥猪稳住了保安队，并让他们将自己的名片带回浮梁县交差。事后他把涉匪之人训斥了一顿，从此这些人在家乡安宁无事。

晚年的康达家设佛龛，天天焚香念佛。

1946年农历四月，康达身染疾病，乘船去景德镇医治无效，六月底逝世。在景德镇出殡的那天，当地有两千多人护送灵柩。同年农历九月，其次子康定东将其灵柩运回故土，安葬于皖赣交界的倒湖下雪坑。

军阀的勒索和打劫

时代进入民国，很快"北伐"又风起云涌。

1926年秋末冬初第一股北风涌入，寒意席卷景德镇。这天午后天气阴沉，穿上厚衣服的"镇巴佬"在街头巷尾传递着一个令人紧张的消息——在市镇西南的昌江对岸官庄村，停留着从前线败退的孙传芳部下刘宝琨师一大队人马。他们往安徽祁门屯溪方向撤退路过这里。当时的景德镇，地属直系后期的北洋军阀孙传芳"东南王"的势力范围。

但是，这些残兵败将并没有过境了事，而是就地驻扎，埋锅做饭——这些消息，就是来自官庄经过十八渡过河运送匣钵上镇的工人。

与此同时，还有一股从南昌退出的马士英部残余，经临川、余干逃到景德镇河西与浮梁三龙。因此这一带一下子拥入残兵败将一万六千多人，临时驻地有旧城、杨家港、峙滩、三龙、杨家店、渭水、鹅湖、天宝等地。

到处有军队，家家都吓得关门闭户，富商窑户们更是惶惶不可终日。有些乡村的居民甚至经常听到砸门的声音。这些无组织无纪律的士兵就像是无头的苍蝇，在偏僻郊区巷道里，抢劫、强奸、强买、打人的事时有发生。部队公开急于解决的问题：一是强行征拉挑夫，二是见家禽家畜就抓。

军阀师长刘宝琨却是个怪才，一边命令部队停下来修整，一边派人东渡昌江向景德镇商会"借饷"。在陶瓷富镇他想顺便勒索一些钱财，狮子大开口要银洋一百万元,还限数天内交清,不然——哼哼,就让士兵们上街"自由解决"。

这天下午乌云压城,时任商会会长吴瑶笙(又名吴简廷)在府邸接待了刘宝瑅派来的代表。他感觉到事态的严重,只得笑脸相迎,上茶递烟。他跟军阀代表讨价还价了近一个时辰,初步商定到八十万元的价码。送客之后,他慌忙在商会紧急召集了全镇的工商业主以及土财主富翁开联席会议。

民国初年的景德镇有三十万上下的人口,其中三分之二都从事陶瓷生产、销售和相关的附属产业。富得流油的资本家多如牛毛。这些人中的头面人物,被当地的街头巷尾戏称为"三尊大佛""四大金刚"和"十八罗汉"。他们不仅拥有房屋家眷、金银细软,还有众多的窑屋、作坊、仓库,以及瓷器店铺。

如果军阀一旦放任这帮士兵拿枪到镇上来为所欲为"自由解决",那么结果可想而知——不仅是武力劫财,还很有可能会发生劫色、火并等不可预料的恶果。

当时全国的革命形势是,1926年5月国民革命军第七军一部和第四军叶挺独立团等,作为先头部队向北挺进。7月1日广东国民政府发出《北伐宣言》。北伐军中路蒋介石嫡系第一军第一师在南昌受阻,向势头强劲已抵达武汉的第四军和第七军求援,于是11月初北伐军在南浔铁路一带发动联合进攻,终于歼灭了孙传芳部的主力。

在这面临转型的年月,偏于一隅的浮梁县公署和保安队等像是爹死娘嫁,建制形同虚设,官员各人顾命,政权朝不保夕。只有景德镇总商会像是一个笑面罗汉,因为财权在握故而岿然不动。

经过协商最后决定,为避免灾祸,依据按不动产的多寡负担借款数额的原则,在市镇按资排队。于是大家关起门来通宵达旦,在商会议事厅里,经过一天两夜的艰难评议排出了一张名单。以前坊间传说的那都是老百姓的笑谈,似乎这次的定板,就是被官方正式确认的"三尊大佛""四大金刚"和"十八罗汉"。

景德镇民间"取绰号"由来已久，大佛、金刚和罗汉，是"镇巴佬"按家产排队的诨号。第一等是"三尊大佛"，据说财富在五十万（银洋）以上；第二等是"四大金刚"，拥资三十万左右；第三等是"十八罗汉"，起码得十万上下。这些人至少都是景德镇商会的理事。

在这二十五个财主中都昌人占了一半以上，这显见出"都帮"的实力和性格特征，同时也可看出徽州人的沉稳低调。当年的这些富户，因记录的消失在民间也传说不一。

首先是1963年7月9日的《景德镇日报》登载："三尊大佛"指的是窑帮大户，即瓷业资本家，而不是各行各业排队的财主。但是在所列名单里，他们中的一些人又确实不是瓷业资本家。这是说法不同的原因之一。

其次是所指的时间不同。财富的拥有额并非年年如一，时间上的升降应在情理之中。

再就是，个人财富拥有额当时都是秘密。特别是在"财不外露"的动荡年代，对个人家资往往因目的不同而释放假象，混淆视听。或者显富摆阔，或者瞒财装穷，因而得不到准确数字，所以当时根本没有论资排队的可能。

那些有权有势的富豪，评议之人又不敢当面揭露顶撞，至多只在背后嘀咕着发些牢骚。比如真正有钱的商会会长吴瑶笙本人，以及后任的会长陈仲西等人，都十分奇怪地在那一次评比中没有进入排行榜的名单。那就是一个"见菜下饭""看人打卦"的势利眼年代，"公平"二字只在粪窖里才有——即使在平时捐税，这些商会与帮派的头头也常常得以豁免。

而且"罗汉"一级的富翁在当时的镇上，人数又绝对不止一十八位。

不过这次所排的队形，相比于一般的民间臆测而言，大致上还是比较准确到位的。

排序名单出来以后，上了榜的人要立即拿出现洋兑现。

然而，一下子要凑足八十万却不是一件易事。不要说没有现金，就是有，要这些土财主做这种"丢进水里咚都不咚一下"的鬼事，就好比"割肉敬菩萨"，缩手缩脚。据说当时连黄金、白银、现洋，包括假洋和钱庄承兑盖印的票据在内，大部分都是由景德镇的钱庄垫付，凑凑拢也只交出六十万元。

在北伐之前景德镇没有银行。所欠二十万，最后由景德镇商会出具承兑期票抵数。

军阀刘宝琨当然很不高兴，后果就非常严重。不仅是数量上的不足，而且是面子上的丢人。他甚至干脆将驻扎在西郊的部队，拉到镇北县公署所在地的莲花塘相要挟。所"借"饷款现金总数迟迟得不到落实，在莲花塘附近的"景德镇瓷业美术研究社"，就因此莫名其妙地承担了这次后果。

研究社于1917年秋天成立，景德阁里陈设着许多后来成为一代陶瓷美术名家制作的精品瓷器。刘宝琨早就垂涎欲滴。于是溃军在某一天夜里突然闯入，明目张胆地将宝贝洗劫一空，还嚣张地砸掉了画家的聚会场所，致使瓷画匠们伤心至极。

1926年11月中旬的一天，军阀刘宝琨师突然就撤出景德镇地区。据说是那天清晨天还没亮，东边里村方向一户养鸽子的人家，捺不住鸽子关了几天后的叫闹扑腾，就把它们放飞出笼。鸽子脚上的"风哨子"在空中呜呜地响起，如惊弓之鸟的军兵误以为国民革命军的飞机临空，被吓得仓皇拔营走人。

那些散乱驻扎在乡村的残兵，闻风也像兔子一样跟着向北瞎跑。

也有说是地下工作者前晚贴了标语，散了传单，军兵才决定撤退的。

当然也确实到了非撤不可的日子。但是刘宝琨还不解心头的抑郁，把景德镇商会会长吴瑶笙拘作人质一同带走。浮梁县的梅知事和北洋军政府的当地要人也随同撤走。部队还抓了三四百人当挑夫。在匆忙中，途经市镇北郊四图里菜园时，吴瑶笙急中生智挣扎着连呼肚子疼痛，并从手推车上滚落到菜园地里装死。

当时军情紧急，残兵败将急于北逃，落下个包袱便也无人再过问。

事后，吴瑶笙由当地菜农护送回镇。景德镇一下子处于无政府状态，社会治安差又成了有钱人的问题。

会长吴瑶笙听说北洋军还有一个驻扎在远郊的三百多人的警备队没走，随即派人将警备队的董队长请来商量，想把警备队改编为商会的商团，军饷和伙食由商会负担。董队长开始还怕不好交代，后经正副会长的再三请求才松口答应。于是警备队符号和袖章都改成了"景德镇商团"。

有了治安武装,镇上各工商户才放心开工做事,开门营业。

然而"借饷"的事情,并未就此了结。

烂尾的主要问题是,六十万现洋大多由钱庄垫付,又加上后来北伐军进出驻防的用费,以及都昌籍与乐平籍人发生大规模械斗,客商锐减,市场萧条,银圆钞票匮乏,钱庄市面空虚,无法兑现客户到期的票据。于是商会只好出面向省、县政府报告,书面理由是"北伐军因多次过境,需垫付军饷及招待费用,呈请特批发行流通券,以资周转",经同意后发行"保商票"代替现金流通,又叫作"景德镇总商会临时流通券"。

1926年11月18日,贺耀祖率领国民革命军独立第二师,经九江从西面进入浮梁,师部驻扎于景德镇。

国民党县党部成立,舒兆熊为县长。

当时还有一支武装,是孙传芳部溃败在浮梁东乡曹村一带的一百多散兵游勇,由余杰率领。余杰托人向景德镇市党部要求收编。省国民革命政府派了王尹西到景德镇市担任第二任市长,市党部与王尹西合计,收编了一队以余杰为团长的景德镇市人民自卫团。

"保商票"(临时流通券)原定发行六十万元,由各钱庄到总商会领取,但是实际上发行数额很可能远远不止。具体发出了多少,少数官商作为政商秘密,监印人为景德镇"都帮""徽帮""杂帮"推举的头面人物,由他们一伙在底下操作协商,不要说"镇巴佬"被蒙在鼓里,就是一般的老板都莫名其妙。

景德镇总商会的资料,早在"火红的年代"已被焚化殆尽,这段特殊而重要的地方金融史实就此湮灭。

早些时候据老年人回忆,1912年因景德镇发生兵变,扫荡了银行、税署和富户,劫难过后,曾发行过地方临时流通券(保商票)数万元。发行的面值有一、三、五元,纸质粗劣,石印版面、颜色不匀、图案不清。票据中心图案为"瓷器生产作坊和瓷窑"。

保商票在景德镇发行以后,四下散落于民间,大家用它进原料燃料、付雇工报酬、买地建屋、打米还债——当地的瓷业和市面又照常运转：做坯的车轱辘转起，烟囱开始冒烟，商店开门营业，戏台锣鼓喧天，货船又进港出港。

第一批"流通券"曾被兑换收回。第二批则随着贬值的出现，信誉度逐渐下降，刺激了大窑户和商家观望或资金外移，社会上出现通货膨胀。到了1930年"临时流通券"就像死水一潭流而不通，不了了之。这样败军"借饷"和动荡不安导致的巨额损失，也就无形中分摊化解到镇民和小商们身上，而且还有人浑水摸鱼，从中渔利。

景德镇传

The Biography of Jingdezhen

清末在土崩瓦解中形成乱世格局，之后国民政府看似一统了中国，但是疲于应付各路军阀专权、红区革命，以及国内外各种问题和矛盾，几乎腾不出精力来管理一个"翻不了天"的集镇。不就是移民间的利益纠葛吗？于是放任行业和团体自行约束，成了政府唯一而无奈的选择。

景德镇的瓷业蛋糕很大，各方都思量去挖最大的一块。

帮主表面上都冠冕堂皇地在给地方或行业设立规矩，其实无时无刻不在千方百计为己利。规矩好像是约定俗成，其实就是当权者的幌子，将社会矛盾和稀泥，将困难转移给大众，实施集权的凶残，演变成类似黑社会组织的高压专制。所以帮派就像一双蛮霸的眼睛，一直盯在犯规而又没有靠山的人后面。

第九章 帮派的聚集与霸道

舟帆与浮梁旧城

"都帮"崛起

提起景德镇和瓷器,知情人不可能不想到都昌人,因为就像一个集团军在陆陆续续涌入以后,都昌人有强烈的地域意识而自发地拧成一股绳,横扫瓷业界的圆器和窑业,喧宾夺主,一举占据了景德镇经济的高地——人多势众,是当地奈何不了的一股汹涌浪潮。

景德镇是个移民城市。作为土著的浮梁人一直没有脱离过土地——他们大多数都聚集在郊村和山乡,依赖祖传的田地、山林和矿藏过着地主应有的惬意生活,所以市镇的工商业跟他们没什么太大的关系。而这里的瓷业就像是个有吸力的深海黑洞,像海水一样多的周边手艺人或劳动力,都源源不断地涌进来"捡钱"。

"江南雄镇记陶阳,绝妙花瓷动四方。廿里长街半窑户,赢他随路唤都昌。"这是清朝中期一个候选教谕名叫龚鉽的贡生写的一首诗。特别是后两句,意思是在二十里长的街市上,随随便便一路上打招呼就有一半的窑户老板是都昌籍人士。

都昌人豪侠强势,群体中不乏有胆识魄力、愿意抛头露面的组织者。

从宋朝开始,传说就有都昌县域最东边的人到景德镇谋生,是离景德镇最近的甲字团人,也就是现在的南峰、芗溪和万福一带。想想也在情理之中,不过百十里旱路，脚劲好的人能朝发夕至。率先上镇的是一个冯姓人，给瓷业卖苦力谋生——后来这个人发了，做上了"烧作两行"的大老板——就是那个在景德镇建了个"陶王庙"的冯氏家族。

传说之前也来过一批冯姓人，但是还没站稳脚跟就被当地瓷业界排挤出局，灰溜溜地夹着尾巴回乡种田。虽然这事没什么根据，却道出了人情世故，所以第二批冯氏人便老老实实，从苦脏累的工种做起才勉强被当地接受容纳。这就是教训，曾在移民心中扎下了一根渗血的芒刺。

资本主义萌芽较早的景德镇百业兴隆，都昌在鄱阳湖畔人多地少又十年九淹。县域东边的民风剽悍，姓氏村落因争湖夺地经常械斗，遇到天灾人祸就被逼得外谋出路。按理景德镇和都昌之间还隔了个鄱阳，然而鄱阳是饶州府所在地——大码头城市，所以鄱阳人一般不愿意"下放"到山沟里的浮梁流浪。

都昌人大规模上阵的时代是在封建社会的后期。

瓷业江山应该是浮梁人打下的，证据是唐朝时到西安献"假玉器"的陶玉与霍仲初，他俩是新平镇钟秀里和东山里的窑户。只是到了明代工商业在当地急速发展，这时手工业开始与农业分离，人民已经由乡野向市镇集中，有了工场和街市。因此贫寒的都昌人纷纷来这个全国制瓷中心出卖劳力。

清代康熙五十一年朝廷出台了一个非常重要的政策，就是丁银以康熙五十年的赋额为准，以后额外添丁不再多征，叫作"盛世滋丁，永不加赋"。雍正时又采取了地丁合一、摊丁入亩的办法，把原已固定的丁银平均摊入各地田赋银中一体征收。这就把无地农民和市民的丁银一律免除，市镇工商业者也不再有丁银的负担。此举大大削弱了封建国家对农民的人身束缚，也为市镇工商业发展提供了条件。

1929年所刻的《古南书院来源补序》碑也证实了这一点。碑文曰："古南书院之建造，已数百年于兹矣。"古南书院即景德镇的都昌会馆前身，从1929年往前推数百年，正是明清时代，与族谱所记的移民时间基本吻合。

明万历三十二年（1604），景德镇还发生了饶州七县的陶工联合起来，同一个都昌窑户作斗争的大事。佣工们不堪窑主的剥削，便"鸣锣攮臂"扬言要赶走那个窑户。狂飙般的风波经通制杨伦调处后才得以平息。此事证实，万历年间都昌人不仅在当地业瓷,而且有的已经成为窑主。

都昌人规模性的上镇机遇,就是元末朱元璋的红巾军大本营驻扎蟠龙山(即珠山)的时候。据《鄱阳县志》记载,元末地方武装领袖于光接受委任,率领都昌的子弟兵曾先在景德镇下游不远的丽阳镇驻守,后来又把丽阳城的墙砖石运到浮梁,修筑浮梁城墙。当权者的意思非常明显,让于光一伙人帮自己先占领并把守住浮梁这块地盘。

领袖于光那时就是都昌南峰乡刘黄村人氏。

子弟兵均为在都昌招募的年轻乡党,一个个身强力壮,正是干事业的大好时光。朱元璋在"鄱阳湖大战"时就有二十万嫡系,因此后来于光被朝廷"调虎离山"委以重任,伙同正规部队去北方征战时,他手下的都昌"民兵"没有跟去,明政权建立后就留在当地业瓷,世人称之为"军窑"。

然而"军窑"想与"始于汉世"的当地窑户竞争,无论技术还是资本都属于异想天开。但是都昌人有的是恒心。不是说他们卧薪尝胆,而是日子相比于老家过得还算平整,他们安心于边做边学,边做边就,终于在某一年御器厂不凑手的时候,天赐了良机——宫廷里急需一大批瓷器。

以前像这类官窑火烧眉毛的急事,都是由御器厂分配给当地的民窑"包做包解",但是要求高、价格低,那些民窑老板因预支不起而叫苦不迭,所以有的作坊主、窑主就卷款归田,逃避担责。然而抛家离子的都昌人已经破釜沉舟,只身在外"创业",也敢于下一把赌注。他们结成团伙高薪雇工,以集体扛重的形式接下了钦定的任务。

于光的子弟兵,在朱元璋打江山时就是有功之臣。朝廷命官一向对"自己人"另眼相看,于光将军为国捐躯后就更觉得愧对他们。在当地窑户纷纷撂担的关键时刻"军窑"挺身而出,早就有心"帮扶"都昌子弟兵的督陶官,这时捧着明太祖朱元璋的诏书心花怒放,感动不已。

洪武五年(1372),朱元璋命令烧造红釉瓷器"暗花梨形执壶"和"釉里红缠枝花纹碗"各三百件,三个月内"速解进宫"。不要说最后的质量,就是在时间和数量上,仅御器厂的窑生产,无论如何也赶不出来。好在这批成品不过是皇帝用以赏赐文武百官的,所以并未深究其精巧性。

朱元璋以红为贵,夺得江山后对文武功臣赏赐不断。红釉瓷是将有铜元素为呈色的颜料,按设计好的图案纹样绘制在坯胎上,再罩以无色透明釉,用一千三百摄氏度高温焙烧,彩料还原为红色。执壶小巧形似鸭梨,花碗白底釉里红缠枝牡丹和菊花装饰。这些技艺在元代就已经成熟,而且非御用品,验收也不是十分精细。

最后都昌人一炮打响,如期按质交货,不仅让"军窑"狠狠赚了一笔官银,而且高薪请来的师傅竟愿意留下做都昌人的"长工"。战乱后的明初窑业行规几乎为零,在景德镇的都昌窑户从此业务订单不断,信誉和热情都被朝野高看一等。

于是大家买地建屋,建窑造坊,个别窑户甚至把家眷都接到市镇安家落户。

喜讯传到老家,在土里刨食或湖上打鱼的乡党都站在湖边纳闷发呆。在扩大再生产需要大量劳力的时候,都昌籍的窑主们便回老家招兵买马。卖力气就可以赚钱的消息,立马在乡里像黄昏的蝙蝠一样到处流窜。那些穷困的乡党闻风上阵,争相应聘。而另一些在一年半载后衣锦还乡者,又吸引了许多人像潮水一般向景德镇这口"金窑"涌去。

明初这汹涌的"挖窑热",就是我们国家最早的"打工潮"。

到景德镇谋生的都昌人一般都是破落农民。受窑场雇佣的,大多在当地都有亲朋关系的靠山。有船的渔民,在河道众多的景德镇组成"船帮"招揽货运。他们装瓷土、运窑柴,或者送瓷器。也有提篮挑担的小商小贩,走街串巷卖鱼卖虾。即使是这样漂泊谋生,也比窝在老家望天乞食——至少在钱进钱出方面来得轻便活络。

卖苦力当然不是长久之计,然而要融进景德镇任何一个行当创业立足,并不是想象中的那么容易。各行各业的手艺都是匠人的饭碗,所以技艺就像是上了铁箍打了桐油的水桶,自古以来都是世代家传,滴水不漏,甚至"传子不传女"。当然即使是水桶,也有老化裂隙的时候。背井离乡的都昌人有的是耐心——这也是走投无路者的唯一表现。

土话叫作"参行"的渗透,就是想方设法像水一样往被垄断的行业里洇润。

比如挛窑(做窑)行业不让挤进去,将倒了的窑修修补补总可以吧?创业者试探着补窑,其实也是钻瓷业的空子,挛窑就有砌窑和补窑的意思。据景德镇窑的维护常规,每烧大约130次,窑炉就得更新窑篷和窑壁。

这一行当垄断堡垒被攻破的记录,见诸《景德镇陶录》,其中说:"接砌窑巢,昔不可考。自元明以来,镇土著魏姓世其业。若窑小损坏,只需修补,今都昌人得其法,遂分业补窑一行。"这就是说在清朝后期,原本属当地魏姓垄断的专业被都昌人肢解蚕食。具体说就是魏姓带的两个徒弟没有出师,师傅早逝,技术就失了传,被临时雇佣打杂的余姓都昌人,由于平时就留心挛窑技术,便摸索着拉一帮人趁机而上,先是叫"补窑店",进而得寸进尺,慢慢找由头发展到挛窑——参行乞食就是蚕食。

大规模的参行乞食,据说是从槎窑转变成柴窑的那段时期。在清朝中后期的景德镇,烧瓷器几乎都是靠烧枝枝丫丫和灌木硬草的槎窑。瓷器由粗而细,烧油脂松木的柴窑便开始盛行,这时的窑户老板大多为都昌籍人士,这就让都昌籍的挛窑师傅占到了便宜。

景德镇的第一座柴窑,在现今珠山区胜利路中段南侧的程家窑附近,窑老板是都昌的冯氏。他就特地请都昌的余姓人挛窑,当时余氏还担心魏姓人来找麻烦,但是讲家乡义气的冯老板给他撑腰说:"怕什么?他们是挛槎窑,你们是挛柴窑,我愿请谁就请谁!"窑炉挛好之后使用质量很好。事后当地的魏家也来干涉过,冯老板的回击还是那句老话:"你挛的是槎窑,我现在要的是柴窑,再说你也忙不过来,大家都要混口饭吃,何必都霸着不放呢?"

魏姓只好默认了事实。

到民国时期柴窑发展到一百多座,槎窑则萎缩到二十几座。从此景德镇这一专业的垄断,就由魏姓逐渐过渡到都昌的余家。据有关资料显示,从1924年到1949年景德镇有柴窑120座,都昌籍窑户占101座。

还比如当地的满窑业原为乐平人垄断,后来乐平人开口子带鄱阳人为徒,鄱阳人又带都昌的外甥为徒,从此精明的都昌人渐渐扩大成果渗透,控制了整个行业。除此之外,匣砖行、画作行、成型行乃至窑厂行等山头,也慢慢被都昌籍人士一个个攻破。

还有一些都昌人采取曲线包抄的方式——钻进御窑厂做坯,帮皇窑打工。景德镇的瓷业是一个广阔的谋生天地,老的可以磨料,女的可以画坯,小的可以学徒,男女老少都能赚钱,不需要技术底子。于是他们亲帮亲、邻帮邻,来景德镇的都昌人便以几何数剧增,并渗进每一个行业的角落。

一般在景德镇靠业瓷经商发迹的都昌人,都可以在他们身上归纳出几个阶段性的特点:

他们先是从打杂、做坯或烧窑开始,默默地勤奋努力,三年四载学一个行业手艺,成了行家里手再独立门户。再就是吃苦耐劳、勤俭节约,一身土布棉衣只要不破不烂不换,勒紧裤带能对付肚子就行,一个铜板一个铜板地积累财富。还有就是平时能把握机遇,敢于下赌注决断。例如在兵荒马乱的非常时期敢于闯荡江湖,别人逃难时他们激流勇进,大家缩手时他买断卖断。

好在景德镇本身是个全球瓷器市场,商贾云集,遵循市场规律,所以一般埋头苦干和经营有方者,如果没什么天灾人祸,稳打稳扎若干年,发财应该没什么问题。

"都帮"很快在景德镇控制了瓷器中的"圆器"产业和烧窑业两大主业。

烧窑业是成瓷中最关键的环节。"圆器"在业界的理解,是运用陶车以拉坯成型的方法制成圆形器皿的行当,说白了就是不带柄的碗、盘、杯、盏、碟、盅之类以及不需拼接镶嵌的日用瓷器。这在生活中消耗量巨大的古代市场上是一块最大的肥肉,它养活了旅景都昌人的世世代代。

他们甚至想到结亲结义、抱团对外,在景德镇形成了一股呼风唤雨的强劲势力。按1962年的丧葬统计,不包括死后"叶落归根"的人数,从乾隆年间起,葬于景德镇的都昌人,仅冯余江曹等七姓就多达千人以上。

都昌人在景德镇站稳脚跟后马上就组织"金兰社",兴建书院,制定约章,敢说敢做,对抗异己,成了窑户老板后就拉起景德镇的"三窑九会"等组织。这些组织聚集着绝大多数都昌籍的大、中、小窑户上千家，说一不二，控制了整个烧窑业和圆器业，在瓷业界实现了一言九鼎的全面垄断。

"三窑九会"专制到鼎盛时期，其行规和行为已经演变为不讲道义的帮派蛮霸。

都昌人在景德镇瓷业上的强势地位是从明初起始，在漫长的清代逐步形成，清末民初便不可一世地傲视市镇。"都帮"与当地的"徽帮""杂帮"共同撑起了景德镇"瓷都"这块金字招牌，也在无所顾忌的强势中积下了琐碎的恩恩怨怨。

"景德镇是都昌人的码头"，这句话在当地家喻户晓，无不认同。

徽商的垄断

因为瓷业贸易,景德镇金融业的货币和票据流转频繁,进进出出的钱庄获利惊人。在民国初年,"都帮"中有位亦商亦官的江西省参议员余仲襄大老板,看到前来办货的瓷商都很少携带现金,就心血来潮,通过与钱业公所吴西垣的私交关系,试图插手金融业,走一回财运。

吴西垣为当地"隆元钱庄"的经理,由于在钱业界精通业务又处事圆滑,所以还兼管"徽帮"钱业公所的业务。依他的性格,当然不会去当面得罪余仲襄议员。但是在新钱庄获批复以后,景德镇钱业界同行们不买账了。

"徽帮"的钱老板们都不是一般的角色,平时个个含而不露,碰面打着哈哈,还"余老板余老板"地在酒桌上敬酒上烟。然而当余仲襄的"牲盛钱庄"正式开业后,所有的钱业庄主便拉下脸面,竟在汇、放、存等方面阴阴地使绊子、卡脖子和放"阴箭",在业务上群起而孤立他,最后弄得余仲襄在期票挤兑、调拨不灵的情况下进退维谷,只好宣告钱庄倒闭退出。

当时还有"苏湖帮"在景德镇的瓷商中集资一事。有经济实力的苏湖商人合股经营,推举精明的张端甫为经理开设"谦泰钱庄",不久就同样四面楚歌,最后也落得个在景德镇前街昙花一现的"短命鬼"结局。

在瓷都这座码头上要想经营钱业,按规矩先得经过徽州人把持的钱业公所核准,事后还要钱业界的同行在存款、放款、汇兑、贴现、银两兑换、期票买卖、发行本票和"一串票面"的钱票等业务上融通和支持。这些人抱团已经抱成了铁板一块，滴水难渗，以至于在暗地里不露声色地敢跟官方叫板。

在晚清的景德镇街头就曾进驻过大清银行。

然而在这块资本云集的弹丸之地，早就有徽州人的钱庄或钱店七八十家，并论资排级坐好了各自的位置。那时候当地钱业生意的经营，一般都是在临街推板门前突出的屋檐下设一个柜台，上面吊着八串木雕钱样，靠壁竖一块"青蚨飞复"的漆画牌——这算是招牌。

在民国初的1914年，中国银行曾试图插入这密不透风的阵地。然而按景德镇钱庄的规矩，期票有三个月限期，收到期票可得到期限内的利息，比银行的钞票还受欢迎。任何帮派都是规矩森严。就这么一个小小招数，便使得中国银行钞票业务的柜台一直都冷冷清清，而且还弄得管理者"哑巴吃黄连——有苦难言"。

只是到了1935年，受到现代金融业的冲击，开明开放使得地方上的土办法羞羞答答，这时候国民政府又推行"废两改元、白银国有"的政策，在明令取缔期票以后，徽帮在景德镇的钱业界才失去了存在的依据，现代银行的业务才逐渐有了一些起色。

这仅仅是在金融界。据民国二十六年《江西统计月报》记载，过去景德镇繁华的十三里长街，鳞次栉比的店铺有一千两百多家，其中百分之七十以上由徽州人开设。"徽帮"商贾如云、兵强马壮，业务做得风生水起。如果按照籍贯扩大统计角度，把在商店从事劳动的店员和工人算在一起，即使只算一个店铺至少请三个员工，徽州在当地的人数甚至都可以组成一个旅的战斗编制。

"无徽不成镇"的谚语，在这个手工业城镇得到了印证。

尤其是发展到了瓷都的地位。历史上的景德镇，曾出现过"别肆延袤数十里，灯火十万家"的盛况。20世纪30年代，镇上固定人口有十五万之多，而且绝大部分是外地移民。徽州人能垄断整个市镇的商业和金融业，并形成"都""徽""杂"三大地方帮中强劲的一帮，其总体人数应该数以万计——人多势众，人精业勤，使他们在当地永不溃败。

徽州就在紧邻景德镇北部的皖南，算是隔壁邻居。

清末民初及其以后，在当地的徽州人以黟县人为中心，涵盖整个徽州府籍人口。古代的徽州曾有一府六县：歙县、休宁、黟县、祁门、婺源（时归徽州）、绩溪。在景德镇的安徽移民最多且来得较早的，当然属于黟县，其次才是婺源、祁门，再次是休宁、歙县、绩溪。

这也肯定事出有因，就像都昌人之于景德镇一样隔着鄱阳，黟县的版图也并不跟瓷都贴肉，中间隔着祁门或休宁。一百五十多千米也不能算是很远。如今在黟县本土，还有"景德镇是黟县老码头"的说法，安徽媒体甚至宣传"景德镇拥有黟县后裔十万"，建设瓷都他们作出过巨大的贡献。

由于黟县在市镇的人数优势，其他五县人在当地一般都学讲黟县的土话，就像当今中国的普通话流行一样，所以在各行各业中景德镇的徽商当时通行黟县的方言。当地的土著人都习惯称黟县人为"徽州佬"，而称其他人则按其县籍叫"婺源佬""祁门佬"——这就是强弱的差别。

在清末徐奉恩的笔记小说《里乘》中，曾有一个"一文钱的故事"。说是有两位徽商携资在苏州经营，因各恋一位妓女，不久便挥霍一空，最终沦为乞丐。他们夜间寄宿古刹，有天晚上两个人席地烤火，相对感叹往事。

其中有个徽商摸出仅存的一文钱要丢掉，另一位说"有办法"，就捡了竹片、草茎、破纸和鸡鸭毛等回来，再一起用一文钱买来面粉调糨糊，将草缠在竹片上，蒙上纸再粘上鸡鸭毛，一共做了两三百件各种活灵活现的鸟禽小玩具。

天亮后两人带着玩具到游人如织的苏州玄妙观，妇孺士人争相购买他们的玩具，共收入五千多文。从这以后，两人买纸张捡鸡鸭毛，仿照人物花草夜间制作白天出售。不出两年，两位徽州佬就在苏州阊门开了一爿布店，门口写"一文钱"招牌以作纪念，于是名扬苏州，生意越做越好。

景德镇经商的环境条件优越。一荣俱荣，陶瓷工业带发了商业和其他行业。关键是"镇巴佬"荷包里都有闲钱，大量的消费成了日常。在商业街市，尤其是在中山路"前街"与"后街"的十八桥地段，拥挤热闹的情形近似于上海南京路，整天里消费的人流都摩肩接踵。

在中国，徽州人从商的历史悠久。据《徽州简志》记载：徽商萌于东晋，长于唐宋。在明代中叶出现资本主义萌芽时，我国便出现了一个"徽商时代"，实力可与晋商匹敌。明末清初徽商发展到了顶峰，活动范围遍及全国，声望四起，在商界位居全国榜首。

景德镇的徽商集团正是形成于明代中叶，这有史可考。

徽商的黄金时代与当地瓷业鼎盛时期，在时间上几乎步调一致。在相关的志书、族谱里都可以查到：明末的祁门人潘辄成了"徽州瓷商会首"，以后徽州各县商人"贾昌江，居陶器"，"侨居景镇，理陶业，尝舟载瓷往外江"，或者"往浮邑景德镇制陶业"。到了清代有人已"少承父业，窑厂云集"，或者"随父客景德镇，督建徽州会馆"等记录。

大批徽州人聚集于景德镇的原因非常简单：

市场活跃，这对商贾和劳力都具有吸引力。而地处黄山山脉的徽州地区山多田少，盛产杉木松木、桐油茶油、生漆药材和瓷土等特产。它与景德镇在行政区划上虽不同省，然而却仅一界之隔，加上又有昌江和婺水顺流相通，因此向南迈出大山门槛的第一站，就进入了景德镇的地盘。

很自然的事情——徽州不少物产都通过昌江西运，这里成了物流集散地。徽州所需的粮食和用品，经昌江溯流而上运抵徽州；景德镇瓷业原料和燃料等，相当一部分就是来自祁门与婺源。从一个小镇发展到堂堂的瓷业都市，景德镇不可能闭关自给。

在水路交通为主的时代，发源于祁门大洪岭和西坑的昌江贯穿景德镇注入鄱阳湖，成了徽商进赣、入湖广的水上走廊，景德镇就成了徽州的桥头堡。

浮梁人都是地主，断然不会拒绝人流。商人和移民越多，土地和房屋就越紧俏值钱，种植的蔬菜粮食也可以轻易换钱；作坊、瓷窑越多，他们的矿产资源就越有销量。

关键是徽州重教崇文，徽商"贾而好儒"。

所谓"和气生财"，在印象里徽商大多像店铺前的门童或店小二一样，见人"请"字在先，恭敬哈腰，待人接物那都是一流。他们着一身长衫，轻言细语,不露声色。当然算盘珠子也噼里啪啦拨得贼精,心里的小九九也曲里拐弯,否则怎么能让人往外一而再再而三地掏钱?

在民风剽悍的景德镇,移民动不动就聚众呼啸,以"打派头"罢工的方式解决待遇和恩怨。然而在史料中记载的徽州商家,即使是店铺里的打工人员,都没听说过有哪一个参与这种激烈抗争的活动。精细,不惹事,赚钱——是他们显见出的少有的稳重。

既然包揽了商界,徽商在景德镇的经营范围就广泛无边。他们中的业务门类有坐贾,有行商,有牙行,几乎涉及镇上的各个领域。有文史资料显示:清末民初徽商在当地有钱庄、绸布、百货、南北货、中西药、纸烛爆、酱园、油盐、粮食、杂货、茶叶、五洋、印刷、烟叶、颜料、饮食和瓷土、杉木、窑柴等二十多个行业。

每个行业的店铺估计少的有十多家,一般的有四五十家,生意兴隆的消费品店多达七八十家。店员职工,粗略估算在一个行业中至少有几十人,多的有五六百之众。人数一多,徽州各地在景德镇都以县为单位,便建立起了同乡会组织,以巩固发展其乡党在当地的利益。这已经是瓷都的潮流,"都帮"的"金兰社"早就风起云涌。徽州人就利用血缘和地缘关系结成为"徽帮"。

徽商,是景德镇"徽帮"的依托和基础。

"徽帮"成员里,领先的成员最早是侨居景德镇一郡六邑的徽州人,后来皖南宁国府的一府六县,主要是泾县、太平、宁国三县人加入了行列。以州府地界圈人,这队伍就大了!据当地的老人回忆,当时的宁国与徽州在帮派活动经费上是二八分摊。主要的活动场所,当然是徽州会馆。

"徽帮"于清代嘉庆年间,也有说是道光年间,在繁华的前街,即现今中山路市第一小学处建成了"徽州会馆"(又叫"新安书院"),并把会馆两侧的街巷改名为"新安上巷"和"新安下巷"。徽州各县的会首,每年定期与不定期在馆内"文昌宫"聚会,处理对内对外事宜。

徽州会馆占地面积四千多平方米,建筑雕梁画栋,样式宏伟、瑰丽和典雅,在景德镇几十个会馆中显得无与伦比。新中国成立后拆迁到浮桥西岸的人民公园中的"五凤阁"和一对石狮,都是以前会馆头道门建筑的一部分。清代，宁国府的旅景商人，又在后街的中华路，现在的市第五小学建成宁国会馆（宛陵书院）。

徽州会馆承担的主要义务是：祭祀神明，每逢春秋大祀祭奠朱熹夫子；联络同乡，为乡党来景提供食宿方便；兴办义举，为聚会、议事、办学提供场所；敦睦友谊，为同乡排解纠纷；襄助救济，让同乡失业或流浪者落脚，帮助介绍就业。

只要是徽州人，一旦得了重病或亡故，家属又无法及时照料与善后的，徽州会馆在童家栅门建立"仁恤堂"，专供旅景的徽州人疗养疾病和停放灵柩。

虽然景德镇的移民按区域划分有三大帮派，但"徽帮"的地位举足轻重。在"工"虽然微乎其微，但是在"商"他们当仁不让。在经济上是"大腕"，姿态上却从来不"耍大腕"。

在清末民初的金融业发展鼎盛期间，全镇大大小小的钱庄和钱店一百多家，全部为徽州人所开设，并分福、禄、寿三等排列，资本极为雄厚。有"福"字号的大钱庄，都是地方上有名的银业巨子经营。比如元兴昌、元兴祥两个钱庄为一人所开，号称拥资有五十万银洋；吴隆元拥资有四十多万银洋，被称为当时镇上的"四大金刚"之一；何广有老板既开设了钱庄，又开设了美孚洋油公司，还兼营油盐店铺，为地方上"三尊大佛"之一，在镇上购置大量房产，仅有"何守真志堂"编号的就达一百五十六幢。

徽商的钱庄，以其强大的经济实力开展放款业务，办理全国各地的银圆汇兑，开出的期票可以在市面上流通；各行业之间的货款往来，均通过钱庄"转账"，手续简便；各瓷业作坊、窑户、商铺，如果一时手头周转困难，也多向钱庄借贷和调剂；遇有多余的资金，可以存入钱庄，按时付给利息。

"徽帮"的头面人物，一般都既在衙门里握有实权，又兼营某个行当里的商贸或金融。在20世纪初期，上海、天津等大城市相继成立了商务总会。"徽帮"首领康达会同"都帮""杂帮"的头人发起筹办了景德镇总商会。他原本就是晚清高官，只因戊戌变法失利，被贬到景德镇御窑厂担任监制。

景德镇商务总会成立，三位帮公当然推举康达为首任总理。1910年，精力旺盛的康达又在当地创办了一个官商合营的江西瓷业公司。

商会在成立之初，委员共四十一名，按三大帮派分配，"徽帮"的十五人，"都帮"的十四人，"杂帮"的十二人。从1909年到1949年，总商会会长（理事长）前后更换了十四人次，"徽帮"人任职七人次占二分之一；在这四十年中，"徽帮"头面人物主持商会工作长达二十年，也是占据了总时间的一半。

"徽帮"的实力非常了得！

1930年因红军三次攻占景德镇，三大帮的头面人物都不愿出面做商会的主持人，于是"徽帮"和"都帮"中的次要人物，在各自后台的支持下出面争坐商会的第一把交椅，产生了商会"临时维持会"和"整理委员会"两个对立组织。前者代表人物是"徽帮"的施维明，后者代表人物是"都帮"的王学乾。

对立期为时一年，后在时任县长的斡旋下，施维明连续主持商会工作十多年。

1940年，景德镇的三大帮派发生了一次激烈的斗争。"都帮""杂帮"一些主要人物，在浮梁县国民党党部的支持下发起诉讼，曾将施维明逮捕并判处死刑。但是当时的司法在军阀权势下形同虚设，时任皖赣边区驻军司令部的首脑及一些徽皖系人物与施维明均有厚交，便以查办为名，强行提解施维明并将其保护起来。

最为搞笑的是在不久之后，施竟然又堂而皇之地回到商会主持会务。

根据有关资料和老辈人的回忆，从明代中叶算起，徽州人在景德镇称雄商业、金融业，长达四百多年，左右着全镇的经济命脉。

徽州处在黄山山脉的崇山峻岭之中，田畴稀少，道路崎岖，徽州人不得不离家外出，开辟新的生存领域，再创出一条反哺地域经济的道路。

当时在景德镇的徽州人大都是夫妻分居，家眷一般都留在原籍。未婚者一般都回乡成亲，留下家眷代为侍奉高堂，料理山场田地，自己则一心在镇上"做生意"。经商的一年回家探亲一次，往返步行单程也需要三天到五天，返乡者常常是累得腰酸背痛。所以每到过年时节，在景德镇到徽州的饶徽古道上，翻山越岭、风餐露宿回乡的徽州人，就像是逃难或赶考一样络绎不绝。

徽州人把经商的店主、店员、工人，都统称为"做生意的"。经商人或省吃俭用积聚资金，或向亲朋富户借贷筹措，再独立或搭股经营，从小到大逐步发展。能吃苦耐劳，是徽商总结出来的"徽骆驼"精神。

许多徽商即使是发迹成巨商大贾，诸如景德镇的"胡宏发"创始人胡瑞芝，在景德镇的口碑名噪一时，他们店内的花厅里也总挂着一副对联，叫"艰苦创业，毋忘先志；忠厚传家，佑启后人"。"胡宏发"这个店是合股经营的，但每届管事都不忘初心，勤恳风尚持续了上百年之久，最后发展成为当地的首座南货大店。

徽州商人的宗法观念很强，为获厚利排斥竞争对手，他们利用乡党的力量和宗法势力，控制着景德镇的绝大部分行业，对金融业的垄断如铁板一块，搞得其他人根本不敢涉足。店里雇用的伙计也多为族人和同乡，比如绸布业就是清一色的黟县人，即使镇上有几家南昌人开办的布店，也只能经营土布和夏布。

在陶阳十三里长街上，他们按籍贯与业务在内部又各有分工的侧重：钱庄业和南货业主要是黟县人；典当业主要是休宁人；杉木业主要是祁门人；茶叶业主要是歙县人；酱园业也包括些南货业主要是婺源人；凡是带"通"字招牌的，不管是钱庄业还是南货业、酱园业均为婺源施姓人所开。

民国时期的景德镇虽然为浮梁县管辖，但它却市场成熟，俨然为江西东北部的经济贸易中心。这一地区城乡大大小小的商店进货，大多是从这些大的字号里批发，并与之形成长期的宾主关系。这种区域对应行业的相对集中，表现为徽商的高度垄断。

"经商有道，财从道来。"

宽袖长衫迎风飘飘的徽商，大多是一副干净沉稳的儒雅气派。在当地"都帮""杂帮"里的人，有的强势到令人怨恨的地步，最后积累矛盾上升到刀枪冲突。但是徽商温文尔雅，重信誉，爱财有道。柜台生意，做到圆活谦恭，殷勤应酬，客户无论贫富大小高低都一视同仁。在经营中一般很难看到他们怒气冲天。

像当地著名的种德堂药店，就是以火烧陈药、免费为贫穷患者施药的诚信，在景德镇赢得了声誉。它们的市场遍及赣东北和徽州各地，鼎盛时期的员工达七十七人。

徽州人即使再穷，也一定要把男孩子送读几年私塾，能识字打算盘后再出外学徒。学徒期严守规矩，察言观色，吃苦主动，勤学业务。不少的徽商大老板，都不把儿子留在身边当"少爷"。

史料记载，在景德镇的徽商字号，一般都与上海、南京、杭州、汉口等城市的对口商号有业务往来，派"水客"在各商埠设庄，订有报刊，配跑街的高级店员，甚至设专职"信房"，这是他们获得类似商业情报的渠道——这也许是那个时代合格商家的普遍做法。

徽商对当地社会和慈善事业也比较关心——这是其立足之本。

"徽帮"的徽州、婺源、祁门等会馆，后来都成了办学的场所；民国二十一年，中渡口浮桥被洪水冲垮，"徽帮"投资建造了两艘大型渡船作为义渡，船尾刻"新安书院"；1942年春，景德镇第一所完全中学——天翼中学成立，徽商吴少樵将坐落在新厂附近的二十亩良田奉献出来。

徽商还把利润转移回原籍故里，用于修祠堂，置祭田，建庙宇、牌坊、道路与桥梁，使得后来的古民居、古村落、古祠堂、古寺庙、古牌坊、古墓葬、古桥梁等遍及徽州一郡六邑。现今景德镇人的短途旅游休闲，一般都会往北跑徽州一带。原因一个是山水人情清净，另一个是现在那里号称"文物之海"，成就了今天不可多得的丰富的旅游资源。

硬扎的"杂帮"

"杂帮"在景德镇，是相对于"都帮""徽帮"而存在的地方性同盟。按理说这个帮派的人马似一盘散沙，根本就难以捏拢，这无论是从地域角度还是从行业归类，都算是"拉郎配"的怪事。显而易见，一个"杂"字的向心力，无论如何都比不过那些打断骨头连着筋的乡亲和行业团队。

但是这没有办法，要在封建和半封建的景德镇立足发展，只有退而求其次随流抱团。哪怕只是"杂"团，也比单打独斗来得有所依靠。

至少是在明代，景德镇制瓷完全与农业剥离，形成"一器定成，过七十二手"细化分工生产模式，从而使得周边"饶州七县以及南昌、都昌等地的人，杂聚窑业，佣工为生"，相继又有抚州临川、丰城、吉安、余江等地人纷纷加入，后来还有许多的外省瓷商贩子定点进驻。

他们孤零零地像流浪汉一样走在街头，或者孤身只影去应聘打工，寄居于廉价的出租房或在荒郊搭个茅棚；有的是一家人逃荒要饭，缩在屋檐下或破庙里对付；也有的是几个朋友租房子创业，饱一顿饿一顿汗似雨流。尤其那些思量发展的人，在跑关系办手续、进原料和货物，以及谈合作求帮助等方面，人生地不熟举目无亲，只有累死累活仰头望天而无可奈何。

他们结帮的缘由也很被动。

杂牌移民在镇中的人口零零星星，不像都昌、徽州的人多势众。放在平时几个人或者一伙乡党也要弄个帮派会让人笑掉大牙。然而在清朝的前半阶段，鼎盛的瓷业带动了各地在市镇建立同乡会，各行业逐步形成了垄断。在主业被"都帮""徽帮"包揽瓜分后，浮梁县保甲局（原为支应局），为了便于按移民三大块征收捐税，把都、徽两帮以外的工商业者统称为"杂帮"——这就是"杂帮"的被动由来。

那是对所有在景德镇打拼生存的"杂牌军"，不负责任地"一锅煮"的笼统归类。地域之广、行业之杂、人员之散——说到底，松散的杂帮属于社会上的"三无"组织——无统一的帮址会馆，无规律性的经费抽缴，无固定不变的帮主。在景德镇烫手的圆器业和烧窑业、稳健暴利的商业与金融业被瓜分垄断之后，杂帮再行运作开垦经营获利，既没有地域性凝聚的优势，又没有行业上的统一规律。

他们在地方强势帮派的挤压下，为了挣得发展的一席之地，在非常时期只有凑拢经济实力，努力表现出十分的齐心硬扎，挣个脸面和气势。也算是模仿"都帮""徽帮"，有点钱有点权的人终于坐在一起，商定一些规矩条款，推选一个有威望肯做事的会首（召集人）。

在这个帮派做事特别艰难。

但是实践证明，恰恰因为"杂"更需要争气，都是要脸面和求发展的人，他们遇事竟然都表现出毫不含糊的大气。他们严格照章办事，会及时地临时性推举出公认代表，便于当地一旦产生权利和义务的纠纷时进行公平解决。所以除了本地的浮梁人作为东道主"不结盟"以外，"杂帮"在景德镇发展史上，是一个绕都绕不开的移民群体。

大清宣统元年（1909），三大帮派的代表人物康达（徽帮）、陈庚昌（都帮）和吴简廷（杂帮）联合筹建景德镇商务总会。从此上面下达的捐税、本地的公益捐款，以及劳务抽调，均由商会中的三大帮派分摊。三大帮派又分别向本帮所属的各同业公会征收。

景德镇民间管理的大致套路，就是由地域帮派，直管到帮内的行业工会。

"杂帮"并没有一丝一毫的逊色。他们艰苦创业以信求生，发展品种，推动了景德镇陶瓷以及各方面的进步。他们中还不乏出色的名人，如抚州经管当地窑柴的权威赖德馨、大窑户老板杨福生与艾早发、红店大资本家范永盛、创办太白园的广东瓷商李子衡、改制旧工艺的吴霭生，以及"珠山八友"中画家的大多数……

虽然人员分散，但是"杂帮"的财力和人数综合在一起可以与"都帮""徽帮"相抗衡。"杂帮"主要角色包括抚州帮、南昌帮、丰城帮、吉安帮、奉新帮、饶州帮、安仁帮，以及各地在景德镇的瓷商二十六帮。在帮内又以抚州、丰城、新建、安仁等籍的陶瓷琢器窑帮为大帮。

"琢器"是陶瓷业界的专用名词，它相对于"圆器"而言，在《景德镇陶瓷词典》中被解释为："不用或兼用陶车，以雕镶、模印、注浆等成型方法而制成的方、平、折、扁的异型瓷器。"主要产品是壶、瓶、尊、罐、缸和瓷雕、瓷板、瓷灯、瓷盒、瓷勺（针匙）等，以陈设瓷居多，产品大都以精雕细琢和拼接镶嵌而成。

在那个年代的瓷器消费以日用圆器瓷为主，琢瓷器日常适用和市场消耗量不大，大多只限于特殊时刻的用具，或适宜有钱有权有闲而又有品位者把玩、收藏和陈设，对贫寒的大众而言，大量购买琢器那是个笑话。

在民国初年，景德镇琢器窑户有七百多户，其中占主导的"抚帮"经营达六百多户，其他籍贯的窑户不到一百户，又被称为琢器行业中的"杂帮"。在琢器同业会的捐税中，"抚帮"就占到百分之五十六。

因经济利益，他们不仅受到"都帮"窑户的挤对，帮内也矛盾重重。比如民国时期的1943年，琢器窑帮中的"杂帮"窑户曾联名向国民党县党部申请，要求另立一个同业公会，以摆脱"抚帮"主要成分集团对他们的歧视或欺凌。当时因有"公会法"规定而未获批准，但是通过三年的斡旋，终于在1946年改弦易辙，成立了琢器粉定瓷业协进会，新建籍的夏泰和瓷厂的老板夏廷雄当选为干事长。

处事灵活的瓷商，是景德镇"杂帮"里的活跃分子，最早的组织叫"瓷商八帮公所"，商务总会成立后改称"全国旅景瓷商公会"。首届理事长是湖北帮的黄少眉。该会会员人数虽然不多，但是做买卖的财力较大，是"杂帮"里较有势力的一派。

会馆是帮派活动的主要场所,"杂帮"所属的成员,在景德镇所建的会馆多达十七所,是各个省、府、县,以及毗邻地区合建的乡党会馆。这就需要一个有分量的、可以一呼百应的头目把大家黏合聚拢,形成一股不可侵犯的势力。

"杂帮"里也不乏剽悍强蛮的分支,比如乐平帮属于饶州帮的下属,竟然敢于与最大的"都帮"动手火并。也许就是平时受多了"都帮""大沙文主义"的气,心里积满了阴影,最终忍无可忍地产生冲动。

"杂帮"在关键的时候,与实力雄厚、籍贯整齐的"都帮""徽帮"一样,不仅推举的头面人物很有分量,而且大家齐心协力地硬扎,是景德镇人有目共睹的事实。

比如1916年由"杂帮"的抚州人赖德馨牵头组成的"保柴公所",甚至拥有武装行使行政权力,不仅规范了窑柴的管理,而且确保了窑柴的正常供应;1919年鄱阳籍巨头吴简廷,曾出面带头修建贯穿景德镇城区的下水道,在出任景德镇总商会会长以后,又牵头合股创办了当地第一个带来城市光明的"景曜"电灯公司;苏湖会馆有房屋七十五幢,抚州会馆有九十一幢,南昌会馆有百多幢,家大业大,财气逼人。

在承担比较大的当地义务方面,"杂帮"也不甘人后。在北伐军进军时,"杂帮"筹集了四万银圆支援贺耀祖部队;在方志敏率红军攻占景德镇时,"杂帮"筹集银圆一万多;抗战时期,"杂帮"又购买公债32694元国币。

然而,地方与地方帮派之间,表面是一团和气,公益上合作出力,其实在利益上有许多暗自的分歧。突出矛盾在于"都帮"控制了烧窑业。都昌人有"烧做两行"的大老板,"杂帮"起先没有窑,按规矩必须搭"都帮"的窑烧坯,因此经常受到窑户的种种限制和盘剥。

类似于坯胎烧炼难以获得好的窑位,除交搭烧费外还要给窑工的开窑肉、包子肉、使用肉、吹灰肉等额外开支,烧炼费随窑柴涨价而涨价,窑户任意扩大窑身,收钱却不负质量和倒窑的责任等,"杂帮"业瓷者在人家的屋檐下生存,往往打掉的牙只好往肚子里吞咽。

在"都帮"掌控的"陶庆窑"行帮组织垄断时，只规定七天到十天才烧一窑，每年农历三月前又"不烧春窑"，有时二三十天才烧一次窑，人为使得烧炼费成倍上涨，逼得搭烧户走投无路。这样抑制坯业生产，阻碍作坊老板发展的怪事，竟然一直拖到了1948年，"杂帮"琢器同业公会才出面集资，经县政府同意，在马鞍山建了一座五间三窑室的阶级窑试烧。1949年初"杂帮"的艾老板，又独资建了一座四间三窑室的阶级窑。

"杂帮"在景德镇的企业，等于是寄人篱下，窝囊受欺。

当然，"杂帮"的行业不仅局限于制瓷业。在景德镇大小一百多个行业中，他们参与经营的有近八十个，比如厂店、行商、牙行、劳务，几乎涉及瓷业生产和社会生活的各个领域。"杂"嘛，也就是丰富！像陶瓷原料中的瓷土和釉果，燃料中的松柴和槎柴，辅料中的匣钵，瓷用工具中的模型、坯刀、筛箩、毛笔，瓷器加工业的红店，经销业的商、行、庄，运输业的船帮，城市服务业的粮食、金银、屠宰、蔬菜、水产、理发、浴室、轿行、餐饮、旅馆、家具，等等。

地方上帮派矛盾激化最大的一次，是因为平时"都帮"强势凌人、不可一世，日渐在"杂帮"人心中生发出"羡慕嫉妒恨"或纠葛幽怨，终于因琐碎小事引爆了一次规模空前的、刀枪见红的集体相杀——"都乐械斗"。这是景德镇史上，另外一个沉重的话题。

推动景德镇制瓷业的发展，"杂帮"功不可没。像制瓷所需的原料和燃料，大都由浮梁、乐平、余干、星子、鄱阳和抚州人所开发和采掘，清末至民国每年当地消耗的各种瓷土总量不下于五万吨，窑柴多达两百万担。

比如民国初年的广东南海人吴霭生，率先以花乳石作助溶剂配釉，提高了釉面洁白度和改善了产品的热稳定性；民国十九年（1930），丰城籍的任鸿泰瓷厂主任相仁首创薄胎八角碗成功，成了出口创汇的走俏产品；著名陶瓷美术画派"珠山八友"里"杂帮"人占到六人，还有青花大王王步和"神雕"曾龙升，以及陶瓷教育先驱张浩……

二十六帮瓷商都在"杂帮"，"利通十数省，四方商贾，贩瓷者萃集于斯"。景德镇瓷器运销全国各地，甚至外洋，在20世纪20年代，年销售总额为560万到600万银圆。这是非常了得的贡献——景德镇瓷器做得出来，销不出去等于枉然！

各行各业的经营，甚至包括广东瓷商李子衡在西瓜洲建立的"太白园"地方娱乐中心，都为城镇居民生活提供方便，开阔了当地人的眼界。

会馆扎堆

都昌人在景德镇崛起，其他地区来的移民——徽州人、抚州人、南昌人等等，也不是"善斋公"，在北方叫作"善茬"。都不是甘于"面朝黄土背朝天"的乡下人，闯荡景德镇的一般都是敢于驰骋江湖的勇者，未必哪一个天生就矮上一寸。于是在陶瓷商贸发达，号称"十八省码头"的景德镇，就像是大街上有人从楼台上散钱一样，下面一窝蜂似的争抢便成了必然。

无非是有的做得文明一些，有的吃相难看一点而已。

"码头"的引申，就有"五方杂陈""帮派林立"江湖落脚点的意思。在《江西通志》卷二六风俗篇里，记有"浮梁之民，富则为商，巧则为工"，"陶户与市肆当十之七八，土著居民十之二三"。这就反证出土著人数上被大量移民几近淹没的情形。

然而，得势者感觉良好、狂妄自大，犹如永远都洗不掉牛屎味的"乡巴佬"一样浅薄。

像湖北汉口被称作"九省通衢"，景德镇叫"都昌人的码头"也都还算合适，他们竟把客商的来源演绎到"十八省码头"；又比如上海滩把黄金荣、杜月笙等人称作帮主，而市镇这里竟把老板称作"大佛""金刚"和"罗汉"。移民城镇嘛，势单力薄者在乱世中总想结帮同盟，只有靠夸张的想象去填补自己的虚荣。

据说在民国时期，只要在景德镇的主要街巷转上一圈，就会发现有许多富有地域特色的大型豪华建筑夹杂其中，这就是乡亲们用以抱团取暖的会馆。据《景德镇地名志》介绍："清末，全国计有十八个省、三十四个州（府）、六十八个市县在镇设有三十多个会馆。"

会馆先是同乡会馆，后来牌号虽然还叫同乡会馆，却慢慢演变成同乡中权贵掌控的、向乡党发号施令的场所。同乡会馆的气派与资本家的私宅不同，住宅还会略显出主人的低调谦逊。会馆也叫书院、公所，是一方有"出息"的乡党长面子、摆声势的地方，院落和门面自然在设计上故意拉开抬高，恨不得做成南京总统府、北京紫禁城的样子。

但是一开始并不是这样，比如说都昌会馆这个典型。

最初上镇的都昌人非常寒酸，也没有固定的集体落脚的地方，只是在城北药王庙附近有块空荡荡的荒郊野地，乡里乡亲的便常到这里席地而坐，聊天聚会。因为在药王庙里设馆教书的，是一位都昌籍姓邵的先生。单身在外面打工，平时没什么事就往这里凑，久而久之大家走顺了脚，这里就成了都昌人的活动中心。

一伙人打发时间嘛，打打牌喝喝酒，圈子外的人看到也不大注意。

明代来景德镇的都昌打工者越聚越多，对内对外就难免出现矛盾或惹些麻烦。其中有头脑的人就想到，有必要建一个地方性的调解场所，类似于现在基层的"司法调解室"。后经人提议，便把这块空地圈起来搭个遮风挡雨的草棚——这就是会馆的雏形。

草棚里今天添点什么，明天急需的东西又买它一个，慢慢内设的名堂越来越多。比如说想要祭拜结盟，就设个简陋的关帝殿；要想打打牙祭，在北面就建个厨房杂室；此外设馆教书的邵先生总不能老寄身于破庙，于是大家就动手砌幢平房当作"古南书院"。

因都昌县城南有文化底蕴丰厚的南山，古南便成了都昌的别称。

若干年后院落越搞越大，当地的地主便出来干涉，因此就有了一场争地盘的官司。平时这个地块空置着，主人也不怎么出面。当一伙人已习惯把这里当成自己的天地，内心默认了是同乡会地盘——他们甚至结成"金兰社"，推举邵先生为头领——这就让地主感到不安。

很显然的事情：官司的初审、二审，都因为都昌古南书院的证据不足而败诉。然而，据说恰巧当时景德镇来了个能言善辩的乡党牛伯仁。牛伯仁原是都昌大屋场牛村出名的"驳士"，被老乡敬称为"辣子"。牛伯仁便给金兰社的头头们出谋划策，说先不要急于建造，先要搞到这块地权属的证据。

他吩咐人在院落的四角，各埋下一块刻有"古南"二字的不规则的青石板，石板用老醋浸泡后再埋到地下，另画张标明古南书院建筑的地图，三年以后再打官司。好听一点这叫作"策划"，其实就是制造伪证！

三年后官司一呼噜打到京城，上面派人来实地勘察。金兰社先出示图纸，巡案人吩咐四周挖掘，结果当然就挖出四块烂石板。图文相合，证据确凿，官司打赢了，没什么文化的地主目瞪口呆。于是来自都昌的这帮移民，就这样在别人的地盘上堂而皇之地破土动工，还分别建造了被视为老会馆的关帝殿、当作新会馆的真君殿。

会馆一直顺顺利利，只是以后历经了多次战祸，建筑才遭受到军兵的焚毁。

清朝正值瓷业鼎盛时期，来景德镇的都昌人犹如雨前川流不息挪窝的蚂蚁。当时会馆占地面积很大，前进院落供人游玩娱乐，也时常设台做戏，非常热闹。

1927年在都昌人与乐平人械斗时，关帝殿被烧，最后乐平人赔了三千大洋。

相传由都昌籍工商界人士募捐，1937年又动工建设，但是日本侵略者的飞机轰炸频繁，断断续续一直拖到抗战胜利后才建完了大部分。虽然还没有竣工，但是趁日本投降之日会馆上梁。后又因法币贬值和内战再起，瓷业萧条，资金短缺，后续工程又不了了之。

现在的都昌会馆，早已在历次的城改中消失了痕迹。

那一带漫山遍野都建满了房屋，只是老人们大致清楚它的遗址，就坐落在莲花塘西旧金家坟头的北侧，后改名为金家街，现在叫风景路，也就是在老景德镇军分区办公点附近。以前那里有东、西、北三条溪水经会馆门前往下流。原先那里是一片荒野郊区，会馆背后是一片公葬义冢。

会馆在景德镇也叫书院、公所，其实它就是都市中同乡同业的封建性集团组织，但是，还必须扯起一个公益的幌子，让人感觉到社会的正气。

在人治社会里根本谈不上法律，各州各县的会馆，就是这样通过各种方式，利用当时认为符合情理的手段或智慧，建立并发展起来的。有的会馆的建立，甚至比这个过程还要曲折、复杂，写出来比小说还要精彩。

在中国，会馆的起源很早。有文献记载，早在汉代京师就已经有了外地乡党的邸舍，在南宋的杭州有外郡人为同乡谋取公益的组织，名称最早见于明朝，清代就更星火燎原，会馆比比皆是。

在"文化大革命"之前，市民勉强在街头巷尾还见到过十几座老旧的高楼大厦，气派的恢宏叫人目瞪口呆。到了20世纪末期，会馆有的已经破门倒壁，有的当作民居算是有人在打扫维持，但是大多数早已随着好几波城市的改造浪潮灰飞烟灭，见不到残垣剩瓦，或者改做了别的什么门庭。

清初的景德镇有"民窑二三百座，终岁烟火相望，工匠人数十万"。瓷业的发展带来了工商业的兴旺和市场的繁荣，这里便商贾往来云集，打工者五方杂处。所谓的"十八省码头"，就是指多省份的人出出进进，甚至长驻采买瓷器，或设立瓷行，打包发运各地。

起初建立的会馆雏形一般的情形是：周边的府县大多是以地域为纽带，而远方的州省则基本以瓷行为中心交接乡亲。在富甲一方后，就自然随着乡党的发迹，需要挣得团体的名声与利益，然后就甩钱赛富一样买地做屋，建造一个凝聚人气和挣得利益的场所。

那时候的景德镇，只有"十三里陶阳"的前街后街，再就是无数条一二里长的东西横向的弄堂。在这样一个民居拥挤不堪，街道里弄经纬交叉的弹丸之地，就容纳了三四十幢门宽头高、墙厚院阔的会馆楼院，情形有点类似于现在人工打造的民国场景的影视拍摄基地，当下完全可以改造为民俗建筑群景区。

景德镇的会馆一般都以县、府为单位命名——比如吉安会馆涵盖它所辖的一府十县，其他的南昌、饶州、徽州、瑞州、抚州、建昌、临江等会馆类似；还有石埭、丰城、宁波、婺源、祁门、奉新、湖口、蓉城、浮梁等，是县一级独立的会馆和公所；只有都昌县在当地谋生的人多，从明朝起就建有老都昌会馆，所以一县拥有新、老两个会馆。

当然，也有因为人数不多或者经费有限，就由毗邻地区一众人联合组建，像由泾县、太平、宁国等县合建的宁国会馆，由头是原先这些县份均属于宁国府管辖。还有由广州府和肇庆府合建的广肇会馆，以及由苏州和湖州合建的苏湖会馆，等等。

还有一种情况是州县人数过少，就只能是以省为单位的，如湖南、湖北、山西、福建等省的会馆。

这些会馆的组成说明：景德镇会馆中有的是外地工商行帮的机构，有的是一种同业性的组织，而绝大多数则纯属于同乡性质，至少是扯起县府的旗号。

景德镇会馆的建筑形式，大多为宫殿式，都是以木石为建筑材料。其间的布局、陈设和雕刻都具有各自的乡土特色，也反映出乡党的经济状况。

比如其他会馆门口一般不摆设石狮，而坐落在中山路新安巷口的徽州会馆，又叫新安书院，为气派的民族宫殿式构架。它鹤立鸡群，大门口摆两面石鼓和一对石头狮子。门头上有四个柱，叫"来头"。绝大多数会馆开三个门，这里头进是一个门，门楣上书有"五凤阁"。

在彭家下弄的湖北会馆，则独具一格地建有地域标志的"黄鹤楼"形状。

几乎所有的会馆，都以原籍地作兴祭祀的偶像为凝聚力，在馆内主要场所竖立着神位或雕像，让乡亲们在外地产生精神的认同。就像过去当地的钱庄、杂货业、绸缎业供奉"财神"，药材业恭敬"神农"，屠宰业设立"桓侯位"，酒馆里摆上"詹王"的意思一模一样。

譬如福建会馆地处中华路周路口前部分，又叫"后天宫"。它全部精细地用斗拱组成结构藻井，以外海、海浪、帆船图案为主题，反映了沿海人与海的关系，有别于其他会馆人物、鸟兽、花卉的常见雕刻。它前有戏台和酒楼，大堂为议事厅，正殿供"天后娘娘"，后殿放牌位，边厢为客房，并有航海祈祷的"顺风耳神"与"千里眼神"。

在中山路毕家弄口的南昌会馆，又叫洪都书院，祭祀"许真君"；程家下巷的临江会馆又叫章山书院，供奉"肖菩萨"；地处小黄家上弄的婺源会馆，又叫紫阳书院，摆有"朱熹神位"；在祥集下弄的山西会馆，与老都昌会馆（古南书院）一样都供"关帝大圣"；在毕家下弄的奉新会馆，也叫新芙书院，立有"令公神位"。如此等等。

据说，各会馆按民俗不同供奉神像，也就都按老家的祀神时日开展活动，程序和规矩五花八门。这就是当地所说的"做会"。做会使得景德镇花里胡哨、热闹非凡——一般在农历的七月、八月、九月是酬神的高潮，清明、七月半、冬至则通行祭祖。徽州会馆往往是焚香拜神，吃酒看戏；奉新会馆七月半聚会喝酒，再集体上坟烧纸，祭奠孤魂野鬼；都昌会馆在冬至，设祭坛，摆香案，祭祀祖宗。

因为地盘小、会馆多，旧社会的景德镇不是这家锣鼓喧天，就是那里鞭炮轰鸣，热闹得就像是天天过年一样，把喜欢赶热闹的小孩子忙得东奔西窜，汗流浃背。

会馆的宗旨，一般是为了防范异乡人或行外人的欺凌，为同乡和同业内部的狭隘利益服务，并帮助解决个人临时性困难和纠纷。在景德镇这个市场经济突出的地方，所有的言行和派头都涉及地域的面子和地位，这其实也事关区域团体的经济基础。所以会馆里的头头脑脑和工作人员，总是因应对困难、纠纷和活动，忙得脚不沾地、口干舌燥。老辈人说他们曾经见识过，只要是会馆，总是有人在吵吵嚷嚷或进进出出。

像福建会馆，曾是景德镇古陶瓷运往海外经销的一个集散地，里面有客房、议事厅，省内的瓷商都可以居住；苏湖会馆在清末民初的时候，往来的客商川流不息，里面经营着陈设瓷和高档产品；山西会馆进出的人大多是贩皮毛等西北地方特产的，而带回家乡行销的一般是四大器等粗蛮的瓷器。

湖北会馆就更牛，不仅面积宽阔，室内光线好，曾一度成为景德镇瓷行老板商议扩大陶瓷贸易、研究经营事项的场所。1916年，郭葆昌前来督办袁世凯称帝的"御瓷"四万件，以雍正乾隆时期的珍品标准加彩，彩绘地点就设在湖北会馆。他们的瓷商也分好几个帮派，比如三邑帮、马口帮和孝感帮，而这些帮派的大老板们往往都在上海、汉口等大城市设店。

至于解决乡党的临时性困难，那是最基本的会馆职责。像来到景德镇的失业者流浪汉，有的会馆会安置他们落脚，有的则资助些返乡路费，或者利用关系帮助介绍职业，至少不让人露宿街头，给家乡丢份。对那些常驻景德镇的人发生的纠纷，一般会馆的头人会出面先行判明是非、排难息事，不到万不得已，不会让乡党陷进官司。

"亲不亲，故乡人。"

发展到后来有了条件，会馆还举办一些景德镇的公益和慈善事业。

比如用会馆的公场兴办民学，景德镇在民国时期有十一座小学，就是这样以解决同乡读书问题的名义兴办起来的；地处山区中下游的景德镇盆地水患严重，宁国会馆就出面置办救生船，以备每年洪水救灾使用；还有的会馆设办义渡、育婴堂、养病所，做修桥补路、施舍棺木等各种善事。

过去在景德镇昌江河段的哪吒庙、十八渡、中渡口等处不收过渡费，义务渡船一共有八艘。

会馆是自由组织的，一般都报请立案，得到官府保护。以前在地方和宗族势力强大的时期，官方衙门就是用这种法子粗放地管理社会。他们管不过来，加上经常有军阀割据的内忧，以及列强干政和帝国侵略的外患，积弱积贫的政府只好采用放任式统治。

会馆的首领称总会首，会首往往都是由当地的豪绅充任，出头人相当于农村家族的族长，一般在乡亲们中一言九鼎，具有崇高的威望。

然而，犹如当权者里面总混杂着腐败一样，也有些头面会首阳奉阴违，品质恶劣。有的会首往往也勾结官府豪绅，压制工人打派头（罢工）；有的则从一族一县一帮的利益出发袒护亲信一类的坏人，挑起人与人或县与县之间的事端；有的会首则勾结官府，欺压百姓，强抓壮丁，甚至以权谋私，中饱私囊。

像奉新会馆曾经的会首余明熹,胡作非为,经奉新饭业、面业、糖业、豆干业、米业"五行头"八人,组织了会馆财产清算委员会,改选后把他拉下了台面。1949年景德镇解放,市房管部门组织了对会馆公共财产的调查,查出了隐瞒、侵吞的房屋共一百一十三栋,公地私建四十一栋。

"眼见他起高楼,眼见他宴宾客,眼见他楼塌了。"就会馆的角度而言,围绕着瓷业经济这个历史大舞台,全国各地的人上演了一出又一出生旦净末丑各类悲喜剧——这就是景德镇。

行帮林立的"草鞋码头"

在民国初年,有一次景德镇的"抚帮"在宗教节日里组织庆贺。

他们扎台阁敬神游行,想炫耀一下地方的实力。筹备了很久,耗费了巨资,在全镇造成的影响很大。这引起人多势众的"都帮"的不满。有都昌籍人想趁机杀一杀抚州人的威风。当游行队伍上街热闹时,里面有一架台阁扎的是"老虎吃猪"的戏面,都昌人以此为借口,说是污蔑了都昌人。理由是按照方言土话的谐音说,"虎"是抚州的抚,"猪"是都昌的都。

"都帮"当即聚众堵在御窑厂门前,并在对方铳手的硝桶内投以烟火,引爆了炸药,还将炸药丢进游行队伍中,当场炸伤了很多人,一时间街头的秩序大乱。幸好有警察维护,经协商撤掉了这架台阁。但是都昌人不同意,坚持要全部撤回,不得继续游行。在实力强弱悬殊的情况下,"抚帮"人只好停锣息鼓。

还有一次是1927年5月,在都昌会馆请班子演戏的同时,饶州会馆轮到乐平人请班子,几十千米之外的乐平人都赶来看戏。据说是因饶州人没有缴纳地方娱乐捐税,又有说是在会馆前聚众闹事,景德镇警察局就派了嵇队长率领武装警察,前往制止并鸣枪示意,在查封戏袍箱子的时候,嵇队长被人从背后当场一刀杀死。

乐平人认为都昌会馆可以演,为什么自己不可以演?岂不是欺善怕恶?

一怒之下，素与"都帮"有宿怨的乐平人，一不做二不休，聚众前往放火烧了都昌会馆。至此矛盾一触即发，你来我往烧杀再三，引起了大规模剧烈的有组织的地域性械斗。

当时的镇里总工会都是都昌人，地方政府和商会也都支持"都帮"。都昌人在桌面上占尽了道理。两边都在械斗中启动了刀枪，造成了巨大的血案，伤亡数百人之多。械斗持续了两三个月之久，全镇商铺关门，市场停顿，在外面行走的百姓都人心惶惶，市镇处于血腥恐怖之中。

后来双方都觉得杀来杀去没有止境和结果，国民党省政府又调来一个营的军兵驻防镇压，办理善后，调处结案。据说都昌人在血腥屠杀中已领悟参透"人生于世"的道理，"都帮"与乐平人达成共识，被烧会馆的关帝殿象征性地赔了三千大洋，"都乐惨案"才告平息。

清末民初虽然形成了三帮鼎立的局面，但论人多势众仍以"都帮"为最。"徽帮"生意兴隆，财源茂盛，但若有损"都帮"利益，都昌人必群起而攻之。比如有年闹粮荒，徽商乘机涨价，都昌人不愿吃这个亏，就鼓动瓷工上街捣毁米店。

在半殖民地半封建社会，景德镇帮派林立。除了地方帮派外，还有各式各样的行业帮派。像在制瓷业内部又有"烧""做"两行分离，造成了烧瓷业和制坯业行帮的形成；在制坯行帮中，又细分为制作圆器的行帮和制作啄器的行帮。然而在烧制瓷器的过程中，总共有七十二道工序，《陶记》里说："车坯、利坯、釉坯之有其技，印花、画花、雕花之有其法。"所谓八业三十六行。

分工细化无疑对当地制瓷工艺水平有很大的促进，但是与民国时期的上海滩相比，景德镇制瓷业的分工，分着分着就分成了"上海滩"在赣东北一隅的缩小版。

大帮以小帮为基础，小帮以大帮为靠山，互相勾结利用。

另外还有形形色色的匣钵业、芰草业、白土行、孥窑业、窑柴行、制模行、料行、制刀业、制筛业、制笔业、木器与竹器业，以及商帮、船帮、轿行、马行，甚至社会上的道门、帮会，如大刀会、兄弟会、一贯道、同善社、十三太保、青帮和洪帮等七十多个行帮,数都数不过来,规矩就更加森严。

一、五府十八帮:瓷业界装小器工人的集会议事组织

五府,指的是江西省的南昌府、南康府、饶州府、抚州府和九江府。只有这五府属县的隶籍人,可以参加装小器行业,学徒弟、操职业。即使这五府籍人,也不是随时可以学徒就业的,而是二十年一届,才可以开禁收徒。逢二十年开一禁,要挑红篮(用红颜色涂装坯篮)过街,沿途放爆竹,吹号奏乐,大张旗鼓,大造声势,表示装小器行业开禁了,可以带徒弟、学手艺了。

规矩森严成俗,名堂又像是小孩子的游戏。

小器是瓷业行话,是指高低不等、直径一尺、圆柱形小型匣钵所装的坯件。装小器是一个工种,即把这种小件坯胎装进匣钵,并送进柴窑烧炼的工作。

当时街头就流行这样一首比较具象地形容装小器开禁的民谣:

装坯开了禁,乡下得到信。
丢了田不作,漏夜赶上镇。
三吊二百钱,买根压卵棍。

(注:压卵棍指装坯用的扁担)

像这样逢届开禁,叫开红禁——这是一种名正言顺、堂而皇之的郑重形式。另一种形式叫黑禁,这是在装坯人少事多的情况下,隔三五年或七年开一回禁,同样要挑篮子过街,放爆竹奏乐,只是篮子上不涂红。从上街到下街,从河街到后街,挑篮子的人平安无事,表示群众同意,可以开禁。如果开黑禁挑篮子过街,中途被人干扰,抢篮子伤人,这个禁就表示有人反对,不能开了。

看似民主,其实这就是借助各种名目由头,帮助窑户老板增加利益。一般的角色没有人敢抢篮子惹祸,每次的背后基本上都是由头面人物撑腰指使,上街的工头们又从中可捞些油水。这规矩行事有点"摆家家"搞笑的味道,但在当时的民间，刚刚脱离土地的民众，就这么幼稚和粗浅。

人心也非常复杂：在聘的工人肯定也不情愿开禁被挤压，急于上岗者又想方设法托人开黑禁。当时瓷业生产时淡时旺，工人们在旺季有"饭碗"糊口，淡季僧多粥少时就有被解雇的危险，所以"开禁"的规矩在市镇被认为是"人事平衡"的办法。这样的心态，既是对专制者的一种消极抵抗，又是被误以为的民意表达渠道。真是没有办法的办法。

所谓十八帮，是这些行业中分成的小组。一帮等于一组。每个帮组有头首数人，当地又叫"上街"（到街上酒店茶馆里去协调），管理帮组里的一切事务，比如写车簿、带徒弟、过帮、定事等麻烦的琐事。

每年四月初一到十八日，这十八个帮的群众，包括"街师傅"和散板的徒子徒孙，一天一个帮，依次在都昌会馆聚会喝酒，演戏酬神，叫"做会"。轮到初一的叫一帮，依次到十八日的叫十八帮。只在都昌会馆这个地方做会，就是因为都昌在行业乃至市镇都人多势众。

各帮的人数有多有少，随着帮内"街师傅"跑红走运和背时倒霉而定。当时的"初十帮"人数最多，差不多占全行业的三分之一。据说有个"街师傅"叫李会藩（小名李卖廷），红极一时。一些生意业务较大的窑户，都挂他的名字做头，就像开瓷器行的挂施亦懋行帖一样。

写车簿是景德镇瓷业行话，就是行业对窑户老板的一种佣工制约形式。具体做法是：窑户老板起牌号启动生产之前，得向行业总组织的五府"街师傅"登记，用一本红格旧账簿记载窑户老板招牌、营业项目（比如脱胎或青釉）、生产能力（几个利坯），盖上五府十八帮长形木印。其被称为"车簿"，是指窑户有做坯的、修利坯的辘轳车几乘，比如按利坯的只数，每两个利坯位子，须交纳四五块银圆的写车簿费用。

写车簿时，窑户老板第一次请的装坯的头头，或工人归属的行帮就固定下来，这个窑户今后雇用装坯工就不能自主跳帮雇工。相反，这个帮原有的窑户受雇权，却可以自行转让给别的帮，俗称卖帮。窑户招牌只要不改，这关系就可以世袭；反过来行帮也同样按规矩承袭下去。

这一系列在民国期间的约束制度，在景德镇陶瓷行业运行中，起到了利用民间力量管理生产关系的作用。但是由于琐碎复杂及盘根错节，严重阻碍了企业雇工的自主权，影响了窑户正常的生产经营，纵容地域性质的在人事上的黑社会势力形成。

历代瓷业改良者都看到了这一弊端，为赋予企业雇佣和工人就业的自主权，有的很乱的帮派很早就已废止，有的则时紧时松低调延续。只有装小器的五府十八帮和瑞州人的刀子店，规矩执行得比较严格，人员管理得比较紧密，限制窑户雇用权的做法直到新中国成立才算结束。

二、景德镇的行帮，以"三窑九会"问世得最早

从清朝开始就有人出面起头，把经营大致相同的陶瓷品种的小业主和大窑户召集到一起，形成了起支柱作用的窑业行帮，掌握着市镇的经济命脉。他们开会时，由正、副值年主持布置任务；或由会员讨论，经正、副值年碰头后，头面人物就可以在行帮内独断专行，会员无条件执行。

当时的陶庆窑作为烧柴窑的业主，在市镇实力大到自成体系而独树一帜，没有被列入"三窑九会"。如果算它在内，景德镇实际上有"四窑九会"。不过这"四窑九会"的绝大部分会员都属于都昌籍人士，其性质也比较明显，就是排他性的地方保守组织。

"三窑九会"的会员持清一色的都昌口音，有做坯烧窑被坊间称作"烧做两行"的大资本，它相比于"五府十八帮"而言，更具有封建行业的垄断性质。结构组成形式是："三窑"即陶成窑（烧槎窑业）、允成窑（造古器业）、裕成窑（造灰可器业）；"九会"都冠以行业会社名称，分为脱胎、二白釉、青釉、四大器、四小器、酒令盅、七五寸、可器、碎古器。

帮规也白纸黑字严丝合缝透着威严，开会整整齐齐座次分明，行政不亚于地方政府的正儿八经：行帮集团的顶层，由值年（总老板）、副值年（副总老板）、头首若干人（日常事务决断者）组成；顶级管理层的任职限期一年，不可以连选连任；下一届的班子成员甚至具体的职务，都由上一届的值年和副值年商量指定；换届之前不在会员大会上公布交接，只允许在丰盛筵席的换届仪式上，用红纸张榜正式公布新一届的领导班子名单。

团结才会严谨，有钱才有气派。这个组织的经费来源由会员分摊；新会员必须缴纳相当数量的入会金；所需经费没有预算限额，用多少由会员均摊；唯独值年和副值年因责任重大，不仅不分摊经费，还享有一定数量的职务酬金。

行帮的实力支撑着势力，在景德镇的势力大到没有可以比肩的瓷业组织，就好比当地瓷业经济方面的最大党派。比如在陶成窑和陶庆窑属下，还分别成立了具有行政管理职能的保槎公所和保柴公所，所里竟然可以设立拥有武装的警察机构。

"三窑九会"为了维护其帮会的最大利益，不择手段地以各种名目在行业内实施盘剥：

1. 镇压"打派头"（罢工斗争），甚至包括镇压都昌本籍的工人。他们勾结官府出动武装，强蛮勒令复工；或者收买工头分化队伍，制造内讧，诱惑复工；或者名义上是劳资协商，实则由资方指定劳方代表，以较少的利益软化和瓦解劳方，以致强迫要挟接受；最绝的一招便是"砍草鞋"（开除），利用"街师傅"制造借口加害罢工首脑，开除并永不雇用，直到其驯服为止。

2. 禁窑。比如禁春窑：每年从春节到清明全镇瓷窑无条件一律停烧，或在大批乡下窑柴涌进时，也实行临时性禁窑，用减产来压低柴价和抬高瓷价。有时临时性禁窑：在原料、燃料轰拥上镇时，硬性规定十天一禁或半月一禁，以便杀价进料或抬高瓷坯搭烧价格。

3. 挂扁担。当外来瓷商在瓷价上有异议或质检过严时，实行集体联合制裁，严禁任何瓷业老板与之交易，即使是收到预付货款，也不允许产品出库，直至对方答应条件，赔礼道歉才罢休。

4. 囤积居奇。仓库积瓷，以此达到放开销售时统一提价，或以次充好牟取暴利。

5. 扩大窑身。以便窑弄内可多容纳瓷坯，多收搭烧费，置成瓷"倒、黄、黑"等损失于不顾，盘剥损害小业主利益，使得艺术瓷和陈设瓷的发展停滞、倒退。

6. 替官府派捐筹款。对欠税拖捐者，派武装进行催讨，有时竟实施押缴。

而有权有势的老板大户，反而可以暗箱操作，捐款免派或少派。

7. 解决会员内部业务纠纷。不以公正为是非标准，而是看菜下饭，偏袒或欺压。

"三窑九会"专门为大瓷业主服务，严重妨碍生产发展和社会公理，致使信誉扫地和市场畸形。1926年国共合作将其改革成各产业工会。可是蒋介石叛变革命后，帮会性质换汤不换药，"同业公会"依旧是少数集团利益的维护者。他们甚至还在公会名称上冠以原来的陶成、允成、裕成，例如陶成烧槎窑同业公会，巧妙而明目张胆地坚守和倒退。

三、瓷业生产中的三十六行，原本是景德镇制瓷工艺流程上的分工

年纪轻轻时学门手艺，就一辈子从事一个工种劳动，操作时永远保持一类动作，比如打杂的绰号叫作"牛"，说"一条牛，江边游，江边有无草，还说江边好"；做坯工要长年盘膝坐在陶车上，以至于两下肢关节变形，走起路来一跨一跨被称为"螃蟹"；杀合坯工干活时要不停地跑来跑去，大家叫他们"马"；挖坯工天天要挖坯碗底，故被称作"土狗"（土里打洞的一种昆虫）；大器装坯工要常常两肩扛料板，将坯胎往窑里送，好像抬轿被叫作"轿夫"；小器装坯工挑坯使用两头翘起的扁担，挑坯时不能快走，像骆驼一样迈步被称作"骆驼"；印坯工要一天到晚两只手在模型上拍打，所以被叫作"鹅"；利坯工因操作时须盘着双腿扑在陶车上，久而久之腰伸不直，背驼了，所以被称作"虾公"。

后来同一个工种的人联合起来，渐渐演变成行业帮派，按成型类"一条龙"式的工种组阁。窑户老板后来只雇聘"把桩"（与烧炼类里窑里看火的"把桩"师傅叫法一样）的头头，头头分别管理这类全套技工成员。

开始的行帮主要是对专业生产进行指导协调，或者组阁应聘，属于纯服务型的行当"大师傅""牵头人"。行当头头一般都是由精明强势的人担当，老实巴交的手艺人只是闷头闷脑地跟着，只要上班给钱就行。后来"把桩"的有了权威和权利，就颐指气使不讲道理，给某个工种行业定利己的规矩，处处要达到顺我者昌、逆我者亡的效果。

因为隔行如隔山，太专业的事其他人插手不了。"你要插手干涉可以，好，我让出来，你来干"，于是旁的人奈何不了这些头头，只好任由这些人指手画脚，协调行业。

所谓的"三十六行"，就是指做坯和烧炼流程里的工种。

比如烧炼中的三个行当，也就是"窑厂"行和"满窑""补窑"两行。"窑厂"行在三十六行中势力最大，原因是"把桩"这个看火色、装窑路角色，掌握着瓷业生产中由坯到瓷的主要环节，没有他判"断窑烟"就无法成品。这类叫"风火仙"组织，定期聚会。在中华人民共和国成立前这一行的人是工人中的上层，和窑户老板接近。满窑和补窑，则是窑炉建筑专业工种。

比如属于泥坯成型一类，共有十一行。成型生产土话叫作"地下"，其中又以"四大器"势力最大，因为那个时候这类品种生产量大，工人人数多。其余还有"四小器""冬青器""描饭贝""二白釉""可器""脱胎器""黄泥巴""饭贝""描令"等行，另有"满尺盘""琢器"两行。

还比如非美术类的画作，有四行，即"画四大器""画脱胎""画灰器"和"画描饭贝"。另外还有匣钵业共三行；包装、挑运服务业九行中以茭草和搬运业强势；为制瓷下脚修补的两行也比较强势；制造瓷业工具的两行；不属于瓷业生产范畴的"轿行""马行"，轿行因为给衙门无代价当差，所以社会势力最大。

以上工种的名称很专业，外人都听不懂这些行业词汇，比如"描令"就不知所云，这是指做酒令盅的位子。各类工种因其社会属性的不同，实惠、势力、社会强弱也有明显区别。在那个无法无天的社会，行当里面的水很深，有的靠人多势众，有的具有卡脖子的专门技术，有的则借助被服务者的权势，有的干脆靠力气，"是蛮三分理"。

比如弄黄泥巴的匣砖和匣厂的工人，就可以打"天王官茶围"，就是不花钱可以上妓院，到赌场拿"鞋子钱"。行业里面的头头还可以开设赌场，坐收放债之利。

工种行业里的规矩一般都很严，不但行外和行内的人不得相互通气，而且在技术方面，有的工种行业只能世代相传，规定传给儿子和孙子，不能传女儿和孙女；在没有"把头"许可的情况下，不得招收任何新人，也不能擅自搞技术革新。

比如坯刀行，不仅行内有各种规矩，还要求主顾世袭。他们可以辞去主顾，坯刀店还可以将主顾卖给别人，而主顾却不能把坯刀交给另外的人做。做窑的也是一样，在景德镇有句话说，"你要做窑，先要投行"，就是说不入行的人休想做窑。

四、黄家洲的位置坐落在现在的小里仁弄，后来这地盘和洲店都成了特殊行帮的名称

清代乾隆以前这个地方叫"竹林坦"，传说皇帝下江南曾从这里泊船上岸，因而改叫"王家洲"。当时这里西边是河，南边是竹林，有座小庙叫竹林庵，因其庙北边只有九间竹篱茅舍，故又称为"九间里"。这九户小本生意的人家都是刚从农村上镇，为赚点小钱养家糊口，大多以摆地摊贩卖粗瓷（土话叫破烂瓷）为生。后来庙旁又搭起了两三家竹棚，有两户篾匠做篾篮、篾筛出售。

景德镇本来就是个大瓷器市场，码头河边上的人流量大，河边经常有万年、安仁（余江）、饶州（鄱阳）、南昌等地来的米船和渔船停靠，所以这地方的粗瓷特别好卖。后来卖瓷器和做篾匠的住户越来越多，竹子被砍光了，成了一个河边坦场。以至于做小生意的，摆瓷器摊的，走江湖卖艺的，说书唱传的，耍猴把戏的，摆西洋镜的等都聚集在这里，形成了一处闹市。

因眼红这块火爆的市场，洲滩上还发生过著名的"三打王家洲"的故事。最后在洲民把官司打赢以后，民国初年因打官司的牵头人姓黄，才改称为"黄家洲"。

官司发生后，省里来了一位刘道台主持公道，维护凡是在洲上摆摊设点者一律不交地租的判决；如果在桦树界以内搭棚子做店铺的，就每年向苏湖会馆交少量租金；为了照顾春节期间来往的江湖艺人，规定在腊月十五日前，洲上固定的棚子摊位全搬到河滩上去，等大年过后的二月初一再全部搬回洲上。

洲滩南面的裤裆弄都是篾匠店，八家共分做两帮：一帮是"花篾帮"，南昌人居多；一帮是"瓷篮帮"，都昌人居多。两帮共有二十七人。面向南的都是洲店，全是都昌人。之所以叫洲店，是因为店铺都建立在昌江河洲上。

这地方又细分出下洲店帮和上洲店帮。

开洲店卖瓷器的都是都昌籍的贫苦人家。他们背一只长方形的竹篮子，到窑户家收购一些落脚货加工后出售。这些人被叫作"洲佬"，但是形成帮派后就不让人参行了。他们的垄断行规是：没进帮会的不准背竹篮去收买瓷器，否则罚款。他们磨平瓷器缺口、凿掉瓷器粘渣、用颜料画花掩饰破痕，或用蛋白与石灰补缺。因此景德镇人叫他们的小店为洲店。

还有一种买卖方式叫估泵，又叫估堆。是从正月初八开始，洲佬筹措资金，约好股东，到窑户家面谈好一仓库品种复杂的滞销瓷器，不点数，议价付款后几十个人用篮子清空。窑户需要现金进原料和窑柴，又清了仓；洲佬得了便宜，估了几家瓷器集中配套选等级。

洲上带徒弟只带都昌人。这种洲店的帮派，总称"下洲店帮"。

另一种洲店是上洲店，这些店都在瓷器街，卖的瓷器质量较好，不需要另外加工，所以上洲店的经理称老板。按时间顺序，先有黄家洲的下洲店，后才有瓷器街的上洲店。也就是说，瓷器街这个地名最后才有。

另外还有一种店叫"洲红店"。红店多数为南昌、丰城、新建等地人开的。洲红店的地点大多在小黄家上下弄、陈家岭、老弄口、江家弄一带。他们不收购落脚货，而是在较好的白胎瓷器上彩绘加工后出售。帮派又叫"上洲店帮"。

"上洲店帮"买来碗、盘、杯、碟等，又向洲红店买彩好花面的各种瓷器，买下等瓷器要受惩罚，尤其是嫁妆品。可预付订金，讲质量守信誉，稻草包装好。这些瓷器不仅行销四乡，还卖给江北客人。这种人用肩挑担，叫"挑子佬"。

有些"洲佬"赚到了钱也开起洲红店，在修补好的瓷器上进行镶金、画花、贴花、烧炉等，以后还成立了"黄家洲瓷业公司"，公司地址在十字弄。当地人称其为"破碗公司"。该公司开办时的理事长叫总老板，名叫李会恒。

凡是洲红店都要上名字，叫上帮，带徒弟要经过公司同意。行帮设祭祀祠，会内设总老板和头首。有当年头首，有姓氏头首。会员多的姓氏有冯、余、江、曹、刘、邹、詹、段、侯、李等。帮会上房屋收租，还收每届开禁带徒弟时的入会金。工人组织与老板组织连在一起。商会派捐派款，洲上总可以少交一点。

篾匠也成立了"篾业公会"，会址在周王庙。凡是外来的篾匠都要拿钱上帮，称为"吃新江"。

五、商帮在景德镇，主要是贩卖瓷器的团体

景德镇瓷业大发展引发了社会分工，"富则为商，巧则为工"，也吸引了外地商贾与镇外居民。在洪迈的《夷坚志》中曾记有这样两件事情：一是"鄱阳英冈民黄廿七，作小商贾，绍兴元年到景德镇贩陶器，过湖口，往岳庙烧香"。二是"饶州市民张霖，居德化桥下，贩易陶器，积以成家"。

景德镇产瓷在宋朝以前分散在四乡，产品是肩挑车推到周边兜售。宋真宗景德年以后，"挑子"和"车夫"大多集中在城镇，身份逐渐转换成专业贩子。到了瓷器"行于九域，施及外洋"，就有了来自世界各地的客商。一般从水路上乘船进进出出的被称为"水客"，而驻扎在市镇的有店面字号的被称为"坐商"。

明末清初，在当地专业采办的瓷商共有八帮。早先来景德镇贩瓷器的都会结伴而行，最远的为关东帮、甘肃帮和山西帮，其中以宁、绍、关、广四帮购买实力最大。相继而起的有鄂帮、客帮。同治年间鄂帮中以葛店的同庆帮（又称"华帮"）实力最强，原来它们的名称叫"划帮"，是驾着小筏子来景德镇购瓷，然后划着小筏子沿长江城市出售，有不少人在南京、苏州发了大财。除各依习惯外，缴纳瓷税和包装行色也有差别。他们各自又细分帮派，还联合设"瓷商八帮公所"，所址在苏湖会馆。

各帮客号付给瓷行佣金，其中包括把庄（挑货）、看色（选瓷）的厘头，芨草凳价等开销。瓷税始于清宣宗道光年间，后来曾国藩为了镇压太平军筹措军饷，奏请在景德镇抽厘设局，随后改为瓷统捐局，订立瓷捐章程及芨草章程。当时还有所谓"恩关"，就是每年年终，关口免税放行。

民国后的北洋政府改为统税局,专定税率。商帮曾以税率时重时轻而提出过抗议,结果分别予以折扣,办法是金额以九折缴纳。鄂帮和一些手长的商帮,则准予八折。还有对折的,如过山、扬州等帮。

鄂帮在景德镇商界比较强大,它们内部按不同地区又分七个公所。税局凭各公所报税的清单,分别予以对折。到了国民党统治时期,各帮折扣一律取消,但对于那些强势公所的折扣仍然存在。

瓷器"商帮"最初的组织,名为"全国旅景瓷商联合会",会址设在南市区的花园里。国民党政府公布《工商业商业公会法》后,改为"全国旅景瓷商公会"。会员之中,计有鄂帮七帮,以及河北、四川、西南、关东、广东、苏湖等二十五个帮。各帮之中都有字号(坐商)和水客(行商)。

商业公会是景德镇商会基层组织之一,又属于都、徽、杂三大帮的杂帮。

商帮在旧社会与各行业帮派一样,有许许多多相沿成习被视为当然的陋规。比如瓷商采瓷手续,要经过五行的头面人物,即瓷行、把庄、看色、芰草和打络子,水非常深。这都是地方上的行话,不加解释外地人基本上是云里雾里。

瓷行,居间交易,供给瓷商堆栈、膳宿,可以住客投行。以后有的瓷商自租堆栈,仍然可以挂行。挂行设户者既不属于落行,也不另外领帖,还挂用自己的招牌。那些给客挂帖、不劳而获的老板,都是地方上有势力的地头蛇。

行业的头子,以"根"为准让子孙世袭家业。对于客号,亦各有其"根",所谓生枝发叶,以老带新。无根无叶归座行,还可以将"根"出卖给商业中的他人。客帮对于他们是不准自由选用的。

以上盘根错节,只要说得上理由就有存在的可能,也说明当时商界管理规矩的活泛和混乱,当事的官方和经营者都便于暗箱操作,浑水摸鱼。

1937年七七事变后,华北、华东城市相继失陷,景德镇地处偏僻,交通不便,虽未直接遭受日军的践踏,但也被飞机反复轰炸。前方虽在抗战,后方勉强还能够生产,然而瓷器运输,却因为外出交通阻碍而显得特别紧张。这个时候长江不通航,瓷商运销路线随时变更。单往上海的路线七拐八拐,竟多达四五条之多。至于到西南后方的路线,就水路倒山路,船只倒小车、马驮,倒来倒去,哪里安全便当就往哪条道上去。

在抗战时期,瓷运不但要走上十倍于平日的路程,还要冒着被抢劫的危险。当然商帮的狠"角子"乘机发国难财,陡然成为暴发户的也不在少数。

当时的景德镇几乎人人在"帮",最大的地方帮派是"都帮""徽帮"和"杂帮"。他们表面上是为了地方的和谐统一,底下却盯着利益同床异梦。还有行帮商帮,帮下有帮,层层细化,甚至细化到每一个工种。帮与帮人员交叉,一个人甚至有多个帮的身份。在窑帮里面,"都帮"和"杂帮"的窑户之间矛盾重重。在窑户内部,也有"陶庆窑"等三窑四窑组织,甚至搭坯户的都昌人内部也存在利益冲突。

但是,一般人在行业内说话等于没说。比如我祖上性格不很强势,老老实实守好自己的家业,做好自己的本分,资本在富豪面前也无足轻重,所以遵守行业规矩,不出格不革新不挑事,就可以享受到帮内的普惠政策,却无法感受到帮派带来的独特好处。

刚开始,各个帮派有它面向群众的积极的一面。

最后,行业就由地方代言人和大腕掌控独断,由爪牙支撑,不明事理的基层也前呼后拥。面对蜘蛛网似的钳制关系,曾任商会会长的陈庚昌、当时瓷业局的杜重远等人,都动过改革的心思,或者实施过一些改良措施,但是景德镇的帮派行规犬牙交错、盘根错节、根深蒂固,而既得利益者又财力雄厚、人多势众,帮派立的规矩"动一发而乱全身",结果都是蚍蜉撼树,飘零几片落叶而已。

景德镇的瓷业蛋糕很大,但是都思量去挖最大的一块。

社会上各色人等的矛盾由来已久,积怨很深。表面上都冠冕堂皇,似乎在给地方或行业设立规矩,其实在区域或小团体成型后又勾结官府、通融左右、养"街师傅"混混,以及暗地里收买少数底层,无时无刻不为自己的利益预谋策划。那些土得掉渣的民间办法,规矩细致到一招一式,好像是大家的约定俗成,其实就是严格按既定的条文走形式,将社会问题和稀泥,将矛盾转移给大众,实施的是更大更凶蛮的,类似黑社会组织的高压性专制垄断。

怕不怕由你,服不服也随你。

但是规矩就像一双监视的眼睛，一直跟在犯规而又没有靠山的人后面。幸好新中国大刀阔斧，政权将所有恶霸规矩和行为都当作垃圾扫进了阴沟，各行各业以及瓷业工人才有可能放心大胆地在景德镇生产生活。

景德镇传

The Biography of Jingdezhen

第十章 民国的改良挣扎

尽管腐败已经无孔不入地渗透到方方面面，但是民国政府及有抱负者却无时无刻不在寄予希望，思量着改良。千年瓷都景德镇，作为难得的有特色的手工业城市，既是当政者的鸡肋，又像有志者的试验田，"民族工业救国"的梦幻始终像熊熊的窑火烈焰灿烂，却最终均以烟火飘散的形式灰飞烟灭。

帝国主义、封建势力挤压着民族资本主义的生存发展空间。

景德镇城市举步维艰，瓷业产销回落。

浮桥及瓷船

城徽"龙珠阁"

龙珠阁的兴建基座"珠山",是一个有着漫长历史的城市景点。

1922年初夏,古老的景德镇在相互传递着一个特大的消息:主政江西瓷业公司和景德镇总商会的掌门人安徽祁门人康达(康特璋),号召工商界人士集资在珠山上修建一座楼阁。由于人心所向,这一号召在这样一个富庶的集镇很快一呼百应,于当年冬天就筹齐了钱款,康达边雇人开拓荒地,边大兴土木。

珠山被誉为景德镇的标志,是千年古镇的别名。这便是新建楼阁,一定要耸立在它顶上的原因。

古代的珠山,气势巍峨,高数十仞,绵延数里,风光旖旎。据《浮梁县志》记载:"珠山,在景德之中独起一峰——峰峦遥列,俯视四境。"总之这座山包位居景德镇的盆地中心,风度和风光都夺人眼球。

相传在公元前221年的秦朝,番君(即鄱阳县令)吴芮在此登山立马,因此最早称"立马山"。因有五条小山脉蜿蜒环绕,恰似五龙拱珠,因而唐代开始把这雄浑的山头,改称"珠山"。

在民国十一年,康达的发动不属于"始建"。相传唐代改名时就有人看中了这块山顶高地的气势,在上面建过一个名为"聚珠亭"的亭子——这是起始。到了宋代,又有人在山上建了个"中立亭"。元末,明大将于光踞之为行台，号"蟠龙山"。明初又改名"纛山"。明代天顺年间将亭子改造成"朝天阁"；成化年间在朝天阁的基础上扩建为"冰立堂"；明万历初年，宦官潘相来御器厂督陶，又改成"环翠亭"。

改来改去，叫法莫不诗意和气派。改造不是因为年深日久、亭阁荒废，就是出于破旧立新、从头作为。最终到了清嘉庆年间山顶又渐次荒秃，亭身被风化破败，道幕吴鲸波发起新葺门槛，是故将唐英所置的"文昌像"移到亭中祭祀。到了清末这里又杂草丛生，仅有几株参天的古樟和数间破屋，另有一座废亭和几座高两米多的石碑。其中一座石碑上刻"环翠亭"三字，其他的石碑几经风雨，苔藓斑驳。石碑表面已经剥落数层，字迹模糊难辨。

到了民国初年，珠山上有一座年久失修的亭阁，匾额上题"文昌阁"。阁内站立着魁星塑像，市民称它为"魁星阁"。阁后有一座六角亭背山而立，亭上匾额题"环翠亭"三字，但此时亭阁已是残垣断壁，显得荒凉。

这就是城镇中心山顶的演变过程。

然而这里的风景绝佳，不仅有王者之气的雄伟，还有一股闹中取静的山林气象。

更为奇怪的事情，在那次康达筹建的过程中发生了。

关于这座阁楼的规模和形式，经过头面人物商议，很快就达成了一致意见，但这座阁楼叫什么名字，却迟迟拿不定主意。探讨再三，直到破土动工后，一天在基建工地的地底下，挖掘出一个直径盈尺的祭红圆珠，众人争相观看，引起轰动。

利用古人的迷信心理，这一让人信服的惯用伎俩，当然是关键人物的人为算计。有人早就想好了"龙珠阁"名号，聪明的人只是心照不宣而已。

于是起到了广告宣传效应，龙珠引发起普通民众纷纷扬扬的话题：有人认为这一红色圆珠是神珠，也有人说这是天赐之珠，是颗宝珠，是国宝。鉴于珠山地绕五龙，有五龙抱珠之说，大家便一致同意将阁名确定为"龙珠阁"。

珠山上挖出了神珠，引得镇上一些老人说起了掌故——珠山自古就是神山。相传秦时生于浮梁的吴芮曾为鄱阳县令，他曾立马珠山，后来官运亨通，当上了汉朝的衡山王、长沙王；元末时期朱元璋也曾在此逗留，后在浮梁红塔中因蛛网封门追兵不入，使得他绝处逢生，最后当上了皇帝；明清两代建御窑厂，专为皇帝烧造瓷器五六百年了，皇帝那可都是真龙啊！

珠山凝聚了太多的龙气、龙神、龙精，就孕育了那颗红色的龙珠。

当时的人都相信有神灵或天命这一套。于是大家将这天赐之珠——祭红的大圆珠，镶嵌在后来兴建好了的楼阁大门之上。

光绪二十九年（1902），康达被派到景德镇御窑厂监制瓷器。他被珠山的地势所折服。1909年再次到景德镇，接管御窑厂和创办江西瓷业公司。这时，他向公司员工和景德镇商会同仁提出在珠山修建阁楼的倡议，并自己拿出一部分钱。在大家响应与支持下，龙珠阁于民国十一年（1922）动工兴建。

也就是营造一座城镇的灵魂。

整座阁楼占地七百平方米，为砖木结构，共三层，宽数丈，仿古刹形式，顶上铺黄瓦。阁楼后有一圈红色高墙，中间一个大天井。

底层分前后两个佛堂，二层与底层相似。第二层建一间十平方米亭子式阁楼，东、南、西三面开窗。阁楼顶飞檐翘角，伸向半空，庄严肃穆。登阁可远眺全镇。阁楼大门及内殿直柱朱抹，门上方横额嵌上四块二尺见方的瓷板，青釉书写"韫玉怀珠"，再往上便镶嵌那颗"天赐之珠"。

进门两边分别为晨钟、暮鼓。前店神龛中供奉一尊白玉瓷坐莲观音神像。二楼供奉孔子、释迦牟尼、老子之尊泥塑全身像。

这座阁楼，按其阁名近乎名胜风景的阁楼。在建造形式上把阁楼的制高点第三层，作为友人观光处和文人墨客吟诗作画地。而按其建造形式与阁内供奉神像，又俨然似礼佛之地，但其供奉的神像，把儒释道三者混在一起，又是一个提倡信仰自由的寺观。

新中国成立后，老龙珠阁曾一度成为公务招待所，后因客源稀少、年久失修逐渐被废弃，最终连瓦砾堆都没有了。

龙珠阁再度被重视重建是在1987年。新龙珠阁仿明重檐宫廷建筑，共六层，高三十四点五米，建筑面积一千六百五十平方米。到了1990年又重建，采用明四暗七的结构，阁高三层，广阔数丈，围以红墙，覆以黄瓦。内分与原官窑相关的资料展示和经古陶瓷研究所复原的官窑展示两部分。

潜藏的重点是，其周围地底下埋有无数宝贵的文物遗存。

因为改革开放前城区的房屋低矮，龙珠阁便鹤立鸡群。所以客人的车子还没有进城，从很多角度远远就可以眺望到这座耸立在老城区的巍峨壮观的阁楼。

关键的问题是——龙珠阁耸立在皇窑的后山顶上。明代御器厂的选址，是以北边的珠山为强大依靠，由此向南环围了一圈偌大的围墙。墙内有五万四千三百平方米，建造堂房、门廊、楼库、祠堂、官署，以及各式各样的专业作坊二十三个和窑八十二座……

所以在很多景德镇瓷器的底款上，类似于商标，都标有简洁的龙珠阁形象。这说明在当地人心目中，它早就相当于景德镇的城徽了。

抱团取暖的"珠山八友"

"珠山八友"这个著名的景德镇陶瓷美术团体,出现在清末民初的那段时期。

首先是"陶瓷美术"这几个字在当地出现,标志着当地制瓷手艺人的进步和觉醒。历史上瓷器工匠的手艺,大致分为两个发展阶段:最初只要把碗盘做圆和把表面做得光洁,拿起来顺手,看上去养眼,使用不被割破皮肤,那么制造者就算是业内高手;后来瓷器越做越精,特别是官窑在景德镇设立,匠人开始在器型和器面上做文章绣花,把瓷器体质做薄做通透,或者在表面上雕花和绘画等,开始从美感上下功夫竞争。

受传统美术的影响和西方艺术的冲击,到了近代中国,为了使产品锦上添花吸引客户,瓷器能卖出更好的价格,由瓷上的手工艺进而渐进到瓷画雕刻艺术,是人类在审美上的一大进步与觉醒。

至于抱团在景德镇并不陌生。

以前古镇为了取得集体的力量,各行各业和各个地方都成立了自己的帮派,喝酒吃茶称兄道弟,遇事呼啸云集抱团对外。在崇尚道义的封建江湖,想干事或者想玩得好的人都很作兴这一套,类似于臭味相投的名士"竹林七贤",盟誓结伙干大事的"桃园三结义",以及景德镇的帮派。而由手艺人刚刚演变成艺术人的这一伙,发轫的时候肯定还像刚过门的新媳妇一样,势单力薄、底气不硬并谨慎小心。

所以刚刚起步的时候并不是"八友",而是由好多人组成的"景德镇瓷业美术研究社"。

现在人的眼光厉害,当代在景德镇陶瓷美术界,乃至世界陶瓷收藏领域,都看准看好了当初的"珠山八友"作品。相比于"瓷业美术社"良莠不齐的瓷器,他们的作品技艺之精、风格之妙都得到了一致的公认,影响深远。

因为那个时代的手艺人都很认真诚实——功底是学徒时被打骂出来的,上手后买最好的瓷器材料,用最贵的彩绘原料,花很长的绘画工夫,一丝不苟、倾心尽能地精雕细刻。当时的名声非常之重要,技艺是饭碗的保证,画不好没客户上门,作品自己都羞于面呈市场。

然而由于年代久远,忆事模糊,在20世纪80年代中后期"珠山八友"的作品又收藏火爆,单价逐日看涨,造成各种回忆文章群发,尤其是有人想谋利炒作,混淆视听,最终连最初的八个人姓氏往往都传说不一,引起长期众说纷纭的争执和猜测。

这时候景德镇有个老人毕渊明终于按捺不住,他熬夜撰写《珠山八友的来龙去脉》,直言:"余彼时虽尚幼,亦曾追陪杖履,謦欬常亲,故知之甚稔,爰不揣谫劣,追本溯源,将珠山八友之来龙去脉,笔而述之,以飨读者。"

毕渊明在当地又叫"毕老虎",连弄堂里的小孩子都这样叫他。他是景德镇有威望的陶瓷美术家,生于1907年,逝世于1991年。他父亲毕伯涛为"珠山八友"之著名人物,年轻时毕渊明的诗文还得到过"珠山八友"中王大凡的赏识,最终王大凡把他的爱女王梦兰嫁给了这个小伙子,毕渊明就此成了这个团队的女婿。所以后期的绘画,很自然是他曾向"珠山八友"中的叔伯们求教的结果。

往事出自他的记忆,似乎是比较权威的版本。

景德镇的"珠山八友",是那段时期中国陶瓷美术界的高峰代名词。

那个时期搞瓷画这一行的人,在景德镇民间还不是很多。有高超手艺的人在皇宫里,皇帝身边就专门豢养着画师。那时留洋的都是去学工业或科学,极少数学西洋画的不会来画瓷器。只有御窑厂流落出几个遗老遗少，才手把手凭经验教几个至亲的孩子。

这个团队的前身"瓷业美术研究社"，结社的源起是在1910年间因为官方的鼓动。当时的浮梁知事陈安崇尚风雅，喜爱陶瓷，尤其赏识新建人王琦所画的瓷板。画像与粉彩人物都画得新颖别致，栩栩如生。知事陈安曾嘉许他，贻之匾额曰"神乎技矣"。因此本靠绘画手艺生存的王琦，声誉在民间鹊起，技艺也随之越发精进。

县知事甚至得空的时候怂恿王琦等人，说要发展好陶瓷彩绘技艺，就有必要组团切磋共勉共进。仔细想想也是这个道理，于是长年闭门作画作烦了的王琦、王大凡、汪野亭等一帮瓷器画师，把画坊的门关起来商量着抱团起事。这几个当地有名气和威望的瓷画界领军人物，再联络几位瓷画同仁——潘匋宇、汪晓棠、吴霭生、饶华阶等，又都看中浮梁县衙署边上的幽美，定下了今天莲花塘"佛印湖"畔新邑公园内的景德阁。

1920年11月美国《国家地理》杂志刊登过一位叫作弗兰克·B.冷兹撰写的《世界的古老瓷器中心》的考察报告。报告配以丰富的现场图片，充分展现出19世纪初期当地的真实面貌——这就是瓷画家们思量抱团的社会背景。

一缕缕工业白烟从高耸入云的烟囱里袅袅飘散出，这景色在西欧工业城市习以为常，但是在荒芜落后的江南十分打眼——景德镇在中国超凡脱俗。然而进一步深入它又发现，这又是一个非常闭塞保守的城市。尽管各种教会已经深入其中，但是报刊不见发行，电灯电话没有，街头几辆人力车的车夫都在为争夺客户插队争斗。只有一个长满莲花的湖滨公园，才是这座城镇唯一可以呼吸到新鲜空气的地方。

这个被外国人夸赞的处所，就是"瓷业美术社"计划落户的社址。

在漫长的明清社会，瓷画者不过是一帮养家糊口的特殊匠人，被雇主雇佣或坐家开价卖艺，地位也比较低微，更谈不上创作的自主。新世纪的曙光渐渐渗透到市镇，枷锁被轰轰烈烈地砸烂，搞艺术的便有了自由的冲动，于是一批志趣相投的人在潜意识里有了释放的觉醒，产生出一种直抒胸臆自娱自乐的期盼。

1917年秋季，一伙人自筹资金宣告成立瓷业美术研究社。当时有二百来人，吴霭生为社长，王琦和汪晓棠为副社长。规矩是凡入社者必送代表作一至二件陈设于景德阁的展厅，每人每月向组织缴纳会费作活动开支。有老人记得在第一年的冬初，莲花塘边举办过一次特大美展，展厅琳琅满目品种繁多，进进出出的参观人数与会场热闹"漪欤盛哉"。

　　研究社又进一步约定：每周由社员抒其所长，供绘画稿一页付之石印，然后散发给社员以资绘画参考。这属于划时代的里程碑似的进步，景德镇已经进入了艺术瓷的年代。随着活动的增多，影响的扩散，陆陆续续入社的人越来越多，最后吸收了三百多人，还培养出了一大批瓷艺人才，从此一扫清末民初瓷艺仿古和妖艳之风。

　　社里陈设瓷越来越多，一时间风生水起。

　　然而好端端的"研究社"，只风光了十年不到的时间便寿终正寝。毕竟非官方的机构，不过是一帮凭手艺混饭吃的匠人，抱团并没有提高其身价档次。等到1926年年底乱世，孙传芳下辖的北洋军阀刘宝堤溃军过境，落荒而逃者竟然在自己的势力范围内采用了武力，将研究社陈设的精品瓷掳掠一空，把瓷画匠们聚会的场所砸得稀烂。

　　"秀才"面对"丘八"，只能眼睁睁地滴泪伤心，万念皆灰。在那种社会捏死瓷业美术研究社，就像是捏死一只蚂蚁。景德镇一帮文质彬彬者，在被强蛮摧残后宣告解散。

　　"珠山八友"就是这个短命社团里的骨干成员。

　　它是景德镇陶瓷史上另一段传奇佳话。有别于前面群众性社团的是，景德镇"珠山八友"属于个体的友情和少数人创作上的志趣类聚。有一出脍炙人口的"月圆会"故事，在反证那个时代的风貌特色。

　　民初军阀混战，景德镇瓷艺也跌入历史的低谷。瓷艺历代都是绘制宫廷专用的款识图案及画面，在督陶官的严格掌控下，钦定的内容，民间的吉祥，以及福贵发财之类的庸俗题材，成了景德镇瓷器装饰的固定套路。而一旦这种顶层工艺模式控制不再，失去了艺术桎梏的景德镇艺人们，就像久被圈养的鸡犬一样反而迷惘得无所适从。

主要骨干沉寂了相当长的一段时间，但终究是一帮搞艺术的性情中人，按捺不住长期闭门造车的孤寂，于是因为一个特殊的由头又汇聚到一起。因为短暂的实践生发过瓷艺的余韵，使得他们在景德镇瓷业出路上找到了一些自信，内心就都有抱团取暖的死灰复燃。

民间传说是在1928年秋天，在行情不好的岁月里，王琦突然遇到一笔大宗买卖——有位上海大客商一次性要订购八块艺术瓷板。但是客商要求每块瓷板画都应有不同的艺术风格，最好是具有中国画的特色，诸如人物、花鸟、山水兼备，而且交货时间很紧。

王琦只好找到王大凡商量，感叹说如果研究社还在该有多好。一句话醍醐灌顶，王大凡就建议再把画友们叫拢，里面画人物、山水、花鸟、鱼虫的都有，八块板子正好八人。这些人平时也惺惺相惜情投意合，偶尔诗书琴棋上还有雅会，有的甚至还有亲缘关系。比如邓碧珊和王琦有师生情谊，王大凡和毕伯涛是儿女亲家，汪野亭与程意亭为陶校校友，刘雨岑、何许人曾拜王琦为义父。

当时社会上还流传过一首打油诗："珠山八友，四海扬名；八支画笔，四根烟枪；父子一对，亲家一双；碧珊烟鬼，挨刀而亡。"

时间正好是八月十五中秋节，大家开心相聚，王琦将八块瓷板画的任务分配给大家，说客商对艺术是难缠的杠精，并约定下个月的农历十五交货。次月十五到王大凡家，与其说是完成了生意任务，还不如说是大家对瓷画的欣赏研讨——比较早的一个"文艺沙龙"。

毕渊明在文章中继续说：

> 1928年秋，有王琦与外舅王大凡、汪野亭、何华滋、邓碧珊、刘雨岑、程意亭及先父毕伯涛，慨斯社之沦散，欲恢复以图强，于是年秋间，八人相约，各带纸画作品一幅，在市内现在的珠山西路上的文明楼酒馆内二楼，开茶话会，品茗论画，相互观摩。在座八人，便定名为"珠山八友"，并订每月望日开会一次，名为"月圆会"。

此后八个人轮流做东，肆筵设席。七个人逢会便各带纸画作品一幅，以酬主人。是日畅谈饮酒，兴尽乃归。

　　料不到好景不长，人事难测。1930年间邓碧珊仙逝，何华滋也游艺于浔阳，毕伯涛因奔祖丧，留居鄱阳，八人中已去其三。后来这个团队由徐仲南、田鹤仙、张志汤、方云峰、汪大仓相继加入，因而月复重圆，会仍常集。每当炎炎夏日时，各位还相邀到五龙庵避暑，有时县长彭葆仁也来观赏，大家饮酒作画，畅叙幽情，不亦乐乎。

当时为不被游人打扰，在五龙庵聚会时门前还特意写了"珠山八友创作之地，闲人禁止入内"的木牌。

等到1935年王琦病殁后，各位画友先后凋谢，风流云散，景德镇的月亮于是不再圆满。

关于这个团队最早见诸文字的，是王大凡写于20世纪三四十年代的《希平草庐题画诗稿》中的《"珠山八友"纪实诗》，证实"珠山八友"是王琦、王大凡、汪野亭、刘雨岑、程意亭、毕伯涛、徐仲南、田鹤仙。此为"八友"铁证，然而诗稿在邓碧珊辞世八年后才写，就不可能得到邓碧珊的认可，还有回避邓碧珊因诉讼惹来杀身之祸的影响之嫌。

在20世纪60年代，同样还是王大凡，又认可八友中有邓碧珊其人。

时过境迁，变化颇多，连八友自己都说不清楚最初的八友为哪些成员。

但他们都是景德镇瓷业美术界的名人无疑，他们与烧造日用陶瓷的作坊主、窑户和瓷工，分别属于风马牛不相及的两块天地。一个是以盈利为目的的工商业主或以养家糊口为主的工匠，一个是偏爱琴棋书画、诗词楹联的曲高和寡的艺人。在当时温饱艰难或买田做屋的两重社会，热衷于艺术品收藏者凤毛麟角，没有一定的经济地位、鉴赏水平和闲散工夫，谈都不要谈这等近乎烧钱的鬼事。

1939年《瓷艺与画艺》中的"藏瓷图版"考究：在田鹤仙彩绘的《时将雄吼唤梅花》瓷板画的题款中，有句"田君鹤仙工丹青，乃'珠山八友'之一";张志汤彩绘的《汉秋宫月》瓷板画的题款中,也有记"超出'珠山八友'之上"。

由江西轻工业厅陶瓷研究所汪思清于1959年编写,"生活·读书·新知"三联书店出版的《景德镇陶瓷史稿》称,王琦、邓碧珊、徐仲南、田鹤仙、王大凡、汪野亭、程意亭、刘雨岑,"一般人称他们为'珠山八友'"。刘雨岑在1961年接受吴海云专访时,也认可了这八位为最初的"珠山八友"。

著名的陶瓷考古专家刘新园,在《景德镇近代陶人》一文中认为,"八友"的形成与演变大致分为三个阶段:

早期以王琦为首,汇聚了王大凡、邓碧珊、汪野亭、程意亭、刘雨岑、何许人、毕伯涛,组成最初的"月圆会",以吟诗作画为宗旨;中期由于邓碧珊、王琦先后于1930年和1937年逝世,因此以王大凡为主,八友的汇聚更具有商业性质,比如客商要求八块条屏绘不同画家特色画,那么只有邀请徐仲南、田鹤仙和汪大仓几位名家配画;晚期因抗战时期日机轰炸景德镇,"珠山八友"活动开始不正常了,不少人离景返乡,20世纪40年代后组织活动已逐渐萎缩,加上何许人、汪野亭、程意亭等相继去世,虽然后期又邀请了方云峰、张志汤等,但并没有得到社会的普遍公认。

"珠山八友"的画风经历百年,至今越发显得清丽脱俗、脍炙人口,作品在当今的拍卖会上,动辄以上百万迫近千万的金额被疯狂收藏。当时的瓷画匠为艺术而创作非常非常认真!只有行家里手们清楚:如果细细去品味,八友中各人因经历、学识和爱好的不同,情性、风格和特长在作品中也呈现明显的差异,各有独特的风采。

王琦,号碧珍,别号陶迷道人,江西新建籍人。王琦以画人物著名,早年所画人物,其衣纹笔调,多仿钱慧安、吴道子;后独运匠心,参以黄瘿瓢(黄慎,"扬州八怪"之一)之笔调,气势更为磅礴,在陶瓷彩绘上,开创新的纪元。

王大凡,名堃,别号希平居士,安徽黟县籍人。其善画人物、仕女,师改七乡、沙山春、费晓楼,后集诸家之大成,有所创造,在陶瓷彩绘上,曾创"落地设色"。

汪平，号野亭，别号传芳居士，江西乐平籍人。擅长山水，早年多学王石谷，后因技艺精进，落笔奔放，烟云满纸，有类泼墨。

何华滋，名处，后更名为许人，安徽南陵籍人。何华滋在陶瓷上，以画雪景闻名，用笔工整。其生平之作，有《寒江独钓》《梁园飞雪》。

邓碧珊，字辟寰，号铁肩子，江西余干籍人。善画鱼，翻波掉尾，栩栩如生。瓷板画像，乃其发明。

程意亭，名甫，别号佩古斋主人，江西乐平籍人。擅长翎毛、花卉，用笔着色，出入蒋南沙、恽南田之间。

刘雨岑，原名玉成，后改雨城，别号澹湖渔，安徽太平籍人。善画翎毛、花卉，为鄱阳名画家潘陶宇之弟子，用笔纤秀，一秉师承。笔者当年常戏之曰："卿本佳人。"其作品以雄鸡见称于世。

毕伯涛，名达，别号黄山樵子，安徽歙县人，清末秀才。擅长翎毛、花卉，曾师事鄱阳名画家张云生，后学新罗山人，生平精研金石、诗、书、画。笔者幼承庭训，徒读父书，浪掷居诸，难承衣钵，为可愧耳。

徐仲南，名陔，别号竹里老人，江西南昌人，为当时诸友中年龄最高者。其擅长山水，得黄鹤山樵遗意，兼写松竹。其山水之名，为松竹所掩；山水之作，传世甚少。善鉴古董。

田鹤仙，名青，别号荒园老梅，浙江绍兴人。初画山水，笔意在董北苑、巨然之间，后对画梅别有心得，肆力专工画梅，深得煮石山农胎息。

张志汤，时为安徽婺源人。善画山水，出入宋元，后改画郎世宁之马，其运笔设色，形神颇肖。

汪大仓，号一粟，别号桃源老农，安徽黟县人。为先君弟子，专工山水，师古不泥，用笔简练，气韵浑成，意境奇奥，妙到毫巅。

方云峰，号佩霞，别号惜花轩主，江西浮梁人。其专工仕女，用笔纤丽，力追费晓楼，尤喜画猫，作品有《富贵根苗》《耄耋延年》为世所赏。

相传"珠山八友"的作品，在他们抱团以后影响更大，民国时期就求购如潮。有人说因为生怕人家偷艺，他们的创作时间往往选在深夜，并通宵达旦。甚至有的画家靠抽鸦片来支撑精力。

"珠山八友"为民国文人瓷画的集成。在抱团成气之后,他们尤其注重集体与个人的声誉,绘画所选的载体——瓷板或瓶子都胎质上乘,题款字迹纯熟流畅,作品风格精细到山水秀逸、人物传神、花鸟富有生气。他们在"浅绛彩"的基础上存其精华,革除弊端,创造性地将文人画应用到传统粉彩瓷画艺术中,将诗书画印融为一体,像是一股冲出地壳的清泉,创新创意喷薄而出,肆意汪洋,让绘画艺术刷新了陶瓷史上固化的格局,开创了一代陶瓷美术的先河。

　　所以毕渊明在20世纪80年代末期,面对历史和现实撰文感叹:

　　"各友之艺林风范,后继虽不乏人,而得其真诠神髓者,尚属鲜见。"

撞南墙的改良者

景德镇的痼疾在20世纪30年代，开始受到一个执着者的抄底挑战。

在当地瓷业界，由于独占世界高峰的时间太长，就像一位日渐老迈昏庸而习惯于指手画脚的君王，形成了一整套自带顽症的生产系统和社会规则。没有人敢触碰这条貌似城镇的习俗，实际上是利益集团包括朝廷下派的内阁中书的盔甲。

这时候杜重远来了。尽管为时很短且复杂坎坷，但是他精准地冲着这堵厚厚的南墙迎头而上，试图按理想破旧立新，建起一个适宜发展的新型生产体系。所以他一次又一次的冲撞，在这座古老的市镇上散发出巨大的声响——杜重远既是一个实业家，又是一个实业救国的抗日勇士。

他行事勇猛的关键背景，是源自身份的简单自信。杜重远是民国江西省府请来振兴企业的专家官员。然而，在那个国家机器积贫积弱、内忧外患和腐朽倾轧的年代，政商层面的利益就像连体的怪胎，铁板一块刀枪难入。孤军奋战的杜重远因此注定是枚鸡蛋，结局便肯定是在南墙的石头面前弃甲落荒，无以善终。

景德镇当时的形势是："洋瓷"倾销，陈规森严，瓷业衰落，工艺退化，许多瓷窑的烟囱形同虚设地干杵着。问题是在这个时候杜重远与景德镇有过一段精彩的交集，且一下一下给当地留下经久的撞击回声，在市镇上影响深远，所以他的故事，在当地人脑海里至今记忆犹新。大半个世纪以后，研究和回忆他的文章依然持续不断。

从历次逆行的抉择中，可以看出一个人的品质和性格。

1898年出生于吉林省怀德县的杜重远，与这座江南手工业市镇是风马牛不相及的关系。农民家庭出身的杜重远少年时进取心很强，学习成绩很好。胆大倔强的性格，使他于1911年瞒着家人跑到沈阳，十三岁就考取奉天省立两级公费的师范。

1918年他又以官费生的身份留学日本，先是在东亚日语学校学了两年日语，再考入日本仙台高等工业学校专攻窑业。当时东北留学日本的，大多是去士官学校图个前程。有幸的是在日本，他同张学良结成了莫逆之交。与之同去留学的还有高崇民、陈先舟、苗剑秋、盛世才等后来的名人。

1923年冬杜重远毕业回国，集资在沈阳城北创建了一座德国式哈夫曼的大轮窑。经过数年努力，厂里的员工由百而千，产品由砖而瓷，资金由几千元累积到数十万元，成了一家有名的"肇新窑业公司"。以振兴实业为职志，他的倡议迅速得到各界响应，于是全国第一座机制陶瓷厂便在沈阳北陵区域出现。

这个厂生产销路很广的日用瓷，不久便将日本垄断的东北瓷器市场取而代之。作为实业家的他，在1927年被选为奉天总商会副会长。1929年张学良委任他为东北边防长官公署秘书，襄理对日事务。就此这位工商界名士，开始与国家的军政层面有了千丝万缕的联系，也启动了其下半生志向明晰且匆忙纠葛的人生。

杜重远倡办的公司，不同于中国其他工厂。他早年读过欧文的空想社会主义，便效仿欧文办纺纱厂的精神，实施崭新的生产方式和管理办法，成了名噪一时的新实业家。可是好景不长，"九一八"事变后他的公司被日本人侵占。侵略者还以"抗日巨头"的名义对他加以追捕，杜重远被迫移居北平，参加了"东北民众抗日救国会"和"东北抗日后援会"，并担任全国经济委员会技正和中华国货产销合作协会的总干事。

1932年1月上海抗战爆发，杜重远受"救国会"和"后援会"的委托，兼抗日将军马占山的代表，到上海支援英勇抗日的十九路军。因此他和上海抗日知名人士黄炎培、陶行知，以及沈钧儒、邹韬奋、李公朴等"七君子"均相交游。当时的《生活周刊》是抗日救亡的强大喉舌，杜重远常在该刊发表文章，因此结识了钱俊瑞、胡愈之和《妇联生活》的沈兹九等一些左翼作家——其个人的政治倾向逐渐明朗。

　　1934年《生活周刊》被迫停刊，邹韬奋被勒令出国。为保持宣传喉舌，杜重远毅然接办了这个刊物，并改名《新生周刊》。与此同时，卢作孚在四川办起了民生公司，邀请杜重远去了四川。

　　清晰的履历表明，在到景德镇瓷业界施展才干之前，杜重远就是一位集工商、军政和文化于一体的全才。独立的思考、广泛的交际和发散式的追求，也注定了他无法安宁、专一。

　　残酷的现实，让这位学有专长的实业家清醒地认识到，对付帝国主义仅仅靠激愤就好比小孩面对巨人施暴的干吼。因此1934年7月，杜重远答应了熊式辉邀请，前来江西帮助改革瓷业，促进地方经济建设。

　　这时候，他的内心又燃起"实业救国"的希望之火。

　　江西当局的意思，不过是想借他在军政和工商界的关系，在九江主持创办一个规模性的机制瓷业工厂。按常理在身无着落四顾茫然的时候，对专业又轻车熟路的人来说，这可是暗自窃喜的机遇。可是杜重远非轻率之人，上任前他硬是要到景德镇调研。他想搞清楚，当局为什么要把瓷厂建在九江？政府的理由非常简单：景德镇手工制瓷比不过西洋，交通畅达相当于山沟，市镇恶习就像丛林，瓷工剽悍近似于流氓，而星子余干的瓷土运输不便。

　　杜重远邀上几位银行经理去景德镇的途中遇到了一股劫匪。交通和治安问题先给了他一个警告，实地的现实状况也超出了他的预期。他参观了很多瓷厂，沿路目击和调查到的状况是：烟囱上百根，但冒烟的不过十之一二；瓷用原料仅略加水洗，而未能精制；瓷质杂乱，而价格又偏高。尤其是政府无所作为，制瓷都靠手工人力，行事按照习惯旧章。坯房里一成不变地三个人一组，每组按规矩每天出坯四十二板——刻板到无视行情和调度产量。匣钵厂贪利,原料以次充好,是故倒窑频繁。瓷窑几近被"都帮"垄断,窑柴须先缴纳柴金,而烧窑的效果窑主概不负责。

总之各行各业都有帮派把持,陈规限制。

最让杜重远触目惊心的是——道路和茅厕污秽不堪;同行的肥胖经理被少见多怪地围观;鸦片和私娼泛滥;臭虫死老鼠遍地;"镇巴佬"面多菜色。

他在《景德镇瓷业调查记》中概括道:这座城市封建、愚昧、肮脏、自私、涣散。他说:"救治景德镇,非无办法,只在政府有无决心耳。""病因就在于政府之放任。"这都是说给熊式辉听的。一篇四千多字的调查报告,引起了江西省当局的注意。

基于爱国惜民的本真,杜重远竟提出驻扎景德镇和改良瓷业的要求。熊式辉言听计从,拨给专款。为了取得地方与政府的支持和配合,在大刀阔斧改革之前,杜重远还推荐了阎模阎来担任浮梁县县长。

1935年上半年,杜重远是兴高采烈的。

他在上海热心抗日救亡运动,《新生周刊》也办得声啸海内;他三次到景德镇布置振兴事宜——成立江西陶业管理局,办起陶业人员养成所,并为九江光大瓷厂奠基,筹募到了资金,购备了机器。三个草创点都进展得有条不紊。

杜重远出任江西陶业管理局局长后所做的第一件大事,就是创办陶业人员养成所。英雄所见略同,与之前康达的起始同出一辙。所谓养成所就是培养训练人才,改革瓷业须先改良瓷人。如果守旧的景德镇,只依靠一大帮没有科技文化知识、不了解世界和市场格局者,继续因袭家族作坊和师徒传承的模式,改良就是空谈,计划也寸步难行。

1935年1月中旬,他分别在上海和南昌两地登出"养成所"的招生广告,最后录取了七十二人,号称"七十二贤人"。

起初,管理局和养成所都设在莲花塘五龙庵旁,附设小型的陶瓷研究所和实习工厂。管理局的门口,挂着局所两块牌子。局里的业务刚开始时不多,时间和精力都放在养成所里。局员兼教员,教员兼局务,局长杜重远也不例外——办养成所成了管理局业务的开端。

杜重远实施的第二件大事就是贴布告,明令取消"窑禁"。这是挑战当地行帮的生产垄断,向封建把持发出的第一道攻击令。长期以来的景德镇,政府的放任致使当地拉帮结派,争权夺利,各自为谋,分工不合作,互相卡脖子——"窑禁"规矩就好比是一道厚实的利益"南墙",都昌帮的大窑户老板就隐身在后面,这时候他们惊恐地听到了猛烈撞击的巨响。

景德镇的所谓"窑禁",就是自春节到清明这段漫长的时间里,全镇的瓷窑停烧,俗称"禁春窑"。窑户以减产来压低窑柴价格,抬高搭烧的费用,倾销滞压在仓库里的陈货,恶意侵害到柴商、坯坊主和瓷商的利益,致使整个市镇的瓷业生产停滞不前,小作坊、瓷工和瓷商都处于等死状态。

第三件大事就是,铲除市镇上的瓷业陋习。当地帮派行规不仅是窑禁,它就像是一道一道的堤坝,把景德镇不断流淌的生产围困成一潭死水。对于窑厂、匣厂、红店、瓷行、五行头等方面的不合理规矩,杜重远也分别迎头而上,冲过去毁灭性地撞击,让"墙"上的石块松动,泥灰脱落。比如禁止窑工向窑户交"买位子钱";限制窑户任意扩大窑身尺度;取缔买卖间固定的宾主制度;禁止白土行垄断把持囤货居奇;禁止瓷工一人被辞即全厂停工;取消每逢五月半、七月半、年终,匣工均向作坊索取"篮子钱",等等。

在杜重远"撞墙"的时候,景德镇的商会、帮会和大窑户等头面人物,就像是目睹一头猛虎闯进了市镇,都站在自家的楼台上皱着眉头一声不吭。他们内心都清楚并期盼,这种摧毁般的撞击不可能永远持续,越使劲耗力越会被反弹——在蒋家王朝的天下,如铁板一块的地方和宗族的封建势力以及半殖民地底座,就是力挺"南墙"最坚固的屏障和基础。

形形色色的封建垄断被震撼打破,大大解放了景德镇的生产力。程咬金的"三板斧"过后,长期深受禁锢和欺负的底层社会感觉到云开日出,一时间弄头巷尾都如释重负,镇民都在茶余饭后口口相传。杜重远这位"大救星"的名字,在当地迅速家喻户晓。

很快按照他的乌托邦设想,他就像是一个理想王国里的君主,在景德镇筹设了陶瓷原料精制厂,成立了瓷业陈列馆,对外设立瓷器推销处,组建了瓷器供销社，并像是领军出击一样浩浩荡荡，组织老板们带货参加各省的地方特产展览。

这还没完，按改良计划杜重远还开办了采用现代瓷厂管理和运营方式的模范瓷厂和模范窑厂。他就这样在行政权力的支持下，不断推行其现代化生产主张，在市镇空间完全按照市场化的模式，展示其知识和文化的动力。诸如成立了工人训练所，建设了露天演讲场和俱乐部，创办了《民众》月刊。

杜重远也因此深受拥戴，被誉为瓷都中兴的缔造者。

然而动荡的时局，没有给杜重远留下再多一点的时间。

撞墙，因为反作用力而受到伤害。当时就像是"蛇吞象"的神话，他总想以自己的能量发挥更多的作用和效应，心急事多，甚至一心几用，活动的范围已经远远超出了景德镇的边界。当时他每次在市镇所待的时间，往往不会超过十天半个月，等在陶业管理局的重要工作措施落实后，他又匆匆赶往上海打理另一宗更加宏大的事业。

1935年夏天，正当杜重远踌躇满志的时候，因他主编的《新生周刊》发表不少针砭时弊和主张抗日的文章，其中一篇《闲话皇帝》的杂文，被国民党污蔑为侮辱日本天皇，"妨碍邦交"，因而被当局判决一年零两个月的监禁，关进了上海漕河泾监狱。

1935年底，北平爆发了"一二·九"运动，要求"停止内战，一致对外"。及时响应的景德镇，养成所学员罢课游行，市面上贴满了标语。本来江西第五行政区督察专员酆景福，一开始就敌视陶业管理局，这时就借机派警察局局长陈善谋和副官刘时，率大批便衣武装包围了管理局，以"图谋暴乱"的罪名逮捕了养成所二十多位青年，并勒令解散了养成所。

就这么简简单单的两招，就把杜重远在景德镇实现欧文理想的计划一锤击碎。

1936年春迫于社会压力，国民党当局将杜重远移到虹桥疗养院软禁。张学良到南京参加了国民党的三中全会后，便到上海治牙病，秘密看望了杜重远，探问舆论和形势，叙述处境和苦闷。杜重远告诉张学良：只有联共反蒋才能打回东北老家!

由此开始杜重远的思想和行为已经转移到了政坛和国事。

张学良随即由杜重远陪同,会见了自苏联返国寓沪的抗日将军、共产党员李杜。三人闭门剖腹畅谈,李杜还把由苏返国的刘鼎介绍给张学良。之后由刘鼎协助张学良,和中共达成了洛川、延安协议。

1936年9月杜重远出狱后回到江西,10月又去西安分别会见了张学良、杨虎城两位将军。11月他在上海,全国救国会领导人"七君子"被捕,12月他却以革命家的身份回到景德镇。后来于1936年年底,发生了震惊中外的"西安事变",但是国人都很少知道,其中的引路搭桥人之一是杜重远。

从西安回来后,他还到江西探望过振兴瓷业失败的残景。

西安事变和平解决后,张学良被国民党拘押,杜重远因涉嫌与闻事变而受到软禁。赖他有实业家的影响和声誉,身处国民党和共产党之外,才以爱国知名人士身份最后得以自由。1937年上海、南京沦陷,年底杜重远奔走于香港、武汉,继续从事抗日救亡活动。在武汉他结识了周恩来。后又三越天山到新疆会见他的同学盛世才,办起了新疆学院。

这时他已放弃了实业救国的欧文理想,经周恩来同意,于1939年1月担任新疆学院院长。

1940年国民党新疆省政府主席盛世才将他软禁。1941年他被以"苏联间谍""秘密共产党"的罪名逮捕。1944年6月,被暗杀,时年46岁。杜重远没有死在日军的炮火里,却倒在了国民党反动派的屠刀之下。

杜重远虽不是共产党员,可诸多事实证明他和中共有千丝万缕的关系,曾多次间接地、直接地支持党的革命行动。

杜重远曾经致力于景德镇的瓷业革新,曾对顽固的旧城堡垒予以猛烈的撞击。但是因国难当头,世事复杂,他既想借助于国民党政府赋予的权力,又想在行动上贯彻理想中的自我,所以注定难以成就辉煌的业绩。

作为单一外向型瓷业手工业移民城镇,景德镇形成了以商品化为主导的生产方式与弹性的社会结构。尽管宝贵的瓷业自然资源是成就当地辉煌的关键性要素，但是其背后的人地互动、官民互动、土客互动等复杂的地缘、血缘和业缘因素，促使其形成了以瓷业为主导的自治性社会结构。而官方对当地的管理原则是，只要不影响到瓷业的生产和贸易即可。

杜重远在世时，极像一个拿着长矛大战风车的堂·吉诃德。开始是为了企业，后来尽心于事业，多半都是在为中华民族的生存和解放而奋斗。他虽有实业家的声誉，却无甚资金积蓄，中年遇害后，其妻子余生孤寒清苦。他一生没有为自己向社会索取，四海匆匆行走，只是执着地朝着真理和光明奔忙，最后鞠躬尽瘁，死而后已。

1937年年底杜重远正式离开了景德镇。

景德镇顽固的帮派陋习，以及以国民党政府第五区专员酆景福为代表的反动势力，像一堵难以推倒的厚墙又被重新加固。在不得"天时"的年代，杜重远没能实现"实业报国""改良瓷业"的愿望。但他前所未有地冲着"南墙"一撞再撞所产生的震撼，给古老的景德镇带来了时政思潮，注入了城市现代活力，搅动了地方上的一潭死水。

特别是窑业改革给当地人的松绑，让景德镇人对他永远铭记。

陶瓷教育先驱

景德镇的陶瓷教育发展，得益于一个九头牛都拉不转身的书生。

这人姓张名浩。他办教兴学，办实验场，办实验所，改烧煤窑，采用脚踏辘轳陶车、手动碎釉机、石膏模型铸坯、印花刷花等新工艺，为后来的景德镇陶瓷生产由手工向机械、由柴窑向煤窑的发展确定了方向，培养了无以计数的陶瓷人才，并为之奋斗了一生。

与康达和杜重远迥异的是，性情温和的张浩，一生只盯着瓷业教育这一行，既没有飞黄腾达或腰缠万贯的奢望，也没有创造什么轰轰烈烈的业绩——这符合他的生性。他别无所图。如果不是天性使然，就他的知识和机遇，且大名已经进入官方视野，那他完全可以有另一番大刀阔斧般的响亮人生。

然而近当代的景德镇陶瓷界人才辈出，瓷业蒸蒸日上，与这位被世俗认为是老实巴交的人密切相关。

在中华"实业救国""教育救国"的救亡浪潮中，他就这样默默地在20世纪上半叶，面对落后守旧的中国陶瓷工业几经战乱而止步不前的现状，从二十五岁被送往日本留学开始到年逾古稀，一直坚韧不拔地以兴办陶瓷教育为己任，竭力推行和传播现代瓷业新技术，为我国陶瓷工业改良革新，尤其是对景德镇陶瓷教育作出了常人所不及的贡献。

他被景德镇人称赞为"陶瓷教育先驱"。

张浩,字犀侯,江西新建人,生于1867年。有资料显示,其父于清末为高官,在任上去世。过世时他夫人手边仅存纹银二百余两,孩子多,又还年幼。他母亲乃贤惠主妇,不仅俭朴勤勉治家,还精通国学,崇尚礼教——这是张氏家风,他就在这种环境下长大成人。

张浩幼年"三更灯火五更鸡"地念过四书五经,也曾初试及第,早就有自己的独特抱负。1901年作为江西省第一批报送的留学生,他东渡日本,考入日本东京高等工业学校窑业系。真的不是夸张:这个学校的八个科系,都是推动日本工业发展的重要科系,这里的毕业生在日本工业界都举足轻重。

19世纪以来,工业革命使得西方国家后来居上,景德镇瓷器的贸易量大大降低,工业化制瓷日渐取代景德镇手工操作,当地的瓷器市场在明显衰败。这一切都引发了社会上官员、学者、实业家等各方面尤其是专业精湛的张浩对中国瓷业的担忧。这位青年从此暗自产生了工业救国、科学振兴陶瓷事业的想法。他试图将西式工业化的知识系统移植到景德镇作坊和窑场,以取代传统落后的生产模式。

接下来张浩的人生历程,便一路展示出他自始至终对瓷业教育事业的追求。

1906年回国后,他即与实业家康达合作创办瓷业公司,并在鄱阳创办饶州瓷厂,以新科技制造改良瓷业生产。1910年与康达共同呈请清政府学部,联合直隶、湖北、江苏、安徽等省出资,自己则拿出技术知识,在远离景德镇的饶州(现今的鄱阳县)筹办"中国陶业学堂"。

与此同时,熊希龄办的湖南瓷业学堂,以及此后的高州府瓷业学堂、巴塘陶业学堂等,在一批维新派人物的努力下蓬勃兴起。

张浩意识到:正规的陶瓷教育,在这之前景德镇是一片空白。传统的制瓷手艺,大多是父辈"传子不传女"的保守因袭。加上当地地方帮和瓷业行帮派系林立,各种保守的规矩已成为顽固的习俗。而读书的士人一般又不屑于从事手工生产的职业,工匠的整体素质低下。

他在异地初定的办学宗旨为:"养成明白学理,精进技术人才,以改良陶业。"

非常明了，他不仅仅是为了培养匠人，还要求"明白学理"——这就是育人。

学生来自协同出资的各省，学制五年。建校于鄱阳县（饶州府）城内西南隅之高门的高望地区，与瓷业公司相毗邻，可给学生至工厂实地实习之便。初时仅建筑约两万平方尺木造二层楼校舍一栋，形式新颖。有教职员办公室、成绩陈列室、学生宿舍及饭厅、教室和实验室，等等——一切都规范严格，正儿八经。

实验室在那个时代已非常专业，有分析室、原料配合室。成瓷室有辘轳、压坯及堆雕室等。画图教室，有纸画与瓷画之分。尤其是校舍后面二百余尺处，有张浩设计建造的倒焰式八门长方形煤窑，另附有供学生实习的小型实验窑、玻璃实验窑，以及彩烧红炉等高温设备。

罗列以上这些，旨在显示作为一校之长的张浩，是专家办校而不是商人谋利。

创办之初，定名为"陶业学校"。近似于高等职业学校之性质，采用小班制，以培养专精技术人才为原则，注重数、理、化等学科。张浩是专家校长，当然他也可以慢慢成为瓷业教育的管理者，用不着亲赴麻烦的第一线。然而他安排自己亲自教授专门课程，训练操作新式机器及烧窑的技术人员。

在辛亥革命后由于协款中断，瓷厂倒闭，学堂瘫痪。这是其办学的第一阶段。按理张浩又不是什么权贵，在挽救无望的情况下，完全可以知难而退就此收手，留洋生另谋高就在当时是轻而易举的，但是他的性格又一次决定了他的执着。他竟然觉得责任在肩，出于对陶瓷教育的热爱，再一次忘我地投身于教育的旋涡。

第二阶段，学堂开始收归省办。

1912年江西省督李烈钧，以陶业于本省举足轻重的观念，收办学堂，改名为江西省立饶州陶业学堂，张浩又一次被委任为校长。他当然是最为合格的人选。张浩立即将原饶州瓷厂改为校办工厂，在厂内逐步推行石膏模型铸坯、机械辘轳压坯、洋彩刷画贴画技术，并创办新型煤窑。

至1913年，煤窑试烧成功，这是景德镇近两千年来创建的第一座煤窑。煤窑创建的意义，在社会发展史上应该有浓重的一笔。烧柴不可能持久，森林被比狮子口还大的窑口吞没，一代一代的破坏最后叫人类如何去生存？

1913年李烈钧逃亡上海以后，在上海治病的康达因受靠山的影响没有回到江西。由官督商办改为自家独立经营的江西瓷业公司，康达一度对它失去了实际掌控的权力。景德镇这家比较红火的大公司，受上面的指定改由专家张浩临时负责。但是张浩的心思不在金钱和权力上，临时负责从来都没有考虑过半点个人的利益，到了1914年他又完璧归赵，将公司的管理权移交回康达手里。

本来就属于临时负责，移交后更能一心一意地管理学校。由于这时学生班级增加，校务繁忙，张浩于是邀请当年东京窑业系的同学邹如圭前来教学。乃另建学生宿舍及扩充校舍，并于浮梁县（景德镇）设立乙种分校（类似于初级职业学校），学制三年，以培植成瓷与画瓷之技术人才为目的。

后因讨袁失败，江西政局突变，学校的经费又捉襟见肘。张浩是当时省内的专业人才，摆在面前有很多顺畅的出路，但是依然故我的他没有多想，却凭借身份和关系像乞丐一样四处奔波求助，学校才得以勉勉强强继续维持。许多人纳闷不解，有这么大的维持能量和功夫，张浩何必要赖在一所摇摇欲坠的学校里鞠躬尽瘁呢？

1915年江西省巡按使（省长）戚扬视察时赞赏陶校，于是学校改名为省立第二甲种工业学校。这使得比较单纯的张浩更来了劲头，他倡议设本科和预科，本科学制三年，预科招高中毕业生，一年后升本。张浩校长此时还专程赴北京，接洽学校提升发展事宜，拟申请改为国立，直属教育部，定名为"国立陶业学校"。

这是他办学的第三阶段。

当时在北京教育界、实业界及国会议员中，均有张浩留日时的同学好友极力支持，原则上已获通过只待公布。然而因直皖战争延搁，愿望最终泡汤。

1916年省立第二甲种工业学校在景德镇办设分校，取名为"乙种工业学校"，以直接培养成瓷与画瓷的技术人才，校址设在毕家上弄，张浩兼任校长。仅举一例，就可知道那个时候的教育环境和张浩的性情，比如推广试烧所谓"洋窑"的煤窑,烟道要延伸到原御窑厂的地下,竟引来当地警察局的百般阻挠。

其实那个年代哪有那么正式规矩,倒闭闲置的御窑厂早就无人理睬。警察局不过是找一个名目显示权力。而作为一位地方上的名人,就这么一件小事,张浩校长竟然几度交涉都无果,最后致使火焰通畅创新受到影响。

当时招生范围广及多省,学生近百,师资增多。张浩除了每周教授一小时"伦理"课外,还全力指导烧窑及研究工作。张浩等人以小的倒焰式煤窑试烧,成功后极力在景德镇推广。尤其是每逢烧窑之日,作为"一把手"的张浩一定亲临坐镇,三十余小时不休不眠地督导工作,多年来从不放弃。从这个忘我的工作细节里,可以看到张浩做事认真的职业精神。

景德镇的旧式烧瓷窑均用松柴为燃料,新式窑则用煤炭。乐平、余干等邻近各县均产质地优良的煤炭,由煤之含硫量与发热量及所烧成品之陶土成分,而决定烧成之温度及氧化焰与还原焰之转换点等因素,对于烧成瓷质之优劣有密切关系。所以每次烧窑张浩必须亲自了解这些复杂的因素,而决定烧成的条件。

后因1918年江西南昌创办工业试验所,省里缺少专门人才,于是他又进入了省级专家档案库,相当于国民政府的干部备用人才。省府强行将张浩调南昌任所长后,学校校长一职改由张浩在东京的同学邹如圭担任。

这期间学校又发生了一些变故。1924年鄱阳本校改名为江西省立窑业学校,景德镇分校停办。1926年校址又搬至景德镇,定名江西省立景德镇陶业学校。此时张浩已调江西省建设厅担任技正,属于机关的总工程师之类。

从以上的经历,可看出张浩为人处世的温顺与和善。

他心里牵挂着瓷业,所以1929年有机会重新返回陶瓷业界。当时在景德镇设立江西陶务局,张浩曾任过短时间的局长。按理这又是一个改变人生的最佳机会,但是他具有不达目的誓不休的雄心壮志,一心想着陶瓷一线的技术事业,在莲花塘北侧建起第三座煤窑。

但由于对窑型、煤质、时局等问题,尤其是瓷坯的原料配方适应等问题,有职有权的他无以应对，以致试烧时烧时停，没有收到预期的效果。

1930年江西省府派他赴日考察窑业，订购新式机器，邀请熟练工人，回来办陶业试验所，指导研究发展陶瓷工业。试验所也曾办得很红火。后来陶业试验所与设在南昌的工业试验所合并。

1931年学校改为江西省立陶业学校，1932年张浩被调任校长——这已经是他办学的第四阶段了。1934年江西省政府拟于九江创建机械化新瓷厂，又适逢停办的九江圣约翰中学空有场地，张浩得到消息，马上征得省教育厅同意迁校于九江，改名省立九江陶瓷科职业学校。

1934年冬，张浩跟随杜重远返回景德镇筹建江西陶业管理局，任工业科科长一职，主管陶瓷技术及工艺事项，同时协助杜重远在莲花塘创办陶业人员养成所。这些都是他驾轻就熟的事情，所以仍由张浩任该所副所长，主持所务，并担任筑窑课程教学。

杜重远局长除了主持景德镇陶瓷事业外，还是一个四处奔波的社会活动家。在景德镇拍板决重大决策后，还要赶往上海处理其他事项。当时在江西陶业管理局里，有位个性强势的专职秘书孙继贤（秀林），局长外出时这位不懂瓷业的秘书总是大包大揽代管全局。

这时候，熟悉业务且影响力较大的张浩本应出面督事，然而他深知孙秘书与杜重远是姻亲关系，也是天性使然，他平时一心扑在养成所，连工业科的工作都一再迁就谦让。1937年夏因杜重远出走，张浩在国家危难和位置空置时，又一次被省里委托代理江西省陶业管理局局长之职。

在经历长时期改革没有明显成效的情况下，张浩对景德镇社会或许有了更为深刻的了解，产生了比较清醒的认知，也不再有激情。又恰逢时运不济，陶业管理局内部矛盾复杂，加上1938年日军迫近九江，管理局迁往靖安，后至萍乡上埠，工作紧缩以致最后停顿。

其实张浩被任命为代局长之时，上上下下都清楚这只是过渡性的安排——景德镇的瓷业改革已经宣告失败。之后创办萍乡瓷厂，张浩为顾问。1939年春陶业管理局被裁撤。其实在张浩任代局长期间，因其个人性情温和与上面对新生力量的限制，大权依然由秘书孙继贤掌握。

1938年下半年，省立九江陶瓷科职业学校也迁至萍乡。一时间陶瓷技艺人员云集，教学与生产融为一体，人才培养与技术研究盛极一时。1944年6月萍乡失陷，学校流亡，张浩与邹如圭、汪璠等人共商返回景德镇，组建江西省陶业专科学校。

1945年春，省府批准学校定址于景德镇，并与浮梁县的初级陶瓷职业学校合并，取名为省立陶瓷科职业学校，张浩向省教育厅推荐汪璠为校长，张浩仍任省建设厅技正。1948年5月经教育部批准，学校改为江西省陶业专科学校，关于学校升格的计划及改进方案，汪璠均请教专家张浩定夺。

此时张浩已退休在家。

尽管他已年过古稀，但是他振兴陶瓷业的壮志犹存。日本投降时他说过："日本败了，但是它的工业技术还是较先进的。陶校要加紧培养些尖子，到日本去学窑业，这样落后的陶瓷工业将有较大的改变。"

1954年张浩逝世，享年八十七岁。

红军奇袭

1930年7月6日雨过天晴的拂晓,一队"安徽靖卫团"人马,冲着在景德镇苏家弄（今珠山路）的浮梁县政府的大门奔去。

两个站岗的以为来了客人,见了长官打扮的人还立正敬礼,于是方志敏率领的红军就这样轻而易举地缴了他们的枪。红军与当地的工人纠察队一起,将还在梦中的县保安队官兵全部俘虏。其他红军在纠察队的带领下,分四路奔袭驻扎在戴家弄吉安会馆和五间头广肇会馆的警察右分驻所、驻中华北路莲花塘宁国会馆的警察左分驻所以及驻扎龙珠阁的浮梁县公安局及其消防队、驻扎在彭家上弄湖北书院的浮梁保安大队,红军仅仅零零星星地放了几十枪,就顺利消灭了国民党地方武装。县长和保安队长闻风而逃。

整场奇袭景德镇的战斗,仅用两个多小时就宣告结束。

在1927年蒋介石叛变革命后,景德镇的共产党组织遭到破坏,工人运动转入低潮。1930年4月在共产党发动"打春荒派头"的斗争取得成功以后,工人纠察队提出武装暴动夺取地方政权,派马步英和胡仁辉赶赴弋阳寻求赣东北红军的支持。于是方志敏提前两天率红军独立第一团抄着小路,趁礼拜天国民党机关放假松懈,冒着倾盆大雨兵分五路,直插景德镇有武装的驻地。

奇袭成功后,方志敏的队伍解救了监狱里三百多位革命同志和无辜群众,获得了长短枪四百多支,数百万银圆,黄金八十多斤,上千名瓷业工人报名参军,建立起景德镇市苏维埃政府。在近郊的里村、青塘和罗家桥,红军组织了多批手拖车"红车队",将战利品运往赣东北革命根据地的弋阳横峰。

当时的红军指挥部,就设在麻石弄的景德镇商会大楼。

第二天方志敏在莲花塘广场召开群众大会,宣传了共产党的主张,号召群众团结起来同反动派作斗争。

看到街头有那么多人簇拥着参军报名的桌子,以及许多人愿意加入"红车队"的情景就清楚,这是一座血气方刚的移民城镇。景德镇的瓷业工人浑身有使不完的干劲,加上他们的家眷大多都在乡下老家,独身在外,没有任何牵挂,属于"革命最彻底、最坚决"的无产阶级。

处于社会最底层的瓷业工人,受尽了欺压和盘剥,平素忍气吞声和做牛做马是为了温饱与养家糊口,但是一旦被伤害了尊严和被侵犯了权益,总有人会跳出来振臂一挥,群众便火山爆发似的群情激奋,不畏强权和财势。在这座移民聚集的城镇,形成了一股动辄就聚众"打派头"(罢工),甚至武力暴动的剽悍民风。

清朝咸丰三年八月初五,太平军来到景德镇就已经显见出镇民奋不顾身的斗争精神。镇上的练勇八百多人响应起义,浮梁县民也纷纷犒劳义军。那些不甘被欺压的坯坊佬、窑里佬,听到闹革命就更加亢奋激动,从者如云。

1930年9月红十军再次攻占景德镇,10月红军第三次进入景德镇。觉悟了的当地群众,几天内就有三千多人报名参加红军。

曾在小黄家弄黄正丰瓷店做工的都昌籍学徒邵水清,十五岁就丢下了老板家的水桶担报名参加了童子军,随红十军(后改为红十一军)转战赣东北和赣南,经历了五次反"围剿"战役和长征,1935年跟随朱德总司令任司号员,做过南方局书记周恩来的保卫,最后被分配到广西百色担任干部直至离休。

还有曾担任新中国最高人民检察院副检察长兼军事检察院检察长的黄火星中将,就是在这时随同工人纠察队辗转到赣东北革命根据地葛源,从此加入了游击队和红军的队伍。之前他曾在景德镇"义盛兴"号瓷厂和瓷业公司装坯满窑,担任过红色总工会的青年部宣传员。

陈毅的"瑶里改编"

瑶里位于景德镇东北45千米,是著名的皖赣边区三年游击战争的根据地之一。

1937年"七七"事变后,举国形成了全面抗战的局面,中国共产党提出"国共合作,共同抗日"的政治主张,并将活跃在南方八省十四个地区的红军游击队,改编成国民革命军陆军新编第四军。为了顺利完成游击队的改编工作,中共中央东南分局遵照中央指示,派出红军高级将领陈毅于1937年11月至1938年2月亲临瑶里,指导新四军"瑶里改编"工作。

在与安徽休宁交界的浮梁县山区,有一条清澈见底的瑶河将瑶里一隔为二。当初河西以吴氏宗祠为联络点,是地下共产党、红军游击队的天下。河东人多热闹,以程氏宗祠为据点成了国民党的地盘。虽说国共两党各有各的政治主张,但一到了基层山乡,扛着犁耙在一座木桥上过往的乡里乡亲,抬头不见低头见的关系没分什么彼此。倒是河东河西的两边人,都留心注意对面来过几拨生人,又新添了几杆枪。

1937年"双十节"才过几天,两岸都接到上级"国共合作共御外寇"的指示,双方合作谈判地点设在皖南祁门的舍会山上。形势突变,共产党皖赣特委专门开会,认为要保持高度的警惕,一边同国民党地方当局接触探其虚实,一边利用谈判的机会联络边区各游击队尽快与上级党组织取得联系。

派去汇报谈判准备工作的同志，从南昌带回了中共中央东南分局和陈毅有关谈判的具体指示，同时捎回来一个大好消息：鉴于改编工作的复杂艰难，陈毅近期要来瑶里指导国共合作和新四军改编工作。

10月底皖浙赣边区红军以李步新、江天辉为代表，与国民党当局闽浙赣皖边区"绥靖"公署主任代表、驻瑶里别动大队大队长中校参议张甫成，在祁门舍会山正面接触。此前根据陈毅的指示安排，红军代表提议，由国民党地方当局从瑶里的江家下到祁门舍会山的梅树坞架设了一条专用电话线。谈判是在舍会山和瑶里，通过双方代表当面协商和电话联系两种方式进行。

双方代表在祁门舍会山初次会面，列出谈判议项后才在瑶里正式谈判。几个轮回下来达成了三条协议：1. 国民党当局停止向红军游击队进攻，撤退在根据地周围的一切驻军，准许游击队派人联络各地红军人员，红军过境应通行无阻；2. 国民党当局解除"移民并村"封锁，恢复群众生产自由，释放一切"政治犯"；3. 红军游击队停止打土豪以及与当局的敌对活动，其全部给养由国民党当局负责。

哪里知道这边谈判才刚刚结束，那头国民党地方当局就急不可待，特别是闽浙赣皖边区绥靖公署主任刘建绪，更是接二连三地催促游击队下山接受改编，并来信威胁说："诸君，何去何从，自由选择。"但均遭到李步新、江天辉的严词拒绝："我们游击队等中共中央的明确指示，否则是不会随便下山的。"

国难当头，国共合作事关民族存亡，中共皖赣特委决定派李步新、江天辉亲自去南昌当面向项英、陈毅汇报谈判结果，请示下一步工作。

李步新、江天辉从瑶里出发，经由婺源到浙江衢州乘火车辗转至南昌。这时陈毅已到了湘赣边区，当听到皖赣特委代表来昌的消息后，便火速赶回南昌。当得知皖浙赣边区还保存了三百五十多人的武装时，陈毅高兴地说："不简单呀，你们在那么艰苦的条件下，还保存了这么多武装！"

但是要游击队下山的工作难做，许多队员对改编不理解，对《告南方游击队公开信》中关于"国共合作"之说仍然心存疑虑，提出不挂中华民国的旗、不戴国民党的帽徽，有人甚至尖锐地提出游击队下山就是向国民党投降。多年来刀枪相见，国共两党的积怨太深，国民党对游击队藏身深山老林都容纳不得，家属遭殃与株连九族的恶事经常发生。

然而陈毅解释："而今大敌当前，我们当以民族利益为重。日本帝国主义把枪口对着中国人，中国人就要把枪口一致对着日本帝国主义。"

就这样于1937年11月下旬，中共中央代表陈毅身穿毛蓝布长袍，头戴天鹅绒帽，手提一只藤提包，由皖赣特委负责人李步新、江天辉陪同来到景德镇，与国民党浮梁地方当局商洽有关红军游击队改编和在景德镇建立新四军办事机构等事宜。陈毅深刻阐述了国内外形势，宣传了中国共产党建立最广泛抗日民族统一战线的主张，号召大家积极参加抗日去杀敌的战场。

陈毅的语言机敏风趣，普通话中夹有方言与文言，既不失共产党高级领导人的身份，又给人以诚恳亲切之感，显示出良好的语言修养，以及豪爽、幽默、睿智的性格特征。

陈毅在景德镇陶业管理局还会见了进步青年代表，介绍了皖浙赣边区红军游击队即将集中在浮梁瑶里进行改编等情况，并说"愿意走的可以报名，我陈毅给你们当'红娘'"。当时李清泉、潘启琦等十多名知识青年，手持陈毅的亲笔介绍信，奔赴瑶里参加新四军。

陈毅先是翻山来到瑶里的长岭，看望了汪振丰的家人。汪振丰既是地下党组织的领导，又是红军游击队交通员，为了阻挠他给山上游击队筹粮送盐，国民党先后四次烧了他的房屋、住棚。

瑶里的西岸得到陈毅到来的消息，打扫出了何家畬的"敬义堂"，已铺垫好床被准备迎接首长，却不知陈毅在长岭就被皖赣特委警卫排长邹志诚奉命接上了祁门舍会山。

陈毅在皖赣特委会上，传达了党中央指示，作了"目前形势与任务"的报告，并向已调集舍会山的红军指战员讲了话。陈毅指示皖浙赣边红军游击队，改称"江西抗日义勇军第二支队"，其他各路红军游击队先行在祁门舍会山集结，等待接受改编——红军游击队一律下山。

首先到达的，是由王庆丰、李步新、江天辉、杨汉生带领的皖赣独立营，以及活动在祁浮婺休一带的红军游击队150余人。第二批到达的是由熊刚带领的原皖浙赣红军独立团的一部分队伍,以及阙怀仰带领的红军梭镖队 50 余人。最后一批到达的是由都湖鄱彭中心县委书记田英带领的红军游击队 150 余人。

三支红军游击队汇合了 350 余人。

1938 年 1 月中共中央东南分局指示:"红军游击队改编时机已经成熟,应尽快下山改编。"从便于扩军训练、交通给养、尽快开赴抗日前线考虑,陈毅经与国民党地方当局商洽,决定将靠近彰公山的浮梁瑶里作为新四军改编地。

2 月初的那些天里,瑶里何家耷的那盏灯总是彻夜长明。那雕花木窗上总是映照着陈毅来回踱步的身影。

改编不是改个番号那么简单的事情,这支部队要赶去前线。虽说红军游击队为奔赴抗日前线而群情激昂,可是常年深居在深山老林,对早操制度、统一列队、射击、投弹、刺杀等课目的动作与要领,大多还得从头学起。还有形势任务和搞好团结、遵守纪律等方方面面的教育……

这期间在陈毅的部署安排下,红军游击队 350 余人从舍会山开到瑶里,驻扎在瑶河西岸的吴家祠堂、敬义堂、宏仁寺等处。当时已近年关,为欢迎游击队的到来,当地老百姓把准备过春节用的鞭炮拿出来燃放。

也正好赶上了一宗巧事,陈毅的胞兄陈孟熙(国民党川军上校)从景德镇赶到瑶里。兄弟俩久别重逢,在何家耷的敬义堂楼上同住一室,共叙家常,畅谈国共合作大事——何家耷的那盏灯又整整亮了一宿。

第二天在瑶里吴家祠堂召开的欢迎大会上,兄弟俩发表了热情洋溢的讲话。陈孟熙站在祠堂的戏台上说:"我和陈毅,一个是国民党,一个是共产党,过去打了许多年仗,现在日本鬼子打我们,是因为我们家里不和,'家人不和外人欺',因此兄弟之间要团结,国共两党要殊途同归,共同抗日,枪口一致对外。"

陈毅看着祠堂戏台旁写着的"礼义廉耻"四个字说:"礼义廉耻,这是两千七百年前齐国的管仲给齐桓公建议的第一句话:'礼、义、廉、耻,国之四维;四维不张,国乃灭亡。'千古名言呀! 今天讲的这个礼就是国共两党要以兄弟礼待,不计前嫌,抛开积怨;这个义就是我中华民族之大义;这个廉就是心地坦荡，问心无私；这个耻就是国共两党共赴国难，共同抗日，共雪国耻！"

"共雪国耻！""共雪国耻！""打倒日本帝国主义！"……

战士们群情激奋，纷纷举起手中的枪和梭镖长矛，祠堂内的掌声口号声一浪高过一浪。陈毅与胞兄陈孟熙握手言和、相拥相抱，成为抗日史上国共合作的一段佳话。

1938年2月初，陈毅在瑶里召开了干部会议，传达中央关于国共合作的抗日方针和南方游击队改编为新四军的指示，宣布江西抗日义勇军第二支队正式编入新四军序列，并调整了皖赣特委领导机构及其主要负责人。同日在瑶里的程家祠堂，于各界群众抗日动员大会上，陈毅发表了讲话，给广大军民又一深刻教育和极大鼓舞。

2月10日，集中在瑶里改编的全体红军战士以及当地的许多群众，在瑶里吴家祠堂召开抗日誓师大会。经过改编，成立中国国民革命军新编第四军第一支队第二团第三营，下辖七、八、九三个连，熊刚任营长，张振东任副营长，刘玉林任军事教导员。在改编期间，由于地方党组织的宣传动员，加上陈毅的影响，许多热血青年慕名而来，不到二十天时间从祁门、景德镇等地扩军两百多人。

最后部队共有550多人，机枪三挺，步枪两百多支，短枪三十多支，但是多数人还是背大刀，执着长矛和梭镖。

2月10日下午，新四军第一支队第二团第三营550多人浩浩荡荡，在李步新和熊刚的带领下告别了瑶里的父老乡亲，告别了养育他们近十年的革命根据地，启程开往新四军集结地皖南岩寺，奔赴苏北抗日民族解放战争的战场。

日机轰炸

"七七事变"震惊全国,抗战全面爆发。在1937年12月于莲花塘大观园茶楼上,景德镇成立了以李步新为主任的江西抗日义勇军第二支队驻景德镇办事处,后改为新四军驻景德镇联络站,陶业管理局的张三圭、严兴让、张拙等一批进步青年在本地开展抗日救亡活动。后为了方便工作,将办事处搬到人口稠密的后街中华路,再迁址朱氏弄办公。

日军在1941年占领了隔壁的鄱阳县城后,在古县渡停止了推进。

虽然未遭到日军地面部队的进攻,但是在1939年3月到1942年7月间,日军飞机不断对景德镇进行了轰炸。据事后统计,轰炸共进行了21次,其中对城区12次,这对人口密集的千年瓷都而言是毁灭性的灾难,原先烟火飘散的市镇变得满目疮痍。一般日军飞机都是从偏西北方向进入市区上空,再掉头向南沿着中华路(后街)这根轴线飞行投弹。因此遭殃的是上从薛家坞宗仁窑开始,下到太白园,东至樊家井西侧,西到昌江河边这一块老城区繁华地段。

街上也有许多从外地逃来的难民。

被轰炸最多的是中段的周路口区域,因为这里地形开阔,窑囱林立,坯房集中。地方上曾传言烟囱被误以为是炮管。观音岭窑、土地岭窑、项家窑、程家窑、江家窑,等等,就这样被炸得灰飞烟灭。

1940年年初,日军飞机轰炸了董家岭一处防空洞。本来很多人并不来这里躲避，只因为当天响了几次警报而飞机未来，最后一次警报声响起大家不愿意再跑，就集中到这个防空洞内，结果一颗炸弹命中了洞口，除了弹片杀伤和洞顶坍塌外，还有爆炸的气浪冲击导致洞内窒息，活生生60多人不幸死去。

日军飞机有时候还在昌江边用机关枪扫射无辜的群众。河边开阔，有许多槎柴堆、船只，也有就近躲难的人群，因此河滩上四处是残手断臂，鲜血淋漓，亲人顿足捶胸，惨不忍睹。

最严重的一次轰炸，是在1940年4月5日清明节的时候，老城区戴家上弄在当天上午十点左右，日军飞机27架以每9架为一组，先在上空盘旋了一周就飞走了，大家纷纷出来，突然它们又转身返回，投弹也是最多的一次。只见弹如雨下，炸响处火光冲天，硝烟弥漫。与往日俯冲不同，这次是平行飞行。当日炸死了一百多人，炸伤无以计数，致使九百多人无家可归。镇上的伤员没办法救治，尸体多得只能随便找一个地方掩埋，有的甚至被丢到河里——景德镇处于一片恐怖之中。

当年只要日机一来，人们就会听到空中响起铛铛铛铛的声音，就赶紧往地道或下水道里面钻，炸起的灰尘溅得人睁不开眼睛。景德镇的警报钟声最先是从龙珠阁发出的，接着其他地方的钟声也会响起。其中前一后二的响声为预备警报信号，告诉人们赶紧疏散找地方躲藏；急促的钟声则是日机即将飞临市镇上空的紧急警报；当钟声放慢表示日机已经离开，直到解除警报信号。

为预报日机空袭，让人及早躲避，当地政府在珠山之巅龙珠阁上设有警钟一口，有专人负责，其他类似般若庵等地也有。奇怪的是，唯有全镇制高点最显眼的珠山上琉璃黄瓦的龙珠阁安然无恙，大家传说日机是有意保留，让它当作指引目标。

1939年的轰炸次数还不是很多，后来轰炸越来越频繁，大人带着小孩们往附近防空洞跑来跑去，带干粮早出晚归，以至于后来大家晚上做事，白天就待在防空洞睡觉。有段时间飞机来轰炸的时间前后相隔一个月，大致掌握了规律的人们叫它们"做满月"，一到那个日子当地人就扶老携幼出门躲避。景德镇人在河西、马鞍山、夜叉坞、罗家坞、曹家岭、老社公庙垄里等处，都挖了许多大大小小的防空洞，有的干脆出城到天宝桥、新厂、老厂、黄泥头、银坑坞、湖田、罗家桥、圆通庵、青塘等郊区，备好吃食早出晚归。

人民不敢穿白衣服、不能大声说话、不准拿镜子、晚上不打电筒。有警察说那些电筒和镜子是汉奸给飞机打信号用的，带了就会有麻烦。

1942年夏天，已经隔了好久没有飞机的恐吓，突然有一天紧急警报大作，日本军机分七批次来袭，弹着点从北往南、从东到西沿线到处乱丢。最后一次日军机还向莲花塘的县政府临时办公点投了一枚炸弹。第二天全镇景象凄惨，机关停止办公、商店关门、工厂歇工，居民在家都感觉到不安。

因为事出突然和意外，恐慌使得景德镇人半夜起来烧饭，街上一度行人寥寥，二十多天后才恢复正常。

虽不怎么激烈，但就这一次中国军队首次组织了对空射击。当时在浮梁，国民革命军第二十一军军部驻扎在市镇北郊的罗家桥，但是并无高射炮之类的对空武器。他们在这之前怕日本兵进镇，就炸断桥梁、毁掉路基。浮梁县政府只在县城和一些重要乡镇设立了几处防空监视哨，只能发发警报。

抗日战争期间，景德镇共计伤亡一千两百三十多人，此外因侵略军战场上投放过毒气弹，造成流行疫病泛滥，浮梁县报告死亡人数三百多人，加上逃难、病死、饿死，造成当地人口锐减，战后统计人口四十万，比战前减少十三万多人，占总人口近百分之二十五。

英美元首的礼品瓷

1946年7月蒋介石在庐山避暑，想起需要制作一批精细礼品送给外国首脑，便决定召见一位景德镇的陶瓷专家。时值日本投降的次年，中国国共斗争的形势引起国际社会的关注，蒋介石急于考虑自己江山的稳固问题。于是，江西省立陶业学校（后来的陶业专科学校）校长汪璠，于同月24日到庐山接受了召见，蒋介石与他一同就餐，专谈瓷器一事。

蒋介石确定想做陶瓷礼品，如花瓶、挂盘、万花餐具和新图案餐具等等，分送给盟邦盟友，主要是送给当时的美国总统杜鲁门、美国总统特使马歇尔等。因为当时蒋与美国关系密切，并对美国的支持抱有期待。中国能出产很多珍贵的礼品，比如丝绸、铜器或玉器，但是最终还是选了景德镇的瓷器——有历史，够质量，含文化，还实用，一句话"分量拿得出手"。

另，送给英国女王伊丽莎白结婚的礼品瓷，可能就在国府定瓷中。

这千钧重担，容不得半点马虎。

毋庸置疑，校长汪璠是个聪明能干的角色。他一回到景德镇，就赶紧召集负责设计的陶瓷名家，会同有经验的老工人设计。总的要求是八个字：古色古香，富丽堂皇。办法是两个不计：不计工本，不计时间。第一类是陈设瓷，第二类是餐具。

设计用了个把月时间。江西省政府如临大敌，三天两头电传，催促得很紧。图纸要送省政府主席王陵基转呈南京,再经"美国通"宋美龄审定。最后国府定瓷为六个品种,发来文字:1.蝠耳斛桶瓶;2.双耳盾式瓶;3.挂盘;4.寿桃碗;5.万花餐具;6.新型餐具。要求都言明:蝠耳瓶分白胎、涩胎两种,白胎彩绘,涩胎刻花。

分工承做时,由江西省政府出钱并支持,大家经过数月努力才顺利完成。当时礼品瓷制造要用黄金的地方很多——需要把金子碾成粉,在瓷器上描金,有立体感,特别好看。

成瓷后作品比设计图上的还漂亮,釉光白亮晶莹,胎质轻巧精致,色泽鲜艳富丽。蒋介石很满意,行政院新闻处拍了很多照片。这批瓷器,就这样以国民政府或蒋介石夫妇的名义,分别赠送给美国总统杜鲁门和美国特使马歇尔。

作为主要制作单位的陶业学校名声大振。之后就有些政府部长、厅长等都纷纷订货。他们有钱。稀世珍品,且有纪念意义。陶校把礼品瓷按比例缩小,式样图案保持原样,价格便宜得多,订货者接二连三,络绎不绝。

通过设计制造这批礼品瓷,陶校赚了一笔钱。之后又财源滚滚。用这些钱为学校建了一幢两层的教师宿舍楼。大家都很满意。

第二年,学校承制第二批国府定瓷。其中以赠送给英国女王伊丽莎白二世的结婚礼品瓷为重点,品种为餐具一套,要求是器型和画面都要体现中国的传统风格,又要为英国人所接受。制作上,要达到御窑水平。

这是什么意思呢?

其实在1712年德国可以烧制类似于中国的硬质瓷以后,因为利润驱使和科技后盾,英国和法国、意大利等国开始了机械制瓷的革命,在制瓷技术某些方面甚至超过了中国。英国还出现了"瓷器大王"威治伍德。1791年英国就决定停止从中国进口瓷器。1792年马戛尔尼访华,炫耀地拿出来自威治伍德的礼品瓷,作为新古典主义的杰作引起中国官员的好奇。

但中国是瓷器制作的源头,再怎么机械化生产只有批量和规格上的优势,很难超越景德镇原材料的正宗、松油烧炼的古朴,以及手工技艺的精细绝妙。

大机械化生产的西方国家，其实很看重精巧的手工技艺。这种能反映原生态东方文明的精品，只有按御窑厂的工序制作才显得有文化和尊贵。

于是汪璠召集相关专家进行设计，确定器型更为古朴，带有"康乾"的风格。"洋人"的口味不好琢磨，而且还是个有自己审美品位的"女洋人"。所以在画面设计上大家颇费周折，绘出了草图多幅。首先为"龙凤呈祥"，这是中国皇帝婚庆的传统习俗，龙象征着男性的皇帝，凤象征着女性的皇后。

然而在西方这思维就错了。在这里"凤"居于从属地位，有损于女王形象。而又由于英国人对"凤"不感兴趣，认为是不祥之物，所以设计的"龙凤呈祥""百鸟朝凤"和"丹凤朝阳"都被一一否决。

后来设计"双龙戏珠"。龙的外沿绘"万"字连方图案，内侧绘桃形连续图案，中心书"囍"字，周围盘绘五只蝙蝠，既含有"万寿无疆""福寿绵长""五福临门"之意，又表现出伊丽莎白的帝王尊严，还没有使菲利普亲王被淹没，是完完全全的中国传统的喜庆风俗。

那时候大家的设计思维层次，也只能到这个水平。

器底书"英皇储伊丽莎白公主大婚纪念""蒋中正宋美龄敬赠"。定稿后进行重工粉彩，请名家精心绘制，用黄金箍边和点缀龙须龙眼龙甲与边脚。烧炉后用玛瑙笔磨刮，使得整个画面金光闪闪，熠熠生辉。

餐具送南京后，蒋宋大加赞赏。他们也不是什么陶瓷或者艺术行家，重点是瓷器的质地因用料和手艺都属上乘，感官上金亮艳丽和大方，这就容易通过。随即以他二人的名义送往伦敦，标明是景德镇御窑生产的更锦上添花。

1947年11月20日，伊丽莎白公主和菲利普上尉举行婚庆大典。至今，这套餐具一直保存在大英博物馆温莎宫周末餐具室内，并记载在《皇家百科全书》上。这类瓷器不过是景德镇稍微重视认真一点，就能够轻而易举拿出的东西，但物以人贵。

因过去了半个多世纪，这套餐具遭到了损坏。据说，现仅存汤盘、食盘和甜点盘等十二个。

送给美国总统杜鲁门、美国特使马歇尔的礼品瓷，由于直接到了个人手上，现在不便去问人家后世的家底。

而送到英国女王那里的——1994年，英国驻华大使馆根据景德镇市政协文史办公室的请求，协助查证有关资料，寄来了"双龙戏珠"盘影印图样一张，1947年11月14日中国驻英大使给女王母亲的信一封，1947年11月16日伊丽莎白公主给蒋夫人的感谢信一件。

伊丽莎白公主给宋美龄回信的主要内容如下：

> 收到您和蒋介石总统特别为我们精心制作的结婚礼物，一套高贵华丽的中国瓷器餐具，我们俩都特别高兴。我非常喜欢它们的图案设计，此外这些瓷器质量之高，恐怕只有中国才能生产出来。我向你们两位表示我最热烈的感谢，并通过你们感谢中国人民送给我们的美好的礼物。当我和蒙巴顿上尉一想到我们将在家里经常看到反映中国人民对我们的良好祝愿的、在我们一生最欢乐的结婚的日子里送给我们的礼物时，我们无法形容我们内心的喜悦。

The
Biography
of
Jingdezhen

景德镇 传

瓷面折射出的曙光

第十一章

新中国的诞生对于景德镇而言，是全新的开始。

被压抑奴役了千百年的市民，特别是瓷业大军，心甘情愿将历史上积攒的智慧积极地与生产资料结合，释放产生的改造城市及手工主业的能力能量，便达到了高峰。

瓷业圣地的曙光再次熠熠生辉，照耀世界。

女工贴花车间黑白照

瓷业生产的恢复

景德镇于1949年4月底被解放军接管，随着市委和市政府的成立，当务之急是面对一大堆烂摊子开始生产自救——这是政权基础。当时经过日机轰炸和解放战争，各个作坊关门闭户、窑场不冒烟火、市场冷冷清清、物资货架空置、道路交通闭塞——失业在家的人只能回老家讨一点红薯、干菜，房前屋后再种点蔬菜，一大家人每天抓一大把米熬粥度日。

陶瓷主业是地方财政的重要来源，新政府响应中央"必须把工作重点放在城市生产建设上来"的号召，第一个碰到的问题就是需要劳资双方动起来。那么就去街巷里贴上标语、里弄墙上出黑板报，大会小会宣传党和政府保护工商业的政策。干部挨家挨户上门针对性动员，了解劳资双方面临的困难，帮助分析形势，引导工商业主开工。政府采取各种途径通知工人限期返镇复工，"先城市后乡村"，优先解决流落街头、关门在家的失业工人的就业问题。

同年5月，通过没收江西瓷业公司的官僚资本，市政府组建了第一家国有瓷厂——建国瓷业公司；1952年成立市陶瓷生产管理局，先后成立了三个加工和五个生产合作社，并将一百七十二个私营小厂合并成十八个私营联厂。

但是工商业的启动，不像农业分给田地和种子就万事大吉，开工开门面临的困难和问题多如牛毛。作为共克时艰的工人，薪金降低可以保证不饿肚子勉强还说得过去，然而资方老板，经过之前的乱世折腾后已没有资金，两手打巴掌拿什么进原材料？瓷窑开火的燃料从哪里来？做出来的瓷器在市场缺少购买力的当时，又怎么销得出去？

市政府只好会同人民银行低利息发放生产贷款，再以制度规范控制瓷商，防止他们买空卖空压价，损害窑户坯房主的利益；又动员国营公司和瓷商订购窑位，解决窑户资金周转不灵的问题；由国家贸易公司收购集压在仓库的瓷器……

那么，巨量的原料从哪里来？也就是作坊里每天需要吃进的瓷土泥巴，就像人每餐需要喂食的粮食没有着落。

干部们分头骑自行车或搭车去陈湾、浮梁、鄱阳，那都不是一点点路的近郊，还要四处把挖矿专业的老角色找到归拢，组织陈湾白土开采筹备委员会和浮梁、鄱阳烧窑同业公会。为了矿藏开采、水碓起转，新政府甚至采取以瓷土抵交公粮的方式，并请求江西省财政委员会拨给两万斤稻谷支持生产。

针对性配套措施还有：原料滞销就政府收购；上山寻找新的矿点；打破水运的行帮垄断，航运通达了祁门、浮梁、余江、乐平；折扣廉价供应坯房的瓷土，等等。

原料解决了还有燃料。

以窑柴为主的燃料供应跟不上瓷窑烧炼的需要，坯胎成瓷最关键的一环就卡住了脖子。景德镇那么多窑口就像一大群张着血盆大口嗷嗷待哺的野兽，每天的消耗尽管最后都变成了火焰和烟灰，但是一顿喂不饱就会断炊，一窑坯就成不了瓷。

景德镇历史上烧窑是以松柴、槎草为主要燃料。松柴烧窑，尤其是马尾松烧窑，其富含油脂，火焰长，燃点高。槎草，主要是易燃的蕨萁（凤尾草）等。槎草都还比较好办，但是树木，特别是松木，就这样一棵一棵被砍倒后劈成柴块，干燥后水运到景德镇码头，或者抵达城镇后再干燥，由窑户老板买下来送往窑场，再由窑工一捧一捧地塞进那永远喂不饱的炉口。

据资料统计：一座容积为一百八十立方米的柴窑，每年要消耗松柴约四千立方米。《景德镇陶瓷史料》记载,到1949年年底瓷窑点火复工的有一百零二座。据民国《江西陶瓷沿革》记载:"全年共燃烧一千一百次,平均一年间每窑燃烧五十次。"

当年,市人民代表大会决定:抽调干部马上去浮梁和鄱阳,成立"景德镇市窑柴公司",并在浮梁、鄱阳山区设立窑柴站,组织农民上山砍伐,设专人收购。但是1951年春,景德镇许多窑厂仍然因窑柴严重匮乏濒临停工,市镇里三十三家柴行只好启程下乡订购,一个季度又提供了三十万担。

另外用调整厂家税收、搭坯户出资给买柴窑的厂家、组织失业工人尤其是生活困难的家庭主户上山砍柴等方式——只要是有利于恢复生产,新政府可谓绞尽脑汁,千方百计,千辛万苦,利用各种关系渠道解决窑柴问题。

新的生产秩序没有建立,旧的生产方式没有改变,成本和效益就不成比例。20世纪50年代,景德镇瓷业生产基本都是延续传统的小作坊生产方式,生产成本高,经济效益差,抗风险能力弱。解决这一问题的唯一办法,政府想到的就是开展改进生产技术、提高产品质量的系列活动。

好在中华人民共和国成立后,饱受欺压、折磨和动乱之苦的景德镇老百姓深信共产党且建设兴业的积极性很高,所以只要新政府一声令下,大家都会丢下手头上的家事,奔向单位或机关热烈响应。上面组织的爱国主义生产竞赛和提出合理化建议的活动,一呼百应,全镇瓷工踊跃参加,气氛活跃。1950年开始进行的红旗竞赛,使得以前烧窑期倒窑的现象大为减少。1952年产品质量合格率由赛前百分之四十四点六提高到百分之七十八点八,而且每个窑次能节省窑柴二十六担。

烧窑小组的成立,打破了历史上"烧""作"两行的隔阂。烧窑技术研究会也有了对倒窑、爽窑原因与责任的追查,对匣钵质量的评议,通过生产竞赛进行奖惩。在原材料供应得到保证的基础上,原材料生产质量和瓷器包装技术也受到了重视。

关键还在于最终端的销售。

新中国成立初期采取了以下几条措施:一是围剿肃清流散在市镇周边乡

村的土匪，疏浚水运昌江动脉（比如炸毁马家箭礁石）和修整畅通东西南北的公路（长达五百四十多千米）；二是组建国营陶瓷销售专门机构，成立了浮梁专区贸易公司陶瓷部，组织下乡推销；三是拓展了苏北、重庆、广州和京津陶瓷市场；四是于1950年11月成立了瓷器交易所。

在1949年年底，全镇瓷窑复工就增到上百座，坯房一千四百多家，瓷器生产总量达二十七万七千多担。市镇上空浓烟滚滚，返乡的瓷工基本上都回到了瓷厂，里弄街道人来车往，市场上挑担推车者摩肩接踵。甚至有条件的单位还创办了扫盲夜校，设立了球类、棋类活动场所和图书室，业余文工团和赣剧团到处搭台表演。

景德镇不仅重现了千年瓷都的繁华，而且还跟上了新中国时代前进的步伐。

"青花大王"的诞生

在近当代，景德镇出了个"青花大王"。

历朝历代从事青花装饰和绘画的陶瓷艺人不在少数，虽然产出的精品无数，但是个人被陶瓷艺术界敬称为"大王"者却绝无仅有。新中国成立前他的青花瓷画构思惊艳，主要表现为其作品供不应求，新中国成立后获得的创作荣誉和奖励更是接踵而至。是一种超凡脱俗的独特构图和高品位的审美让他异军突起，业界心服口服。

仿佛有一种天然的灵韵，不是简简单单以新奇和精湛就能表现。在景德镇自封什么"大王"的比比皆是，而这位被叫作"青花大王"的王步在当地家喻户晓。他中年时期的相片，戴顶瓜皮帽子，长得清秀英俊，一副书生内秀的架势。其青花瓷作品从浓到淡，精心细腻到不见细碎笔迹，可谓前无古人。

非常奇怪的是，凡是他创作的青花瓷均被国内外博物馆、收藏家所珍藏，相关图片在书刊上发表，成为一代青花瓷的模本。2012年，他被陶瓷美术业界特别追认为"中国陶瓷美术大师"。2016年他的遗世之作《高歌大庆》，一件高四十八点五厘米的青花釉里红天圆地方瓶，参加北京匡时精品拍卖会，成交价九百八十万元。

王步，1898年生于景德镇。这正是清朝苟延残喘之时。随着国内政坛风云起伏，动荡不安，不要说追求艺术，就连正常的生活都难以为继。他父亲王秀春是清朝同治、光绪年间的青花瓷画手。王步耳濡目染，艺术的道路，在其幼年环境的熏陶下天然起步。其父1904年去世，王步随着寡母扶柩还乡，回到江西丰城的长湖老家，并上了三年私塾。私塾，成了他绘画艺术的最早铺垫。

并不是每个人经过熏陶和铺垫，就可以走出自己的艺术路数。王步一心沉浸于绘画的王国，仔细观察，认真学习。他是个少言寡语而默默动手之人，生性好像就是如此。这类人的心思都闷在里面，也就是见到好的美术作品就依依不舍琢磨分析。很多人对他的印象，就是在展出的现场他总是专心致志，一声不吭，流连忘返。

这类人平生缺乏豪言壮语，既没有什么风花雪月的故事，也谈不上大起大落的经历。

1907年九岁时，在亲友的帮助下，王步独自回到景德镇——既是为了生计，更是为了倾慕的陶瓷艺术。之后他如愿以偿地拜了青花艺人许友生为师，学徒五年。那时的瓷画不过是一种匠人混饭吃的手艺。

1912年出师后他命不逢时。身处乱世，群雄并起，社会纷争。中华民国成立后，经济的低迷，致使景德镇的工厂倒闭，画匠失业，为此他曾一度流落街头，平时靠画一些鸟食罐为生。

鸟食罐乃蕞尔小物，为艺人们所不屑，但是只要是绘事，王步便表现出类似于"恪尽职守"的虔诚，倾心专心，有一种于小天地上施展心愿的认真。"贫贱不能移"，他所出细腻，刻意求精，作品鲜活灵动，深得雇主赏识。

王步的坚持终于得到了社会的认可。1919年他的才能被景德镇瓷业美术研究社社长吴霭生发现。吴霭生老板聘请他进"合兴瓷庄"从事仿古瓷制作，这正对了一个喜欢琢磨的青年人的路子。瓷业美术研究社当时是当地瓷艺唯一高精的团队。入社成了他艺术生命的拐点。

这年夏天，从北国徐徐吹来的新文化之风，拂起了景德镇佛印湖上阵阵涟漪。王步静静地在湖畔的景德阁中，一笔一画地勾勒着中国瓷艺术的未来。他幸福无比。吴霭生、汪晓棠、王琦、王大凡、汪野亭等一代陶瓷艺术宗师，作为精神与事业的楷模频繁地出入其前后左右。

这一年王步二十一岁。他既不是出人头地的名家，又非名噪一时的新人，正好把时间和精力沉浸于自己的所好。其间犹如隐居深山，一天下来的话语句数多不过他所画的线条，他有了一段全力以赴对明清官窑名品朝临夕摹深入钻研的经历。

第二个阶段，是在1926年吴霭生病逝以后，他受著名的"珠山八友"中王琦、邓碧珊等大师的影响，学习传统的中国绘画，同时向邓碧珊学习书法，刻苦临帖。一个不喜言辞之人，就像掉进了蜜钵如饥似渴地吸取艺术的营养。

王步刻意追求摆脱仿古瓷的制作与拘泥，气势上别具匠心。他走出两条独特的路子：一方面采用水墨画的技法，大气磅礴地绘制青花；另一方面又创造性地运用"铁线描"的笔法，创作出似游鱼纹理一般秀丽清新的作品。画面一洗晚清瓷画的陈规陋习。他以惊人的技艺和力作，在当时的陶瓷艺术界开启了一种崭新的风气。

这期间，王步的水墨青花逐渐博采众长，凭借聪慧的悟性，一反元明青花繁缛之风，而极具黄慎、八大山人画作的遗风。因此作品不仅被北京、天津、上海等都市的瓷商争购不止，而且南昌的"丽泽轩"、九江的"玉栖堂"等也专门包销，影响甚广。

从1937年抗战全面爆发，直到中华人民共和国成立前夕，景德镇瓷业因日本飞机的轰炸而变得动荡萧条，艺术类的青花瓷市场尤其冷寂。王步这时只得终止探索，改弦易张，舍弃青花瓷而从事釉上粉彩瓷装饰。这一期间的彩绘，多以人物、山水、丛菊为主。

新中国成立以后，他获得了新生，开始变得比以前活跃。

景德镇瓷业在新政府的推动下得以恢复发展。由于他名气渐大，一解放就受到江西省委领导的委托，同当地著名陶瓷艺人王大凡、刘雨岑、张志汤、章鉴等人共同创作"开国纪念瓷"，代表景德镇和江西人民敬献给毛泽东主席。

1953年3月王步应邀出席在北京召开的、由郭沫若主持的"全国陶瓷工作会议"。一个低调之人的振作，在于内心的外露——他投身于自己阔别已久的青花瓷艺术中，这是他于抗战前的爱好。1954年他被调入陶瓷研究所工作，在所里担任艺术室副主任，为釉下彩绘的技术指导和工程督促负责人。

在宽松舒适的环境里，从1953年至1968年，他就像着了魔一样在创作中倾泻憋闷多年的心声。

在"青花分水"的传统技法上，他独创出"分水写意法"。对青花料用笔疾色、含水变化，以及对意中物象聚散叙事描绘，他有着整体并灵性的掌控，所以创作能一气放笔而不懈不促，触笔写意如泣如诉。其间在传统技法上，他吸取了国画泼墨的优势，使得陶瓷作品色泽鲜嫩发光，画面格外活泼而自然流畅。这些都为中德、中保等国际之间的技术合作，提供了有关釉下彩绘的文字与实物资料。

不仅仅局限于技法创意，他的青花斗彩、青花堆花等装饰技巧，也同样光彩照人，引人注目。作品既有摆放在人民大会堂的陈设瓷，也有下里巴人喜爱的渣胎碗。

"景德镇的青花要有时代的韵味，要画群众最熟悉、最普通、最喜欢的东西。越是人们喜爱的东西，越有时代的审美感和艺术的感染力。"他就是这样一位埋头创作的大师。

一生加起来的语言，好像都没有超过他经手创作的作品。

从出生到1968年病逝，王步横跨了新旧两个社会，从事陶瓷青花艺术创作六十余年，他平生所作釉下、釉上、堆雕、刻花等瓷器数以万计，尤精于青花。他主要的作品有：青花釉里红"葡萄"纹盘，"牵牛花"扁方瓶，青花"双鲇"、"虾月"、"白菜萝卜"和"荷塘清脆"瓷板，"蔬菜"四方箭筒，以及"松石芝梅图"小罐等。

他的作品就像他认真仔细和胸襟开阔的性格，画面空灵开阔，气魄宏大，正反对立和谐鲜明，简洁多样意境饱满，强化势盛纵横自由，排比重复，有动感生趣等艺术特色，给人以幽雅纯净、耐人寻味与艺术震撼的效果。既能够充分发挥工艺材料的特点，又能够灵活自如地表现自己的艺术感受。他注重陶瓷器皿造型与装饰的完美结合，其独特流畅的用笔用料方式，使得其画意浑厚、清新、简洁、淳雅，达到了形神兼备的艺术境界。他不愧为我国青花艺术史上的经典大师。

国家的振兴，能让一个沉闷的艺人振兴。

他晚年所作的青花瓷及中国画，常署名"陶青老人"。

"神雕"曾龙升

另一个瓷雕艺术界的泰斗，是景德镇的"神雕"曾龙升。

早在民国时，当地坊间就有一个关于"神雕"的传说：在景德镇有一个姓曾，俗称"曾聋子"的人，他平日里拿一团泥巴，放在大衫袖筒里捏巴捏巴，随时都可以捏出一个八九不离十的人像。也就是说，他单凭手指的灵敏度，用心传神，就能将人脸部的特征在泥巴上定型。

这就传得神乎其神了。

雕塑是一种造型艺术，明眼下都很难把握得住形象的比例和特征，这需要扎实的基本功才行。盲雕，那得该有怎样的手感和修炼？这位被神传的奇人，就是外号叫"瓷雕曾"的艺人曾龙升。因为早在20世纪60年代就已经去世，现在除了遗作在当地少有人提及，但是他在传统雕塑界，尤其是景德镇瓷雕行当却不愧为一代宗师。

"曾聋子"被神化的故事，在他弟子张育贤那里能得到精准的解释。健在的张育贤现今已经是大师。1964年在他师父临终的病榻前，张育贤聊天开玩笑说："人家都说您还有一手没传给我，就是在袖筒里捏像，连我在余干老家的父亲都知道了。"

曾龙升告诉他说：新中国成立前因为我做雕塑名气太大，有一次国民党专员就请我上门去塑像。当时是落雪的冬天，在堂前天井光线好的地方做，专员坐在上座，我坐在下面八仙桌前，桌子有抽屉，下面生火炉，但是捏泥巴手冷，做着做着就缩到袖子里去了。以前的衣袖比较长。还有个版本是，专员坐上面看不见我的手，所以他认为是在袖子里或抽屉里做。这个雕塑做得很像。他一个麻脸，大一点的麻子做不出来，我就有意隐隐约约做了一些。专员十分高兴，他旁边的秘书就在外面传播。

其实曾龙升耳聪目明，心灵手巧。"曾聋子"的绰号，是在他当学徒时偷偷躲在角落里临摹师傅的作品，由于过于专心致志，客人来了叫他倒茶，他没有听见，师傅到处找他，骂他："你是聋子吗？"绰号由此而来。

因为少小就"最喜爱涂壁泥塑的天真"，而父亲和兄弟在丰城乡间从事木雕为生——大约耳濡目染决定了志趣。由于家境贫寒，1909年他九岁跟叔父到景德镇生活，只读了几年私塾。

十四岁时，他在同乡蔡恒信店里学徒。估计因为深得喜欢，乡党老板大概也有培养他的意思。蔡老板与当时的瓷雕能手游长子是好友，因此常常请游长子上门"瓷雕"，站在边上的曾龙升便有机会向长辈请教瓷雕技艺。

游长子是近代瓷雕名家，福建人。他1913年来到景德镇。也谈不上什么正式的传艺，不过是老板的一个朋友，对于曾龙升而言是长辈而已，但可以肯定的是他学习非常专心。一团泥巴在手，捏雕、堆雕、镂雕、雕刻、盘筑、卷饼——他都上得了手。所做的人物、动物、花卉、龙舟等都惟妙惟肖。

他在蔡家帮工时，年纪轻轻就是作坊里的出模人，也就是创作设计的出样者。老板接了活跟他一说，他就能按意思做出大概的模子。那是企业内担纲的位置，这说明他接受和感应能力灵敏，造型动手功夫有天分。

聪慧，最终又在创业过程中得到证实。

二十三岁，他的作坊在新安巷开业，自己做老板。二十五岁就有了些钱，扩大作坊，迁移到西辕门建立曾龙升牌号。景德镇的西辕门在御窑厂仪门的西边，是一处难得的瓷业经营黄金地段。在西辕门五年，他曾接受过旅美华侨的一个订单，做出了成名之作，也就是两米高的"孙中山瓷雕像"。作品于1933年参加美国芝加哥博览会获得金奖。

这一下在业内引起了轰动：凭想象这尺度在当时都不可思议，且分段烧成后连接处又不露痕迹。

曾龙升早期作品类似游长子的风格，浑厚、淳朴而柔和，不受解剖结构关系的约束，民间味浓重，比如《西藏佛》《十八罗汉》《济公》等都深受人们青睐。

抗战开始后百业萧条，曾龙升还继续搞他的雕塑，且生意做得更加红火。

像南昌这样的大城市不安全，许多银行职员都迁到景德镇。那时银行职员在当地走出来都阔气得很，到瓷都自然要买瓷器。机灵的曾龙升投其所好，为他们做"裸体美人"、做"春宫"，不但做得很大，而且不遮掩，活灵活现，十分自然。

新中国成立后，曾龙升从过去主塑神佛题材和传统造像的手艺人，转型为一名革命艺术工作者。1949年，他仍然经营设在老罗汉肚的私人作坊，但是创作在向非传统迈进。1952年，他带头组织合作社并任雕塑组组长。1955年曾龙升回到景德镇市陶瓷研究所任技术员，并与新老艺术工作者一起创作出一百五十四件新生活题材的作品。

1956年他被调到中国轻工部陶瓷工业科学研究所艺术室，完成了一个传统匠人的身份转变，创作技巧也别开生面。同年在周恩来总理拯救民间文化遗产的号召下，"泥人张"第三代传人彩塑家张景祜偕高徒郑于鹤来景德镇座谈交流合作，创作出《鲁林会》《贵妃醉酒》等二十一件作品，对恢复传统技艺起到推动作用。1957年曾龙升加入中国共产党；1958年为人民大会堂江西厅创作了许多大型陈列瓷，如《陶渊明》《文天祥》《天女散花》等作品。

1959年曾龙升被评为首批陶瓷美术家之一。先后担任江西美协副主席，景德镇市美协主席，受到朱德接见。他的《仙鹤雕塑瓷》在世界陶瓷艺术博览会上获得"世界雕塑瓷金奖"；《年年有鱼雕塑瓷》获得世界陶瓷艺术博览会的"中国雕塑瓷金奖"；《大龙舟》作为国宝，陈列于景德镇中国陶瓷博物馆。

值得一提的是，他的儿子曾山东因为掉进水里后发高烧，吃药不当，留下"聋哑"病根，后来也被他培养成声名显赫的"瓷雕怪才"。

年轻时，曾龙升就住在"珠山八友"之一的王大凡家对面。

那时候的对面，就是两家隔着一条窄窄的小路，感觉就像一家人一样。曾家的大门总是敞开的，像个作坊一样，工作的地方就用一点木栏杆围起来，平时他就在栏杆里面做事。

有一次他做孙中山全身像，立起来有两米高。最稀奇的是，现在看起来，他那里是不适合做大型雕塑的，他家里没有院子，屋子里做事的地方又小，要做这么大的东西怎么办呢？他螺蛳壳里做道场，先把雕塑分成三截，头是一截，上身和下身各一截，分开做好，上了颜色后一次烧成，然后再拼起来。这个雕塑做得惟妙惟肖，得了美国的一个奖，后来送到国民政府，政府又奖了他两百块现洋。

曾龙升对王大凡很敬重，总是说："王先生画得好，尤其美女画得更好，我做雕塑，就要学习吸收他的那种造型。"当时，他就请王大凡画了满尺的八块瓷板，画的是一套八仙。曾龙升自己也做瓷器，却不是要王大凡送给他。那时几块钱就能买一袋大米，他给的价格是一块瓷板二十块大洋，价格相当高。王大凡画的那几块瓷板，他收藏得很好，一直保留到他去世。

曾龙升赚了钱后，不再住在王大凡家对面了，他在罗汉肚那里谋到了一个作坊。他的作坊，收拾得与别家又不一样。除调泥雕塑晒坯的地方样样俱全外，旁边还有鱼池，里头养着各色的鱼。另一边又砌出一个牡丹台来，常年养着花，是一个充满诗情画意的地方。

到了抗战后期，二战主战场转移到太平洋，中国内地许多地方慢慢平复下来，景德镇也安定许多，外面的人少了，曾龙升也就没以前那么忙了。他的朋友特别多，连天津的"泥人张"也是他座上的常客。

曾龙升喜欢爬山，到了山里，头一件要做的事情就是找好看的野树桩。他喜欢养花、种盆景，很有情调。因此每次在山上看到那种奇形怪状的树桩，总要挖出来，但并不直接带回家，而是另寻一处地方种下。他说："家里的环境、土的环境不一样了，带回去不得活。种下来明年再来看，如果是活的，再带回去。"

有一次，他在山上发现了一根一米多长的古藤，他一眼看中，当时就扛下了山。有几个月的时间，他在这根古藤上做功夫，连瓷器都不做了。他依着这根古藤弯曲回旋的走势，非常自然而不破坏它原来的味道，把它雕成了一根九龙藤，上面弯曲转折的地方处理得尤其精彩准确。

他费了这么多工夫做出来的好东西，在当时的景德镇却没有市场。后来景德镇有一位开宾馆的朋友，向他要这根九龙藤，他豪爽地一口答应，没要一分钱送给了人家。

曾龙升在创作上既认真又灵活。

其弟子张育贤在做"盗御马"瓷雕时，他看到动态上有不合情理的地方，便摆出架势来启发弟子；由于马做得不够传神，他又叫张育贤到很远的养马场去看了几次，速写稿改了又改，他还是觉得马做瘦了，突出不了主题。这时张育贤嫌麻烦不愿意再改，曾龙升说："不行，对创作决不能采取马虎了事的态度。"

大师涂金水也讲过一件很有意思的事情，说："集体研究怎样创作《八猫》课题时，猫毛的表现是一个点一个点的颗粒，上面还彩绘各种颜色。曾龙升想出点子，他把干坯粉捏成块，再用同一尺寸的筛子筛，筛掉了灰剩下颗粒，再用更细的能通过零点零几毫米颗粒的孔筛，筛出来的用胶水掺釉在毛上涂一遍，再撒上颗粒就粘好了。一般能想出这个主意的很不简单。"

罗汉和寿星都是传统题材。曾龙升的大寿星雕塑，不仅注重脸部和造型，而且对头部做了适当的夸张，使之更形象生动地显示吉祥、长寿和喜庆。大肚罗汉雕塑注意了弯眉、眯眼和嬉笑的开唇，原来的罗汉只有一肩露出披衣，他做的两肩全露，更好地表现心里得意和身体肥壮。

当时有个笑话，曾龙升烟瘾很重，做很大的龙船没有大转盘，于是在艺术室开会的地方用乒乓球桌做工作台。雕塑不转，人转，有时四五根烟一起抽。一边做一边抽，思考观察时没抽完就放在桌上，然后跑到另一面换个角度又点一根。结果这根没抽完，那根又抽上。同事们说曾老师你的烟太多了，他说："哦，我忘记了。"他创作时聚精会神，注意力集中到了最高度。

赵渊的初心延续

1953年1月，33岁的南下干部、山西晋中昔阳县人赵渊，经中南局批准，任中共景德镇市委书记兼市长。直到1963年11月调离，他在当地工作了近十一年。"文化大革命"期间他所在北京的单位有几个人打着政治旗号鼓动景德镇的活跃人士，将赵渊"揪"回来接受批判。虽然大会小会当地也走走形式，但是在整个批斗的过程中，他得到的都是群众暗地里在生活上的关照和行动上的保护。

这个官员，在"镇巴佬"的印象里便可想而知。

赵渊是个知识分子。他1937年投身于抗日战争，曾任晋冀鲁豫交通局一分局、七分局局长，1945年抗战胜利后被分配到吉林省前郭尔罗旗担任县委组织部部长、副书记。他能够到赣东北鄱阳和景德镇任职，是因为一次偶然的毛遂自荐。

渡江战役结束后南下干部分配，有一次他在作战地图上见到"乐平"二字就自告奋勇，因为他老家昔阳县的别名就是乐平。就这样随着二野第五兵团接管赣东北一带，他于1949年8月被分配到紧邻景德镇的鄱阳县任县委第一书记。又因为前任书记陈璞如和朱农被调走，他又改任景德镇市委书记。当然，那已经是1952年10月的事情。

1953年1月的一天，赵渊像当地走亲戚的人一样，坐班车从鄱阳来到景德镇。他在河西车站下车,拎着简单的行装步行,一路上好不容易才问到市委办公地点,从此正式开始了他为期十一年的"红色督陶官"生涯。

赵渊离开景德镇后,曾任国家外贸部机关党委副书记、中国粮食食品进出口总公司副总经理、外贸部生产基地局局长,以及外贸部驻大连特派员,也曾一度做过驻越南大使馆商务参赞和代办。2009年在北京去世之前,他一直与景德镇保持着联系,当地有人上京办事他也热情帮着联络接待。

在景德镇民间,"赵渊"这两个字被正面提起的频率很高,所言的都是贡献、廉洁、亲民——啧啧赞叹,怀念崇敬。最近还有人在微信里发文,将他比作当地历史上的瓷器祖师赵慨,还有人说类似于督陶官唐英。

其实,赵渊与历史人物根本没有可比性,他相当于执政党在省辖市派驻的一方"诸侯"。赵慨仅仅是在扭转当地民俗和制瓷专业上作出过贡献,而唐英不过是在管理御窑厂和制瓷技艺上有过成绩。按理,像这样一位被一纸公文任命下来的干部,呼风唤雨,个人时运是执政党使然,更是其命运的必然。

上面走马灯似的换将,一届走过场的景德镇市官员不值得一提。但共产党提出的宗旨是为人民服务,赵渊一直在工作和生活中践行。

也算是巧合,赵渊到任不久就过春节。

景德镇的瓷工很多都是周边县乡的农工。"有钱无钱,回家过年"的习俗,使得年前有成千上万的工人返乡。每年的往返,大家都是冒着冬雨和寒风肩挑背驮,扶老携幼,深一脚浅一脚地沿着泥泞路长途跋涉。其中都昌人最多,从景德镇去都昌县域一般都要起早贪黑"滴滴答答"走两到三天。其间日晒雨淋、过河等渡、被敲诈勒索,甚至被拦路抢劫的遭遇都屡见不鲜。

老百姓难呐!年关年关,这就是瓷工们每年必须渡过的一个难关。返乡过年纯属于家事,历年都放任自行,政府可管可不管。作为刚刚接手的长官,百废待兴,很多棘手的城乡大事都堆积在案头,按理也没有义务和时间去惹这个麻烦。

但是赵渊牢记初心,紧急召集有关局委、总工会和企业专题商议,决定按返乡的人数,分线路作扶持安排,重点做好经鄱阳到都昌这条线路的工作。

他甚至亲自与鄱阳县领导电话联系，请在田畈街、油墩街两个线路中点设立"景德镇工人回乡接待站"，在食宿、医疗、安全等方面提供方便。

于是在市内根据自愿登记，交通部门抽调汽车，做好每天的运输安排，收取适当的运费，特别优先照顾部分行走困难和有家属的工人。消息传出后，工人们欢欣鼓舞。

当时赵渊还不放心，向工人们许诺，有解决不了的问题可以直接找他。

果然，春节后，就有人半夜给他打长途电话，小心翼翼地问"赵政委"，说他们有三十多人节后回厂，已经步行到了鄱阳的油墩街，下雨路滑不好走，很难保证按时回厂生产，请求派辆车子。赵渊当即让市运输公司派车接人。第二天一早，工人们打电话感谢，表示一定把生产搞好。

那个春节过得顺顺遂遂，瓷工们心里高兴舒坦。这件派车接人的事被传得很广。到底是共产党坐了江山！从那以后，只要是让景德镇老百姓顺心如意的事情，市里面都优先考虑。红星瓷厂一位装坯的老工人说：赵渊这个人是个好官！50年代末厂里搞技术革新时，他带人进厂蹲点三个月，下车间进窑炉，天天跟我们坯坊佬同吃同住，没有一点儿官架子。

赵渊自己在回忆文章中也提道："当时从市委书记、副书记，到政府领导、主管部门和企业领导，一起上阵，吃在工厂，坐在窑房。在每次烧窑的关键时间内，通宵达旦地围守在窑门边，眼睛盯着窑火，心里想着瓷器。很多人眼睛熬红了，嗓子也嘶哑了，真同打仗差不多。我为大家的行动所感动，操作上帮不上忙，就为同志们倒茶、敬烟、备野餐，搞降温，在窑场现场与干部工人长夜漫谈，探讨烧窑中的种种问题。"

这就是新中国成立初期，一个省辖市领导的日常。

刚到景德镇时，这位抗日战士面对的是，一个城市发展管理的崭新课题。

景德镇人普遍关心的也就是这个城市的前途。以前赵渊经历过抗战支前、剿匪反霸、生产救灾、土地改革，以及政权建设等，工作地点基本都是和农民及基层干部在农村。熬夜、吃苦、受累，都是那个时代干部的小事。"进城赶考"是毛泽东从西柏坡迁入北平时，对自身队伍的能力警示。从阶级斗争战场转移到经济建设战线，一切都得从头学起。

然而这位"红色督陶官",为了让瓷质超过"康乾水平",很快恢复了传统名瓷生产,延续艺人的绝活,创办了景德镇陶瓷学院和陶瓷研究所,改进了瓷用化工原料,为陶瓷美术家评职称,最后将陶瓷专业人才和技术推广到了国际舞台。1955年,他到景德镇才三年时间,当地的日用瓷产量便已高达八十万担,相比历史上最高时期高出了十万担左右。

作为市级决策者,成绩肯定不应该全都记在个人的名下。但是新中国成立后,一个新兴城市这么多事情,都一块一块得到落实解决,而且还兼顾着质量和安全。尤其在解放之初都没有经验,市里的事情事无巨细,干部们都要呈报给他,让他拍板点头或开会研究。至少景德镇这列火车跑得稳稳当当,火车头起到了"带头"作用。

第一次面对工业城市的赵渊,很快拿出了一个"以瓷业为中心"的发展设想。当时正是国家有计划地推进经济建设的起步阶段,百废待兴,城市要着手的事情多如牛毛。

作为市里的主要领导,如果要罗列他领导下所有的工作,那就琐琐碎碎像流水账一样,甚至一本书都容纳不了。但是体现赵渊以及那个时代的干部工作方式、作风和精神,可以在典型的实例中得到答案。

上任之初,他带领大家主要做了三件"牵牛鼻子"的大事。

一是彻底打破了景德镇民间的、本来在民国时期杜重远就曾动手铲除但过后又死灰复燃的在生产时限上根深蒂固的陈规陋习,使得景德镇瓷业步入全年化生产的正常轨道;二是艰难地迈出了"以煤代柴"烧瓷改造的第一步,从1956年第一座正规煤窑建立,发展到1962年的两百多座,一举结束了几千年柴烧瓷器的历史;三是自力更生就地办矿取煤,从根本上避免了煤窑"粮食"断炊问题的发生,保证了年产量的稳步增长。

罗列这三件大事轻而易举,但是真正要变现成功实现,却有个漫长而复杂的过程、耐心且细致的工作,以及刻苦耐劳的打拼精神。比如在科技落后的情况下,窑炉需要反反复复地试验燃料改造,1954年上到市委"一把手",下到窑工和技师,绘图拆建、熬夜商议、试烧分析——那都跟打仗蹲战壕一样,在定点窑场"同吃同住同劳动"绝不是一句口号。

比如也可以躺在国家的怀抱里，依赖计划调拨煤炭，然而他们偏偏要自找麻烦跟周边地区协商接管煤矿，不断地满足当地修路、要电要车，以及加工资等条件要求。特别是遇到紧急矿事、冲突等重大情况，一般的干部拿不了主意，他放下话筒，无论是冰冻还是下雨，都要马不停蹄地赶去山沟协调。

那时候，建造一个"东方第一"的现代化瓷厂，一直是赵渊的计划设想。市委市政府历时五年，取得省里和部里支持，又经多方学习考察，引进国外技术设备，忙活了好久，终于在城市东郊初步建成。只可惜为了"备战"，上面说瓷器不能打仗，一家伙将厂址改成指定搬来的飞机工厂，使得景德镇瓷业现代化进程推迟了几十年，这让赵渊书记心情久久不能平静。

而市镇突然被提为省辖市的规格，城市面貌和功能却远远落后于时代感观和实际要求。所以赵渊书记在位的那十一年，也是景德镇由"草鞋码头"向城市化迈进的重要阶段。值得记录的工程数不胜数，如果要按时序列一张清单，那就像流水账一样啰唆枯燥。

比如造中渡口浮桥和昌江大桥，修罗家机场和人民广场，拓宽城市主轴的珠山路和东郊区，新建"七层楼"景德镇饭店、"大剧院"群英堂、自来水厂、人民公园、汽车站，以及开通农村电话网等，都是政府为解决人民群众的困难，听取群众的呼声，结合城乡的长远发展，断然启动的浩大工程。

当时经济上捉襟见肘，没有钱就土法上马，开馆子筹经费，广泛发动群众义务劳动。一个工人的头皮被机器卷了急送南昌抢救，赵渊由缩短上省城路上的时间，想到了要为景德镇建一个小型飞机场。又由山里的土特产卖不出去，想到要修环县砂石农村公路网。有了公路又想到要方便各基层公社，就给公社配备工作交通车辆，以及帮农民买一批大板车，让他们搞点运输改善生活——天天想着给自己找麻烦，偶尔还贴着笑脸，通过关系找上司批条子买电话线、买化肥、换红花草之类。

不要看他是厅局级干部，在当时的样子就相当于现在工厂的车间主任。在许多老人家的记忆里，堂堂的市委书记赵渊总是穿一双套鞋，打一把雨伞，呱唧呱唧在县乡道路上奔走，最大的待遇不过是有人在现场恭候，以及有辆吉普车跟着他颠簸。

  但是他高兴。1960年开修环县砂石公路时，他背着行李包步行进山，连夜召集开会研究对策，没有住宿条件就与大家一起睡稻草木板，忙不过来抓个红薯在手里边走边吃，对待一线干部也总是以鼓励的话为主。历时一年多终于通车了，山里人都成群结队赶到公路边来围观车队，没见过汽车的孩子还欢快地追赶着汽车，新奇地摸汽车的外壳。

  这时候，他在边上心情舒畅地微笑。

"国瓷办"

1972年景德镇正式成立了"国家用瓷办公室",由江西省陶瓷工业公司"革委会"生产组管理,陶瓷加工服务部国家订瓷组负责具体工作。这是新中国瓷器的"国"字号招牌,第一次在景德镇挂牌,也是全国各大产瓷区中唯一在景德镇设立的机构。

但是一切都做得非常低调含蓄,相当于元代"浮梁磁局"的"国瓷办"并没有单独设局,而是寄居于省陶瓷工业公司旗下。景德镇的上上下下也从来没有人喊过它的全称:拗口,显得"官腔",还啰里吧嗦一长溜。

1979年3月市委将这个机构从陶瓷加工服务部分离出来,进一步充实机构,加强力量,独立经营,负责"三瓷"(国家用瓷、礼展品瓷、旅游瓷)的生产计划和销售。该办公室的服务对象是中共中央办公厅、外交部、驻外使馆、钓鱼台国宾馆、人民大会堂、文化部、中央军委、中南海和驻外使领馆,以及全国各大城市承担外事接待任务的宾馆、饭店等。凡上述单位需要瓷器,均由中央办公厅或国务院办公厅直接下达任务,或由需要的单位直接到景德镇定制。

业务是广泛而又繁忙的。

官方低调的原因,估计是封建王朝曾在景德镇设立过御器厂。而封建王朝的御窑厂倒台以后,短命皇帝袁世凯派庶务长郭葆昌到景德镇,为自己督造过以年号命名的"洪宪瓷",在社会和民众层面影响非常恶劣。

然而"国家用瓷办公室"的职能,与封建社会"御器厂""御窑厂"在性质上有着本质的不同。尽管大而言之都同属于官窑一类,但是皇帝是"天子",把景德镇的瓷厂,当作烧造御用瓷器以及宫廷"三宫六院"器具的地方,应了那句"普天之下莫非王土,率土之滨莫非王臣"的古语。

"国家用瓷办公室"督造的瓷器,纯粹为国有资产,是一切从国家公务和利益出发的特殊产品。

在成立这个专门办公机构的 1972 年,2 月 21 日美国总统尼克松访华,27 日中美就联合公报达成协议,28 日《中美联合公报》发表;3 月 13 日我国与英国外交关系升为大使级;4 月 13 日我国恢复在万国邮联的合法权利;5 月 10 日世界卫生大会通过恢复我国合法席位的决议;7 月 7 日中日关系实现正常化;10 月 10 日我国与德国建交。此外,这一年我国还与新西兰、荷兰、希腊、卢森堡、马达加斯加、马尔代夫、多哥、贝宁等国家建交或复交。

显而易见,国家用瓷办公室将在发挥瓷器外交上大有作为。

新中国成立以后,党和国家对景德镇陶瓷业的恢复与发展极为关注。

1950 年 5 月至 6 月,刚刚成立不久的景德镇建国瓷业公司,就曾接受中央人民政府四百套加彩茶具,以及中央行政办公处一百八十套加彩中西合璧餐具的制作任务。

1952 年,时任政务院副总理兼中央文教委员会主任的郭沫若就曾提议,创制新中国的国家用瓷和礼品用瓷。这一提议得到党和国家领导人的赞许,周恩来总理还批示由轻工业部负责实施制作"建国瓷"。1953 年 3 月"建国瓷"制作地点放在景德镇,历时三个月样品制作成功。在 1954 年国庆节前,制作"建国瓷"的生产任务如期完成,产品用于中南海怀仁堂、北京饭店和新侨饭店宴会厅。

因为一直对这座城市念念不忘,文学家和考古学家郭沫若在 20 世纪 60 年代来到景德镇考察,并写下"中华向号瓷之国,瓷业高峰是此都"的诗句。

随着景德镇承担国家用瓷的制作任务越来越多,为了加强这方面的领导组织工作，景德镇市于1956年7月设立了国家用瓷制作委员会；1959年成立景德镇国庆用瓷办公室；随着国家国际地位的提高和国际交往的扩大，全国各大城市的宾馆、铁路、民航，以及中国驻外使领馆用瓷，国家领导人出访的礼品瓷等，都要求由景德镇承制。

尽管全国众多国营瓷厂都可以接受烧制任务，然而出于代表国家形象、礼仪和表示特殊意义，以及安全、保密等角度考虑，专业化精细管理已经箭在弦上，所以在景德镇成立这样一个专门管理机构势在必行。

之后随着政治、经济形势的发展变化，这个办公室在景德镇也相应发生变化。

1984年国家用瓷办公室与景德镇市陶瓷加工服务部，以及省陶瓷工业公司销售科，联合组成省陶瓷工业公司经销部，1989年3月更名为省陶瓷工业公司经销公司。这时候该办的职能由公司"礼展品科"和"订瓷科"承担。1992年2月，又从经销公司划出，成立省陶瓷工业公司国家用瓷办公室。

这个办公室是一个承担专门瓷器制造任务的督造单位，承接任务后按需要交给相应的瓷器制造单位设计、生产。从20世纪50年代雏形诞生，至今仍旧保留存在，它见证了新中国成立70多年来瓷业兴盛的历程，创造了制作两千多万套件精美国家用瓷的历史。由于工作具有保密性质，所以许许多多的成果外界无法得知。

计划经济时代，国家用瓷的研制生产更多的是政治任务，而非经济行为，常常是汇集良工巧匠，调用最好原料，举全市之力完成，因此技艺精湛、品质上乘。可以说这个时期组织生产的国家用瓷，代表新中国成立以来景德镇陶瓷的最高水平。

据不完全统计，从20世纪70年代到90年代初，由国家用瓷办公室组织陶瓷生产单位完成国家领导人出访的礼品瓷，共计四十多个品种五千多件瓷器。

这都是国家重器，其中邓小平访问泰国时赠送给泰国国王的景德镇瓷雕"六鹤同春"，访美时赠给卡特总统的景德镇青花松鹤大瓷瓶；中日邦交正常化20周年暨江泽民访问日本时赠送的特级高白釉温酒炉等,都曾得到外交部的贺电表扬。除此之外,该办公室还承担了外交部、钓鱼台国宾馆,以及三百九十多个大中城市宾馆饭店的国家用瓷和礼品瓷制作任务,年销售额四百万元以上。1985年到1990年完成国家用瓷两千六百多万件,实现销售额三千多万元,为景德镇国家用瓷产销鼎盛时期。

以景德镇国家用瓷办公室的号召力和组织力,协调组织创制了不少大型陶瓷壁画作品,将景德镇瓷器的大气风采长久展现给世人。如1974年北京饭店新楼落成,建国瓷厂制作长17米、宽5米的颜色釉陶瓷壁画《漓江新春》;20世纪80年代初,艺术瓷厂为日本上野公园制作《兽图》和为高岛屋火车站制作《四季繁荣图》大型瓷板壁画;1979年国庆前夕,艺术瓷厂完成首都机场大型壁画《森林之歌》的制作,等等。

国家用瓷办公室还助推景德镇陶瓷多次在国际舞台亮相,多次获得国际、国内展会金奖。

20世纪90年代,景德镇市国有瓷厂陆续解体。因为种种原因,景德镇国家用瓷办公室作为事业单位一直保留,归属江西省陶瓷工业公司,后被归入新成立的景德镇陶瓷集团。

计划经济向市场经济转变,政府计划调节经济活动的运行体制被彻底打破,民营陶瓷企业异军突起,国家用瓷办公室的职能也有所削弱,带有国有身份的瓷厂硕果仅存。景德镇陶瓷股份有限公司"红叶"牌《古典园林》《吉祥如意》《富贵牡丹》等系列餐具陆续被指定为中南海专用瓷,入选2001年中国上海APEC会议专用瓷;被人民大会堂管理局首次命名为"国宴用瓷";被2008年北京奥组委选为雅典奥运中国之家的专用瓷;作为新中国成立六十周年庆典专用瓷进入中南海,在天安门城楼上招待国内外贵宾,等等。

近年来,国家用瓷办公室先后在诸如"国家记忆——中国景德镇国家用瓷专场拍卖"、国家用瓷办公室重点项目国瓷1号启动等活动中,以活动主承办方的形式出现,与计划经济时代组织、研发、生产国家用瓷的职能不同,如今的国家用瓷办公室，存在的意义主要是方便工作对接。它更像是一个身份的标签符号，很难再有当年专有的权威和影响了。

有关"7501 瓷"

现如今，在中国轻工业陶瓷研究所的实验工厂里，依然保留着一条经过特殊改造还原后的纯手工陶瓷生产线。从原料筛制、成型，直至烧炼，每道生产工序基本上保留着20世纪70年代的模样。据文化管理部门透露，这条生产线已被正式列入江西省工业史迹重点文物保护单位。

也就是一条过时了的陶瓷生产线。

这种生产作业线，在国营瓷厂工业遗存展示处已有保留，重复保护的意义不是很大。但是它涉及著名的"7501 瓷"的历史和故事，知情人便知道其保存意义的特殊——由它出产的那套瓷器，在三十年后的新世纪初，价值由当初的几十元翻了数万倍，一只调羹十万，一个小碗一百七十万，一壶十杯的一套酒具价值两百万。

现在网上标价一套为八百万。

当年生产现场采用封闭式管理，门口有门卫。生产期间规定，没有工程指挥部首长的批准，任何人都不得进入生产现场。计划"7501 瓷"共有二十四个品种。轻工部陶研所挑选了四十多名工作人员，均是出身好、政治素质高、技术一流的专家。

主创设计人员，在汪桂英的领导下，几易其稿，最终决定使用"水点粉彩"的装饰技法。画面设计稿采用"翠竹红梅""水点桃花""双面绘芙蓉花"三个花型,创意理念源于毛泽东主席诗词里的"梅花欢喜漫天雪""桃花源里可耕田""芙蓉国里尽朝晖"等诗句。

汪桂英在当地也是了不得的厉害角色,是"珠山八友"汪野亭的幼女,在轻工部陶研所任研究室主任。她在21世纪初被授予"中国陶瓷艺术大师"。

画面设计报上级领导审核,一稿通过。接下来是生产。生产第一关是原料关:按照设计构思,图案要在纯净的高白釉瓷器上才能表现得更加灵动飘逸。抚州临川的高岭土好,找省厅组长得以落实,派车拉到景德镇后,又认定杂质多不能使用。情急之下,当时的部陶研所党委下达命令:全体行政人员下到一线,发动全所职工用手工的方法从中挑选出两吨精料。

陶研所任命技术主任蔡昌书为组长,着手坯釉调配和原料加工。

"7501瓷"采用的是釉下彩工艺,即由彩绘工在瓷坯上用颜料画好图案,再行施釉,然后至少经1300℃的高温烧炼。为保证高温下能控制颜料、釉料的化学变化,罗慧蓉当即想起了专家许作龙。

但是,接二连三的试烧都出现一个问题:"颜色上的裂纹。"

经过分析,焦点落在绘画的工艺操作上,"画面开裂毛病,通常出在颜料和釉面的膨胀系数不一致上,认为画坯时掌握颜料的厚薄是关键"。

余叨才是景德镇赫赫有名的"把桩"师傅,就是传统的看火、掌控窑温的"土工程师"。他的声望在业内如雷贯耳,大家送给他一个绰号"火眼金睛"。由于"7501瓷"采用的高岭土可塑性强,耐高温,要烧出通透的瓷质必须在1400℃以上的高温中烧,而窑体内不同的部位温度又会存在差异。

经过几个月的奋战,排除了种种来自工艺上的、技术上的、原料燃料上的疑点难点,满满的一窑"7501瓷"点燃了窑火。就在窑火正常升温返回到还原焰那一刻,火焰不但降不下来反而一直上升。情急之下,余叨才师傅急火攻心,一股从火眼冲出的热浪呛得他当场吐了两口鲜血。他下令工人们赶快加劣质煤、掺煤灰压火,并叫人运来煤渣,加水送进炉膛,窑温这才得到控制。

这也是景德镇陶瓷烧制史上,首次采用1400℃以上的温度烧制釉下五彩瓷。

从1975年5月25日烧出第一窑，直到8月31日共烧出二十二窑，制出一万四千零三件瓷器。合格率为百分之三左右，实际成品为四千二百件，含碗、碟子、盘、茶杯、小醋瓶——"7501瓷"生产任务大功告成。从成品中精选出十套特等品，总计不过五百件。

所有的瓷器都是晶莹剔透的白底。所有用具上的花色归为两类：艳丽的梅花和粉红的桃花。和平常人家餐具不大一样的是，除了调羹，都配有盖子。

一套图案为釉下彩"水点桃花"，另一套图案为釉上彩"红梅"，其余八套均为难度最高的釉下彩"翠竹红梅"，每套瓷器中配有精美绝伦的双面"芙蓉对花"碗，所有盘类品种全套有瓷盖。

双面"芙蓉对花"碗，采用了明代的"正德"器型，在光线的照射下呈现半透明效果；壁厚不足毫米的"翠竹红梅"茶杯，注入开水后用手紧握杯体也不会烫手，杯子加热到200℃后马上放进零度的冰水中也不会炸裂。"安全、方便、保温、美观"，使之成为名瓷。

现在，当时的主要生产单位轻工部陶研所已改换了两次牌子，1999年转制被并入景德镇陶瓷学院，更名为"中国轻工业陶瓷研究所"，人员也调走和老去了不少，所址早已面目全非。但是，那条"7501瓷"生产线依然纹丝不动保存在原处。

陶瓷考古"疯子"

"疯子"陶瓷考古专家，说的是享有国际声誉的刘新园。他成了景德镇当代古瓷文化火爆起始时的一张名片，当地才想到祖宗留下瓷文化的宝贵，外界也才对这座城市有了更神秘的探究欲望。

从20世纪70年代初，刘新园就以景德镇古陶瓷为研究对象，对五代至近代陶瓷以及有关问题，展开多学科、多角度研究，以出土文物和文献史料相结合，在陶瓷工艺、艺术、经济领域及文献考证等方面取得重要成果。他一炮轰响，犹如水出蛟龙，这在当时"破四旧"之后文化考古被锁进冷宫、市民阶层对文物提不起兴趣的年代显得尤为突出。

因为影响巨大，他先后应邀在日本东京国立博物馆、大英博物馆、日本出光美术馆、美国国立弗利尔美术馆、美国西雅图艺术博物馆、美国底特律美术馆、日本大阪东洋陶瓷美术馆、日本根津美术馆、中国台北故宫博物院、香港艺术馆、德国海德堡大学等馆、校作学术报告累计达数十次。

可以肯定，没有刘新园先生，就没有目前关于景德镇瓷业的众多考古发现，至少没有现在这么系统、全面和权威。毫不夸张地说，研究成果使得他蜚声海内外，乃至日本学界称景德镇古陶瓷研究进入"刘新园时代"。

刘新园名声在景德镇，在产瓷区，尤其是在陶瓷考古界，对于一般人而言那都是如同伟人，如雷贯耳。他在高校做过美术系教师，在地方陶瓷馆搞过陶瓷考古，筹划成立景德镇陶瓷历史博物馆并担任副馆长，以及于景德镇市陶瓷考古研究所做过所长。最后，因其在考古界的名气大，在国际上也有很大影响，就连任了两届景德镇市政协副主席。

但千万不要误以为，他就是个一本正经一丝不苟的学者，或者四平八稳处事谨慎的官员。和他打过交道的人都清楚他的性格，他完全是一个不按常理出牌的任性的"疯子"。其出格的表现随便举一个例子：有人曾见过他在大街上走路，穿一身西装，打一个领结，然而脚下却是一双布鞋，头上竟戴着瓜皮帽子。

甚至任性的程度，都到了边走路边打太极拳这样的为所欲为。

你拿他的个性奈何！在考古名声远扬国际的时候，日本东京国立博物馆曾发函邀请他去做学术报告。但是这一行程，却差一点被当时的市委常委们搁置。对他不放心是最大的理由，有人担心就他的性格，说不定"一去不回"都有可能。幸好有一位管宣传的领导了解其人，并敢于站起来出面担保，所以他的舞台才不至于拘泥限制在景德镇的范畴，这个城镇的文化底蕴也因此被推向了国际。

还有一次，在景德镇市珠山南麓的建筑工地上，刘新园路过时发现推土机推出来的泥土里，有疑似明代万历年间的瓷片，于是眼睛一亮，大声请求推土机手暂停施工。工人又不是刘新园的下属，照常轰隆轰隆地推铲地基。刘新园毅然跳进工地，四肢着地扑在推土机前的推土铲下面，一边叫喊着"再铲就把我一起铲掉"，一边喊同事赶紧与市政府建设部门联系。

就在那一次，景德镇发现了明代皇家御器厂的重要堆积层。

要显示这位景德镇陶瓷考古第一人的个性例子很多，因为他言行的率性时时刻刻都与众不同。比如性格直率讲话声音很大，比如经常无所顾忌地骂人，甚至骂顶头上司。有一回一位喜欢古瓷的外地人慕名上门拜访交流，在办公室交谈还不到三分钟，他的声音就大到了下逐客令的地步。

原来那个人在说到把景德镇制瓷秘密传到欧洲的重要人物——法国传教士殷弘绪的时候，连殷弘绪的法国原名都说不上来。刘所长清楚这个人半桶水一浪一浪，故作高深，附庸风雅，就毫不客气地说："你暂时还没有资格与我对话，你回去再看一看陶瓷历史书，三年后再来与我切磋！"

刘新园总是在遗存物和故纸堆里，推导出惊世骇俗的见解。因此这个名字，对于没有文化的百姓似乎有点陌生，但又似曾相识。如果提起御窑厂遗址与高岭土"二元配方法"等著名的学术成果，放眼景德镇，乃至国内外，那都是举足轻重、广为人知。

例如：他发表于1974年第6期《考古》上的《宋元芒口瓷器与覆烧工艺研究》一文，首次复原已经消失六百多年的装烧技术，并阐述该技术的经济意义及产品的造型结构所产生的重要影响。尽管这些发现都无关老百姓生活的痛痒，然而这篇文章，却一直是我国研究宋瓷的学者们征引最多的论著。

他在日本《贸易陶瓷》以中、英、日三种文字出版的合刊上发表的《元青花特异纹饰和将作院所属浮梁磁局与画局》一文，第一次揭示举世闻名的元青花纹饰由将作院下的画局设计，推理细腻，逻辑严密，精湛到家，被日本金泽大学教授左左木达夫誉为"富于魅力的考证"。

另一篇发表在中华书局《文史》杂志上，题目叫《蒋祈"陶记"著作时代考辨》，首次考证历来被人们看成元人之作的《陶记》为南宋著作，被日本著名元史权威爱宕松男博士以五万余言专评，赞为研究中国陶瓷史和南宋史的划时代的著作。

他的《高岭土史考》成了史实的样本。文章考证高岭土在元代始被引进瓷胎，确立了瓷石加高岭土的"二元配方法"，景德镇瓷器在这时才有了质的飞跃——由软质瓷逐步过渡到硬质瓷。该文还考证了元代文献中的"御土"和明代文献中的"麻仓土"就是高岭土，而国际通用的KAOLING的命名地——高岭山的高岭土则开采于明万历年间。1712年法国神父殷弘绪著文把它的名称、形态与用途介绍到西欧，在19世纪后期被李希霍芬推介，于是成了世界专门名词。

此外，刘先生还对明洪武、永乐、宣德、成化官窑进行了专题研究，出版有多部研究图录，并先后在中国香港和台湾以及日本等地以中、英、日文发表，产生重大影响。

有人说是景德镇成就了刘新园，但了解了他聪慧、执着、专心的性格，就清楚他对陶瓷考古投入的与众不同。比方说他的一个生活爱好——打太极拳。他的太极拳术是无师自通，全靠对着书本研究，竟然也成为太极拳爱好者中的高手——太极推手几乎难寻对手。

有时与众人说话说得好好的，只要想到哪个动作，他当即就会不顾场合地练起来。

就这么个率性的怪人！

他无所顾忌，又至深极力。景德镇的陶瓷考古资源是众人共有的，为什么只有刘新园才走出国门，蜚声海内外？与之共事三十多年的李一平先生说，这与刘新园先生对考古的认识和热衷投入，以及他对考古本身意义的理解分不开。

在工作中的投入也是这样：

1982年，景德镇市珠山中路正在埋设通信管道，刘新园经过时在现御窑厂遗址大门西面发现了一个特殊堆积。因为一般的堆积多为匣钵及变形瓷器，而这个堆积中几乎都是瓷片。凭着多年的考古经验和对窑址的敏感，刘新园当即组织数名业内专家进到现场展开清理。就在瓷片整理过程中，他们发现这些碎瓷片可以拼凑，有的能修复成型。

随后几年，均有此类发现。刘新园将此类发现鉴定为埋藏明代官窑落选贡品和贡余品的遗存，从而揭开了明代官窑的面纱。

大概是20世纪80年代初，刘新园给当时的市图书馆整理书籍，在大量的整理工作中，他意外地发现一本清康熙二十一年的《浮梁县志》残本，其中有关于蒋祈"陶记"的简单记载，却无蒋祈所在的具体年代。而清乾隆年间的县志则载称，蒋祈"陶记"为元人之作。通过对这本县志残本的深入研究，刘新园第一次考证此为南宋著作，写下了《蒋祈"陶记"著作时代考辨》，这也是目前最早讲述景德镇市陶瓷工艺历史的专著。

刘新园对陶瓷考古，可以说是全身心投入，废寝忘食。只要他感兴趣的东西，注意力集中非常迅速。几乎每时每刻，他都可以沉下心去关注、研究和思考，特别是旧时的官吏制度、税制、装烧工艺、行政区域等史书。他说浮梁县在元代时并不称县，而是州。

他练太极有"行走坐卧无不太极"一说。

而熟知刘新园的同事及朋友们，则开玩笑称刘先生是"行走坐卧无不古瓷"。

2002年和2003年两年的大部分时间，三家联合组成的考古队，对景德镇珠山明、清御窑遗址进行发掘。发掘面积七百八十八平方米，发现了明、清及民国时期有关陶瓷方面的建筑、窑炉等遗迹和遗物。遗物以瓷器为大宗。投入的时间长，工作量巨大，此次的领队正是刘新园。此次考古发掘为研究、探讨明代早中期御窑的范围、烧成技术、产品特征和管理制度等提供了新的科学资料。

过程的艰辛是可想而知的，但是在工作和生活中，"先生都能与众人打成一片，没有老师、专家、官员的架子"。与他共事的江建新说，"在工作时，他与大家一起同吃同住同劳动，不讲究，很朴实、活泼"。其实就是一个相当随和的学者。

景德镇市的陶瓷考古挖掘，无不是抢救性挖掘，常常是在三九天或三伏天里与时间赛跑。而在抢救性挖掘中，考古工作不可避免地与施工单位的工作发生冲突。为了抢时间，刘新园及其同事经常二十四小时在没有围墙的考古现场工作，吃住都在工地上。刘新园与其他人都是一样的待遇，他从来没有想过，自己需要例外。

从数以吨计的古瓷片中，进行多级分类和系列复原，需要花费大量的时间与血汗。刘新园在这样的工作基础上，再去归纳整理成为学术研究成果。

这位1937年出生于湖南澧县渡口镇一个普通家庭的学者，一生的历程为：1962年毕业于江西大学中文系，同年任景德镇陶瓷学院美术系教师。1965年调景德镇陶瓷馆从事陶瓷考古工作。1979年参与景德镇陶瓷历史博物馆筹建策划，1984年任该馆副馆长。1987年当选景德镇市政协副主席，后连任。1989年任景德镇陶瓷考古研究所所长。

2013年11月4日因病去世，享年七十六岁。

The
Biography
of
Jingdezhen

景德镇传

新中国成立以后，古镇摸索着走上了一条社会主义城市发展的尝试性轨道。国际形势变幻的催逼、国内政治运动的影响，以及经济体制的转型转轨，景德镇市都在随着时代的节拍奋发图强，不断改造建设、革新革命、调整应变，稳步向现代化手工业特色瓷业都市迈进。

在城市挺进的过程中完善体系、优化升级；在瓷业应对的道路上改革改制、创牌兴瓷；在文化特色的承袭上传承保护、科技创新。一路曲折艰辛，一路也花香鸟鸣。

第十二章 古镇新芽

现代步行街

"鬼市"与瓷片

说一个让景德镇少年惶恐的故事，许多人还不一定相信。

在其他地方的河里洗澡，会踩到柔软的泥沙与水草，或者是滑滑的卵石，而在我们昌江，河床会逼迫出浮游人的勤奋与耐力——泳者赤脚不能行走于河床。因为在当地河里洗澡的小孩，很少有不被切割和刺破脚板的经历。穿刺的疼痛，抑或洇染的鲜血——没有亲身感受，借助于第二手资料的作家，说不出这样血淋淋的钻心疼痛记忆。

危险无处不在。瓷片像深水里潜伏的碎银，迷惑或惩罚着懒惰者尝一尝破皮流血的教训。得承认这样一个残酷的事实：千百年来，景德镇是制造像玉质一样精美瓷器的地方，同时也是一个产生残渣碎片的巨大工厂。

在景德镇的土地上到处堆积着窑业废渣，诸如破匣钵片、碎渣饼、熔炉结渣，等等，里面当然更多的是瓷器碎片。历朝历代在开窑后除了成品，丢弃的废品和残渣，被扫拢铲上板车，再拖运到低洼处当甩包袱一样倒掉。然后覆盖再覆盖，这已成了景德镇人习以为常的事情。

这些工业垃圾与化工残余截然不同——它们的原料是由泥石粉碎后，再经过淘洗提炼出来的精华，是被烈火烧炼板结成的密实骨质，更是破碎后硬实尖锐，可以在地底或海水下沉睡千百年而体质不衰、容颜依旧的固体。与其说它们是残剩的废品，还不如说就是人造的未达到器皿标准的岩块晶体。

就在经过千百年的地温或水溶,几乎要与地壳的泥石融为一体的时候,它们自己也根本料想不到在昏睡中,有一天有人竟把它们当作宝贝,就像寻找失散的骨肉那样,千方百计呕心沥血地钻山打洞。这就是20世纪八九十年代,在景德镇地面上刮起的一股猛烈的"挖古瓷片"的旋风。

跟盗墓贼一样,许多人都盯着地底,心里在盘算着哪一块曾经是古代窑场、仓库遗址、废渣堆积地——于是这帮历经长期高压都难被风化腐蚀的瓷质硬汉,犹如众多卧薪尝胆的隐士或者潜伏已久的军队,在黑暗深处忍耐了多时乃至多个世纪,终于得以重见天日,由河底险恶的隐患变身为佳丽上宾,被"净身""开光"供奉为财神。

精彩就精彩于,它们在出土后并没有萎靡,毫不黯淡,并丝毫不丢失被掩埋时的人文风采。它们在被洗刷干净之后,在光照下又原汁原味地容光焕发,散发出柴烧的古朴色韵与温润的魅力——这就是众人立誓要挖掘它们,并急于将其占为己有的根本原因。

因为被收藏的古瓷片不再属于工业废渣:釉面质地呈现鲜亮的技艺,拼出来的造型在还原历史,精美的文图蕴藏着丰富的故事——这些不朽的一层一层积淀下来的厚实,既提升了景德镇瓷业高地的文化,又让我们看到历史记忆里的光华,最后它还让我脑海里蹦出一句——"瓷片上的China"。

市镇的河滩之所以都堆高成了"墩头",河床在城区段都没有了过渡的坡滩,城市基座的山包间的沟槽都不见了凹陷——这都是"工业垃圾"的作为。

千百年来的堆积,深刻影响着这座城镇的发展变化。

一方面,天然的河道溪沟变窄,巨量的山洪难以排泄,造成了历史上频仍的水灾隐患。洪水从河床溢出,洼地居民深受水涝,以及人们在雨季诚惶诚恐——特别是在徽州祁门倒湖大坝闸门泄洪的时候,猛一下就将来自大北埠河和闸江的库存以及苦难,倾泻丢给了下游景德镇的百姓。

另一方面,尽管在市区坡降的街道隐约可见,但是长年见洼就填的习惯,从整体上提高和平整了市镇的地基。再加上城建时削峰找平,使得原本类似于重庆般的生态山城,被填成一个毫无丘陵特色的平面,更使得被疏浚的河床,在城区段显得像壕沟一样促狭凹陷。

景德镇地底下的瓷片比比皆是。

太远太偏的古窑址无须多说，仅仅在城区及其周边已被发现的遗址就多如牛毛，诸如湖田、白虎湾、杨梅亭、盈田、黄泥头、兰田、观音阁、董家坞、西河口、落马桥、市埠桥、小坞里、银坑坞，等等。历朝历代，每年每季，山涧荒坡，老百姓建筑的民窑，多不胜数。

很年轻的时候，我曾慕名随人去南市街村实地考察掏捡，但一无所获。

这里是优质青白瓷（又称影青瓷）的主要窑场之一，窑址就好像一座座古代迷宫的废墟。残破的窑壁、淤塞的窑室、坍塌的窑砖，以及叠压的窑具，都深深铭刻着时代的印记和奥秘。在那些草木蔓延的山体斜坡上，破匣钵、小渣饼和老瓷片松松垮垮，却不时呈现新鲜的被人反复淘挖过的痕迹。

带路的人说是宋窑，也记得地名叫狮子山黄土岭之类，中心堆积层竟厚达几十米。那些比较完整的匣钵，或大块的青白瓷片、碗底块早已被捷足先登者收走，有花纹图案或字体款识的就更不见踪影。

古窑址"淘宝"那可不是学研似的游览，是要费工夫带锄头去的真家伙劳作。在太阳下，我随便扒拉扒拉那些就手的横截面，只见一些很小的白色碎块，在不断坍塌的废渣里闪烁出近似"嘲笑"的微光。

至于那些清末和民国时段的陶瓷废墟，更像是被撒了芝麻一样，在当地星星点点，数不胜数。仅仅沿着昌江河岸一路察看，在当时没有水泥护堤和树木草皮的岸坡上，所发现的民窑址或窑渣堆积层，随便数一数就有一百三十七处。

在过去，景德镇这些工业废渣一般用于铺路、填塘或倾倒河洼地带。更"奢侈"的是，连同那些老百姓的家院墙围、菜园篱笆，或台阶驳岸都是用废匣钵、瓷匣黏渣团等垒做建筑材料。

总不能到处深耕式地翻挖——这是许多人的困惑。史书上记载的事情很多，但是无法按图索骥。绝大部分我们只清楚被掩埋在城镇的地底，却无法知道它大概的方位；而知道方位的，又不清楚锄头具体应该从哪里下手。

像"陶窑""崔公窑""壶公窑""周窑""陈仲美窑""吴明窑""熊窑"等的名窑址仍然没有找到。蒋祈在《陶录》里披露，景德镇有窑三百多座，这数字似应为南宋末年及元代时的民窑数量；《景德镇陶录》记录明代宣德年间有官窑五十八座，民窑没说；而道光版的《浮梁县志》上说，这时期的民间有青窑二十座，青窑之外的其他窑又没透露。

在《明英宗实录》卷二十二里提到一件事，说在正统元年（1436），仅景德镇人陆子顺一次就向朝廷进贡瓷器五万件，从中可见民窑规模的可观与产量的巨大。那么不要说全镇，就仅仅"陆窑"这一家，当时所产生出来的瓷片、废渣的数量，多得都难以想象。

"鬼市"就是买卖古瓷片的自发性市场。它的源起据说是当初白天有城管干涉，或者是因为有些古董来路见不得太阳。

也不记得是哪一年，应朋友之请托，我曾于凌晨三四点钟摸黑开车去市中心的解放路，带着对古瓷以及这种"鬼市"感兴趣的外地文化人去见识过一回。那也是我慕名赶夜集的唯一一回。夜间凉风阴阴，沿路的街灯兀自空亮。"鬼市"的名气，在当时的景德镇已经大到白天总有人跟你提到，就是你没有想去的意愿，都忍不住萌发去开开眼界的冲动。

当时，市面上作兴古瓷交易，也就是说古代的文化开始值钱，连破碎的瓷片都随之价格看涨。如果瓷器上有花纹，乃至上面书有款式的则更为抢手。

早些年正好赶上城市"大兴土木"，很多市民盗挖到了好多清代和民国的瓷片和破匣钵，并偷偷廉价卖给了潜藏在招待所或宾馆的外来收购贩子。特别是在御窑遗址里的"地道战"，在20世纪八九十年代，于老景德镇市政府大院的地底下疯狂上演。有人为获得官窑的碎片无惧刑法，前赴后继，甚至置生死于度外。

有需求就产生市场。

收藏行内有句流行语，叫"南福北潘，西城东海"，即上海的福佑路、北京的潘家园、西安小东门的城墙根、广州的海珠桥。浑身是宝的千年瓷都，当然不能例外。

因此在跨世纪前后的景德镇，像飓风一样自发地刮起过一阵"古玩摊点市场"的狂潮。以至于路边临时的市场，被城管驱赶又转移到另一个地方，大有"野火烧不尽"的"游击战""麻雀战"势头。摊主大多是在卖所谓的瓷器"老货"以及破碎的瓷片，收购者去那里叫作"淘宝"。

现在我仅仅凭印象能回忆出的市场就有好几处：

比如20世纪80年代，最早的古玩市场就出现在人民广场边，著名的"七层楼"景德镇饭店门口；后来又转移到外来人流量较大的火车站附近，在紧邻站前路的一条比较偏僻的砂石路上；离广场不过千米的市中心解放路边，刚刚被开发铺平一条街巷，那条人马稀疏的道路上随即交易兴隆；还有国贸广场没有卖出去的商铺二楼、东市区以雕塑瓷厂为中心的新厂东路两边人行道上，以及南市区曙光路上新建的古玩市场内……

除了太恶劣的天气，雷暴或霜冻之类，自发的交易一般都风雨无阻。每周一凌晨两三点就有人，有时星期二的凌晨也有人开市。如果没有官方干涉，有的地方摊点甚至可以摆到第二天下午两三点钟收工。

在那个离市人民广场一里路不到的景德镇市中心地带，我看到过，于不宽的马路两边的地上，鳞次栉比地一长溜约四百个地摊。以蛇皮袋垫底，有铜器、石器、玉器、字画和木雕，等等，最多的就是旧瓷器和瓷片。

当时根本就没有路灯，但对于"鬼市"这不算是坏事。他们要的就是这种神秘的交易效果——真真假假的冰冷货色，鬼影晃动的各色人等，悄悄的手势暗语交流，等等，十足像地下工作者的接头场面。

说方言和打官腔的，南方的和北方的，甚至还有外国人；有的人刚离开宾馆的床铺，有的人说天亮就要赶火车回去；买卖双方都看不清面相，头灯或电筒光忽明忽暗地打在需要交易的时间和地点；一般交易的语言很少且简洁，声音轻轻也干巴巴地没有水分——不少像下岗工人一样的卖家，脚上穿一双沾满黄泥巴的黄球鞋，嘴里竟然还磕磕碰碰地蹦出几句应酬的英语单词。

想交易的话，手电筒和放大镜必不可少，否则会被人当作"观光客"或外行。

交易对话又几乎都像是暗号——出价还价只说缩减一百倍的数目，比方说出口"一百"那就是一万；真货叫"开门"或"一眼货"；捡漏说"拾麦子"或"拾漏"；"一枪打"就是好的坏的一起包要了——

一些摊主为景德镇周边进城的农民，也有许多下岗的瓷工转行为"民间考古工作者"。我原来的街坊也有在做这个买卖的，文化程度不高，人生却变得透脱潇洒。阔气是阔气了一些，高级香烟可劲地普发，但他们从来不跟熟人谈他们的业务和经历的故事。

他们更多的赝品，来自景德镇市"城中村"樊家井、簸箕坞等几个规模大的仿古瓷生产基地。"做旧"在那里是公开的秘密，什么高锰酸钾和粪窖里腐蚀，什么磨损、剥釉、去火光、作色、做土锈等，俨然形成了一个很专业的行当。他们没有欺骗，那里卖的就是明码标价的仿制"老货"，至于出手后你是否去招摇撞骗，那都不关他们什么屁事。

20世纪在"鬼市"上，元青花瓷片十几块钱一片，跨过世纪现在涨到最少几百，甚至上千。收集瓷片的，有人就是仿古瓷制作者，他们把它当作标本。

如今景德镇已经把"古玩市场"归拢到南河边的曙光路市场，说是汇聚了五百多户玩家。当人们正常进入梦乡时它慢慢热闹，凌晨四五点钟交易抵达高峰，早上八九点钟游客商家逐渐散去，而且每周只定时为周一。

人们戏称，这里出售的老物件百分之九十九点九九都是现代仿品，夜晚百分之九十九也是赝品，很容易"打眼"。但是运气好碰到缺钱的卖家，也不是没有可能。

古瓷片有挖来的，也有新做的。一般的瓷片，则源自一些建筑基地和未受保护的民窑遗址。甚至到了2011年年底，在景北大桥边的一个小山坡上，还有一个据说是鄱阳籍的男子，因挖瓷片塌方而窒息死亡。

当时围观者零零星星。

我站在边上，脑海里立马蹦出一句俗语：人为财死，鸟为食亡。

偶然的爱好，我也曾与财神擦肩，但我书生一个，生辰八字不硬，财运不济。

1998年洪水过后，应我的请求，外公曾径自带我去河边水毁地段，特别是没有护坡的沿岸，扒拉过那些曾经是河滩而被工业垃圾填高的横截面，在碎片破匣中找到过一些废弃的碗盘、调羹或花瓶。疏松的堆积层里散发出阴湿的腐朽气味。反过来看那也算是闲着没事，遭灾后让老人家高兴地成为主角。他兴致高昂。

记得那时候作兴玩瓷片的人还不多，只是个人骨子里喜欢，所以轻易就捡到青花的、粉彩的、甜白釉的——虽然估计是很早的货色，但是年代都没顾得上考究。尽管都是或扁或缺的残次品，然而洗干净后的瓷片鲜艳古朴，叮当脆响，透着古松木柴烧的醇厚质地与底款的真实。

闲时把玩沁心玉质似的温润——它们非常得我所爱。

有个略扁的变形渣胎碗，碗底用青花填有"徐梗记"的窑口标记；有个瓶块面上是一整个秀才赏花的鲜活彩绘；那"影青"就极似一块青白玉，瓷白里泛着迷人的油润碧青；还有块玉璞一样白润的稍稍缺沿的盘子，让我手感清凉摩挲再三——我清楚那都是很值钱、有古文化价值的瓷片。

我甚至在把玩之时，脑海里就想象到在沿河建窑的古代，似滚滚巨龙的洪水轰涌而下。洪水将最初建于昌江岸边的窑口及其产品也就是瓷工们的智慧与血汗，无情地冲垮、捣碎、飘散并掩埋。

我将这些东西清理好，用废报纸包好再放进硬纸箱子里塞到床铺底下。我祖上清末从老家鄱阳湖边的渔村上镇来此，叔叔和姊妹们也人多在瓷业界混生活。我纯属当地陶瓷世家的后人，本应该一身是灰、两手泥巴，却意外地撞上了好年代，变成了饱读诗书的"秀才"。

当初在计划经济向市场经济过渡的年代，国营瓷厂的干群都旱涝保收，生老病死都有党和政府依靠。虽然他们都享有很好的"大锅饭"待遇，然而"坯坊佬""窑里佬"历来在景德镇都是跟泥巴和窑烟灰打交道的"苦脏累"的代称。读书读出了陶瓷界是祖坟冒烟、光宗耀祖的事情。

然而，我竟然把那些日渐罕见的宝贝给忘了。

进入21世纪前后，我最初在中学教书，再从地方高校调到地方电视台工作，后来又被调到纸质媒体担任干部。最后组织上才应我的要求，让我一头扎进了对应兴趣路数的文艺界深潭。然而，想象不到的是——在社会上艺术瓷热浪退潮过后，最后我在这个被"钱"堆起来的城市里，一度沦落成整个家族中的扶贫对象。

问题是2007年姆妈因淋巴癌作古，那些存放在宁波老屋床底下的东西都不翼而飞。住新居后家庭和职业上的事情多了，又一心在文学的圈子里瞎混，人也在错综复杂的江湖中静不下心来，在丧父、丧母和丧外公的伤感里沉溺了好一阵子，竟然把那些无价之宝忘得一干二净。

新世纪初期在古城大拆迁的狂潮中，本人又只惦记着老屋的补偿经费等实惠的俗事，等想起来的时候已是天翻地覆，吊脚楼的旧居早变成浙江路西端"民窑遗址博物馆"景观烟囱的基座。以前踩在脚下总有瓷片的房前屋后，早已被红线圈进"闲人免入"的区域。

所以后悔起来，我只想狠狠掌掴几下自己。

景德镇老早的窑场都很分散，有的分布在郊野村落的溪沟边上，有的在山涧的两侧，隐蔽而低调。也难怪古代的书生，很难统计并记录在案。

当然这些古窑址和堆积层，现在大多都被囊括进城区的版图，在我们的脚板底下，或者上面建了房子，或者是菜市场，或者就在沥青马路的下面。如果住的是平房或一楼的，甚至那些老瓷器或瓷片，都有可能就在我们天天睡觉的床铺底下。我们就在这价值连城的地面上走来走去。

记得小时候顽皮走路踢踢踏踏，许多时候能踢出地下的瓷片；大一点后用它来打水漂游戏，或者砸碎当五子棋玩；想不到它竟然在我成年以后相当于钱币，身价暴涨。

如果是"活地图"外公在世，他可以作为向导，帮我准确地找到地底的堆积层，挖掘到那些老瓷器或古瓷片。

在20世纪六七十年代，我父母都在国营瓷厂整天忙于"抓革命促生产"，都是社会主义建设的骨干分子，一个在专做青花玲珑瓷的光明瓷厂里当成型车间主任和厂质检科科长，另一个在景德镇市华电瓷厂检包大组当组长。从小我像拖油瓶一样，大多数时间都是跟在外公的屁股后面，河东河西，城区乡下，游游荡荡。

那时昌江上连接东西两岸的，除了在1937年架了座经不住小洪水的木式浮桥，还没有一座正规桥梁供人们东西交通。一年一度浮桥都有避洪的麻烦，加上城镇人口和房屋密度的增加，以及东西岸交流的日渐频繁，因此景德镇就只能衍生出好几个码头，渡船像水鸭子一样在河面摆来摆去。

没有一座石桥的"草鞋码头"名副其实，自北而南，河面间隔一段距离就有一个渡口，它们的名字分别是里市渡、中渡口和十八渡。好像最北端的里市渡口最忙，它沟通着镇西的鄱阳、都昌、湖口等县与镇上的人员往来，以至于早在宋代，就于西岸造就了三间庙村驿站似的繁华。到了1924年，当地富足的工商大户因看不惯原始渡口码头的破败寒酸，曾出资整修了比较繁忙的中渡口、里市渡码头。

"一个村一条街几百米长，过去米行、棉花行、鲜货行、竹木行、饭店、药店、豆腐店、屠宰店都有，甚至河东镇上的人家都过去采买办货。"

在景德镇外公就像是个"地保"，什么地形、掌故、鬼怪、风俗等一套一套。打小我就觉得他肚子里装了数不尽的陈年老货，瓷业界无论扯到哪一行他都信手拈来，性子又爽快，还喜欢自顾自地唠唠叨叨。有内容的"话痨"，就是陪着他一年半载，像有酒有茶的生活一样，平庸的小日子里不会感觉出寂寞乏味。

外公如果在世，现在也该有九十多岁了。

你难道有本事将景德镇的基座翻过一遍吗？

我自己都觉得自己好笑。但这也纯属于异想天开，该挖的许多地方都被"先富起来"的一批人捷足先登，没动的遗址也被建筑占据或被钢筋水泥硬化，甚至早被地方政府画上了遗址保护红线。

况且现在国家的《文物保护法》已深入人心。地方性的历史文化保护法规也于2018年出台，上面说："我市是文物大市，地上、地下，地上可移动和不可移动文物众多，文物保护工作非常重要。"已经有好多人因此而锒铛入狱。所以很可能作案人还没有动手，众目睽睽下早就被天罗地网罩进了法庭。

我说日子里怎么这么多刺痛，原来我们就生活在瓷片之中。

我就是天天脚踏着这些瓷片，在这个城市里被割破脚板、吃饭睡觉、结婚生育、读书上班、写作思考——五十多年了。我常常站在这块陶瓷文化堆积的土地上发呆。

莲花塘又名佛印湖

莲花塘就是佛印湖，说"佛印湖"，在景德镇很少有人清楚它的来历。尽管佛印是北宋的浮梁籍人士，但是他云游在外，离开之后很少回家。要是说到"莲花塘"，景德镇却几乎无人不知。现在的人都叫它莲花塘，生僻的"佛印湖"仿佛是书面用词，有故意文绉绉造势的感觉。

21世纪初，景德镇市人民政府在那路口立了一块"佛印湖"的石碑。

湖面就在景德镇城市中心稍微偏北，离开中华北路后街往东北的胜利路直走，一路上坡，到了坡顶就可以看到老远一汪盆地——那里是城区里闹中取静的著名风景区。

打个比方，胜利路上的坡顶仿佛就是一道堤坝，也是这片水域的出口。莲花塘的其他三面都挟持着山丘，形状又像个簸箕。山丘上古木参天枝繁叶茂，秋夏的知了躲在树冠里鸣叫，衬托出这个类似水库的"塘"的清凉和幽静。如果说这片水域还有其他方向的路口，那必定是越过周边山丘丛林另辟的蹊径，比如风景路、新枫路、莲社北路和莲花岭。

当然在规模和气势上，莲花塘不能跟大湖泊和水库相比。莲花塘呈北宽南窄的长葫芦形，南北水面最长处三百四十米，东西最宽处才一百三十米，面积约五点五公顷，由塘中心的小桥划分为南北两个部分，近似于"吕"字。两块水面中各建有一座亭阁，北亭南阁，有九曲桥相连，是蛮有情调的建筑设计。

　　北塘以北是块山间平地，现开辟为广种花木的园地，估计是由老早的湖滩升级而成。峡谷嘛，被平整后的树阴底下塘风拂拂，为下棋打牌、拉二胡清唱，以及谈天说地的最佳场地，也是许多清闲人和老人们纳凉的处所。

　　三公顷的水域种满莲花，六月莲叶连天，风光优美。

　　现在围绕"吕"字南北塘沿，修有"8"字形步道，白天抄近路往来和步行锻炼的人多，夜晚兜圈子慢慢谈恋爱的也在循环往复。童年的我，也曾有在这片山丘捉蟋蟀的经历；年轻时恋爱也不是没有来过；成年办事如果需要，就喜欢步行穿过莲花塘，抄小路往来。

　　虽然景德镇山环水绕，当地的文人雅士也曾命名过"昌江八景"或"景德镇八景"，但类似"旸府晴雪""金滩渔歌"或"银坞樵歌"等，大都时过境迁，早已经被城市建设和河道改造，把古朴与雅致蚕食或扭曲得面目全非。像莲花塘这样被山丘和水域保护下来的小家碧玉，有山水盆景的秀丽，呈现杨柳依依的亭阁庭院式的风貌，还真不是很多。

　　"佛印绝类弥勒，袒胸露乳，矫首昂视，神情与苏、黄不属。卧右膝，诎右臂支船，而竖起左膝，左臂挂念珠倚之——珠可历历数也。"这是我们中学背诵过的课文，乃明代魏学洢脍炙人口的《核舟记》。要说对佛印湖的了解，我们大多是从佛印和尚这个人开始的。

　　在莲花塘风景区路口，立着一块很大的刻有"佛印湖"大字的太湖石。

　　佛印是北宋文豪苏东坡的朋友，俗家姓林，名丁原，是浮梁县浯溪都名堂山人。《九江府志》上记载，他生于1031年，亡于1098年，也就是北宋仁宗天圣九年到哲宗元符元年。这个得道高僧常做善事富有大智慧，赫赫有名。不说别的，就连宋代笔记小说中，都常有他的轶事记载。神宗皇帝也钦仰其道风，曾赐其金钵，赠号"佛印禅师"。

　　但是，他跟莲花塘有什么关系呢？

　　莲花塘周边以前有两大古刹，前为东山寺，后为五龙庵，所以这里曾叫过"和尚坞"。传说最先在北宋神宗时，佛印曾驻锡于此，他与苏东坡属方外之交。东坡于元丰七年（1084）由黄州调河南汝州，送其子苏迈到江西饶州任德兴尉，途经浮梁与佛印相识。苏东坡屡遭贬斥，晚年礼佛，常与有品位的僧侣结交，在景德镇便和佛印志趣相投，曾有过在莲花塘游玩的经历。

但这段轶事没进入正史，真伪有待考证。

当时浮梁家乡很看重这位佛门中人，县衙官吏中的风雅之士与他有诗文酬唱。在民国的时候，就有人把莲花塘称为"佛印湖"，说他与苏东坡、黄庭坚三人月夜泛舟，曾莲塘夜饮。然而这说法引起过争议，论辩双方在当时的《赣东北报》上打了近半年的笔墨官司，后因战事不了了之，但"佛印湖"的痕迹却留在世人心中。

不过有一块现存放于陶瓷历史博物馆内的，莲花塘东畔出土的大理石碑文，在记录浮梁县治搬迁和建造新邑公园的同时，也涉及佛印。原文是："其前东山、雪峰两古寺，闲号'和尚坞'。有湖，周三里，或谓沿宋时邑僧佛印为名。"还说："芜塞岁久，往往溺人。沟而通之，水光山色，陶烟辟易。乃议辟公园，以游息学徒，翱翔士女。"

现在浮梁新县城里围起一个昌江河岔，将水积成一汪湖泊取名"三贤湖"，也就是想沾一沾《核舟记》的雅事名气。不过古浮梁八景之一的"北沼荷香"，指的是浮梁古县北门外的莲荷塘，与莲花塘一字之差容易混淆。佛印虽然是浮梁福港林家村的土著，但是由于没有史料表明他曾经回来，所以这些传说都是一厢情愿的美好攀附。

然而，没有依据也没什么大碍。据说在唐代以前，市镇的莲花塘曾称作"莲池"。唐大和年后改称"沉玉塘"，相传尚书之女玉枝死于池中，葬在池侧。这也是民间一说，类似的东西多了去了，我们对此只能笑笑而已。

有考究文章又说，莲花塘除了塘中盛开的莲花，其名称来由还是为了纪念一位历史名人"范仲淹"的缘故。说北宋有个叫金君卿的浮梁进士，深受仁宗皇帝的赏识，被钦命为提刑官。有一次他陪王安石、文彦博游历浮梁，到了"南塘"时写下诗："二月江南烟雨多，南塘一夜涨春波。堤边游女最归晚，争引渔舟作棹歌。"诗中"南塘"就是现今的莲花塘。因以浮梁古地标而言，莲花塘就在浮梁东山之南。

1035年，范仲淹从开封被贬任知饶州。《江西通志》上记载，第二年，来浮梁视察的鄱阳太守范仲淹到了景德镇，看到这里烟囱林立，窑火熊熊，干旱时有发生。他精通风水，认为珠山之南在五行中属火有益于瓷业，而珠山之北应该有水搭配才相得益彰。

原先这里有活泉从山丘涌出，塘内清水涟涟。"活水"这个事实，在现在《都昌会馆》的回忆录中可以印证。说会馆坐落在旧金家坟头北侧，现在为接通莲花塘的风景路，即景德镇军分区原驻地附近。记录此前"有东、西、北三条流水经会馆门前往下流"。这是一。之二是在《景德镇市志》"城市建设志"中的"排水"章节中，提到民国初年修建城区排水干道，其中有一条是"自莲花塘起"贯穿城市，最后"至刘家弄排入昌江"。

于是范仲淹行文至县，凿池塘四十余亩，水面植荷，塘边植柳，并有水道西下，沿珠山湾流而下昌江。故此庆历年始，人们也叫这里为"莲荷塘"。到了明嘉靖年间，为纪念范仲淹重修莲荷塘，又取"后天下之乐而乐"之意建"后乐亭"。清朝末年以后才逐渐淤塞为田。

当然，以上有关范仲淹在当地倡议防火和排涝的史料，也有考证是指在浮梁古县城北部所建的那口"莲荷塘"。

1916年，浮梁知县陈安将县治从旧城迁到景德镇，看中了四周山丘、中有塘水的"和尚坞"比较清幽，历时一年开辟为新邑公园，塘内广种莲花盛开，由此便叫莲花塘至今。这些在1986年3月于莲花塘东基建时挖出的白色大理石上载县衙搬迁和建园经过的文字，可以确证。

在这个地方，历史上还有一段文字仿佛记载了这里，记录者为20世纪初期的美国驻华外交官弗兰克·B.冷兹。1920年11月他在美国《国家地理》上发表的《世界的古老瓷器中心》的考察报告中提到，他还去过一个栽满莲花的湖滨公园。这是一个开明县官最近期的功绩，两年内已发展成为一个社交中心，附近有工业博物馆、餐厅、树林，以及林间小路和步行小道。这里是这座城市唯一一个可以呼吸到新鲜空气的地方。

民国期间在市镇有一种说法，叫"南有太白园，北有莲花塘"。"到莲花塘去"，平时休闲的人这样打招呼。如果当时的公务人员这样说，其实我们都知道是去原市委大院办事。

浮梁县治迁移至此后，1917年，浮梁县知事陈安组织整治环塘道路和排水设施，修堤建阁立亭，南面辟建新邑公园。1928年景德镇市政府设在这里后，浮梁县政府和以后的中共景德镇市委机关都驻扎这里。

加上前面所说的环湖绿树成荫，市民多休闲于此，特别是宜于暑期纳凉消夜，所以名气越来越大。

被盗挖洞开的御窑遗址

有一段时期,掘地道盗挖御窑厂遗址的现象非常猖獗。

因为宝贝都在地下的堆积层内。遗址就坐落于景德镇老城区的中心地带,位于珠山路北及珠山的南侧,占地面积十三点一公顷。古代御窑厂仅围墙就绵延五里之长。袁世凯称帝失败后御窑厂被废,民国时期这里一度成为江西省乙种工业学校校址,部分场地被警察局所占。1960年后景德镇市人民政府迁入,这里就围出个偌大的院子,做了几十年的许多机关的办公场地。

由于处于城镇的闹市区,遗址上面不是繁忙的道路,就是公私房建筑或店面商铺。明目张胆去挖掘地下文物,就算是疯子都没有那个胆量。盗挖者开始偷偷摸摸还没有人知道,真相是1982年在珠山路的基建工程挖掘中被发现的。

"地道战"式的盗挖,一度成为这座城市对古文物的劫难。夜间值班的公务员在上面办公,脚板底下就像是闹鬼一样传来"咚咚"的挖掘声。他们甚至雇用小煤矿有经验的开采工,有的勾结御窑厂周边的居民,有的租房子在里面打洞掘地道。那时地面塌陷和房屋塌方的事故不时发生。坍塌和窒息,致使不时有死讯在景德镇民间传得沸沸扬扬。

在刚刚全面开放时期,要钱不要命的人似雨后春笋。

那些年里,景德镇黑市里瓷片交易频繁,宾馆里经常有外地人在坐地收购，因此被逮捕判刑的至少有两百人，量刑一般都在十年以上。2002年珠山区公安分局相继捣毁了龙珠阁御窑文化遗址盗挖点十个，抓获犯罪嫌疑人二十五人，刑拘二十三人，破获盗挖团伙一个，揪出幕后组织者四人，缴获古瓷片十一箱。又于2003年在为期十一个月的专项打击中，警方又缴获御窑瓷片两百多箱（袋），还有估价上亿元的一百五十件修复好了的古瓷。

这么一个重大的历史遗址，从被发现到新世纪后市政府终于决定搬走，时隔漫长的二十多年，用"壮士断腕"这个词形容毫不为过。民间的疯狂掠取，与当时官方拖拉的姿态之间，有很大一截动静距离。文化的长效与巨大的价值，在当时并没有被短视的地方父母官所察觉。一个人，乃至于一个地方当权集团的思维转变，是一段非常艰难与复杂的过程，可见触动陈腐并固化了的思想，需要多大的启蒙动力。

然而这确实不是儿戏。让这个重要遗址得以保护，并加快御窑厂面世的建设步伐，不仅仅综合工程浩大，而且面临的困难相当于赴汤蹈火：

一、政府在遗址上办公，十多个所属的机关局委办楼房，耸立于龙珠阁以南的大院子里。二、在遗址及周边地面被建筑蚕食，有碍遗址保护的生活街区建筑近十万平方米，居民近六百户。三、由于倡导经济开放等原因，在遗址东、南两侧还建有政府出租的商铺九十八间，合同中使用权交给了商铺——这些都给御窑遗址的安全留下了巨大的隐患。

其实早在1987年夏天，景德镇在恢复和修建龙珠阁景观的时候，当地基挖到地下深四米左右时就发现，数万块瓷片密密实实地簇拥在一起，类似于地壳里白色的岩层——那就是明代成化年间御器厂碎品的堆积层。

因此火烧眉毛，时不我待。2002年年底由北京、江西与当地考古所组成的联合考古队，对珠山北麓南麓遗址主动进行大面积发掘，发现了举世震惊的遗物。一直躺在文化层上睡觉的景德镇，这才全面拉开了保护遗址的序幕，筹建了遗址博物馆项目经理部。

政府连同十八个所属部门带头迁出，去西郊石岭的临时工棚里办公。当地政府因此被文博界尊称为"保护文物的工棚政府"。

又是一个漫长的十年过去。2012年年初，景德镇才启动了遗址周边环境整治工程。但是收回租约，阻止店面正常营业的难度可想而知。白天夜晚，苦口婆心，工作人员多次上门，反复宣讲，接受信访，甚至经历了头破血流的冲突事件。到了2013年7月中旬，才勉强做好了店面搬迁工作，基本完成了围墙合拢。

征收又是个难点。原市政府宿舍楼拆除，要动迁一百四十八户居民，拆倒原政府宿舍七栋，以及瓷厂厂房、库房和宿舍，拆迁面积近两万平方米；2013年清空拆除了御窑厂内的建筑；2014年安置清空了御窑长廊所有店铺、宿舍楼和住宅；2015年拆迁了御窑博物馆建设区内的原公安局大院宿舍大楼近两百户和珠山消防队三栋楼房。

从保护启动开始，又历时十多年的艰苦努力，于2014年6月14日大家最后透出了一口大气——中国文化遗产日主场城市活动，终于得以在"景德镇御窑厂国家考古遗址公园"上顺利开幕。

以景德镇市陶瓷考古研究所为基础的景德镇御窑博物院，不过想参照故宫博物院的建制，刚刚被政府尝试组建的一个文化旅游事业单位。"北有故宫，南有御窑"——雄心不可谓不大。当地的意图就包含在被划归的单位与部门的范畴之中。御窑博物院辖有景德镇市陶瓷考古研究所、御窑厂国家考古遗址公园、御窑博物馆、文物商店、御窑文化研究院，以及刘家弄民窑遗址博物馆，等等。

缮瓷坊，就位于御窑厂国家考古遗址公园内，原为景德镇市人民政府办公大楼，现为古陶瓷修复室，2019年11月才正式对外开放。其间展出的有陶瓷修复定义、历史、类别、流程，等等，此外还有修复表演、体验等互动性项目。

以刘新园为先驱的著名陶瓷考古专家，均为当地陶瓷考古研究所的专业研究人员，起点较高。自1982年以来，他们从御窑厂遗址出土的上亿件瓷器碎片中，在大浪淘沙、归纳分类后，倾尽数十年心血，夜以继日地修补，迄今完成了两千多件古瓷珍品的黏合。一批被誉为"绝世孤品"的瓷器和文物面世，一度亮瞎了"瓷坛"，震惊中外。

瓷器修复，包含陶瓷器物的检查、清洗、拼接、加固、配补、作色等一系列保护与复原的操作，是针对器物的残损对症下药，在确保器物安全的前提下，最大限度地恢复陶瓷器物的原貌。

每件修复品均由几十或上百块碎瓷片组成，最多的一件古瓷由四百六十多块瓷片拼接黏合而成。这些被修复的瓷器品种多样、造型丰富，其中"白釉三壶连通器"等属罕见孤品，"黑釉三足鼎式炉"为当年的试制品，因工艺难度太大烧制失败后，被砸碎在御窑厂内。尤其抢眼的是，那被评为2003年全国十大考古发现的三十六件瓷器。

这就是我们常常挂在嘴边的，御器成品的所谓"百里挑一"，剩下的就地砸碎掩埋。这一官窑规矩，无意中给当代的"还原"提供了实物。

据文献记载，御窑厂的产品每一百件成瓷，仅有四件能够选入宫廷使用，那绝大部分瓷器次品、试制品和贡余品，都必须被集中砸碎后就地掩埋，以禁绝流入民间。君君臣臣，父父子子，皇帝就是"天子"。这些碎片随着朝代的更替，在地下形成层次清晰的堆积，成为中国唯一能全面反映官窑陶瓷生产和文化信息的历史遗存。

在1973年至1999年，景德镇市陶瓷考古研究所配合市政建设，先后对御窑厂遗址进行了十二次抢救性发掘，获得了大量宝贵资料，为景德镇御窑厂的研究奠定了基础。

最早是20世纪70年代初，正处于"文化大革命"时期，景德镇城镇破败老旧，大街面上倾倒生活垃圾，什么文化遗址的意识那就像是对牛弹琴、对壁呵气。在市政府办公的干部们，天天背着手走在一个大文化宝藏上面无动于衷；市民们对于自己城镇制瓷高峰的历史都麻木不仁，更谈不上有自豪感产生；家族流传下来的老瓷器，随便当作日常用器，甚至是做狗食盆或腌菜罐，被后来社会上编成笑话的事情极为普遍。

因此在那个年代非常自然：坐落在珠山东麓的市中级人民法院基建工地上，人们发现了成化官窑堆积物，呈现若干青花和青花斗彩瓷碎片，仅仅引起了一些闲散的"镇巴佬"路过时停下来看热闹似的短暂的围观。

1979年配合市政管网工程，陶瓷考古专家刘新园他们发掘探访出一个遗址，包括洪武或元末明初的青花和红釉残片，以及少数成化瓷片，初步了解到成化官窑遗物的分布点，人们这才发现地底下的历史。

1982年在市政府南大门东墙边，发现永乐、宣德年款瓷片，以及元款明初官窑，并发现"色窑"；1983年和1984年市政府南大门东墙边沟道以南，发现不少"永乐年制"刻款甜白釉瓷器及宣德青花瓷，于是江西省文物队先后对龙珠阁周边地下进行发掘，首次揭示了明晚期和清末期御窑遗址堆积层，了解到珠山是由瓷片和窑渣等废物堆积增大的山包。

地底下有皇宫里的东西，这就有生动可感的故事了。那段时间，景德镇忽然因开挖而变得有些鲜活，连当地老百姓脸上的水色都熠熠放光。

以后连年围绕着珠山山脚周边、市政府大院、风景路、市政府宿舍等地，层出不穷地发现明朝各代御窑瓷碎片。后来又零零星星据外来的传说，仅仅一个永乐青花圆扁壶，就价值两千多万港元。那么在庞大的御窑堆积层里，该埋藏有多少宝贝，值多少人民币呢？

"镇巴佬"一下子跟"乡巴佬"一样目瞪口呆。

20世纪80年代在御窑后山，曾发现一处成化窑遗址，挖出来的残片竟可以复原瓷器两千多件。据考证其中还有送给朝鲜王、西藏王的瓶碗，上千只"青花斗彩落花流水杯"，特别是一只"青花三足鼓形香薰"为稀世文物。

御窑后山一锄头下去，据说甚至可以挖出比这多二十倍的窖藏品！

2002年至2004年北京大学考古文博院、江西省文物考古研究所和景德镇市陶瓷考古研究所组成联合考古队，对珠山北、南麓进行主动性发掘，发现十道墙、二十五座窑炉、辘轳坑、掩埋落选御器的小坑和堆积层，出土大量瓷器以及板瓦、滴水和匣钵、套钵与垫饼等建筑材料和窑具。御瓷的落选敲碎并掩埋的制度，在明隆庆、万历年间有所松动，落选贡品在发掘中时而能够看到。

就是这次发掘，获得2003年全国十大考古新发现，引起了当地的重视。

2017年东围墙遗址又被国家考古局发现，是明朝开国皇帝朱元璋为家乡建白马寺定制瓷瓦所建。另外还有挖掘出土的上亿块碎瓷片。

通过考古修复，我们已经揭开了许多古代宫廷内部的神秘面纱。

这一系列考古发现,就像在景德镇上空炸响的一声声春雷,于久寒天气中回暖当地,让人兴奋觉醒,通过耕耘和浇灌,埋藏于地底下的历史种子必将萌芽、生长,甚至绽放出举世无双的文化花朵。

发掘工作填补了景德镇文献记载的不足,也产生了重要学术和经济价值,对研究景德镇明清官窑瓷、御窑厂生产规模、烧造管理制度、工匠的技艺,乃至皇帝不为人知的喜好,都提供了有力的佐证。

为打造地方文化王牌御窑博物馆,政府请来了哈佛大学的客座教授朱培作设计。朱老师对御窑博物馆的设计灵感,来自景德镇传统的柴窑。这个博物馆在法国夏纳荣获"2017年度未来建筑奖 The Architectural Review"之最佳文化建筑。

博物馆于2016年10月11日动工。地段位于中国景德镇历史街区的中心,毗邻明清御窑遗址,被大小不一的瓷窑遗址所环绕。瓷窑不仅是景德镇城市的源起,更是人们赖以生存的空间。

瓷窑保存着这座城市生命不可切割的记忆温度——旧时的孩童在寒冬,会从中捡一块滚烫的压窑砖,塞进书包或窝在怀中;夏季歇火后的窑弄里散发出的湿冷空气,让老人与小孩有了纳凉的去处;窑弄和烟道里的阴暗,成了景德镇童趣游戏寻觅与躲藏的最佳氛围。

博物馆建筑面积约一万零四百平方米,其中地下约七千八百平方米,地上约二千六百平方米,地下局部两层,地上部分为八个双曲面高九米的拱体结构。为实现设计的拱体表面颜色、厚度、材质呈渐变的趋势,定制了一百九十万块响砖、窑汗砖、基砖、青砖和灰砖,同时搜集到九十万块老窑砖,前后进行了十一次各种窑砖比例和位置调整的样板实验。

这不是一个纯粹对于景点的宣传。因为在建设过程中,人们又发现六处明代遗址,最重的老窑重达二百一十四吨。所幸的是遗址建筑尺度较小,大家就将其中的一块嵌入拱体建筑之中。遗址让博物馆与出土物连接得很紧,它就像根植于地壳的自然物件。

如果参观时看到的是一线天,那是一个拱体被切割,正好远眺到龙珠阁身影的奇妙视觉设计。

报告厅的原型近乎葫芦窑和龙窑。烧窑的热量会产生烟，烟从底下向上走，所以我们抬头看见报告厅的顶端，一个个漏光口便是模仿了柴窑的观火口，也像极了景德镇著名的"玲珑瓷"的透光孔。

景德镇御窑厂，是元、明、清时期专门生产宫廷用瓷的皇家瓷厂，出产过无数精美瓷器。这里从2006年被公布为全国重点文物保护单位之后，相继被首批立项为国家考古遗址公园，进入第二批国家考古遗址公园名录，列入了《十二五大遗址保护规划》，再次被重申为国家重点大遗址。

这些在"百度"上都可以搜到。

现在南边新修了颇为气派的大门，门口塑了五尊塑像——御窑厂卓有成就的督陶官，著名的有郎廷极、年希尧，名气最大的是清代雍正、乾隆时期的唐英。最值钱的瓷器在工艺博物馆里面，馆内展陈御窑厂出土的三百多件文物——工艺珍品。其中著名的有大明宣德青花行龙纹蟋蟀罐、成化斗彩鸡缸杯和三彩鸭形香薰等。

因为是皇宫用品，烧造之前的造型、画面、色彩等设计，都按照皇帝及其身边亲人的意图、爱好、个性、实用等个人的要求，所以每一件瓷器里面都含有丰富的情感缘由或经历故事，实证了大量私人生活的史实，暴露出许多鲜为人知的宫廷秘密。于是每一套茶具、一只香薰，或者一个罐子，都能讲出一大堆曲折离奇的故事，编出一折戏目，甚至折射出国家顶层发生的变故。

珍品，再加上富有历史大事的印迹，它就成了证明，膨胀出巨大的升值空间。

从20世纪八九十年代对御窑厂遗址的盗挖，到民间仿御窑古瓷的生意兴隆，以及对拍卖御窑瓷报道的口口相传，就可以看见当下盛世收藏的疯狂和对皇窑产品的顶礼膜拜。

景德镇的各类陶瓷大师和仿古瓷老板在新世纪前后，赚得盆满钵满。历史上的御窑瓷一直是收藏界的重中之重，往往一物难求。"盛世玩瓷"，近十几年来的御窑瓷拍卖，不论是成交量，还是成交价格，都远远领先于其他藏品。

因为官窑瓷代表着中国瓷器的最高水平，存量极少。

比如，最负盛名的成化年间的斗彩鸡缸杯，出产于明朝景德镇的御器厂，已经家喻户晓。原因就是2014年在香港苏富比拍卖时，以成交价二点八亿港元拍出，刷新了中国瓷器的世界拍卖纪录。

犹如水缸造型的小鸡缸杯，不过是敞口、曲腹、卧足、胎体较为轻薄，釉光细嫩，整体呈白牙色，口径大而腹宽，一个明神宗用的杯子，但是它青花勾线，做工精细，清雅脱俗，柔和平实，上绘有淡雅生动的子母鸡与牡丹图，里面还蕴藏着皇帝朱见深与贵妃万贞儿缠绵凄楚的爱情故事。

现如今，景德镇仿造鸡缸杯的作坊比比皆是，很多游客都在店铺当纪念品采购。不要说行家里手，像这样妇孺皆知的官窑仿品，已成为炙手可热的商品品牌，被大众推崇、仿制、把玩和收藏。在陶瓷生产领域，业已公然形成了一个仿古瓷行当，如当地的樊家井、老厂和皇窑等地。尤其是靠近老火车站"景德镇站"的樊家井地段，像北京的潘家园和河南南阳镇平县的石佛寺一样，陶瓷藏家商家无人不知。

烧制好的御器在历代管理得极其严格，即使是落选的贡品也被砸碎掩埋，一件也不得流落民间。所以就出现宋景佑三年（1036），督陶官齐宗蘷因押运御瓷受损，以自杀谢罪；明宣德二年（1427），督陶使张善瑛私赠落选御瓷而被枭首等事件。

但是，到了清代，监禁制度有所松动。乾隆年间，经唐英奏请，开明的皇帝同意次色御瓷可在景德镇就地变价，甚至对五爪龙一类的制品也不加限制。而"官搭民烧"制度，也使得官窑的原料、技术、制品样式和成品流入民间。

官窑瓷在现当代风靡的远不止鸡缸杯一种，比如在香港佳士得2006年拍出一点五亿多港元的清乾隆珐琅彩杏林春燕碗，2006年在香港拍出七点八万多港元的明洪武釉里红缠枝莲牡丹纹玉壶春瓶，2004年香港苏富比四点一万多港元拍出的清雍正粉彩蝠桃纹橄榄瓶，等等，都带起了众多的仿品漫溢市场或藏室。

以最好的原材料，聘技术高超的匠师，不惜代价地制瓷，使得御窑瓷质量与艺术的信誉度无与伦比。即便是埋藏在御窑厂地底下被打碎的瓷片，在市场上也变得尊贵与抢手。甚至拥有御窑瓷，已经被西方贵族当作艺术品位和高贵的证明。

这样看来，御窑博物馆内的珍品馆藏便富可敌国了。

本色瑶里

被称为"瓷源高岭、人间瑶池、红窑古镇"的浮梁县瑶里镇,那里高山上有茂密的森林,陡岩峡谷,流泉飞瀑,还有蜿蜒的古道和质朴的村落。据说时不时,还会有猴群像风一般地在山涧树冠波浪翻滚地掠过。

瑶里位于浮梁县东北部,地处皖赣两省、四县交界处,距离景德镇五十多千米,已经深入了黄山山脉,众多的村落散落在高山峡谷之间,拥有海拔一千六百一十八米的当地最高峰——五股尖,历来有"富则为商,巧则为工,摘叶为茗,伐楮为纸,坯土为器"的地域经济格局。

当初最深的印象是,那里道路交通和山民视野闭塞,所以村落民居和精神思想淳朴,特别热情,好打交道,卖起野菜、山货来也格外地实在与便宜。当时那里的树木乱砍滥伐严重,除了买卖木材,集市上的香菇、木耳、竹笋和香榧子还非常之多,甚至还有小型的野生动物蛇、野兔、果子狸、麂子、山龟、野鸡等。

现在想来,正因为这里山高林密,交通发展滞后,开发建设得比较晚,才得以保持有比较丰富的生态及遗存,才成了今天城里人热衷向往的香饽饽——这仅仅是说它的绿色生态。

瑶里又名窑里,很早前属于浮梁县锦绣乡新正都管理。顾名思义,从以前的地名就应该清楚,这山沟里自古陶瓷业兴盛。

西汉末年,刘姓为逃避王莽的迫害,从洛阳南迁至此,建村已有两千多年历史。远在唐代,这里就开始有陶瓷生产,明初还曾为朝廷生产过皇家琉璃瓦瓷。只不过由于地处深山,水路仅靠东河源头的瑶河支撑,河床肤浅,加上明朝在景德镇设立御器厂之后,这里的瓷窑逐渐外迁,制瓷的地位被景德镇取代,"窑里"才改为"瑶里"。

看过古镇后,我们喜欢去找作坊、老窑和瓷土矿遗址,那都散布在古镇的各个村旁、溪岸或山谷。过去没有"村村通"水泥道路,土石路一路上坑坑洼洼,底盘低的车辆根本不可能进去,而大部分路段仅过一辆车的宽度。沿途呈现的两条不长草的车辙之间的高凸处时有硬石一块一块,时不时还能听到石头"咔咔"挫底的声音。

从《浮梁县志》《江西大志》及有关陶书的记载发现,瑶里的瓷石一直是明清两代景德镇制瓷胎釉的主原料之一。明嘉靖初年的《江西通志》上说:"瓷器浮梁出,景德镇最佳,湖田市次之,麻仓洞为下。"麻仓就在瑶里境内,"麻仓土"的记载在高岭山开采之前。

瑶里深山之中发现有长达十千米,宽四米,深数米至十多米的露天矿坑,那里的东狮窟、白石塔的瓷石矿也非常有名。所以古镇的居民主要从事陶瓷原料釉果的生产,所谓"高岭土、瑶里釉",为景德镇瓷器享誉世界作出了不朽的贡献。

古代,这里曾设立管理釉果生产的机构——釉所。釉所从当地十三个姓氏中选择二十四人组成,号称二十四把交椅。古镇的水运码头,见证了瑶里千年的陶瓷历史,釉果、高岭土和窑柴,就是从这里源源不断地运至景德镇。

现在于古镇及周边也就是瑶河流域,以瑶里镇为中心,及其所属的绕南、南泊、长明等地段,分布着三十多处古瓷窑业遗物堆积,分别保存了多处宋、元、明时代的古窑遗址,以及大量的古矿坑、古水碓等瓷业遗迹。

绕南是景德镇较早的陶瓷生产地之一,至今保留有多处宋、元、明等时期的瓷窑、矿洞、水碓等遗迹。其中三座俯卧在山坡上的龙窑址尤为壮观,最长的达四十八点二米,据说在北京不少建筑工地和南京明代故宫玉带河里,曾发现过瑶里的瓷器残片。

原本属于浮梁县鹅湖镇的著名的高岭山，就在瑶里镇瑶河的下游不远处，为了申报"景德镇高岭·瑶里风景名胜区"，新世纪初才将高岭划给瑶里管辖。其实在陶瓷历史文化的意义上，高岭的性质更趋同于瑶里。高岭土与瓷石的"二元配方"，造就了瓷器"白如玉、明如镜、薄如纸、声如磬"的优质，奠定了景德镇瓷都的地位。

一条麻石板矿工山道通往矿山深处，凹凸有致的痕迹展现出挑土工长年负重的脚印。在路旁的荒草丛中，不时冒出几处古矿井口，探头井壁可见一条条锄痕。过去人们就是靠一把锄头、一挑篾筐和一盏松子油灯挖掘。半山腰路边有座"接夫亭"，是矿工的妻儿等候丈夫收工回家的地方。

高岭有一道奇观让人震撼，就是在苍翠浓密的绿色间突然展现的"青山浮白雪"似的浩大的尾砂堆。那些在植被间还忽隐忽现的白色尾砂，在太阳的照射下熠熠生辉。这里的高岭土是一种疏松的由岩石风化的细小颗粒，开采工艺比瓷石开采简单方便，而且还不需要碓舂粉碎，仅仅用自然水流淘洗方式就可以提炼。千百年来被废弃的尾砂，倾倒堆积在矿藏边的山坡，最后形成了色泽的景观。

现在的高岭村人，或许就是当年矿工的后代。

小溪从大山里出来，流到高岭村前的水口亭就完成了淘浆、沉淀的使命，便沿着山谷奔流而下，直到汇进瑶河下段的东河。东河边就是东埠村，东埠街曾经为古浮梁四大名街——是储存和转运高岭土和瑶里釉土的中心。东埠村随着高岭的热闹而呈现过繁荣奢华，那里有古街道、古商铺和老码头。

高高的吊脚楼、深深的独轮车辙印以及方便骑马坐轿者购物的老店铺高栏杆窗口。有一个十字路口是古代运土到东埠码头的唯一通道，可在码头上装船直接顺水送到景德镇。

许许多多的东西加在一起，印象中这里到处是白色的金子。

因为地处皖赣交通"徽饶古道"的节点，瑶里的商业经济也自古繁华。

古镇位于镇域中心，作为昌江东河源头的瑶河呈"Z"字形穿村而过。刚刚从山溪泉眼里流出来的河水清凉清沏，站在岸上就可以看到河底飘摇的水草和游弋的鲤鱼。有好几条简易的木架板桥和一座古朴的廊桥，间距适度地横河而过。

有二百四十多幢清一色的老式徽派民居，东西两岸相对，后靠青山。沿岸马头墙飞檐翘角，粉墙黛瓦，高低错落的屋顶，以及留迹斑斑已成暗灰色的白墙，掩映在青山绿水之中，就像两条腾飞的灰白色巨龙呈南北之势盘卧。灰白的古色，成了镇上厚重文化的广告。

这里的民居基本上是采用建筑学俗称的一颗印模式，也就是三开间、内天井，讲究肥水不流外人田的四水归堂。

古镇南拱象山，北卧狮山，群峰怀抱。这里水帘雾绕、小桥流水，气候湿润。气候非常适合高山云雾茶的生产，盛产的"仙芝（雅玉）"茶曾作为宋代朝廷的贡品。是景德镇地区著名的拥有瓷茶文化的历史名镇，也是国家风景名胜4A级景区和全国环境优美乡镇。

古镇明清商业街全长一千多米，分上街头、中街头、下街头。街上保存着一幢明代三开间的商店，中间大门，两边设店铺，内室为住宅，与明万历年间绘制的《南都胜会图》中的商店格式完全一致。

乾隆年间官府特地在下街头丁字路口，设立了一块"徽州大路转弯"的路标。

镇上的代表性古建，有程氏宗祠、狮岗览胜、陈毅旧居等。

程氏宗祠又名"惇睦堂"，始建于明代，清光绪年间重新修建；狮岗览胜是瑶里富商吴用舟所建，为一幢中西合璧的巴洛克式的建筑，高耸有鹤立鸡群一览瑶River风光的态势；陈毅旧居原名"敬义堂"，是清朝嘉庆年间登仕郎吴容光专为子孙读书的书斋，国共合作时，陈毅来瑶里指导皖浙赣边区红军游击队改编为新四军事宜，先后两次下榻于此。

"瑶里改编"，是将在大山深处坚持三年游击战争的红军游击队，根据国共合作一致抗日的精神，改编为新四军的行动。红军游击队在此汇聚成抗日武装，使得瑶里又增添了一抹靓丽的红色。

景德镇地区的制高点"五股尖"（又称五谷尖）就在这里，海拔一千六百一十八米，东部与安徽交界，是浮梁、婺源和休宁三县的界山。其山势高耸陡峻，巨大的岩体和茂密的植被相互映衬，加上泉溪飞流，深潭碧水，风光巍峨而秀美。

在瑶里这边有高山原始村落——汪胡，是由最早定居这里的两家姓氏命名。其原始森林的密实和幽静叫人惊叹，上百种古树种群被美称为"植物王国"；里面大峡谷飞流潺潺，谷底的巨岩明显呈现白垩纪时代冰臼的典型遗迹；还有高际山飘下来两百二十米的瀑布，幅长四百多米，丰水时俨然一个动感的宽屏幕；高际山上有个始建于宋代的曾香火旺盛的高际禅寺遗址。

溪水岩缝水潭里游弋着大量黑色斑马纹的石斑鱼。当地村民说娃娃鱼也不时有见。

本色非常重要，就是不修饰、不做作、不雕琢、不掩盖。

怕就怕搞一条什么让人一惊一乍的玻璃栈道，就岩壁雕琢一座世界之最的大佛，或者把溪沟修理成漂流的水渠。不仅仅是人，涂脂抹粉的景区，也会让人感觉出红尘滚滚的俗气。不要说亲近或迷恋，游客惹不起总可以躲得起。瑶里素有"瓷之源、茶之乡、林之海"的美誉，是一个集自然风光、人文古建、陶瓷文化和红色历史为一体的多彩古镇。

游历不一定就非得要桂林的喀斯特山水，也不强求火山熔岩留下的罕见奇特。我以为现在这里发掘与展示的，就是这些未被开采的原生态"富矿"。住下更是舒适，哪怕是喝口水都干净得让人放心。

原生态就这么难得！

手工制瓷的重现

如果现在开车去景德镇西城区的瓷都大道，在正对着昌江大桥新风西的路头，有一处森林葱郁的幽静入口，路口立有一座古色古香的石牌坊，上书"景德镇陶瓷历史博览区"。旁边还有个作为景观标识的老式烟囱。从这条小路进去，那就是地处昌江区枫树山蟠龙岗的景德镇古代手工业制瓷重现的现场。

历史终将逝去，但是文化不可以泯灭——这就是人类的延续。现代人如果不能再看到当地人的祖先练泥、制坯、烧窑和彩绘的流程，以及精湛的纯手工工艺，那就意味着我们将失去美好的陶瓷文化记忆，丢掉古人智慧，成为没有根基的存在。

尽管后来的经管者在当街的窑砖矮墙上，嵌有"北看故宫，南访古窑"的标语，甚至在景区前加盖"古窑印象"的商品大屋，弥漫着浓郁的与展示目标渐行渐远的现代市场气息。但是由此穿过一条幽深曲折的林荫小道，路两边林地敦实地码着几座像平房一样的窑柴垛，却让我们似乎在穿越时光的隧道，回到了历史上作坊与窑厂的实地。

坦率地说，这不是景德镇的文化遗址，仅是个新景点。

它最初是当地政府为了展示整套景德镇古代手工制瓷工具和传统生产工艺，将各处的古代文物建筑，迁来集中拼造出的一个陶瓷及民俗景点——古窑瓷厂。

现代人类似搭积木一样的拼凑，按理应该不在张扬原生态人文的范畴，然而集中三百多位技艺熟练的老瓷工，本着仿制宋、元、明、清历代名瓷的目的，于1979年规划设计，1980年8月始建出六幢坯房、一幢庭院式画坊，以及一座古代的镇窑窑房，也算是一宗文化因袭的功德。包括后来的经营者根据陶瓷文化历史，陆陆续续补充的一些窑型、建筑，都是在研究的基础上，仿景德镇陶瓷工业建筑，原汁原味，散发出来的仍然充满了手工时代的气息。

1985年设计建成的初衷是：平时由三百多名技艺熟练的传统瓷工，仿制手工生产的古场景展示。科技日新月异。现在，它对于我们这些在坯房或窑厂边长大、熟悉手工制瓷流程的人而言，没有什么新奇的魅力，然而，儿时质朴的记忆让我们和游客都能深感厚实和温馨。

所以一到旅游旺季，文化学研游客或民俗专业探究者，一波接一波奔涌而至，好奇并痴迷。大门口逼仄的坦场上往往车满为患。因为这里是本地的唯一一处汇集古特色建筑、返璞归真呈现手工艺制作的现场。

整个现场处在一个低矮山丘丛中的狭窄谷地，城市建筑包围着这一片恬静的丛林。沿着水塘边的步道深入，迎面是一个平坦的盆地，首先进入眼帘的是中央耸立着的一个风火仙童宾举火的雕像，朝着西部沟谷深入，呈现在游客面前的便是小桥流水林竹葱葱，极具地域特色的庄园式陶瓷民俗历史博物馆。

馆内有江南丘陵间特有的溪流小桥、庭院花园，以及徽派似的建筑群，它们几乎全部是由古浮梁境内的城乡原件移植而来的大型明清时代的祠堂、民宅、店铺、闾门，等等。置身于杉林、茶园、水泊和小溪的怀抱中，占地十五万平方米并隔绝了都市声浪的困扰，还不时有瓷乐团于水榭平台上演奏发出的清音，我们可以感同身受地领略前朝的氛围。

古建筑类似于全国各地许多俗套的摆布，分"清园"和"明园"两大群落，这都不是什么值得炫耀的资本。

稍微感觉新鲜的是，其间陈列着当地不同历史时期的陶瓷文物，还设有"高岭土圣""制坯先师赵慨"和"风火仙童宾"三座神祇塑像。穿行在古建筑群落的门洞甬道，可以浏览到马蹄窑、龙窑、太平窑等古代窑型的缩微模型，聆听到来自水榭的瓷乐演奏的声音；于塘畔长廊漫步，还能欣赏到现当代名人为景德镇及瓷器题词的碑林。

这是游历氛围的营造。

更多人最感兴趣的还是出博物馆转道东边的山坞——那就是博览区的手工仿古景区——古窑瓷厂。这里才是手工艺制瓷鲜活的翻版，景区里的活的灵魂所在。它极力想真实地展示古代瓷工劳作的全部过程。里面的坯房佬和窑里佬都身着古装，一律采用原始的技艺和工序，将泥巴一个步骤一个流程地变化为硬朗晶莹的瓷器。工人们专心而娴熟地劳作，身处忙碌而清静作坊的游客，甚至能沉浸并感受到手工艺时代景德镇的氛围。

入得"古窑"厂区的月洞门，见到的是另一种低矮、粗拙和质朴风格的作坊和窑厂。临门的右侧是按瓷业的习俗，供奉着风火仙童宾的佑陶灵祠。沿青石板路迤逦前行，就是一排排按不同行当排列的制瓷手工作坊，也叫坯房。

坯房是个以窑砖封闭的四合院子，南面为正间，主要用于制坯；北面系厫间，用于加工和储存原料；连接正间的东西披屋供揉泥及陈腐泥料之用；中间的院子布满晒坯架和存泥、水塘、桶。坯房的整体结构讲究对空间、阳光、雨水的巧妙利用。所有劳作没有机械，不用电力，甚至拒绝敷衍。劳工们素面朝天，只精心重复于手上的功夫。

劳工当然不是一般人都可以充任的角色，这就显见出独特的陶瓷历史手工艺传承人的厉害，也只有这座陶瓷历史文化古镇可以拿得出手。比如在坯房靠前的点位间，摆有一架古式辘轳车。穿古装的瓷工坐着以长棍猛搅一阵，借助辘轳车飞转的惯性，拉坯工的手伸向车中旋转的泥团，一手挖挤，一手托摩，泥料随手势不断变化着形状，或碗或瓶的坯胎就在顷刻间成形了。

在另一处坯房里，古装青花彩绘女工的神技更使人眼花缭乱：一手托碗坯，一手在其上纵横走笔，只极其随意的三下两下，转眼就像是变魔术一样，成就了一只极富装饰韵味的青花碗坯。

传统陶瓷手工技艺和其他手工技艺一样，不是生存和传承在书籍记载上，

371

也不是传承在口头讲解上。虽然，书面和口头对手工艺可以做一定的描述，形象配图也有一定的生动性，但是手工技艺的经验和技术，需要在具体的生产实践过程中体验和掌握，"眼明、心细、手准"，通过操作材料，才能把握材料的特性，控制手感的分寸，创造出理想的瓷器。

所以在这个地方的技艺表演，是少数熟练工继承下来的当代不常见的文化新鲜。正因为还有众多出自陶瓷世家的非物质文化遗产传承人群体，景德镇的陶瓷手工艺绝活，成就了其他城镇不可替代或超越的生产基地，并经久不衰，历久弥新。他们依据的不是严谨细密的数理逻辑，而是通过人的身体与自然的融合或相互呼应，妥帖地感受材料的性能。

经验性的实践十分突出，在技术发展过程中，对某些规律的认识及运用这些规律的能力技巧性更必不可少。各道工艺的极致发挥都被当作深不可测的神技。像窑炉上类似窑头的"把桩"师傅，这种圆熟的手工特技，就是当地陶瓷文化旅游的热门看点。

在坯房后边就是古代的窑房——"镇窑"。

景德镇特有的明代镇窑，是以天后宫窑为主，配之以老东门的福兴窑的部分材料构成。其窑外的金字塔形窑柴堆已让人觉得新奇，窑房内的屋架结构更是奇特罕见，无论立柱桁梁，全系弯曲不堪的木料组接而成，看似摇摇欲坠，实则坚固无比，可历千年不塌。

这迁建于此的老窑房，其显示的力学和美学完美结合的架构，堪称建筑学一绝。窑炉呈巨型鸭蛋形，容积为三百立方米(可烧三百担瓷器)，尾部烟囱系单砖干砌成，砌技惊人地高超。燃料依旧是松柴，烧出的瓷器格外晶莹透亮。

后来的经营者除了充塞了太多以古窑为招牌的商业租赁式运营项目外，还展示出诸多老窑的样本，像宋代龙窑、元代馒头窑、明代葫芦窑、明清御窑六式窑和清代的狮子窑，等等。

捏泥成型——修坯完善——装点精致——柴烧成瓷。

谁都想弄清楚"瓷器是怎么炼成的"。千百年来，景德镇的先贤们通过不断努力和创新，在成就自身辉煌的同时，也形成了手工精细化生产体系和社会分工结构。古窑瓷厂就是这样原汁原味地用当地制瓷七十二道手工工序，生产出各种传统名瓷，再现了史籍记载的古代制瓷技艺。

这就好比我们安逸缓慢的生活节奏，平素看不出熟能生巧的惊艳以及昔日的辉煌，但是贯穿于日常的朴素，就像是人生中饶有趣味的游戏，众多内在"符号"就成了整座城市生命延续的亮丽风景。

景德镇传

The Biography of Jingdezhen

第十三章 新世纪的隆起高台

千年窑火不息。

新世纪的景德镇人，在复兴的道路上再次锁定城市发展的标高——"建设好景德镇国家陶瓷文化传承创新试验区，打造对外文化交流新平台"，既是美好的方位与蓝图，更是千载难逢的历史机遇。

国家陶瓷文化保护传承创新基地、世界陶瓷文化旅游目的地，以及国际陶瓷文化交流合作交易中心……记忆中的景德镇已经变成一个精彩的，正在用独特语言讲述的、以文化感知可以触摸体验的、新时代东方文明的中国故事。

当代城市景观

国营工业遗存

"陶溪川"的基础是，宇宙瓷厂改制破产后的工业废墟。

原有六座方形煤窑，机压成型流水作业线等，共有二十二栋老厂房，构成一整套完好的陶瓷生产产业链。今天的这里，街区占地一百九十七亩，是景德镇独有的工业遗存。但现在废墟上的已经面目一新，观光者熙熙攘攘，有一百五十八家时尚商铺进驻。比如自营的美术馆、博物馆和国贸饭店；无租金以扣点方式联营的博物馆酒吧、启尧居、江南树懒精酿啤酒，以及外租的创业门楼和店铺。

像原来作为彩绘车间锯齿形厂房，现已成为世界各地艺术家的工作室。

以前的堆煤场改造为梦谣广场，地面铺上了经上千度的高温和上百次煅烧的窑砖；隧道窑的展开面被搬上了水景广场，窑车载着瓷坯顺着铁轨进窑烧制；园区内最高的一根六十四米的烟囱立于宽阔的水面，呈现出水火交融的和谐场景。

另外还有美术馆、3D打印车间、"敦品设计"、卫星囵、"景漂"邑空间、元生和猫屎咖啡、国际工作室、央美陶公塾、B&C设计和文研交流中心、功夫小瓷、泥夫一号、文化主题酒店、猫空书吧等等时尚型单位。

"陶"是瓷的源头。除了"陶"字，这里历史上跟这么个称号没有一丁点联系，连"川"水都是干巴巴地源自自来水管，"陶溪川"不过是隐喻着自陶而瓷，由溪汇川，近似于赶时髦的比拟杜撰。说是引自紧邻北部的凤凰山的涓涓溪水，生生不息地汇成大江大河——这都是初创者"莫须有"的诗意雄心与魅力诠释。

宇宙瓷厂是1958年始建的机械化新型陶瓷企业，国务院定级为国家二级企业，生产的《红楼梦》"十二金钗"彩盘，单件换汇率创全国之最。这在过去是非常了得的。计划经济时这里曾是中国主要出口瓷生产创汇基地，被外国人誉为新中国的"皇家瓷厂"。

这座城市在新中国成立以后发展迅猛，得益于这些陶瓷工业的跃马扬鞭，这些瓷厂的繁荣又得益于计划经济。瓷器特色嘛！作为中央首批省级直辖市之一，加上有深厚底蕴的手工业基础，在20世纪60年代后，景德镇的瓷器产量占全国同行业的百分之二十。国家统购统销，这里只管日夜兼程埋头"超英赶美"，因而赢得了"为八亿人民造饭碗、茶杯"之声誉——产量大到让世人瞠目结舌，哑口无言。

于是就不难想象会被国家频频眷顾。从1953年到1985年，国家及其各部委以各种类似于"技改项目"等名目的资金、拨款或贷款，几千万几千万地被源源不断地注入这个"瓷都"的账户。

然而在20世纪90年代，计划经济向市场经济转轨过程中，景德镇传统瓷业遭遇到严重挑战，部分日用瓷企业陷入低谷。宇宙瓷厂在所有制结构调整时宣告关门改制以后，这里除了麻雀老鼠活跃之外，到处破门倒壁，积满了灰尘或青苔；工业管道、窑炉、烟囱、水塔、墙上的标语，以及高大的锯齿字形厂房破败不堪，冷冷清清；萧条的厂区道路上，偶尔有附近的居民当作捷径来穿越；边边角角的工坊和围墙，随时面临着被推倒与蚕食的危险。

再也忍不下去的主管者终于撸起了袖子，于2012年对这片闲置了十多年的遗存，启动了保护性修缮工程。他们坚持不做旧不造假，在保持原有肌理和风貌上"大动干戈"。

"陶溪川"文创街区坐落在景德镇市东城区，以保护、改造和开发原汁原味的老厂区为核心，辐射到周边一平方千米的棚户区改造。超大型工程项目，形成了景德镇城区发展的一个崭新阵势。

在新世纪以后的2004年前后，景德镇似乎丢掉了"中国瓷都"的称号。

国内产瓷区，比如广东的潮州和佛山，山东的淄博、河北的唐山、湖南的醴陵和福建的德化等，有的以大机械化的规模性生产，用低温烧成的廉价原料，在产业总量上和市场份额上穷追猛赶，把一个国企改制后曾以"走会"方式，外出摆地摊甩卖的瓷都，甩过了好几条街道。

福建德化甚至由此产生更大的野心，在2003年请中国工艺美术协会，授予"中国瓷都"的牌号，此后还获得一个"世界陶瓷之都"的叫法；广东潮州在景德镇举办"千年华诞"之际，请国家级轻工业联合会、中国陶瓷工业协会给他们冠以"瓷都"的头衔。

开始景德镇民间还有人为此上诉打官司，但是近十年一直无缘于"瓷都"的景德镇，耳朵都好像听起了老茧，意思是老大哥不屑跟你们较劲。在老市委书记姚亚平博士对城市发展的反复倡议下，聘请了闯荡江湖的"文化大腕"来嘚吧嘚吧。2012年"陶溪川"项目于瓷业公司寻求突围的情况下启动，再慢慢越想越兴奋地今天添一点想法，明天加一笔意向，走到了今天。

大致上是在保护的基础上，重塑空间场景和创新营运模式，试图走一条以废弃工业区带动城市发展的新途径。这些废墟，本可以当作房地产开发项目卖掉。但千年瓷都，把老瓷厂作为工业遗产，整理出干净生态的环境，当着样本保存了下来。"场景"城市理论者提出：鼓励自我表达、富有特色和人文气息的场所，是经济发展的沃土。陶溪川如是，逐渐成为众多艺术家、本地匠人、手工艺人、旅行者们生活、创作、触摸历史的公园。

很多有特质的年轻人，甚至避开"北上广深"的千军万马，跑到景德镇来干一番艺术类事业。他们有一个共同的称呼——"景漂"。

又一个社会功能齐全的国营瓷厂模式，在不断扩充兴建。大包大揽的欣欣向荣，仿佛像朝阳在景德镇东方冉冉高升。人们在拭目以待。

景德镇陶瓷工业遗产博物馆的原址，竟然是原先的国营瓷厂的烧炼车间，原先房梁和窗台上的烟灰积有上寸厚，用手一摸，指头上肯定是乌漆墨黑，现在则干净整洁。2015年10月这里的部分场馆开放，2016年项目全面竣工，于是项目实施者们仰头望天吁了口长气，搞了个部分场馆（即陶溪川）的开业仪式。

馆内仍保留着历尽沧桑的机器，完整的倒焰窑、煤气窑、隧道窑等生产设施，以及一排排整齐叠放的匣钵，一摞摞成品瓷盘。

窑柴是最古老的陶瓷烧炼燃料，馆里展示了松木与槎柴。景德镇有一千多年的烧柴历史，当地有句"一里窑五里焦"的说法。工业革命改变了这一有损生态的状况。然而这一类历史文化场景，随着不断被淘汰的城建而遗失甚至抹杀，后世再也无法理清景德镇乃至华夏陶瓷文化的脉络。

陶溪川博物馆，在做工业遗存的城市文化抢救工作。

不可否认，虽然从前景德镇的"三废"严重，但不能因此断绝历史珍贵的记忆。

早在1972年，当地环保部门就对景德镇市严重影响生活健康和工农业生产的情况做过调查：陶瓷及其相关产业的二百三十二座窑炉、四十座锅炉，及其四百多支各种工业烟囱，每天落下八十多吨的烟灰、排放三千多吨工业废水、年遗弃十多万吨废渣、两万多吨匣钵碎屑子和瓷片等等，触目惊心。

然而陶溪川博物馆就像一条河流，每一朵浪花都在讲述一段有关瓷业历史的故事，是一座详细记录新中国成立后国营瓷厂遗产的展馆，流淌出景德镇一百多年来陶瓷工业发展历程。在它落成两年的时候，联合国教科文组织就给它颁发"亚太地区文化遗产保护创新奖"。

事情得从20世纪60年代开始的柴改煤说起。在窑柴树木被不断烧化成烟火随风飘散数千年后，"以煤代柴"的燃料革新终于展开。

馆内所展示的圆窑包，就是当地工业化梦想的开端。这种间歇式煤烧倒焰窑，烧成率达百分之八十。原理是经过烟道通风和烟囱吸力的设计，火焰通达窑炉，使坯胎尽可能地均匀受热。馆里仅存完好的两座，代表着当年全市大大小小一百三十三座倒焰窑。

手工作坊时期的辘轳车，是最早使用的拉坯成型的转盘。

1888年，有个叫余二喜的和尚卖作坊安葬婶娘的故事，令人感慨。1951年为扩大经营，作坊主开始私私联营。到了1954年开展公私合营，地契上的特别印章"此物经社会主义改造"就是例证。冯姓工人的奶奶陪嫁是一个坯坊，成了国有厂房后，他父亲成了国营瓷厂"当家作主"的工人。

生产力的进步，使隧道窑二十四小时不间断地成瓷生产。当时景德镇有十六个大瓷厂，除了大量不在编的临时工外，总共有六点九万名在册职工，博物馆就有它们各式各样的公章。当初一个瓷厂就像一个功能齐全的小型社会，工人福利待遇完满且优越。许多老物件都显示出他们的幸福——典型的"三转一响"（自行车、缝纫机、手表和收音机）是那时婚姻的标配。还有各种瓷器的标准件、机械化生产流程、瓷厂管理的日常资料。

梭式窑是当前使用最多的一种，燃料已进步为煤气和天然气。

20世纪90年代，在全国都往市场经济转轨时，个体私营作坊兴起，各大在计划经济体制里浸泡的国营瓷厂陷入困境，一下子像刚脱奶的孩童，工资发放断断续续时有时无甚至断炊，瓷工们纷纷下岗另谋生路。

传统的景德镇瓷业生产是手工精细化分工体系，但是近当代以来，以机械化生产为主导的工具系统，在世界生产中居于引领地位。在以竞争为核心的现代社会中，其高效和优越性全方位碾压了手工生产模式。再一个是景德镇的行政管理体制的变迁，也是影响当地瓷业生产的重要因素。传统的景德镇瓷业社会，是以地缘和业缘为基础的自治性社会系统，并在长期的生产实践中，形成了固定的产业结构和社会调节模式，然而近当代以来，国家权力的下沉和对地方事务管理模式的转变，也重构了当地瓷业社会体系。

最后一点，就是新型的消费模式和文化观念的出现，也促使近当代以日用瓷为主导的传统产业模式陷入了低谷，有的瓷厂甚至关门倒闭。

于跨世纪前后，景德镇市新华瓷厂、石膏磨具厂、景德镇陶瓷机械厂、大集体轻机厂、防尘机械厂、建材厂、艺术瓷厂、红旗瓷厂、省陶瓷公司原料总厂、建国瓷厂、雕塑瓷厂、人民瓷厂、光明瓷厂、红光瓷厂、红星瓷厂、曙光瓷厂、物资供应公司、经销公司，窑建公司、耐火器材厂、景陶瓷厂、为民瓷厂、三蕾化工厂、宇宙瓷业公司、华风瓷厂、装饰材料厂、机砖厂、红旗瓷厂和原料总厂等等几乎全部都是国有和大集体企业，在全市陶瓷行业产品、所有制和产业等结构调整中，不得不进行改制。

改制后的"陶溪川"项目，在"废物翻新"的当代并不是个稀罕事物。修修整整，弄整齐洁净，美化美化，利用国营时代的粗粝、连绵、高大厂房建筑气势，加进一些现代元素。改造老厂区的事例很多，比如南昌的"699文化创意园"，北京的"798艺术专区"等，人家声誉都响了好些年头了。

但是，这个博物馆是为留存景德镇的原貌，让后世可以触摸到陶瓷工业在当地的这段漫长历程。毕竟景德镇几乎是全民业陶，而在国营独统的时代，当地瓷厂红火过很久，这种模式不可能像粉笔字一样，一下子从人们的黑板记忆里当作废墟抹掉。

再就是借助这个底色，凝聚陶瓷手工艺，趋向更现代时尚的目标——这算是一种功绩，也是为带动城市发展的一个尝试性思路的基础。作为曾经区域性产业的个案，景德镇社会模式能否为中国新型城镇建设提供可资借鉴的参考？

"文创街区"模式

陶溪川文创街区，是围绕着这个少有的当代遗存的基地项目在做一个"瓷不过景德镇不灵"的蛋糕，最后延伸到文创这个无边际的大领域——这应该算是一个审时度势的思路。

景德镇是一座陶瓷生产基地，同时更容易被忽略的，它还是一个闻名世界的陶瓷市场，古代就"沿河建窑，因窑成市"。因为相对偏僻的地理和安定的生活环境，一条昌江又成就了先民谋生的优势，具有的包容性造就它"匠从八方来，器成天下走"的开放姿态。

景德镇区域社会的产业模式，所具有的弹性社会结构，也能保证瓷业从业人员基本生存需要。改良者对新型机械化生产体系认知的不足，削弱了现代化模式的影响力和有效性，而为传统产业体系提供了自我生存的空间。

"景漂"是一股浮在城镇的外来人群，类似于我们这帮移民的祖上在还没有定居的时候。当然那个年代主要是为了赚钱养家糊口，涉足文创领域的是创业者里有心计有谋略的少数。而现在的他们，本着对陶瓷特色和创意手艺的爱好，在流动的中国寻找更适合自己生存的方式。就像刚刚兴起时的深圳一样，这里是良好创"艺"打拼者的空间，所以现在他们蜂拥进驻古老的瓷都。

在20世纪八九十年代，中国向现代化转型，国营日用瓷成了"明日黄花"，收藏热让瓷器附着于艺术的希望大放异彩。这是动因。创作和创业，也就是艺术与生活在这里可以达到高度的一致。

瓷器生产的复杂性和现代化的有限性，也意味着传统生产模式有强大的生命力，尤其是在手工艺术瓷和仿古瓷制作方面。于是营造一种创业门槛低、配套服务完善、市场状态良好的环境，让具有艺术冲动者在这个空间里，按各自对材料与艺术的不同感悟，形成与瓷对话的创作自由的"天堂"。

受现代西方艺术思潮的影响，"现代陶艺"出现在艺术专业和艺人群落，并渴望接轨、碰撞和畅通以产生冲击，于是学院派陶艺人士，尤其是不包分配的科班学生、追求艺术的匠人就业创业，成了"景漂"进驻或留下的充分理由。

据非官方资料推测，在当地如今怀有乌托邦理想的"景漂"云集，高峰期"洋景漂"至少五千人，国内"景漂"三万人。每年进进出出大约有五万人，还不包括候鸟一样来无踪去无影的"浪人"。根据不久前对研学交流活动和创业数据的不完全统计，其中专业性外籍人士上千，国内人士在四五千人，陶瓷爱好者和辅助工作人员则数以万计。

有资深"景漂"说，来之前感觉这里是一个做细活的地方，来了熟悉之后就觉得容易，什么都能拿得上手。因为在景德镇完全可以去摆摊卖你创新的物件，小玩意也好，古怪特色也行，把有趣的灵魂自由地融进作品。摆摊售艺是艺术家生活的日常，与外面竞争的世界相比，这里的时间只停留在手工艺制作上面，慢到你只顾用作按自己的意图换钱就行。

一坨瓷土泥巴在手，这种造型成瓷的艺术空间就大到随心所欲——有很多天性崇尚自由创造的艺人，不仅仅局限于造型思维的发散，而且在陶瓷装饰、绘画、雕塑、颜色釉，甚至陶瓷原料上开拓应用，将对泥与火的驾驭达到境界的极致。

集市上人来人往，都是在挑有创意的东西购买。

所谓的服务政策和平台，就渗透在就业创业、店铺摊位、招贤纳才等各个方面，比如由前国营瓷厂改造而成的"明清园"陶瓷创意基地和市场，以三宝国际陶艺村为启动的"三宝瓷谷"，以乐天陶社集市带动的雕塑瓷厂园区，陶阳新村陶艺一条街夜市，以及开发策划出的新都民营陶瓷园，等等。当然还包括各类集市、专业街区，都使得"景漂"方便顺利，如鱼得水。

虽然景德镇有着独特的资源优势，但是其发展模式依旧有参考意义。

2009年3月，景德镇被国务院列为第二批资源枯竭城市之一，瓷都一下子似乎成了"废都"。但是在陶溪川每逢周五周六总是人头攒动，热闹非凡——这里的创意集市开业了。

大家兴奋并专注。钱货两讫，买进和卖出都是对凝聚着自己智慧与汗水的陶艺产品的重要肯定。这就是氛围、节奏和吸力、生活。

一方面"世界瓷都""中国瓷都"的桂冠在景德镇摇摇欲坠，另一方面产销创意陶瓷的人才蜂拥而至。这里的集市分传统和创意两大区域：传统区为青花瓷、粉彩瓷、斗彩瓷和珐琅瓷等产品；创意区是富有别具一格创意的原创产品。集市以年轻和原创为标准，每月陶溪川邑空间会从提交申请的一万多创客中，筛选七百多人入驻集市。

黄皮肤、白皮肤和黑皮肤的都有。市场火爆，熙熙攘攘，迄今为止，由于环境优美、管理规范，给予了青年创客们和购瓷游客一个有品位、有温度和影响力的知名集市——集市赋予了每一个人每天崭新而充实的追求。

摆摊的时间竟然短到，在周五周六从下午的两点或四点半开始，到晚上九点半就结束，但是这并不妨碍集市汇聚全国各地的"双创"青年，吸引众多"天下来朝"的外国游客。

与全社会的焦灼急躁相比，现在人生的理性和从容者显得缓慢而幸福。陶艺是最适合创意的生产，于兴趣、玩耍中度过创意智造和卖出认可的时光，生活便无比充实快活。现代年轻人之所以聚集在此的内心追求和意义，就昭然若揭。

本来这属于现代尝试性举动，仅属于当代场景似的描述，暂时没有出结果和定论，但是我看到了一股潜在的发展动力，凝聚绝大多数艺术崇尚者，而且大多数是生动而年轻的面孔——守旧古老的城市上空，似乎看到在漫天的云翳里透露出的一丝光亮。

每年春季和秋季，这里还举办春秋大集，邀请来自世界各地的艺术家，以及中国顶尖艺术学府九大美院的学生，带作品来交流和交易。现在集市盛况空前，每次数以万计的人流汇聚于陶溪川。不知能不能经得住历史的考验：这里试图打造成一个真正面对面与世界陶瓷艺术接轨的窗口。

另一个极富想象力的，就是把原来宇宙瓷厂的另一处烧炼车间，变成了免费对大学生开放的众创空间——邑空间，其实就是个简单的文旅商铺市场。它架空高，分割有序，占地三千平方米，共有一百三十六家店铺。在里面的品种琳琅满目，形色纷呈，集中了来自世界各地大学生的文创产品。

游客在其间挑三拣四，或眯起眼睛欣赏。

但这里不是社会上的跳蚤市场，进入邑空间的大学生创客不能马虎随便，进驻者的资质必需条件是：有设计和创意的原创作品，似乎有逐渐向纯表现主义靠拢，向超级艺术形式发展的趋势；有相应规模的工作室，具备创造的个人起码器具和条件；在集市摆摊三个月以上，而且按销量筛选，由集市的创客管理委员会推荐——这是指市场经验。

也不是进去以后，就可以占据一个空间一劳永逸。

规矩严谨到难以想象的细致。管理者会根据销量、考勤、产品创新程度等进行排名，每月淘汰百分之十的商铺，每季作一次位置调整，被淘汰者再回到集市上练摊，排名前三的可以优先选择铺位，其余商铺抽签决定。

这里的特别之处，还在于它的自主自治：首先，管理者就是他们自己，大家推选十位创客为日常管理人员；其次，店铺大多为夫妻档，丈夫创作，妻子看店，或者学长学姐请学弟学妹坚守店铺；当然邑空间也不是放任不管，要定期组织创客们培训，拔尖者会被送出国、出省交流，其文创产品参展国内外文博会。

计划是这样，实施计划好歹全在于管理和态度。

这里还有线上售卖渠道。他们从线下遴选一部分优秀作品，放在"京东"以及"天猫"的陶溪川旗舰店线上销售。

每个月一次的积极踊跃排队争取空间，更多是创客们对这一竞争、愉悦方式的认同。男男女女跃跃欲试，兴致勃勃——有序的年轻队伍一长溜绕着过道，迂回曲折，形成一条扭动身躯的长龙。

从2015年8月开始策划，到2016年3月落地，至今，这里已累计汇聚了来自国内外上万名各类人才创新创业，孵化实体两千六百多家。其中九大美院的占百分之十一，景德镇陶瓷大学及本科院校占百分之三十九，其他省份院校占百分之四十五，有社会和经济效益。

不像是资源枯竭城市啊？

怎么还可以享受到中央财政给予的城市财政性转移支付资金的支持？

那就是评定标准的不科学——历史的事实告诉我们，陶瓷原料并非一定就依赖本土，手工艺才是吃饭的本钱，绝对与那些仅仅靠出卖资源作为经济基础的城市大相径庭。煤炭、石油和铜铁可以开采殆尽，景德镇的制瓷人才和工艺、瓷器市场的金字招牌、烧造瓷器的环境和条件，等等，这些资源永远不会枯竭。

"近年，暂不再审定新的资源枯竭城市。"有关部门在文件中说。

打造一个开放型的街区，没有围墙的束缚，张开双臂接纳世界各地的朋友进入休闲、时尚的梦乡，这就是"陶溪川"尝试的理念。

"梦谣广场"的设计就是这一理念的化身。走在平整的广场上，踏着清一色的从以前隧道窑上拆下来的窑砖，大家无论如何都想象不出，这个广场夹在原烧炼车间中间，是宇宙瓷厂曾经堆放煤炭的地方。地面上的每一块窑砖，都经过了上千度的高温，以及上百次的煅烧。没有哪个地方，会以这种奢侈的见证历史的材料，来铺设广场。

最匠心的设计，就是把隧道窑的展开面搬到了水景广场。绝对让人耳目一新——情形就像顺着火车轨道一样，窑车载着瓷坯进入窑弄烧制。

游客抬眼可见高达六十四米的烟囱，气势磅礴地屹立于辽阔的人造水面。这是水火交融的一个构思。俗话说"水火不容"，但是在光洁似镜的水面，交相辉映出烟囱的倒影。

美术馆一共有八个展厅，二楼配有可容纳上百人的报告厅，很多国际艺术学术报告已经在这里举行。中央美院院长范迪安参观之后，说这里是可以与世界接轨的中国自己的文化，于是签下了战略合作协议，中央美院陶瓷研究院落户下来。随后国美、陶大等各大艺术院校，都纷纷前来紧密合作。

"陶公塾"作为一个独特的教育实践场地成了亮点。这是陶溪川研学旅行旗下的特色品牌，聚焦陶艺、美学和艺术等各大培训，开展研学旅行、教育实训和国际交流，不仅面向大、中、小学的学生，还为国内外艺术家提供分享互动平台和创作交流的空间。

生活即教育，成了"陶公塾"的研学主旨，所以一体化高品质的智能配套健全，包括食宿行、教育游玩、娱乐和医疗设施。内设独立教学工作室、公共共享区、水吧休闲区，以及可容上千人的公寓式酒店、两千人同时用餐的网红食堂、两千平方米的发布大厅等其他不同功能的区域。

"陶公塾"尝试打造的是一个国际的艺术研学教育中心！

还有一个提法是"创作完都交给邑山"。就是培养一批专家似的"懒汉"，想要追求陶瓷创意的，你就什么都不用管，你只管糅合传统和现代陶艺，发挥自己多元化和个性化的创作才智，其他都交给"邑山"——这不是广告，不管他们做得好坏，概由他们的品性和能力承受。

关键它是个专事陶瓷的"智造工坊"。占地七百多亩，项目的一期二期这里忽略，总建筑面积上规模大到吓人，还有系统条理地设六大功能区域，以及配套的综合商业区。优势在于这个项目集个性化定制、柔性化生产、品牌化运营于一体，汇聚着研发、设计、原料、成型、烧制、包装、物流、电商、营销等，形成的陶瓷产业生态园。产业群跨越式发展，推动景德镇陶瓷产业从分散转向集中、从无序达到有序、从低端迈向高端的转型升级。

在北京的某次瓷器展会上，有人在朋友圈发了张很魔幻的图片，前景是一条巨大横幅，上写"德化，千年瓷都"；远景是一条更大的横幅，上写"世界瓷都，潮州"。有位网友回头问景德镇的朋友，景德镇人轻描淡写地说："都是虚名，争什么呢？"再问他："你们要是打横幅写什么上去？"景德镇人说："就三个字啊，景德镇！"

智能工坊年产陶瓷可达两千万件。它还保留了景德镇传统手工生产线，使青花、玲珑、颜色釉、粉彩、釉下五彩等制瓷工艺技术得到有效保护和延续。关键是陶瓷原料的标准化——这个就厉害得不能再厉害了！

热闹时兴的直播带货在陶溪川也应运而生。

现在，景德镇市陶瓷文化旅游集团已经在城市的东郊片，甚至包括浮梁陶瓷工业园区在内的全市大范围内构想和实施宏伟蓝图。包括将城市东部综合打造成陶溪川"双创"中央区，在城市中心打造陶阳里老城区创新基地，以及设立艺术大学双创教育培训基地三大板块。

具体三大板块中又细化为二十三个专业、中心、街区、基地、博物馆、营地等，有的已经基本完成，有的正在进行中，有的还在规划蓝图。但是前提都必须是适应时下艺术要求、市场形势的项目。很难说这一老城和国营工厂的改造模式一定可以顺风顺水，但是为了适应党中央、国务院批复的"国家景德镇陶瓷文化传承创新试验区"这一高平台，一般均经过可行性的反复论证，贯穿着城市发展的前瞻性思考。

"陶艺范儿"三宝瓷谷

在离景德镇中心市区约六千米的东郊山谷，在里村后街东南七千米，在芭蕉坞尖西麓山坞中，属于老城郊昌江区竟成镇的村落，目前已纳入城市珠山区管辖范围。也就是这一条长长的丘陵夹持的沟谷，到了2016年年底竟被当地视为风水宝地，为它编制出一套《景德镇市三宝瓷谷片区控制性详细规划》以示重视。

从昌江沿着南河上溯，向右拐进一道深深的野趣横生的山坳，拐点就是现在山谷前的桥头立了块牌子"三宝瓷谷"那里。横在山谷前的是昌江的支流"南河"，垂直于南河的是从山谷里源源不断流出的溪水。

地方上的老百姓都叫它三宝蓬，现在又笼统地叫"三宝国际陶艺村"。

宋朝时就有蔡姓人家由婺源到此建村，开采瓷土矿。关于这地名的民间传说甚多：相传很早有位叫作"三宝"的人，在这里搭建了一个草棚，开设茶馆酒肆，供来购瓷土的客商、山谷行人和樵夫喝茶，歇脚乘凉，甚至住宿，生意兴隆，因此人称"三宝蓬"。也有坊间说是因当时瓷石矿开采红火，山下茅草棚水碓房每天产出的坯"不（dun）子"值三个元宝，也叫"三茅棚"。还有说是因元朝浮梁历史上的传奇人物李三宝安葬于此而得名。

更为庞大的叙事是与七下西洋的郑和有关，说郑和来景德镇筹办出海瓷器，曾赞叹此峡谷出"好石好水好瓷"，是为"三宝"。

三宝蓬十里山谷曲径通幽，最早地名有胡家岭、蔡家坞、铁栏关虎等，现内有石家坞、朱家坞、青水塘、马鞍岭、水坞里、水坞口和双坑等自然村。马鞍岭和红梅岭东南麓的双坑等地，始于五代及宋就有瓷石矿开采。芭蕉坞、猪婆山、新四股等地遗留了多处较大的瓷石开采古坑洞，沿途有山坡矿坑洞遗址四十多处。这里的矿石属于风化型块状，浅灰绿色，基质为石英、绢云母，耐火为摄氏一千四百一十度。

三宝蓬的村民至今仍以开采瓷石和制作瓷泥为副业，他们用于粉碎矿石的主要工具仍是水碓。由于依托景德镇陶瓷生产的大环境，再加上这里八股湾、油麻坪、九龙拜象、茶叶坞等有条瓷石矿脉，资源丰富，历史上当地许多村民在种植水稻之余，利用源于南山的自然水流动力，在蜿蜒十多里的水溪边，直接或间接从事瓷石加工，生产陶瓷重要的原材料——瓷土。

水碓由水流从上面冲击轮翼带动碓支的叫鼓车，水流从下部冲击轮翼带动碓支的叫下脚龙，叶片因年代久远而布满了苔藓。槌杵在石凿的臼中昼夜不停地舂捣，如雷的声音震撼人心。据史料记载，从汉唐时起，景德镇就开始利用水碓来粉碎瓷石和釉石了。这里由此形成了一道独特的风景。据民国27年《浮梁乡土纪略》载："湖田至三宝蓬双坑，沿途均有碓厂，共计一百三十一车。"

溪水发源自三宝双坑村背后的金溪山、石膏坞，流经三宝古矿岭、杨梅亭窑、湖田窑，注入昌江支流南河。在很早以前，三宝瓷谷就犹如一条天然的生产线，山里运出的矿石，经过水碓作坊加工后制成原料，送往下游古代民窑——杨梅亭窑、湖田窑使用。三宝古矿岭、三宝水碓、杨梅亭窑、湖田古窑址……陶瓷原料、生产和南河水运连成了一脉。

尤其值得一提的是处在三宝蓬山谷口，南河南岸的景德镇湖田窑址。

因为这里处在南河曲流，三面环水，田畈平坦，好像湖水围田，所以叫作"湖田"。最早唐代汪姓从婺源县迁移过来。明代正德年间饶州推官顾应祥撰写的《宁家陂记》里记载："湖田都壤地二千亩有余。"《景德镇陶录》记载："镇河南岸口有湖田市，元初亦陶。"

古窑址分布在南山与南河之间的一个台地,村内小坑港溪水蜿蜒流入南河。由于人员往来繁忙,古代湖田设有钵盂渡、张家渡两个南河渡口。景德镇古八景中的"长塘塔影""古寺钟声"就在此地。南村都和湖田都毗邻,相交处有石门山,旁有石门寺和湖田塔,寺后有泉池,池水清澈见底。

元朝忽必烈入主中原,宋室南迁,许多人为避灾祸逃到南方,三宝蓬峡谷是一个很好的安身之所。湖田市的兴盛与市镇周边大多数瓷窑终烧于宋,产业逐步向湖田、景德镇市镇转移有关。明朝嘉靖中期浮梁布政司在市镇设两个公馆,一个在观音阁,另一个就在湖田。作为司道巡抚督御器的落脚点,御器起运均要暂驻公馆,可见湖田市一直以来就设有官方办事机构。

不少窑址建在猪婆岭等山坡上,南北朝修的天门沟农工两用水渠,为作坊窑场的水资源提供了便利。湖田村的窑址分布在天门沟以南的猪婆岭、刘家坞、望石坞、龙头山周围。南河北岸也有不少遗物堆积。在天门沟以北的窑岭上,乌泥岭、琵琶山、木鱼岭、何家墩等地多为元明时期的堆积层。另外杨梅亭古窑址,是在湖田进山谷不远的杨梅亭村,主要生产青釉瓷和白瓷。这些窑兴烧于五代、晚唐,历经宋元,至明代隆庆和万历时结束,烧造时长跨度举世罕见。

湖田窑址上有龙窑、马蹄窑、葫芦窑等,产品以宋代影青瓷、元代软白釉和青花瓷最有成就。制瓷历史的文化遗存,反映了七百年间陶瓷工艺史上重大变革,以及集古代制瓷技艺之大成的过程,吸引了世界陶瓷史学者、陶瓷工艺美术爱好者和中外游客前来朝圣。

现就地所建的景德镇民窑博物馆,不仅收藏陈列了湖田窑各阶段出产的各类典型器物,以及考古发掘出的文物标本一百六十九件,还保护了宋、元、明各个历史时期的窑炉、制瓷作坊等二十余处遗迹,向人们展示了古代制瓷的情景。在景德镇民窑博物馆周围,还环绕着十二处二十六万平方米面积尚未发掘的遗存。

靠近三宝蓬瓷石矿的银坑坞古窑址,与湖田窑相距大约三千米。

古代的三宝蓬热闹过后,再一次被当代陶艺人士簇拥的初始,是这里有过1937年英国学者普兰科斯东的考察；20世纪50年代中国陶瓷考古先驱陈万里也留下对湖田窑认证的痕迹；著名的本土当代陶瓷考古专家刘新园以及英国时任驻华大使艾惕思，也使得当地陶瓷文化进一步纳入国际视野。

然而真正启动所爱，是从1995年李见深在这里买下了一块叫"四家里"的地方开始。那里位于三宝蓬山谷的深处。被买下来的地方荒芜已久，只有几栋用土墙和木头建起的破房，李见深就地取材，精心修理，以干打垒的方式恢复了原生态场景，添置了几十年前农户使用的农具、家具，比如米桶、油纸伞、原木椅子，等等。

李见深就在离山谷不远的陶瓷学院（即现已搬迁的陶瓷大学前身）工作，他曾获纽约阿尔弗雷德大学艺术学院硕士学位，先后在日本、加拿大、美国、荷兰办过个人陶艺展，现为联合国教科文组织国际陶艺协会会员。1998年他的融文化旅游、陶艺研修和食宿为一体的多功能三宝陶艺村成立，先后接待世界陶艺家和全国文化专家、学者数千人，举办了一系列国际陶艺活动，近似于景德镇的"小联合国"。

在这片山水生态的三宝蓬峡谷，我们于月光山可看到五代的白瓷，刘家坞有元朝的青花、釉里红、卵白釉瓷，望石坞有宋代覆烧的影青等名瓷，以及三宝村口板栗园的宋元制瓷作坊，明代葫芦窑、乌鱼岭的马蹄窑。这里不仅遗留有古代的瓷土矿藏开采、原料加工痕迹，还群聚了烧造瓷器的古作坊、窑址，而且据考证烧造瓷器的时间最长，规模最大，产品精美——总之，这里古瓷片标本俯拾即是，丰富的遗产，使得闻讯前来"朝圣"的中外人潮一浪接一浪。

传统景德镇产业模式是小型生产的分工与协作，其特点就是资本投入少，人员紧密分工合作。于是陶艺家们纷纷移居这里，一些现代陶艺创业者和艺术聚落也奔涌而至，成就了两百多家离不开泥、手、火的陶瓷与创意工作室，以及拥有四十多家民宿的文化景观峡谷。呈现在这个山谷里的作品，一般都具有自主性、偶发性、象征性、欣赏性，尤其以独特性为上佳。

这里陶瓷直播虽然深藏于深宅庭院，却每天上演着没有白天和黑夜的

"速度与激情"。文化旅游带动了旅游商品的转型升级，民间艺人和大师工匠，其手工技艺向更加高端化、品质化发展。个性定制在悄然兴起。

在这里从业者均熟悉手工材料、工艺和烧成，提倡从原料、成型、装饰到烧成的独立完成。与传统工艺不同的是，泥料不论精与细，手法不论巧与拙，火温不论高与低，只要在创作中观念上不受传统的束缚，形式上能巧妙多元地综合，内容上注重情感的宣泄，风格上不拘一格地发挥——就行。

在瓷器贸易衰退和社会剧烈变迁的历史背景下，景德镇传统瓷业生产模式遭遇了巨大的挑战，也同时给以贸易为核心和以市场为导向的地域，带来了应社会需求和文化审美的转变而发生的变化。

现如今，沿着一条平坦洁净的道路蜿蜒而行，三宝瓷谷沿途的景观山清水秀，建筑富有充足的文化元素，与西欧的某些别墅小镇有一点类似。这里聚集很多有钱的追求艺术陶瓷的"范儿"，道路上的宝马、奔驰、保时捷和兰博基尼梭进梭出，诸多留长发辫子、蓄大胡子、穿亚麻唐装的男人携着美女喝茶品酒。

瓷业各门工序的通力合作，保证了景德镇的良性运作，并最终实现各自利益最大化。最后造就当地瓷器种类多样，既有满足生活需求的日用产品，又有供应给上层社会消费的艺术品。产品消费模式外化为个性化、唯一性与批量生产的多元组合，由此决定了景德镇瓷器生产的技术多样、工艺复杂。

这些现象出现在GDP近几年总是垫底于全省十一个地市的景德镇，外人就会产生一种困惑。实际上借助艺术瓷产品，这个城市的居民靠不可能立马学到的技术存活，巧妙地化解了工厂破产的难题，个人储蓄在全省依然名列前茅。

由于历史上陶瓷文化的沿袭，加之风景秀丽和临近城区，特别是陶瓷学院老校区就在三宝蓬出口路上，"学院派"师生陶艺工作者，以及"景漂""景归"的大量进驻，加上又有地方政府的主题打造，所以如今陶瓷作坊、陶艺工作室、柴窑窑炉，甚至陶艺展区、现代生活商区，在其间如雨后春笋，山谷形成了具有独特"艺术范"的规模性陶瓷文化景区。

整座城就是一个博物馆

新中国成立初期，景德镇市政府对城市进行了大刀阔斧的改造。

珠山路位于景德镇的中轴线上，在南北向的中山路和中华路正中间拦腰穿过，如今被拓宽成一条垂直于昌江的东西横向的珠山大道。几十年来，几乎所有政府机关办公室、标志性建筑与大型商场都集中到这条街上，尽头是当地最高级的饭店"七层楼"，又正对着可容纳万人聚会的人民广场。

这条大道再往东拐有条新厂大道直通东郊新市区，往西经过珠山大桥可与更新的开发区接轨。于是处在"十"字坐标中线的珠山路，街面上就开始车水马龙，熙熙攘攘，夜间商贸娱乐，灯火阑珊，两边人行道上茂密的梧桐树覆盖，树冠上跳跃着叽叽喳喳的小鸟。景德镇市的所谓"十里长安"，被新中国第一代人搬到了城镇东西南北的正中轴上。

21世纪的阳光渐升渐高，东南西北的拓展早已经模糊了古镇春蚕般的轮廓。昌江东岸的长条形在高楼的挟持下沦陷为旧城，棚户区里慢慢只剩下年老和贫困的住户，废墟上长满野草，大机械化作业开始一步一步撕裂着古朴的环境。社会总是在发展，无法以求全责备的心态去对待当下，城市建设者不会受制于自然高地或沟壑的约束，更不会去担心古坯房窑场与民居街巷文化的消失。一直以来，他们都以大刀阔斧的劲头，展示出感觉良好的破旧立新的雄姿——这都是职责所在。

如果这时候硬要从"卫星云图"上拉开景德镇街道与街道之间的弄巷，或者用放大镜在平面地图上去细看像蜘蛛网一般的小路，那么在景德镇街道的大框架内，城区东西走向密密麻麻有许多细小的经脉，就是那些无数条日夜飘散出烟火、垂直于河流穿街而过的弄堂。在北方它们被叫作"胡同"。

在"镇巴佬"的土话里，把挤在居民区里只能过板车和坯架的狭窄过道称作"弄堂"，把能过汽车的当作"街道"或者"马路"。在城市街道的大交通框架内，弄巷就是框架内最细小的纹路——它们曲径通幽，像蜘蛛网一样，就着房屋拐弯抹角。

弄巷两边一色密密麻麻的民居、会馆、坯房和窑屋。弄巷宽度一般在两米左右，基本上能够保证通过一辆大板车和一副担坯的坯架。整体态势在城镇地图上，弄巷就形似"韭"字上面的那左右三横。

"韭"字那两竖之间相当于流淌的昌江，下边那一横像是在小港嘴西瓜洲以南自东向西汇入主流的南河支流，左边为城市西扩时新辟的河西街区，右边就是古镇的弄堂。古镇以中山路的前街为界，弄堂口与弄堂口一般都隔街对接，按水流的高低坐落，前街的东段大多叫作"某某上弄"，西边靠河的叫作"某某下弄"。

只是我万万没有预料到，我们曾经的家所依傍的"岭上"是个令人吃惊的例外。

到后来我们才清楚了真相，区分出天然和人为。吊脚楼那一带历史上曾是一个小小的高地，高地及其周边建有清朝和民国时期的制瓷作坊。山包周围是河边低洼地段，洼地竟然成为民窑不断倾倒窑渣的地方，而且填平了洼地后还没有停歇，继续爬上去堆高倾倒，直到累积成一座隆起的丘陵——在开挖以后量了量，我惊讶地发现堆积层竟高达十多米。

成年累月的大量倾倒，使得这里最后形成了偌大的平台高地。

在那丰厚的历史堆积层上，有一年经当地有识之士的奔走呼吁，请陶瓷考古专家耿宝昌来考察认证，及时阻止了城建挖掘机的轰鸣，喝住了一条由景德镇火车站直通沿江东岸的站前路（现改名"浙江路"）商业街的拓展。政府只能从开发商手中把这块地收回，主干道在沿河地段也不得不收口缩小。

在 2006 年年底，这里被公布为景德镇市文物保护单位。浙江路沿河出口建立起一个上书"昌南镇"的牌楼。沿河高地的那一片，已经划进了"民窑遗址博物馆"的范畴。

总记得小时候居所的二楼在供奉的案台上，有一对老式花瓶和一对蜡烛台，好像是无人问津地搁在上面落灰。估计至少是民国时期的老瓷器，古朴的质地让我印象很深，后来想起其价值的时候不知道怎么就没有了踪影。

在这座千年的古镇，地底下有很多这样的古代堆积层，甚至是老窑场与废仓库的遗址。老瓷器潜伏其间，古瓷片随处可见。人们在建房子打地基时挖着挖着，一不小心就发掘到某个朝代的陶瓷历史文化。早些年传说有一些精明的市民"钻天打洞"，暗地里因此发了横财，事后让许多"近水楼台"而又粗枝大叶者懊悔不已。

弄巷里最浓重的气味就是烟火。

历史证明景德镇人就是一帮情痴，千百年都在忠贞不渝地专注于对一种手工业品制造的迷恋。这类情种似的奇葩，自然衍生出明明堂堂的风俗习惯，产生出一些与众不同的陶瓷文化特色。首先是怀想到老城的弄巷里有树冠如盖的茂密绿色枝叶，还有野鸟在其间鸣叫嬉戏。在炎炎夏日里最适合搬个小板凳在树底下乘凉、斗蟋蟀或写作业。

景德镇民居的特色，是百分之八十的房墙材料都利用工业废渣，也就是窑场废弃的老窑砖、破匣钵、旧渣饼（瓷坯圆垫），以及黏渣构成。

省钱是动因之一。从窑场淘汰下来的老旧窑砖被窑户们视作废物，但是扔掉了可惜。千百年来被换下来的窑砖，想不到却成就了当地清一色的建筑。一面墙一面墙地竖立，让窑砖屋一幢一幢耸立于街巷，诸如坯房窑场、棚房围墙、门楼宅第、高墙大院——在色泽和墙形上造成一种统一的规格和阵势。这种建筑材料在世界上也绝无仅有，形成了里弄文化的景德镇特色。

夹杂其间的板壁屋，反而显得单薄简陋。

如果在这种弄堂里生活，肌肤会明显感觉到跟井水一样冬暖夏凉。

窑砖经过无数次柴火烧炼，抽尽了寒湿，板结蕴藏有窑炉的火温。窑砖的砖体，一般比正规的红砖青砖薄小，但是硬实。那些耸立起来的厚可尺二、高达丈余的窑砖墙，对外可以抵挡寒风或酷暑的侵袭，对内能稳固住家室的温度。或者夏天坐在高大的滋生苔藓的窑砖墙下纳凉，它还能遮阴吸热，生发出一丝丝清凉的微风。

红褐相间的砖墙，由于无数次被松木柴火的燃烧和瓷釉的浸染，淬炼成光怪陆离的色彩，呈现琉璃似的鲜艳光泽和波纹。静下来琢磨琢磨砖墙，红色、褐色、紫色或青紫色，被烟火缭绕的混合色——有时候会感觉置身于艺术展厅，像凝视光怪陆离的水迹和飞云，想象到一面巨幅的抽象彩绘油画。

经过反复烧炼过的窑砖，坚如磐石，难以风化。

即使是一堵屋檐下被风雨反复侵蚀的滴水墙，砖头上的颗粒不但没有被粉化剥蚀，而且在砖缝间滋生的苔藓还弥漫到墙面。老砖头似乎凝结了水土的精魂，经高温后脱胎换骨，铁硬得近似于金属。

窑砖的"人文"一面就像是瓷片，间或有刻印图文的块面夹杂在墙体上，散发出浓郁的历史文化气息。这是古代的窑户或者挛窑户的独特标记，犹如现在的商标，设计刻印的图文林林总总——葫芦、叶片、鸡心、双钱纹，等等；文字就更加繁多，像某记、某某造、某某字，等等。

剩下的特例就是弄堂里转角的设计——弧形，类似徽派民居的交通礼让。

景德镇的"坯坊佬""窑里佬"天天要挑担推车，经过狭窄弄堂的转角，在圆弧形结构处拐弯，不会触碰到四四方方的棱角。似乎像舞蹈者一样的熟练挑坯工，肩上的坯架"咿呀咿呀"轻松穿行，或者推板车似遛弯一样绕过，以减少对泥坯与瓷器的损伤。

窑砖墙面其实就相当于景德镇随处可见的艺术板块。窑砖的建筑景观，现今已经作为当地的人文特色，在仿古街弄的"御窑景巷"、工业遗存区"陶溪川"，以及步行街里的民居店铺被广泛运用，成了"镇派"的标志。

形形色色的千变万化，也肯定会迷倒一大批富有想象力的游人。

自古以来的景德镇，民间归纳弄巷有"三洲四码头，四山八坞，九条半街,十八巷,一百零八弄"之说。民政部门普查时发现,"十三里陶阳"的弄堂达三百六十多条。外来人走进去就像是迷宫:走向几乎与下水沟槽相同朝河的方向,但是无数条横弄岔道四通八达,宽窄错落五花八门,窑砖屋板壁房又大同小异。有的岔道甚至穿过院子或夹墙,就到了另一条豁然开朗的街道。

每个弄巷的名称,既是挂在弄口的标记,也记录着地名的来头和故事,且无不与生动的人文历史、陶瓷习俗、地域风情密切相关。

比如最多的是以姓氏命名,像彭家弄、刘家弄、戴家弄等十几条,就是当年在这里定居的某某名流或权贵的姓氏,慢慢被当地人叫成"某某的弄子",叫顺了口便成了弄名;还有以吉祥字命名的,类似于迎祥弄、祥集弄、太平巷等,追溯根源又似与瓷业的祈福密切相关;还有以商行命名的,记录着街巷当年的专业作用,譬如瓷器街、草鞋弄、当铺弄、篾丝弄、铁匠弄、酱油弄、爆竹弄之类;更有以宗教词汇的命名,像韦陀桥、千佛楼、观音岭、药王弄等等,都寄寓着居民对神佛的虔诚。

景德镇老城的风景日渐依稀,生活的烟火也一天比一天淡薄,然而每一个地名故事掌故仍然被一代一代口口相传下来,到今天仍然想接通晚辈们的精神,就有点近似于文化挣扎的意思。

由纪念以身蹈火的"风火仙师"童宾而得名的龙缸弄,因元宵抬龙头舞龙灯,弄堂狭长形如龙舟而得名的龙船弄,以及因经营洲店地摊的都是都昌人抗租胜利而得名的黄家洲——无不牵扯出古镇的掌故。

还比方"风车弄":说的是在大宋年间皇帝急需一张陶瓷龙床,瓷工们好不容易加班加点烧成,但是期限逼近,出窑的龙床冷却又十分缓慢,当时有瓷工提出聚集所有风车为龙床降温,终于得以按时进贡。

形成于宋代的低头弄:明朝曾有过一栋住着二品抚台的官邸,弄口建有一个较低的青石门坊,骑马来访抚台的人进弄都要低头,穿过狭长的通道进入11号老宅,却是一座需要昂头仰视的宽敞的大梁高厅。

作为瓷商云集的石狮埠弄,是因为毗邻码头和专营瓷狮。弄堂始建于元代,鼎盛时还是青花釉料市场,蓝绿釉和祭蓝釉的瓷狮备受欢迎,富商们便显摆地在弄口置放石狮子一对。

在很多巷弄里，看上去风烛残年破门倒壁，但却是难得的古代遗址，甚至被列入了省级或国家级文物保护单位。像全国重点文保单位祥集弄3号11号民居，位于御窑厂西面，是明代成化年间的建筑，一度被陶瓷考古研究所当作办公场地。

红店民俗博物馆、颜料研究所，以及湖南会馆、广东会馆、徽州会馆等，它们既不显山露水，又不喧哗浮躁，都像是富有而自信的隐士，低调地深藏在巷弄当中释放出文化的气息。

这里还必须提到沿江河岸的中山北路。它南起中渡口，北到瓷都大桥。这里最原始的混沌状态，就是江边河汊、滩地或低矮丘陵向河床的坡降，经过镇民逐年填埋和平整，慢慢过渡到菜地、宅基地或街市，后来就发展成繁华的陶瓷原材和燃料的入口处，以及瓷器外销的集散地。

先民聚集在这一带进行各类商贸活动，串活了城北里市渡、中渡口，以及西岸的三间庙三个码头。不要看"镇生活"悠哉闲适可有可无，更不要以为衙门厚重和官道宽阔，景德镇历史车轮的推动，还在于一代又一代镇民的使劲发力。

这里曾住过普通的"窑里佬""坯坊佬"，也曾容纳过无数沉闷低调却如雷贯耳的艺术大师。市镇是个集工艺和美术为一瓷的古镇，这些艺人就是民间的画匠或技师，与镇民们一起买菜、做饭和串门，但是历史上他们将水与火的陶瓷艺术专项做到了登峰造极，因此而成了收藏界热捧的巨匠。

比如陶瓷美术家、瓷像画大师吴康的"龙珠轩"小洋楼，就位于龙珠阁附近，如今"龙珠轩"三个字依旧，但时光流转人去楼空。又比如位于龙缸弄的瓷艺家方云峰的"惜花轩"，现已物是人非仅剩追忆。还比如一代陶瓷美术宗师王大凡曾住的迎祥弄，中国工艺美术大师王隆夫的"隆夫画室"，据称"还经楼"匾额还是启功大师笔墨——

到了20世纪末期，城市西扩，昌江西岸开发出一些类似东岸的垂直于河流的弄堂，慢慢演变成社区街道。景德镇最终形成了城市的所谓"一江两岸"。

如果要对古镇框架再作精准的描述，那就是——假如与河流平行的"河街""前街"和"后街"是古镇的经线，那么各条穿街而过的弄堂和稍宽一点的街道，就相当于当地的纬线。这个城镇的街巷经纬交叉，犹如一副不规则的格子网一样，被上帝撒下来笼罩住这座长条形的市镇。

现在很时髦的一个词组叫"全域旅游"。

景德镇老城区的建筑大致可以分为四个类别：一是用作瓷业生产的建筑，比如坯房、窑房、窑炉；二是商业贸易门店，有瓷行、茶行和街面商店；三是行帮商会聚会场所，像商会、会馆和书院；四是生活建筑，诸如祠堂、民宅和院落，等等。

"一个景德镇，半部陶瓷史。"

在这里随随便便就可以通过器物感受到传统制瓷工艺的遗产，像瓷窑作坊的营造技艺和古老的手工制瓷技艺；也可以参观各种专业的博物馆，类似中国陶瓷博物馆、瓷民俗博物馆、民窑博物馆、陶瓷工业遗产博物馆，以及风格纷呈的上百位陶瓷工艺美术大师馆。

"四面青山三面水，一城瓷器半城窑。"是对当地生态和人文的高度概括。

很多的老弄巷，现已被城市化进程的推土机摧枯拉朽，纷纷消失在历史的烟尘之中。尚存宅院的原住民，也在陆陆续续搬离，仅剩几位老人像掩护撤退队伍那样孤寂地坚守战壕。当然也有幸运者正好赶上"文化＋旅游"的浪潮，独具地方个性的民居楼院被修修补补，算是瓷都遗存的骨骼，被遗产和精神继承者当作怀旧的标本和风景。

在昌江东岸偏北的老城区里，内含十九条弄堂，贯穿前街和后街，里面保存着风格各异又显见地方特色的遗存。现在那一片已被修整打造成了紧靠御窑西北的，拥有酒肆、咖啡屋、美食馆、淘吧、饰品店等慢生活时尚的"御窑景巷"古镇街区。

地方政府正在把道路拓宽，对穷乡僻壤的边角铺草种花和修建亭阁，引进一些时尚的文旅项目，把民居刷新成别墅庭院，更新成欧式生态农村——呈现出乡村振兴的架势。

山洪"城防"，现如今已经不再为这座城市所忧心。

在景德镇上游北四十千米处，位于浮梁县蛟潭镇境内，在昌江干流上游段借助两岸丘陵挟持的地势，建筑了一道可调可控的拦河水坝——浯溪口水利枢纽工程。这一工程2019年正式下闸蓄水，形成了二十五平方千米的水面和二十二千米长的水域带，以防洪为主，兼顾供水、发电、旅游等综合利用功能。

在雨水季节已经试验过多次，水库总容量为四点七亿多立方米，正常出水位高达五十六米。在汛期前消落水库库容，到景德镇城区河道洪水汇聚时储存缓解水量，一下子就将当地城市防洪能力从"二十年一遇"提高到"五十年一遇"。

而另一个更为周到的改水设想，则是想实现"一江两河出平湖，十八省码头通古今"的美梦。作为水生态文明"一号工程"的"昌江百里风光带水利枢纽工程"，项目建设全长计划五十千米，主要是以修复山体、保护水系、打造景观节点、提升周边城乡环境为目标，在昌江干流梯级开发中再造第三级坝位。

坝位工程于2019年9月在城区南部的南河出口下游四百米处动工，主要是用以抬高城区水位，正常蓄水位二十六点五米，库容二千八百四十万立方米，使得景德镇城市水体容积增加百分之一百四十。这就不得了了，城市有水就活了。

绿水青山，浮光掩映，水生态将支撑起当地巨幅的绕城水景文化带画卷。

今天在景德镇我们看到，船只不再成为装载的主要工具。在当地水路运输日渐萎缩式微的现在，孤身只影的船筏在碧波中不是泛游就是捕捞，成了昌江上古朴稀罕的生态景观。城区河段的静谧，使得成群结队的水鸭子安心地在河面游走，甚至水面上偶尔会被鱼掀起一簇细微的浪花——古人根本意想不到，昌江发展到当代会是这样一个面貌。

河流已经回归到远古田园的时代。城区的高楼和河边的植被倒映在平静的水面，让散步的市民舒心顺气，步履悠闲。于是曾作为动脉激活景德镇的古老河道，时下正被针对性打造生态旅游宜居的"百里昌江风光带"，在街上到处可见这样的标语：

"美景·厚德·镇生活"。

"试验区"的新标高

如果说从大元帝国挑选景德镇这个地方设立"浮梁磁局"开始，大明和大清王朝紧接着延续官窑在当地瓷业界至高无上的地位，向世界做了六百多年最大广告，那么在2019年5月，作为中共中央总书记、中华人民共和国主席、中央军委主席的习近平在视察江西时，作出"建好景德镇国家陶瓷文化传承创新试验区，打造对外文化交流新平台"的指示，就是新时代给这个千年瓷都的未来设定了一个历史标高，为这座有着深厚陶瓷历史文化底蕴的古城擘画出蓝图，给当地的天时地利人和带来一个难得的发展机遇。

景德镇国家陶瓷文化传承创新试验区，是党中央、国务院赋予景德镇的一个"国"字号金字招牌，也就是说要承担起国家使命。使命目的非常明了，就是让当地人为我们文明东方保护传承好历史积累的文化，充分发挥文化对产业转型升级的积极作用，实现高质量跨越式腾飞的崭新标高。

国家专业试验区的批复得来，不像我们起草个报告请示那么简单容易，其由来和实现过程在官方内部进行得环环相扣，紧锣密鼓。

从2017年7月20日景德镇市委秘书长、宣传部部长带队赴重庆与当地金融办接洽，起草《关于设立景德镇国家陶瓷文化传承创新试验区的请示》开始，不算景德镇市内部有关起草、修改、完善等的来回，省市讨论修改请示的座谈会、市里赴京与有关部门的沟通对接、省领导带队赴京推动和向总理汇报、成立领导小组和推进办公室、将"请示"和"总体方案"上报国务院——直到 2018 年 9 月 24 日由国务院总理李克强圈批同意，景德镇市委市政府全力以赴历时一年多时间，总计学习、走访、会议、走程序等大大小小活动有记载的计二十多次。

试验区被批复以后，2019 年 7 月省委书记刘奇专程到景德镇调研创建工作；8 月 13 日省长易炼红考察当地；9 月 9 日组长易炼红主持召开该区建设领导小组第一次会议；10 月 17 日省委省政府在景德镇召开建设动员大会。

从此这一声势浩大的工作，在高位推动下迅速在当地及其市民中全面铺开。

实现这一标高的具体规划，景德镇市已经和盘托出：

一、建设国家陶瓷文化保护传承创新基地——也就是统筹物质文化遗产和非物质文化遗产保护传承，推进遗产活化利用，构建陶瓷人才聚集高地，培育陶瓷产业新技术、新业态、新模式，推进陶瓷文化与相关产业的深度融合，推动景德镇成为集中展示中华陶瓷文化的瓷都、全国乃至世界的陶瓷产业标准和创新中心。

二、建设世界著名陶瓷文化旅游目的地——放大陶瓷文化品牌优势，促进旅游与文化、生态深度融合，高品质建设国家全域旅游试验区，充分发挥旅游的综合带动作用，促进旅游业全区域、全要素、全产业链发展，把景德镇打造成世界一流的国际文化旅游名城。

三、建设国际陶瓷文化交流合作交易中心——全面融入"一带一路"建设进程，加强与国内外文化机构交流合作，建设国际化陶瓷产业链交易平台，把试验区建设成为促进全球文明互鉴的重要桥梁和高端陶瓷文化贸易出口区。

时间进度和具体目标为：

到 2025 年试验区建设取得阶段性成果，陶瓷文化传承保护创新体制初步建立，陶瓷文化保护传承、陶瓷产业创新发展、陶瓷国际贸易和文化交流合作的体系基本形成，陶瓷文化和旅游业深度融合效果显著，促进经济高质量发展和城市现代化建设的重要作用进一步发挥，为我国陶瓷及其他传统文化产业专心发展提供可推广、可复制的经验。

到2035年试验区各项建设目标任务全面完成，成为全国具有重要示范意义的新型人文城市和既有重要影响力的世界陶瓷文化中心城市。陶瓷文化传承保护创新体制机制基本健全，陶瓷文化引领经济社会发展质量变革、效益变革、动力变革的新模式基本形成，陶瓷文化国际影响力全面提升，成为共建"一带一路"国家文化交流重要载体和展示中华古老陶瓷文化魅力的名片。

在实施过程中的做法是：

双创双修，塑形铸魂——修缮以"陶溪川"为载体的文创街区，提升以三宝瓷谷为主体的陶源谷艺术景区；规划建设以景德镇陶瓷大学为依托的东市区创意创业空间格局。用时从"塑形"入手给城区"洗脸"、农村"洗脚"，再到"双创双修"，打一套塑形铸魂的组合拳。

做世界意义的中国价值——推动建设"两地一中心"，即景德镇国家文化保护传承创新基地、世界著名陶瓷文化旅游目的地和国际陶瓷文化交流合作交易中心；建设"一轴一带，五区多点"，即集中力量建设三十六平方千米的布局，也就是珠山大道陶瓷文化保护传承轴和昌江百里风光带，陶瓷产业园区、陶阳里历史街区、陶溪川文创街区、陶源谷艺术景区、陶大小镇东市区五区，以及高岭·中国村、高岭矿山公园、瑶里古镇、南窑窑址、古窑民俗博览区、兰田窑址、观音阁窑址、丽阳窑址、东埠码头、三间庙古街等十平方千米范围的重点。

在世界版图上，景德镇是独一无二的城市，它曾显现着"China"的昔日辉煌，也曾在"Made in China"的现代进程中经历过迷茫。但是在时间坐标上，瓷运连着国运。如今，有三万多名"景漂"常聚于此——以三宝瓷谷作为工作室创作并居住，用泥与火的方式充实有趣的日常，再去"陶溪川"创意街区用作品去换回人生的价值，与艺术大师们探讨交流，闲时去溜达品味这座城市全域式富有文化气息的博物馆、窑址和景区。

2018年9月28日，随着汽笛响起，景德镇"中欧班列"正式开通，车上载满瓷器和茶叶。与此同时"中欧城市实验室"落户当地。

主要参考文献

1. 《景德镇市地名志》，景德镇市地名志办公室编，1988年版。
2. 《景德镇市志》，景德镇市地方志编纂委员会编，中国文史出版社1991年版，方志出版社2020年版。
3. 《景德镇陶瓷习俗》，周荣林编著，江西高校出版社2004年版。
4. 《瓷业志》，景德镇市地方志编纂委员会编，方志出版社2004年版。
5. 《景德镇瓷录》，陈海澄编著，《中国陶瓷》2004年增刊。
6. 《景德镇史话》，周銮书著，江西人民出版社2004年版。
7. 《景德镇地名景观故事集》，汪水传、徐文粟主编，百花洲文艺出版社2005年版。
8. 《浮梁民俗》，吴逢辰主编，江西人民出版社2009年版。
9. 《高岭文化研究》，冯云龙著，江西科学技术出版社2012年版。
10. 《御窑史话》，江建新主编，中国海洋大学出版社2014年版。
11. 《青花帝国》，江子著，广西师范大学出版社2017年版。
12. 《长芗书院》，洪东亮著，江西高校出版社2018年版。
13. 《御窑千年》，阎崇年著，生活·读书·新知三联书店2018年版。
14. 《景德镇文史资料》，景德镇市政协文史和学习委员会编，江西高校出版社2018年版。

15.《龙窑飞》，江华明著，中国文史出版社 2019 年版。

16.《景德镇陶瓷史料》，本书编委会编著，江西人民出版社 2019 年版。

17《鄱阳湖文化研究》，鄱阳湖文化研究会 2020 年第三期。

18.《浮梁历史文化》，浮梁历史文化研究会 2020 年编。

19.《丝路源典 水木浮梁》，冯云龙主编，江西科学技术出版社 2021 年版。

后记：过程的意味

相对于城乡的固定版块而言，人生不过是个时间段的经过。

其实每一个地方都在发展变化。我在写到地壳几十亿年前的时候，突然有沧海桑田的迷茫和细菌一般渺小的感觉。上百、成千乃至几十亿年后是个什么概念？不要说某个物体，就是天地都可能面目全非，甚至乌有。

除去求学和出差，生存着的每个人必须存在于某个相对固化的空间。我与景德镇有过相当长一段时间的交集，那也是我个人的存在见证。大家都会有各式各样的经历感受，这就是每个人精神上的过程意义。

再长一点，就血脉而言，从鄱阳湖边的都昌过来，我们家族迄今也不过三四代工夫，基因换过了一个传承的地点。相比于人类文明史六千年、地壳的数十亿年来说，这些都跟一天即一生的蜉蝣没什么两样。

于是活着就只能谈意义。

每个人活着的意义理解各有千秋。

但只要你感觉舒适，我以为"千秋"归结为一个存在的感应。精神意义支撑着我们继续。

把这个城市按自己理解的方式，依据历史的顺序记录下来，就像在把玩一块玉润的瓷片。这时候会感到时间充实饱满，也就是有了不虚空的实际操作。因此我不断地搜集、阅览、访问、整理，外加考证与感慨，并将之一一呈现出来，是希望被人阅读时有所共鸣：在我自以为深有意义的同时，你也感觉到人类生存的真实意义。

这是一座我热爱的城市，于是就有了这本先史实再文学的铺陈描述。

史料码在我书架上密密匝匝，不找它上面就蒙上了薄薄的灰尘。对市志类的价值态度我们大同小异。前世今生的概述与堆积让阅读烦不胜烦，就像被迫去啃一本没有水分的词典，实用是唯一的源头。而文学却可以撩拨起阅览的情趣。站在史实的基础上回望或远眺，作者始终隐藏在文外。出来进去，或历史和今天，我都不想让人觉得味同嚼蜡。

这就必定在尊史的背后，潜伏着丰富的联想、观念和体温等个性。

史实和感受，都在书稿里有态度地和盘托出，也不存在自信自豪，因为每个地方都有每个地方的不同，每个人都有每个人的感觉。《景德镇传》灌注了我的情感和思考，试图在干巴的史料区块里面，产生液态的滋润流动，让读者阅读的目光变得略微专注，血脉的流速会稍稍加快，甚至一气呵成、神志开朗、心胸起伏。

我热爱故乡，如同婴幼儿习惯了温暖与柔和的襁褓。

在尊重城史记录的同时，我还经常进入考究心态，以及对情节的细腻描述。我试图把窥视的快感天性，让人在阅读时淋漓尽致地挥霍出来。目的意义——不要健忘、灰心或麻木，希望这种有意味的史料翻新，能使大家有新的收获。

我动笔的初衷，是希望这本书能洞开你一扇思想的门窗，或者哪怕是一丝缝隙。与历史文化之城毫无瓜葛或耐心不足者，均成了我写作意念中欲攻克的城堡。增添鲜活与焐热干冷，是我攻城前的心思和劳作。我绞尽脑汁，辛劳而充实——确实度过了一段辛苦却有趣的时光。

早就想做这件意义深重的大事，当我在博览海量资料天马行空联想的当口，当我在面对现实无奈、无聊或无语的时候，当我与我身边同代的亲朋都渐行渐老的时候。

这是座了不起的城镇，有一代又一代平凡却伟大的居民，就像西西弗斯一样集体推着历史的车轮，在上千年的轨道上前进至今——我深感车身的笨拙和繁重，听到轰隆轰隆艰难摩擦的声音。

在任何城乡度过都是一生，是"风"无意识地将一个人如一粒种子般吹落到某个地方，更何况你已经适应并确实在缓慢生长。没有意义的意义本身，就是活在这么一段不断希冀的过程，琐碎而且宏伟。就像应该感谢生命里的一切偶遇，我对所有给我文字铺垫基石、过程予以关怀以及将来阅读本书的读者，特别是对支持我的亲人致以尊重和敬意。

"丝路百城传"丛书深具意义。既具历史意义，亦具当下意义。本书作为丛书的一分子，参与其中，共创意义。

宇宙之大，至今没有人可以囊括。所以我曾一度萌生过科幻创作的冲动，然而，因科幻创作所需的知识积累和实践经历阙如，最后我还是果断地从狂热情绪中走出，丢掉幻想，推开门步入实际，去上班、踏青、阅读和创作。

太多太碎了，请体谅我没有一一注明所有的参考，甚至某些时候只要认定为真相，就会率性地将冰冷、铁硬的情节吸收作传记的细胞。某些时候的罗列，我也只能屈从于世俗与惯例。

在下笔之前，我已反复认真地做过艰辛的史料比对和甄别，但囿于学识和经历的局限，本书仍难免有不少错漏出入，诚请阅读的您不吝赐教。

犹如景德镇这段历史，您阅读时的酸甜苦辣，相信也与我写作过程中经历的辛苦幸福一模一样。

这就够了！

江华明

2022 年 5 月

图书在版编目（CIP）数据

景德镇传：瓷器之都 / 江华明著 .-- 北京：新星出版社，2022.9
（丝路百城传）
ISBN 978-7-5133-5015-0

Ⅰ．①景… Ⅱ．①江… Ⅲ．①文化史－研究－景德镇 Ⅳ．① K295.63

中国版本图书馆 CIP 数据核字 (2022) 第 145307 号

出版指导：陆彩荣
出版策划：马汝军　简以宁

景德镇传：瓷器之都

江华明　著

责任编辑：简以宁
责任校对：刘　义
责任印制：李珊珊
装帧设计：冷暖儿
内文排版：魏　丹

出版发行：新星出版社
出　版　人：马汝军
社　　　址：北京市西城区车公庄大街丙3号楼　　100044
网　　　址：www.newstarpress.com
电　　　话：010-88310888
传　　　真：010-65270449
法律顾问：北京市岳成律师事务所

读者服务：010-88310811　　service@newstarpress.com
邮购地址：北京市西城区车公庄大街丙3号楼　　100044

印　　刷：天津图文方嘉印刷有限公司
开　　本：660mm×970mm　　1/16
印　　张：27.25
字　　数：384千字
版　　次：2022年9月第一版　　2022年9月第一次印刷
书　　号：ISBN 978-7-5133-5015-0
定　　价：89.00元

版权专有，侵权必究；如有质量问题，请与印刷厂联系调换。